Franz Vranitzky

Politische Erinnerungen

Paul Zsolnay Verlag

1 2 3 4 5   08 07 06 05 04

ISBN 3-552-05177-5
© Paul Zsolnay Verlag Wien 2004
Satz: Eva Kaltenbrunner-Dorfinger, Wien
Druck und Bindung: Ebner & Spiegel, Ulm
Printed in Germany

Für Christine, Claudia und Robert

Inhalt

Einleitung 9

Der lange Arm der Kriege 15

In Regierungsnähe 37

Vom Aufsichtsrat in den Vorstand 47

In eine andere Bankenkultur 69

Fred Sinowatz an der Spitze 84

Der Staat ruft nicht ... und ruft dann doch 90

Skandale und Kalamitäten 106

Wasserkraft im Zwielicht 111

    Donau- und Börsenwellen 127

Der Fall Reder 134

Ein Wahlkampf verändert Österreich 141

Wien I, Ballhausplatz 2 149

Das Ende eines Versuchs 157

Ausgegrenzt? 172

Erinnern und vergessen 185

Koalitionen – Wechselbäder politischer Gefühle 194

Ein neuer Bundespräsident 224

Demokratie – Pluralismus – Partei 231

    Turbulenzen in der Löwelstraße 239

    Bundespartei – Wiener Partei 243

    Frauenpolitik 250

    Sozialdemokratie – europäisch und international 251

    Ein Ende nach mehr als hundert Jahren 255

    Heimat Parlamentsklub – Arena Parteivorstand 259

    Es bleibt immer etwas haften: Konsum 263

Demokratie und Solidarität 271

Österreich – ein Land der Autoindustrie? 281

Krise und neuer Weg 287

Kreiskys letzte Monate 304

Europa wird zur Innenpolitik 312

    Ein Erfolg in Moskau 312

    Die Zielgerade 316

    Die EU-Mitgliedschaft wird Realität 320

    Der Blick nach außen 340

Ein Nachbar stirbt 345

Die »alte Heimat« tritt wieder ins Zentrum 367

Pietät 373

Der Entschluß 379

Die Miene des Präsidenten 393

OSZE konkret: Die Albanienmission 404

Es gilt das gesprochene Wort 426

Der Weg in welche Zukunft 446

Einleitung

Dieses Buch entstand ein halbes Jahrzehnt nach meiner Entscheidung, das Amt des österreichischen Bundeskanzlers und des Vorsitzenden der Sozialdemokratischen Partei in jüngere Hände zu legen. Damals, Ende Jänner 1997, hatte ich dieses Amt zehn Jahre und sieben Monate lang innegehabt. Bis zum heutigen Zeitpunkt hat nur Bruno Kreisky der Republik als Regierungschef länger gedient als ich, nämlich dreizehn Jahre; die Kanzlerschaften Leopold Figls und Julius Raabs dauerten jeweils acht Jahre.

»Jede Biographie ist ... mit dem Wagnis behaftet, komplexe historische Entwicklungen zu personalisieren, die Rolle des Individuums bei der Gestaltung und Bestimmung von Ereignissen zu überschätzen und den sozialen Kontext, in dem diese Geschehnisse stattfanden, zu ignorieren oder herunterzuspielen.«

Ian Kershaw, der großartige Hitler-Biograph, erhob diese Warnung zwar in einem Zusammenhang, mit dem ich nichts zu tun habe, sie ist aber allgemein gültig; was ihre zweite Satzhälfte, das jeweilige gesellschaftliche Umfeld, betrifft, wird sie jedoch oft zuwenig beachtet. Ich anerkenne die Richtigkeit der Kershawschen Warnung, kann und will aber trotzdem die Subjektivität meiner Anmerkungen nicht leugnen. Der Ruf nach Objektivität des Politikers, eigentlich jedes Berichterstatters schlechthin, ist häufig und verständlich. Er ist allerdings gehörig zu relativieren. Gewiß, die Fakten sind gegeben. Der Zusammenbruch des osteuropäischen kommunistischen Imperiums hat stattgefunden, die Mitgliedschaft Österreichs in der Europäischen Union ist Realität, die unter tragisch gewaltsamen Umständen vollzogene Auflösung des jugoslawischen Gesamtstaats haben wir erlebt und, um ein innenpolitisches Beispiel zu nennen, die Privatisierung des großen österreichischen verstaatlichten Industriekomplexes haben wir Sozialdemokraten in Angriff genommen und zum überwiegenden Teil durchgeführt.

Das sind objektive Fakten. Über sie hinaus sind allerdings die jeweilige zeithistorische und gesellschaftliche Deutung, die Interpretation, die Schwerpunktbildung das eigentliche politische Salz in der Suppe. Es scheidet die realen Ereignisse von der subjektiven, der sehr persönlichen Position des Verantwortungsträgers. Die Bevölkerung fragt nicht nur: »Was ist?«, sondern auch: »Was sagt er dazu?« und: »Was tut er jetzt?« Und danach: »Was sagen wir jetzt dazu?«

Die Betonung dieser Subjektivität soll selbstverständlich nicht dazu führen, mich auf den Stolz auf meine Regierungszeit zu beschränken. Den Stolz leugne ich zwar nicht, gleichwohl geht es mir darum, mit der inneren Ruhe dessen, der einmal im Mittelpunkt des Geschehens stand, über Entscheidungen und Ereignisse zu berichten und dazu Stellung zu nehmen.

Meine Anmerkungen sollen den forschenden und schreibenden Historikern keine Konkurrenz machen. Diesen Wettbewerb würde ich nicht gewinnen. Es geht mir darum, Erlebtes und Erfahrenes aus meiner persönlichen Sicht und als Grundlage meiner Einstellungen und Haltungen darzustellen. Das bringt es mit sich, daß Wahrnehmungen anderer von den meinen abweichen können. Das ist eben das Wesen der Subjektivität.

Es ist Sitte oder Unsitte von Bücherschreibern, in Vorworten einige ihrer Kernaussagen vorwegzunehmen. Ungeduldigen Lesern ersparen sie damit die Gesamtlektüre und versetzen sie in die Lage, trotzdem über den Inhalt mitreden zu können. Ich widerstehe der Versuchung mit einer einzigen Ausnahme, nämlich der des uneingeschränkten Bekenntnisses zur Idee der europäischen Integration. Ihr fühle ich mich seit vielen Jahren verpflichtet, und zwar weit über die Grenzen einer bloß technokratisch verstandenen Wirtschaftsgemeinschaft hinaus. Das führt zwingend zur Bereitschaft der Staaten, somit auch Österreichs, bestimmte nationalstaatliche in europäische Kompetenzen umzuwandeln. Manche werden einwenden, wir würden dabei Souveränität verlieren. Blicken wir nur einäugig auf dieses Thema, dann hätten sie recht. Erarbeiten wir Europäer uns aber neue gemeinsame Souveränitäten, dann verblaßt der Einwand. Diese Idee ist zwar alles andere als neu, und wir Europäer haben ja diesen Weg längst eingeschlagen, trotzdem ist er wahrscheinlich im Bewußtsein der Bevölkerung zuwenig bekannt, und viele Landsleute halten gerne an den ihnen geläufigen Strukturen fest, wie sehr sie sie in innenpolitischen Belangen auch kritisieren mögen.

Zur Zeit, in der diese Anmerkungen geschrieben werden, befindet sich der europäische Integrationsprozeß in einer Phase außerordentlicher Anspannung. Große Projekte stehen vor der endgültigen Entscheidung, im Mittelpunkt die Aufnahme zehn neuer Länder und die Lösung damit in Zusammenhang stehender großer Finanzierungsprobleme. Eine maßgeblich erweiterte Union muß in ihren Willensbildungs- und Entscheidungsabläufen grundlegend verändert werden. Ein in diesem Zusammenhang unerläßliches Requisit ist die Möglichkeit der Mehrheitsentscheidung. Bisher hat die Angst der Nationalstaaten vor der Aufgabe des Vetorechts die weitere Entwicklung der Europäischen Union alles andere als befördert. Diese Themen und faire Bedingungen für alle Mitgliedstaaten, unabhängig von ihrer Größe, sind Gegenstand einer gemeinsamen europäischen Verfassung, die der nächste wichtige Meilenstein im europäischen Integrationsprozeß sein wird. Auch diese Auseinandersetzung zeigt, auf welchen Weg wir uns mit dem Beitritt begeben haben.

Zu Ende meiner Kanzlerschaft gab es vollkommen andere politische Voraussetzungen für Handlungen und Entscheidungen als bei meinem Amtsantritt mehr als ein Jahrzehnt zuvor. Die politische Landschaft Europas hat sich grundlegend verändert und damit selbstverständlich auch die unsere. Infolgedessen müssen wir daran arbeiten, in der innenpolitischen Diskussion

11

die Europäische Union nicht hauptsächlich als Widersacher zu sehen, gegen den Österreich kämpft, um eigene Anliegen durchzusetzen. Wir sind noch nicht so weit, aber das Ziel muß es sein, das integrierte Europa als erweiterten Lebens- und Handlungsraum zu begreifen, in dem wir gemeinsam mit anderen österreichische und europäische Interessen wahrnehmen.

Ich setze den europäischen Integrationsprozeß an die Spitze meiner Erinnerungen, weil er wie kein anderes Beispiel zeigt, wie grundlegend sich die Rahmenbedingungen für gesellschaftliche und politische Beurteilungen in der historisch kurzen Zeitspanne zweier bis dreier Jahrzehnte geändert haben. Fügt man der europäischen Integration noch die weitreichende Internationalisierung der Wirtschafts- und Finanztransaktionen hinzu, die ihrerseits erst durch die revolutionären Umbrüche in der Informationstechnik ermöglicht wurden, dann ergibt sich das in ständigem Wandel begriffene Szenario, in dem sich die Politik der vergangenen zwei Jahrzehnte abgespielt hat.

Ich gehöre einer Generation an, die zwar in einen Krieg hineingeboren wurde, sich aber bis heute im eigenen Land ungebrochenen Friedens erfreuen kann. Als Bürger eines Staates, mit dem die Mächte des Schicksals oder der Politik in der ersten Hälfte des 20. Jahrhunderts nicht gerade zimperlich umgegangen sind, genoß ich Jahre und Jahrzehnte, in denen es, von unbedeutenden Rückschlägen abgesehen, nur aufwärts ging, im Wohlstand des ganzen Landes wie auch im eigenen Lebensstandard. In der Stufenleiter meines Berufslebens konnte ich hohe und höchste Sprossen erklimmen. Neuen Herausforderungen und Aufgaben habe ich mich stets gestellt, und ich scheine auch immer die notwendige Portion Glück gehabt zu haben, denn aus keiner meiner beruflichen Positionen bin ich »hinausgeflogen« oder »abgestürzt«. Meine Neugier, im wahren Sinn das Ergründen des Neuen, des Anderen, war und ist ungebrochen. Dies ist im übrigen unerläßlich, weil Politik, auf welcher Stufe auch immer, zu erneuern, zu verändern hat und sich damit in einem gewaltigen Spannungsfeld bewegt. Viele, allzu viele Menschen stehen Neuerungen und Veränderungen skeptisch bis ablehnend gegenüber. Der polnische Autor Andrzej Stasiuk bringt das in seinem Roman »Neun« so zum Ausdruck, daß er genug habe »von all diesen Veränderungen« und sich wünsche, »daß die Welt endlich zu dauern beginnt«.

Der Wohlfahrtsstaat, die Leistungsgesellschaft, die Internationalisierung, die digitale Revolution, die medialen Informations-, Desinformations- und Reizwellen und so manches andere haben gegenüber der Zeit der geschlossenen Staats- und Wirtschaftssysteme die Lebensgrundlagen der Menschen entscheidend verändert. Die Bindungswirkung der großen Gesinnungsgemeinschaften und der Kirchen hat sich in den industrialisierten Gesellschaften stark abgeschwächt. Tradierte Politikbegriffe wurden relativiert beziehungsweise umgewertet.

Ich habe in all den Jahren meiner politischen Tätigkeit an der Erstellung unzähliger Programme mitgewirkt oder deren Ausarbeitung veranlaßt, unzählige Grundsatzdiskussionen innerhalb und außerhalb der Sozialdemokratischen Partei geführt. An umfassenden Parteitagsreden haben meine Mitarbeiter und ich viele Tage lang gearbeitet. Trotzdem mußte ich dem Umstand Rechnung tragen, daß der größte Teil des Publikums, das wir für unsere Ideen gewinnen wollten, für politische Programme nur sehr wenig zugänglich ist. Nicht zuletzt deshalb habe ich immer eindeutig die Auffassung vertreten, das pragmatische Herangehen an die politischen Aufgaben müsse im Vordergrund stehen; es ist der Transmissionsriemen des Grundsätzlichen. Wenn schon aus keinem anderen Grund, dann aus dem, daß wir uns verständlich machen müssen. Weil in der Politik sehr häufig schwarzweißgemalt wird, folgte bald der Vorwurf, ich würde die Politik entideologisieren und personalisieren. Nun, im zeitlichen Abstand etlicher Jahre, entlockt es mir gelegentlich ein Schmunzeln, wenn ich allerorten höre und lese, an der Spitze politischer Parteien hätten pragmatisch agierende Personen zu stehen, mit denen sich der Wähler identifizieren könne.

Auf dem langen Weg meiner Minister- und Kanzlerjahre haben mich viele begleitet. Sie unterstützten, sie dachten mit und vor, sie berieten, sie warnten, und sie waren nicht böse, wenn ich bisweilen etwas ganz anderes tat, als sie mir vorschlugen. Ich kann sie nicht alle nennen, aber selbst eine knappe Auswahl, stellvertretend für alle anderen, ergibt schon eine beachtliche Liste. Mit einer Ausnahme sind sie auch heute noch in irgendeiner Form um mich und geben mir Gelegenheit, mich für ihren Einsatz während meiner Amtszeiten und nun auch beim Zustandekommen dieses Buches zu bedanken: Karl Krammer, Andreas Mailath-Pokorny, Thomas Drozda, Gerhard Hirczi, Rudolf Scholten, Gerhard Praschak, Peter Zöllner, Hannes Sereinig, Max Kothbauer, Gertraud Frisch, Günther Sallaberger, Peter Marizzi, Peter Kostelka, Brigitte Ederer, Aurel Saupe, Eva Nowotny, Leopold Radauer, Karl Schramek, Susanne Lackner, Kurt Haslinger, Oliver Rathkolb, Stephan Maxonus.

Wer je ein funktionierendes Sekretariat hatte, kann ermessen, wie verpflichtet ich Renate Bachlmayer, Elisabeth Heffemeyer und Gisela Ebeyan bin. Das Verständnis meiner Frau für einen Mann, der nach so vielen Jahren der limitierten Verfügbarkeit noch immer Tage, Wochen, Monate am Schreibtisch verbringt, bewundere ich so sehr, daß ich es nur dankbar zur Kenntnis nehme.

Der lange Arm der Kriege

Kinder im Volksschulalter pflegen Erzählungen über eine für sie weit zurückliegende Vergangenheit mit einer Mischung aus nicht allzu großer Neugier und ungläubigem Staunen zu quittieren. So geschehen, wenn ich meinen zwei Kindern – im Wirtschaftswunderland Österreich geboren, aufgewachsen und in eine soziale Kultur der prinzipiellen Egalität eingebettet – über das Leben meiner Eltern berichtete. Als die Kinder älter, geschichtsbewußter und verständnisvoller geworden waren, schob sich die Brücke von der Großväter-Großmüttergeneration zum Ufer der Enkel langsam vor. Kaum aber als zentrales Thema. Wer möchte den Jungen das verdenken?

Mein Vater war zu Beginn des Ersten Weltkriegs sieben Jahre alt. Nachdem er 1920 die damals Bürgerschule genannte Hauptschule abgeschlossen hatte, erlernte er den Beruf eines Eisengießers und hatte einige Jahre Beschäftigung, bis ihn die große Welle der Arbeitslosigkeit zu Beginn der dreißiger Jahre des vorigen Jahrhunderts überrollte. Er teilte damit das Schicksal rund sechshunderttausend anderer Österreicher. Als die Frist der Arbeitslosenunterstützung zu Ende war, gab es nur noch zwischen ganz wenig und gar nichts. Das hieß damals, man war »ausgesteuert«. Auch in der Familie kein Einzelfall: Seinen beiden Brüdern – einem Wagner und einem Goldarbeiter – erging es ebenso. Sie erlitten solcherart nicht nur materielle Armut, sondern auch gesellschaftliche Herabwürdigung. Wo immer sie konnten, griffen sie zu Lesestoff, von Jack London bis zu politischen Broschüren und Kampfschriften. Den linken.

Die Krise der Zwischenkriegszeit war eine ökonomische, soziale, politische und auch kulturelle. Sie hat den verbliebenen deutschsprachigen Stumpf der alten Monarchie wie zwischen Mühlsteinen zerrieben. Damit meine ich in erster Linie, daß es keine politische Kultur gab, die der alles zerrüttenden Krisensituation gewachsen gewesen wäre. Sozialdemokraten und Christlichsoziale fanden nicht zu einem kleinsten gemeinsamen Nenner. Auch nicht im übergeordneten Gesamtinteresse. So bekämpfte man einander fortgesetzt mit jener Unerbittlichkeit und Unversöhnlichkeit, die der Prälat im Bundeskanzleramt, Ignaz Seipel, als Kampfparole ausgegeben hatte und an die sich auch seine Nachfolger hielten. In der Endabrechnung, im Jahr 1938, zu ihrem eigenen, vor allem aber zu des Landes Schaden.

Der Mangel an politischer Kultur korrespondierte mit einem Defizit an krisenbewußter Rechtskultur. Wäre es anders gewesen, dann hätten die Täter von Schattendorf am 14. Juli 1927 nicht freigesprochen werden dürfen. Der Volkszorn darüber war groß. Im historischen Rückblick bleibt kaum eine andere Interpretation als jene, das Gemetzel tags darauf am Wiener Schmerlingplatz, beim Brand des Justizpalastes, sei der Vorbote des Bürgerkriegs der dreißiger Jahre gewesen.

Nicht wenige Sozialdemokraten – mein Vater war einer von ihnen – wurden ihrer eigenen politischen Bewegung gegenüber zunehmend kritisch, weil sie meinten, sie habe gegenüber dem politischen Widersacher zu schwach gehandelt und nach 1933/34 überhaupt kapituliert. Im großen und ganzen waren nach dem Verbot der Partei im Ständestaat drei unterschiedliche Wege feststellbar: Die einen Sozialdemokraten gingen nach links in Richtung »Revolutionäre Sozialisten« oder Kommunisten. Die anderen zogen sich von jeder Art aktiven politischen Interesses zurück und trachteten, in dem enorm schwierigen wirtschaftlichen und politischen Umfeld irgendwie zu überleben, und die dritte Gruppe entwickelte in mehr oder weniger ausgeprägter Form Sympathien für den Nationalsozialismus.

Mein Vater entschied sich für den Gang nach links und hielt damit auch nicht hinter dem Berg. Seine Soldatenzeit – er wurde sofort bei Kriegsbeginn zur deutschen Wehrmacht ein-

16

gezogen – verbrachte er großteils in den europäischen Ostgebie-
ten, in der Normandie und danach auf dem Rückzug nach
Deutschland. Bei Kriegsende geriet er auf dem Gebiet der heutigen Tschechischen Republik in sowjetische Kriegsgefangen-
schaft. Nachdem er im Herbst 1945 entlassen worden war und
seine berufliche Tätigkeit in Wien wieder aufgenommen hatte,
blieb er zunächst seiner politischen Linie treu. Ernst Fischer
und Johann Koplenig waren Namen, die er meiner Erinnerung
nach häufig nannte. Nachdem 1956 militärische Einheiten des
Warschauer Pakts, unter denen die Soldaten der Sowjetarmee
dominierten, die Volkserhebung in Ungarn gewaltsam nieder-
geschlagen hatten, wandte sich mein Vater von der KPÖ ab; zur
echten Gegnerschaft führte dann der Einmarsch der Truppen
des Warschauer Pakts in die Tschechoslowakei im August 1968.
Mag sein, daß die Maßregelung der Tschechen den Vater noch
negativer stimmte als jene der Ungarn, weil ihm die Tschechen
eben herkunftsbedingt näherstanden.

Meine Mutter kam als einfaches Mädchen aus einer kinder-
reichen Familie im Burgenland (»Westungarn« in der Habsbur-
germonarchie) Ende der zwanziger Jahre nach Wien, um hier
als Hausgehilfin zu arbeiten. Sie war nicht gebildet, nicht bele-
sen. Die Dorfschule in Lackenbach hatte nur einfachstes schuli-
sches Handwerkszeug und endloses Auswendiglernen ungari-
scher Texte vermittelt, die sie bis ins Alter beherrschte, ohne sie
ins Deutsche übersetzen zu können. Von 1939 beziehungsweise
1940, dem Geburtsjahr meiner Schwester Inge, bis 1945 war sie
Alleinerzieherin, während mein Vater im Krieg war. Sie widmete sich ihren zwei Kindern mit aufopferungsvoller Liebe und
großer Emotionalität. Dies alles – wie bei Tausenden anderen
Frauen in dieser Situation auch – in einer Kombination aus
ständigem Bangen um den Mann, Sorge um das eigene Leben
und das der Kinder unter dem Eindruck der immer häufiger
werdenden Bombenangriffe und bei chronisch schmaler Börse
(Not und Angst der armen Weiber, der unschuldigen Kinder, so
ist mir das aus Goethes »Egmont« in Erinnerung).

Krieg und Nationalsozialismus waren allgegenwärtig. Wir wohnten in Dornbach, einem Teil des Wiener Gemeindebezirks Hernals. Der Eigentümer des Hauses und seine ebenfalls dort wohnende Verwandtschaft waren entweder Mitglieder der NSDAP oder eindeutig an dieser politischen Richtung orientiert. Sie wußten um die Einstellung meiner Eltern, mißbilligten diese selbstverständlich und betonten ihre Mißbilligung noch durch widerliche Überheblichkeit unserer winzigen Familie gegenüber. Meine Mutter war nicht in der Lage, gegen den Nationalsozialismus und den allseits versprühten Hitlerwahn politisch zu argumentieren. Sie orientierte sich an den ihr verständlichen Botschaften ihres Mannes, alles was Hitler und »die Partei« bezweckten, sei die Vorbereitung und Verwirklichung eines schrecklichen Weltkriegs mit unvorstellbarem Leid und unfaßbar vielen Opfern. Den Gesinnungsterror und die Alltagsdiktatur mußte man nicht recherchieren, man wurde ihrer ununterbrochen gewahr, weil es sich wie ein Lauffeuer herumsprach, wenn jemand durch Nachbarn oder sogar durch fanatisierte Familienangehörige denunziert und von Gestapoleuten abgeholt wurde. Uns Kindern gegenüber faßte die Mutter das in dem oft wiederholten, weil so oft zutreffenden Satz zusammen: »Die Nazi sind ein Gesindel.«

Mehr intuitiv als strategisch planend legte sie sich – auch gemeinsam mit Verwandten oder Frauen aus der Nachbarschaft – eine gewisse Sozialtechnik zurecht, womit sie die schwere Zeit bewältigte. Ab und zu fuhr sie mit uns in ihr Heimatdorf im Burgenland und besserte mit Hilfe ihrer Familie unsere karge Lebensmittelversorgung auf. Ein anderes Mal besorgte sie Pappe oder Sperrholzplatten, wenn nach einem Bombenangriff in der Nähe des Wohnhauses der Luftdruck die Fensterscheiben zertrümmert hatte und Glas angesichts der Mangelsituation nicht aufzutreiben war.

Im Spätherbst 1943 wurden in der Schule blaue Stoffkappen mit Hakenkreuzkokarde verteilt. Die Mutter freute sich über die willkommene Gratiskopfbedeckung für mich, nahm aber sofort eine Schere zur Hand und trennte das Hakenkreuz ab. Als der Schulwart am nächsten Tag den Frevel sah, nahm er mich an der Hand und führte mich zum Oberlehrer.

»Du gehst sofort nach Hause und holst deine Mutter.«

Sie kommt, sie muß ja kommen. Er brüllt sie an, was ihr da eingefallen sei. Symbol unseres deutschen Vaterlands und so fort. Sie sagt, auf eine so schöne Kappe passe doch kein Hakenkreuz, es verschandle sie nur. Und warum überhaupt bei einem Kind in der ersten Klasse Volksschule? Sie redet wie die Theaterfigur Bockerer (die sie erst Jahre später kennenlernte). Der Direktor brüllt noch eine Weile herum, stößt aber nur auf hausbacken-naive Reaktion und schleudert der Mutter schließlich »Aus meinen Augen!« hin. Wollte er wirklich nicht mehr mit ihr streiten, oder war er vielleicht gar nicht so unglücklich darüber, daß es jemanden gab, der unbefangen ein Hakenkreuz abtrennte? Ich weiß es nicht. Es wurde jedenfalls nicht wieder angenäht.

In der Erfahrung des Kindes wurde so der Keim der Abneigung gegen das NS-Regime gelegt und gegen alles, was ihm auch nur nahekam. Spätere Diskussionen mit dem kriegserfahrenen Vater haben dies nicht nur verstärkt, sondern auch das Bedürfnis gefördert, entsprechende Literatur und das Gespräch mit anderen Menschen zu suchen. Ich wollte immer gute Argumente parat haben, um dagegen aufzutreten, wenn Leute von sich gaben, Hitler und sein Regime hätten »auch ihre guten Seiten« gehabt. Vom Kampf gegen Stalin bis zum Bau von ein paar Kilometern Autobahn in der Umgebung der Stadt Salzburg.

Wie nachhaltig Prägung im jugendlichen Alter ist, zeigte eine der vielen Unterredungen, die ich mit Bruno Kreisky in den letzten Monaten seines Lebens hatte. In der Rückschau auf seinen Werdegang sagte er mir nicht nur einmal: »Ein ehrlicher Nazi ist mir lieber als zehn dieser dumpfen Christlichsozialen.« Er machte deutlich, daß er nicht nur die Christlichsozialen der Zwischenkriegszeit meinte. Mir würde ein solcher Satz nicht entschlüpfen, nicht aus Respekt vor den Christlichsozialen, sondern aus Abscheu vor den Nationalsozialisten. Kreisky wurde anders geprägt. Den brutalen Diebstahl an demokratischen und staatsbürgerlichen Rechten haben eben die Austrofaschisten des Ständestaats an ihm begangen und nicht die Nazihorden, denen er durch den Weg ins Exil in letzter Minute entkam.

Ich war und bin davon entfernt, die Freiheitlichen unter Haider samt und sonders eine Nazipartei zu nennen; was sie für mich nicht koalitionsfähig machte, war aber unter anderem schon des Anführers Unfähigkeit oder Unwille, sich vom Ewiggestrigen zu distanzieren. Mehr noch, er ergriff sogar bei etlichen Anlässen Partei für Nazis, SS-Leute und indirekt für Hitler selber, als ihm auf die Frage nach den größten Verbrechern des 20. Jahrhunderts dessen Name nicht einfallen wollte. Er kannte unter diesem Titel lediglich Stalin und Churchill.

Die Befreiung Wiens von Hitlerdeutschland durch die sowjetischen Truppen – die Rote Armee – wurde von der kleinen Kolonie, die aus meiner Mutter, etlichen Nachbarsleuten und einigen Kindern bestand, selbstverständlich begrüßt, trotz der von den Nazis in den letzten Kriegsmonaten ausgestreuten Propaganda, die Russen seien tierische Räuber, Diebe und Vergewaltiger. Die meisten Mitglieder der nationalsozialistischen Hauseigentümerfamilie hatten sich längst fluchtartig nach Kirchberg am Wechsel abgesetzt. In all den Jahren seit meiner Jugend bis in mein nun schon fortgeschrittenes Lebensalter habe ich mich immer wieder mit Meinungen konfrontiert gesehen, die Befreier des Frühjahrs 1945 hätten zwar – »möglicherweise« oder gar »angeblich« – die Freiheit von der Naziherrschaft, postwendend aber auch neue Unfreiheit über die Österreicher gebracht. Meist wurde und wird dazu noch eine Art simpler Gleichgewichtstheorie vertreten, und zwar: Die Nazigreuel (die man so gar nicht benennt) waren nicht ärger als die brutale Knechtung der Österreicher durch die Alliierten im allgemeinen und durch die sowjetische Armee im besonderen. Niemand kann – und ich tue das auch nicht – Aug und Ohr verschließen vor den Übergriffen der alliierten Soldaten. Überfälle,

Diebstahl, Vergewaltigungen, Verhöre, Verschleppungen standen – jedenfalls in den ersten Jahren der Besatzungszeit – auf der Tagesordnung. Soldaten der Sowjetarmee wurden immer an erster Stelle genannt, die drei westlichen Alliierten aber nicht ausgenommen. Die politisch, moralisch und menschlich zu beantwortende Frage aber ist die der Gleichsetzung von Hitlerregime und Besatzung. Die Befürworter der Gleichsetzung untermauern ihre Argumentation mit der Behauptung, tatsächlich frei sei Österreich erst mit dem Staatsvertrag des Jahres 1955 geworden. Dem stimme ich zu. Nur hat diese Zustimmung überhaupt nichts mit der Beurteilung des Nationalsozialismus zu tun: Er war das Verbrechen des 20. Jahrhunderts schlechthin. Etliche, die die Gleichsetzung vertreten, berufen sich dabei auf das Recht der eigenen Beurteilung und der freien Meinungsäußerung. Es steht außer Frage, daß diese Rechte gewahrt werden müssen. Allerdings kann man nach allen Gesetzen der Logik und der intellektuellen Redlichkeit das Leugnen historisch gesicherter Fakten nicht mit dem Recht auf freie Meinungsäußerung begründen. Wer behauptet, das Konzentrationslager Auschwitz habe nie existiert und die dort begangenen ungeheuerlichen Verbrechen hätten nie stattgefunden, hat sich in Österreich zu Recht wegen eines strafbaren Tatbestands vor Gericht zu verantworten.

Das System, das Hitler und seine Schergen ab 1933 in Deutschland einführten und später gewaltsam auf andere souveräne Staaten übertrugen, war in seiner Grundkonzeption eindeutig. Es verschrieb sich der Vorbereitung und Durchführung eines Eroberungskriegs und unternahm außerdem alles, um nichtmilitärische innere und äußere, scheinbare und wirkliche Widersacher ein und für allemal unschädlich zu machen. Ethnisch andere und – wie es hieß – rassisch wertlose Menschen wurden allein aus diesen Gründen liquidiert. Für die Verwirklichung bediente man sich industrieller Techniken wie der Massenvergasung. Politisch Andersdenkende und nicht der »deutschen Herrenrasse« Angehörende hatten mit Verfolgung und

Repressalien zu rechnen, die vom Berufsverbot über den Front-einsatz mit der Aussicht des sicheren Todes vor Augen bis zur Folter und dem grausamen Tod in den Kellern der Geheimen Staatspolizei reichten. In meiner Vaterstadt Wien befand sich der zentrale Gestapokeller im Hotel Metropol am Morzinplatz im Bezirk Innere Stadt. Das Gebäude existiert seit dem Zweiten Weltkrieg nicht mehr. Ein schlichter Gedenkstein steht auf dem heute grasbewachsenen freien Platz, und der Verkehr des Franz-Josefs-Kais flutet vorbei. Der Platz soll so unbebaut blei-ben, wie er ist, und damit symbolhaft zum Ausdruck bringen, daß es die Keller nie wieder geben darf, aus denen die Schreie der Gequälten und die schwachen Rufe der Sterbenden nicht an die Ohren der Vorbeigehenden dringen.

Vom Hotel Metropol und von allem anderen Irrsinn des Nazi-tums haben uns die Truppen der Alliierten im allgemeinen und in Ostösterreich die der Sowjetarmee im besonderen befreit. Die brutalen Verfehlungen und Übergriffe der Besatzungssoldaten – besonders Frauen gegenüber – sind unbedingt zu verurteilen. Dem Verdienst der Alliierten, einen nur mehr von Hitlers Wahn-vorstellungen aufrechterhaltenen Krieg zu beenden, damit die Todesgefahr für weitere Tausende Menschen zu beenden und das fortgesetzte Morden an Unschuldigen zu verhindern, tut das aber keinen Abbruch.

Für meinen, des Kindes Lebensbereich – also mit Mutter, Schwester, Verwandten, Nachbarn – gab es in diesem Frühling 1945 nichts Wichtigeres und Willkommeneres als das Davon-jagen der verhaßten nationalsozialistischen Herrscher und das Ende der Luftangriffe, die uns so sehr in Angst und Schrecken versetzt hatten. Die Bomben und der abschließende Kampf um Wien hatten unsere Stadt in Schutt und Asche gelegt. Meine Schule in der Arzbergergasse war zerstört, ich mußte in die Lien-feldergasse übersiedeln und abwechselnd Vormittags- und Nachmittagsunterricht besuchen.

Gegen Ende der Volksschulzeit rief mein Lehrer meinen Vater zu sich und legte ihm nahe, mich ins Gymnasium zu schicken.

Das war nicht so leicht, wie es heute scheinen mag. Damals war noch Schulgeld zu bezahlen, und man mußte eine Zeit von vier Jahren einkalkulieren, in der keine Lehre absolviert und keine Lehrlingsentschädigung ausbezahlt werden würde. Die Entscheidung, mir eine Gymnasialausbildung zu ermöglichen, war im übrigen gleichbedeutend damit, daß dem zweiten Kind, meiner Schwester, ein ebensolcher Weg verschlossen blieb. Nicht weil sie als Mädchen diskriminiert worden wäre, sondern wegen des dürftigen Familienbudgets. Jahre später sprach ich mit ihr darüber und meinte, ich hätte ihren Verzicht als großartig empfunden. Wirklich großartig war allerdings, daß sie auch im nachhinein ungespieltes Verständnis zeigte.

In der dritten Klasse Gymnasium sollte es auf Schikurs gehen. Ich besaß weder Schier noch Schischuhe noch die nötige Bekleidung. Ein paar alte Hickorybretteln mit abenteuerlicher Bindung besorgte mein Vater von irgendwoher. Die verwegene Bekleidung stoppelte meine Mutter zusammen. Die Schischuhe konnte man an einer bestimmten Stelle – ich glaube des Unterrichtsministeriums – in der Sensengasse im neunten Bezirk ausborgen. Offen blieben die Kosten für den Schikurs selbst. Ich war nicht der einzige in dieser Lage. Ein paar Eltern von Klassenkameraden sammelten Geld für die Mitschüler, die sich den Schikurs nicht leisten konnten. Wir fuhren auf den Radstädter Tauern. Wie immer unter halbwüchsigen Buben kam es zu Hänseleien und Streit. Dabei meinte einer, ich solle nicht den Starken spielen, denn meinen Schikurs hätten seine Eltern bezahlt. Damals sagte ich mir: Sollte ich irgendwann in eine Situation kommen, dies zu entscheiden, dann werde ich dafür sorgen, daß Lernen nichts kostet. In meiner Entrüstung setzte ich Lernen mit Schikurs gleich. Daß der vom Gymnasiasten unstrategisch geäußerte Grundsatz viele Jahre danach Politik werden könnte, habe ich auf der Felseralm am Radstädter Tauern im Jahr 1952 noch nicht ahnen können. Mehr als dreißig Jahre danach stand ich für diesen Grundsatz des freien Zugangs zu den Bildungseinrichtungen ein; die seit Februar 2000 in Österreich Regierenden haben zu seiner Demolierung angesetzt, und es ist zu befürchten, daß sie mit diesem Vorhaben Ernst machen werden.

Nachdem im Jahr 1945 die ersten Besatzungsmonate verstrichen und nach den Sowjets auch die anderen Alliierten in Wien eingerückt waren, wurde das Stadtgebiet in vier Besatzungszonen aufgeteilt. Mein Wohnbezirk Hernals fiel in die amerikanische Zone. Die Pferdegespanne der Russen wichen den Autos der Amerikaner. Die lokale Bevölkerung war erleichtert. Weil die »wilden Muschiks« von den »feinen« US-Boys abgelöst wurden, wuchsen einige Leute im Bezirk um nicht wenige Zentimeter. Wir waren zwar weiterhin besetzt, aber eben »besser« besetzt. Manch einer, der vor Monaten noch den Hitlergruß geschmettert hatte, trug plötzlich einen Bürstenhaarschnitt und war bei den GI's umtriebig und meist anwerfend mit von der Partie.

Eines der bekanntesten Wiener Schleichhandelszentren war der Resselpark auf der Wieden zwischen der Straßenbahnstrecke, die die Wiener Zweierlinie nannten, und der Technischen Hochschule am Karlsplatz. Eine Miniausgabe des Resselparks entwickelte sich in unserem Bezirk; besonders die älteren Buben bauten mit den amerikanischen Soldaten einen Handel auf, bei dem irgendwelche Traditionswertlosigkeiten auf der einen mit Kaugummi, Zigaretten und ab und zu einer Jazzschallplatte auf der anderen Seite den Besitzer wechselten. Einige ältere Mädchen, die ich kannte, nannten sich plötzlich Miss. Ich verstand damals nichts, Buben sind ja immer etwas zurück.

Für mich ergab sich die Beziehung zu den »Amis« durch den Sport. Unser Gymnasium in der Geblergasse war eine der ersten Schulen in Wien, in denen Basketball gespielt wurde. Die amerikanischen Soldaten hatten zu Zwecken ihrer eigenen Betätigung den Turnsaal der Schule renoviert und Korbanlagen installiert. In einer der Hallen des Messepalasts (heute Museumsquartier) errichtete die amerikanische Besatzungsverwaltung das damals wahrscheinlich schönste Basketballspielfeld Österreichs mit versiegeltem Parkettboden, elektrischen Scoreanzeigen und anderen Details, die heimischen Sportvereinen schlechthin unmöglich waren. Für die kleine Gemeinde Wiener Basketballbegeisterter war diese Spielstätte eine vielbewunderte Ergänzung zu unserer eigenen, recht bescheidenen »Hochburg« im ersten Stock des Palais Ferstel in der Herrengasse. Wenn ich heute im Ferstel einem Vortrag lausche oder selber einen halte, ertappe ich mich manchmal dabei, wie meine Blicke gelegentlich für ein paar Sekunden in zweieinhalb Meter Höhe hängenbleiben, wo sich ehedem die Körbe befanden.

Auf meine Sportlerkarriere blicke ich mit viel Freude und einigem Stolz zurück. Ich spielte zwar ganz gut Fußball, aber wieder nicht so gut, daß ich mir eine glanzvolle Laufbahn hätte erwarten dürfen. Basketball ging mir im buchstäblichen Sinn leichter von der Hand. Schon im Maturajahr wurde ich in die Nationalmannschaft berufen, der ich dann bis zu meinem siebenundzwanzigsten Lebensjahr angehörte. Einer von mehreren Höhepunkten war meine Zugehörigkeit zum österreichischen Olympiateam 1960. Ein paar Jahre später mußte ich wegen einer schweren Knieverletzung aus der obersten Leistungsklasse ausscheiden. Nach und nach zog ich mich schließlich vom aktiven Sport zurück, auch wegen der immer mehr zunehmenden beruflichen Belastung. Sport schafft persönliche Freundschaften, viele davon dauerhaft. Sport schafft – disziplinübergreifend und generationsübergreifend – Verständnis für andere Menschen. Ich hätte viel versäumt, wäre ich nicht so lang und so engagiert dabeigewesen. Und ich wäre nicht dem wunderbarsten Menschen, den ich kenne, begegnet. Meiner Frau Christine.

Mitte Mai 1955 legte ich den schriftlichen Teil der Reifeprüfung ab, an einem Freitag, Samstag, dem darauffolgenden Montag und Dienstag. Der dazwischenliegende Sonntag war der 15. Mai, der Tag, an dem der Staatsvertrag von Wien unterzeichnet wurde. Die Gefühle pendelten zwischen Anspannung wegen der Latein- und Mathematikmatura auf der einen und Leopold Figls »Österreich ist frei« auf der anderen Seite nicht ganz kontrolliert hin und her. Dann hieß es, sich für ein Studium zu entscheiden. Ich hatte mich darauf eingestellt, Jus zu belegen; drei meiner engeren Klassenfreunde bevorzugten allerdings Welthandel. So wählte ich – die möglicherweise besseren Berufsaussichten vor Augen – ebenfalls das Wirtschaftsstudium. Ich habe es nicht bereut. Vor allem die Betriebswirtschaftslehre erwies sich in den Jahren des Lebens in der Politik als eine äußerst wichtige und wertvolle Hilfe, um hinter den schwungvollen politischen Parolen die ökonomische Realität nicht aus den Augen zu verlieren.

Die an der alten Hochschule für Welthandel – heute heißt sie Wirtschaftsuniversität – vorgetragene Volkswirtschaftslehre konfrontierte den Studierenden fast ausschließlich mit Dogmengeschichte. Viele »Welthändler«, mich eingeschlossen, konnten ihr zunächst wenig abgewinnen, weil wir fast nur von irgendeiner künftigen Managertätigkeit träumten und meinten, dabei für Robert Malthus oder die Physiokraten wenig Verwendung zu haben. Der Wert einer derartigen Ausbildung wird allerdings dann sehr rasch erkennbar, wenn man in größeren wirtschaftspolitischen und auch ideengeschichtlichen Zusammenhängen zu denken und zu handeln hat.

Vom nachmalig berüchtigten Professor Taras Borodajkewycz, der Vorlesungen über Wirtschaftsgeschichte hielt, habe ich während des gesamten Studiums eine einzige Vorlesung gehört. Mehr war auch nicht notwendig: Im Kollegenkreis zirkulierte eine Liste mit rund vierzig Prüfungsfragen dieses Professors. Konnte man sie halbwegs beantworten, hatte man die Prüfung bestanden. Von seinen rechtsradikalen Äußerungen nahm ich persönlich nichts wahr, weil ich ihm nicht zugehört habe. Der heute allseits bekannte Borodajkewycz-Skandal ereignete sich mehrere Jahre nach meiner ersten Staatsprüfung, in der ersten Hälfte der sechziger Jahre. Wie sich damals herausstellte, hatte »Boro« in Auftritten auf Hochschulboden und sonstwo aus seiner Begeisterung vom Nationalsozialismus und aus seiner antisemitischen Überzeugung kein Hehl gemacht. Hans Kelsen, in Berkeley lehrend, wollte 1965 einer Einladung zur Sechshundertjahrfeier der Universität Wien nicht Folge leisten, weil Borodajkewycz in einer Vorlesung behauptet hatte, der Schöpfer der österreichischen Bundesverfassung habe den Namen Kelsen angenommen, vorher aber Kohn geheißen (was barer Unsinn ist), und konnte nur mühsam zur Teilnahme an den Feierlichkeiten bewogen werden.

Was aber war vorher geschehen? Ferdinand Lacina, Student an der Hochschule für Welthandel, besuchte Vorlesungen von Borodajkewycz, hörte dessen Auslassungen und stellte seine darüber verfaßten Mitschriften Heinz Fischer zur Verfügung, der sie im Frühjahr 1962 für einen Aufsatz in der sozialistischen Programmzeitschrift *Zukunft* verwendete. Der Professor klagte Fischer und bekam recht; Fischer wurde im November 1963 zu einer unbedingten Geldstrafe verurteilt, hauptsächlich deshalb, weil er vor Gericht Lacinas Namen nicht nennen wollte, um dessen Studienfortgang nicht zu gefährden.

Borodajkewycz nahm die Verurteilung Fischers zum Anlaß, in einer Hörerversammlung an der Hochschule seinem Triumph freien Lauf zu lassen, sich explizit und selbstbewußt zu seinen verschiedenen NS-Aktivitäten und seinen Judenverhöhnungen zu bekennen, und handelte sich damit ein vierzehn Monate dauerndes Disziplinarverfahren ein. Schließlich wurde er in den Ruhestand versetzt. Fischers Anwalt Wilhelm Rosenzweig erwirkte eine Wiederaufnahme des Gerichtsverfahrens und den Freispruch seines Mandanten.

Alle verfügbare Zeit habe ich in meinen Studentenjahren intensiv genutzt. Ich war immer irgendwie unterwegs. Dafür sorgte schon die Eigenschaft als Spieler der Basketballnationalmannschaft. Dafür sorgten aber auch die recht verschiedenen und notwendigen Tätigkeiten, um mein privates Budget zu sichern. Ich gab Nachhilfestunden in allerlei Gegenständen, und kaum ein Dezember ging vorüber, in dem ich nicht am Wiener Süd- oder Westbahnhof eine der dort angebotenen Stellen annahm, um im vorweihnachtlichen Massenpaketdienst, beim »Packelschupfen«, meine Börse aufzubessern. Dieses Entladen von Güterwaggons war meist in den sehr frühen Morgenstunden zu erledigen. Die Kälte der Jahreszeit, die Zugluft in den Waggons und das Ladegut – schwere und leichte Pakete, Tannen und Fichten, mit Postzetteln beklebtes Wildbret und andere Spezialitäten – machten die Arbeit gar nicht so leicht. Verwöhnt durfte man nicht sein. Auch nicht als Bau- oder Fabrikarbeiter während der Sommerferien. In den jeweils ersten Tagen verschafften mir die Schaufel am Bau oder der Hammer in der Fabrik Schwielen an den Händen, an die ich die ganze Nacht unaufhörlich denken mußte. Über die Hochschülerschaft oder andere Vermittlungsstellen hätte es auch Büro- oder Praktikantenarbeit für Welthandelsstudenten gegeben, ich zog aber – notgedrungen – die manuelle Arbeit aus dem simplen Grund vor, weil sie viel besser bezahlt wurde als eine Schreibtischtätigkeit. Außerdem trachtete ich immer danach, in eine Akkord- oder Prämienpartie eingeteilt zu werden. Das ist nicht selbstverständlich, weil man dem Greenhorn nicht zutraut, mit dem Arbeitstempo der Eingesessenen mitzuhalten. Die Arbeiter befürchten, daß es ihnen, wie es heißt, den Akkord »zusammenhaut«. Ich habe ihn nie »zusammengehaut«, es kostete mich aber gelegentlich enorme Anstrengung, den Verzicht auf die Frühstückspause oder Arbeit bis zum offiziellen Arbeitsschluß, während das Stammpersonal schon plaudernd auf die Schlußsirene wartete. Als ich aber dann schon einige Male bei Alfa-Laval am Wienerberg Futterdämpfer zusammengebaut oder Heurechen und Feldhäcksler in der Gruppe montiert hatte, gehörte ich auch bald zu denen, die zwanzig Minuten vor Arbeitsschluß Politik, Fußball und die Qualitäten verschiedener Urlaubsorte diskutierten.

Als Student machte ich die Erfahrung – heute ist vielleicht schon alles anders –, daß Arbeiter für den jungen Kollegen, den sie nicht ihrem Stand zurechnen, am Anfang nicht leicht zugänglich sind. Ich bin sicher, persönlich keinen Anlaß zu einer Distanzierung geliefert zu haben. Dazu war ich anfangs in der Kette der Arbeitsabläufe ein viel zu schwaches Glied und auf

Hinweise und Ratschläge der Stammkollegen zu sehr angewiesen. Auf einer Baustelle – man errichtete ein Wohnhaus – in Wien-Favoriten wurde ich einmal am ersten Arbeitstag dazu eingeteilt, Sand und Zement in die Mischmaschine einzuschaufeln und Wasser zuzusetzen. Ein zweiter Arbeiter stand mir zur Seite. Es war ein heißer, windiger Sommertag. Unsere Schauflerei staubte fürchterlich. Zwischen sieben und neun Uhr, also bis zur ersten Pause, sprachen wir kein Wort miteinander. Um neun Uhr setzten sich alle in eine Ecke des bereits errichteten Rohbaus zum Frühstück. Ein Lehrling war vorher zum Greißler um die Ecke geschickt worden, um einzukaufen. Er brachte für jeden irgend etwas, ein Wurstbrot, zwei Kabanossi mit Gurkerln und Semmel und ähnliches mehr. Selbstverständlich eine Kiste Bier. Für mich hatte er nichts dabei. Er zuckte die Achseln und murmelte: »Ich hab' nicht gewußt, ob du was willst. Außerdem habe ich denen das gebracht, was sie vorige Woche auch wollten.« Ich sagte mir, gut, vorige Woche war ich eben noch nicht da. Ich hatte ohnehin ein Jausenbrot in meiner Tasche, die sich allerdings in einer improvisierten Garderobe am anderen Ende der Baustelle befand. Als ich hingekeucht war und kauend zurückkam, war erstens die Pause zu Ende und zweitens brachte ich den Bissen nicht hinunter, weil ich kein Getränk hatte.

Wir kehrten zur Mischmaschine zurück, und der andere Schaufler sagte unvermittelt, er heiße Otto, sei aus dem Burgenland und vierunddreißig Jahre alt. Ich sagte meinen Namen und daß ich achtzehn sei. Er bot mir eine Austria-3-Zigarette an. Ich war Nichtraucher und nahm sie. Sand und Zement in der Luft, Austria 3 in der Kehle; bald verstand ich den Bierdurst. Am nächsten Morgen bei Arbeitsbeginn begrüßte mich einer mit: »Servus, Advokat.« Spöttisch oder nicht, ich wußte es nicht. Nach einer Woche war ich integriert. Das größte Lob sprach einer der älteren Maurer aus: »Unser Advokat kriegt jetzt schon was auf die Schaufel.«

Am Ende der mehrwöchigen – meist zweimonatigen – Tätigkeit, regelmäßig an einem Freitagnachmittag, war Abschied.

Die Einladung an alle zu einer Jause und einem Umtrunk war selbstverständlich. So manche sagten: »Jetzt gehst du, wo du einer von uns geworden bist?« Das schmeichelt. Und ich habe dieses Zusammenleben an der Mischmaschine, am Gerüst, an der Werkbank nie vergessen, bis ich den Kollegen – nicht denselben – Jahrzehnte danach an ihren Arbeitsplätzen wieder begegnete. Mir fiel der seichte Spott ein, den die Kaffeehaussozialisten für den »Banker« an der Parteispitze vorrätig hatten.

Als 1937 Geborener gehörte ich dem ersten wehrpflichtigen Jahrgang für das nach dem Staatsvertragsjahr 1955 wiedergeschaffene Bundesheer an. Zwischen der Reifeprüfung im Juni und der Inskription im Oktober 1955 wurde ich zwar zur Musterung geladen und als »tauglich zum Dienst mit der Waffe« befunden, man stellte mir aber in Aussicht, Studierende könnten den Aufschub der Einberufung beantragen. Ich machte davon etliche Jahre hindurch Gebrauch und damit wahrscheinlich einen Fehler. Insgeheim hegte ich die Hoffnung: je länger aufgeschoben, desto weniger wahrscheinlich, überhaupt eingezogen zu werden. Obwohl ich aus beruflichen Gründen zwischen Diplom und Doktorat eine mehrjährige Pause einlegte, inskribierte ich in der Folge doch immer wieder, weil man ja auch für das Doktoratsstudium Vorlesungen und Seminare belegen mußte. Ein Nebenprodukt des fortgesetzten Inskribierens bestand darin, den Einberufungsaufschub zu verlängern. Einmal aber war es so weit: Aufschub wurde nicht mehr gewährt. Ich war verheiratet und Vater eines Kindes. Als Neunzehnjähriger hätte ich den Präsenzdienst ableisten sollen, als siebenundzwanzigjähriger Familienvater ist man im auf einfache Schemata aufgebauten militärischen Ausbildungsbetrieb deplaziert. Und so fühlte ich mich auch, selbst wenn mir als Kompanieältestem einige Ehren zuteil wurden. So hatte ich etwa die Verteilung von Hygienepapier ebenso zu überwachen wie den Ablauf der Soldatenvertreterwahl. Ausgebildet wurde ich zum Funker, später zum Heereskraftfahrer und nach einiger Zeit von der Maria-Theresien- in die Stiftskaserne in die Heereswirtschaftsschule versetzt, um Militärliteratur aufzubereiten. Die Ergebnisse meiner Aufbereitung hatte ich einem hohen Intendanzoffizier im Verteidigungsministerium vorzulegen. Nach sechs Monaten stellte die Nationalbank den Antrag auf meine vorzeitige Abrüstung aus dringenden Gründen. Dem Antrag wurde stattgegeben.

In der konkreten Situation begeisterte mich meine Verpflichtung zum Wehrdienst keineswegs. Ich kannte auch kaum jemanden, bei dem das anders war. »Verlorene Zeit«, so faßten ich und die meisten anderen ihre Eindrücke zusammen. Trotzdem war es mir letztlich wichtig, diese Erfahrung gemacht zu haben, insbesondere dann, als ich immer mehr in das politische Geschehen vordrang. Im übrigen sei erwähnt, daß recht viele Kollegen, auf die ich in der Spitzenpolitik stieß, keinen Militärdienst geleistet hatten. Die politisch wirklich relevante Anmerkung bezieht sich allerdings auf das komplizierte Verhältnis der SPÖ zu Heer und Landesverteidigung. Die schrecklichen bewaffneten Auseinandersetzungen des Jahres 1934, bei denen die uniformierte Staatsmacht – Heer und Polizei – Gemeinsamkeit (es schossen Österreicher auf Österreicher) und Gefühl eklatant vermissen ließ, verstärkten ein verständliches Trauma der Sozialdemokraten, das schon 1927 beim rücksichtslosen Vorgehen der Polizei beim Justizpalastbrand entstanden war. Traumata und Ressentiments pflanzen sich über Generationen fort. Trotzdem konnte ich die Aversion meiner Partei gegenüber dem österreichischen Bundesheer nach dem Zweiten Weltkrieg nicht teilen, schon um einen grundsätzlichen Widerspruch zu vermeiden. Die allgemeine Wehrpflicht ist von der SPÖ bei ihrer Einführung nicht bekämpft, sondern mitvertreten worden. Wenn und weil das so ist, verbietet es die Logik, gegen die Institution eingestellt zu sein. In unzähligen Parteivorstandssitzungen habe ich das gepredigt und hinzugefügt, daß die Aversion gegenüber der Landesverteidigung auch wahltaktisch falsch ist. Das österreichische Bundesheer wird im großen und ganzen – zum Beispiel im Vergleich zu den ebenfalls neutralen Ländern

Schweden und Schweiz – budgetär kurzgehalten. Wegen der mangelhaften finanziellen Dotierung sind Kasernen, Unterkünfte und Gerät nicht gerade das, was man modern und attraktiv nennen könnte. Das erleben Präsenzdiener und die Stammkader des Heerespersonals im Original. Hören sie dann noch – so wie ich in meiner Soldatenzeit –, daran seien die »roten Bundesheergegner« schuld, dann kann man sich ein Bild davon machen, wie die in diesem Alter großteils noch politisch offenen Menschen darauf reagieren. Die Offiziere sind ohnedies mehrheitlich keine Sozialdemokraten, um es neutral zu formulieren.

Die Voreingenommenheit vieler sozialdemokratischer Funktionäre gegen die Landesverteidigung ist allerdings mit den bitteren Erfahrungen der Zwischenkriegszeit nicht hinlänglich erklärt, ganz abgesehen vom Generationswandel. Die gewichtigere Ursache dieser Haltung war die Neutralität. Tatsächlich hat es dieser Status Österreich während der langen Zeit des Kalten Kriegs, für uns von 1955 bis 1989, erspart, in kriegerische Auseinandersetzungen verwickelt zu werden. In all diesen Jahren wuchs das Vertrauen in das eigene Land und sein politisches System nach so vielen teils katastrophalen Erlebnissen und Erfahrungen. Endlich keine Kriege mehr! Endlich Wohlstand! Endlich Sicherheit! Die Neutralität war nicht die alleinige gute Botschaft für diese zum ersten Mal seit ihrer Gründung wirklich zu einem selbstbewußten Leben erwachte Republik, aber jedenfalls eine höchst wesentliche.

Wenn heute Kritiker der Neutralität über deren »identitätsstiftende« Wirkung für dieses über Jahrzehnte geschundene Land müde lächeln, weil sie sie für ausgehöhlt, überholt, unzeitgemäß halten, dann ist das ein anderes Kapitel. Im Kalten Krieg hat der Großteil der Österreicher auf die Neutralität gebaut, als Grundlage ihrer eigenen Sicherheit und der ihrer Kinder. Mehr als auf alles andere, mehr auch als auf das Militär. Mag das in allen Konsequenzen rational gewesen sein oder nicht, eine Tatsache mit so großer Verbreitung in der Bevölkerung hat ihren politischen Stellenwert und ist ernst zu nehmen.

Weniger verinnerlicht wurde – und das ist die wahre Crux der Einstellung zum Heer – die verfassungsrechtlich festgelegte Verpflichtung, den Status der Neutralität mit einem funktionierenden Militär zu verteidigen. Man fühlte sich durch die Neutralität so sicher, daß diese aus ihr erwachsende Verpflichtung in den Hintergrund trat. Nicht wenige Bürger dürften allfällige Bedrohungen – wie etwa eine bewaffnete Auseinandersetzung zwischen NATO und Warschauer Pakt unter Einbeziehung österreichischen Territoriums – gar nicht ernstlich erwogen haben. Diese Stimmung führte, wenn über Anschaffungen von Geräten oder Waffen für das Bundesheer zu diskutieren war, im SPÖ-Bundesparteivorstand zu Wortmeldungen, die Regierung möge den Ankauf bleibenlassen und lieber die Pensionen kräftiger erhöhen. Selbstverständlich habe ich einen solchen Tausch nie erwogen. Ich erwähne diese Diskussionsbeiträge vor allem, um zu zeigen, welch liebe Not so mancher sozialdemokratische Funktionär mit der Landesverteidigung hatte und umgekehrt die Heeresangehörigen mit der Partei.

Ende 1959 hatte ich mein Studium mit dem akademischen Grad des Diplomkaufmanns abgeschlossen. Ich hatte mich in bezug auf spezielle Betriebswirtschaftslehre für Industriebetriebslehre bei Professor Willy Bouffier entschieden, wollte auch in der Industrie arbeiten und bekam wenige Wochen nach der letzten Diplomprüfung einen Posten als Gemeinkostenrechner und -controller bei Siemens Schuckert in der Engerthstraße im zweiten Wiener Gemeindebezirk. Die Siemens Schuckert Ges.m.b.H nannte sich auch WSW (Wiener Starkstromwerke), erzeugte im wesentlichen Generatoren und Transformatoren und war für mich, den jungen »Industriekaufmann«, das erste echte Geläuf, auf dem es voranzukommen galt. Bis wenige Jahre vor meinem Eintritt war sie noch USIA-Betrieb gewesen, also unter der Verwaltung der sowjetischen Besatzungsmacht gestanden. Während der Besatzungszeit hatte man in den Maschinenpark und die Fabrikhallen so gut wie nicht investiert, so daß sich unsere Fabrik in ihrem durchgehenden Mausgrau nicht vom gleichen Erscheinungsbild der Häuser im zweiten Bezirk, der Leopoldstadt, abhob, in die sich, weil auch sie in der »Russenzone« lag, ebenfalls kaum Investitionsschillinge verirrt hatten. Trotzdem ließen sich etliche leitende Angestellte nicht davon abhalten, schon in diesen ersten Jahren des freien Österreich in dem Unternehmen etwas zu beginnen, das heute Corporate Identity heißt und damals mit dem Ausdruck »Wir Siemensianer« an die Tradition des Hauses anknüpfte.

Ich hatte also in diesen ersten Wochen des Jahres 1960 begonnen, mich einzuleben. Meine Vorgesetzten schienen mich zu mögen und stellten mir ein gutes berufliches Vorankommen in Aussicht. Doch es sollte anders kommen. Meine Mutter arbeitete im Haushalt der Witwe des ehemaligen Gewerkschaftsbundpräsidenten Johann Böhm. Über sie lernte ich Stefan Wirlandner kennen, Generaldirektor-Stellvertreter der Oesterreichischen Nationalbank und der einzige Sozialist im sechsköpfigen Direktorium unserer Notenbank. Der Generaldirektor, ein Herr namens Franz Stöger-Marenpach, und die restlichen vier Mitglieder des Direktoriums waren ausgewiesene Parteigänger der Österreichischen Volkspartei. Über allen aber schwebten Geist und Persönlichkeit des Präsidenten der Nationalbank: Reinhard Kamitz, Universitätsprofessor, ehemaliger Finanzminister in der Regierung des Bundeskanzlers Julius Raab, als solcher Mitnamensgeber einer Währungs- und Stabilitätspolitik, die als »Raab-Kamitz-Kurs« politischen Stellenwert erlangt hatte.

Wirlandner fragte mich, ob ich in der Nationalbank arbeiten wolle. Er brauche junge Mitarbeiter, deren betriebswirtschaftliches Studium noch nicht auf den Halden des Vergessens deponiert sei, und außerdem müsse ja nicht jeder Bedienstete der Nationalbank bei der ÖVP sein. Beides traf auf mich zu: Das Wissen aus dem Studium war noch nicht verblichen und VP-Mitglied war ich auch nicht; ich gehörte gar keiner Partei an. Es liegt mir allerdings fern, mich einer abgehobenen Parteifreiheit rühmen zu wollen, wie sie heute zum selbstbewußten, teilweise überheblichen sogenannten guten Ton gehört. Selbstverständlich war ich durch meinen Vater und alle unsere familiären und Freundesbeziehungen sozialistisch geprägt (dies als »sozialdemokratisch« zu punzieren, blieb mir in einem späteren Lebensabschnitt vorbehalten).

Am 1. Dezember 1961 wurde ich Angestellter der Oesterreichischen Nationalbank, am 1. Februar 1962 trat ich der Sozialistischen Partei Österreichs bei und kurz danach engagierte ich mich in der sozialistischen Betriebsfraktion dieses damals »kohlrabenschwarzen« Instituts. In einer Betriebsfraktion, die zwar nicht gerade »im Untergrund« arbeiten, aber angesichts der etablierten Machtstrukturen des ÖAAB gleichzeitig offensiv und immer auf der Hut sein mußte, nicht in aufgestellte Fallen zu tappen. Heute brauche ich diese Genugtuung nicht, damals jedoch war es mir jungem Mann nicht unangenehm zu hören: Er gehört zwar zu »denen« (gemeint waren »die Roten«), aber arbeitsmäßig ist er in Ordnung.

Für sozialistisch eingestellte Österreicher waren die sechziger Jahre alles andere als erfreulich. Bei der Nationalratswahl 1962 erreichte die Partei 44 Prozent der Stimmen und 76 Mandate; das war gegenüber der Wahl des Jahres 1959 ein Minus von 0,79 Prozent der Stimmen und ein Rückgang der Mandate von 78 auf 76. Zwischen den Nationalratswahlen der Jahre 1962 und 1966 ereignete sich die sogenannte Olah-Krise, in deren Folge der ehemalige Innenminister mit einer 1965 gegründeten eigenen Partei zur Nationalratswahl 1966 antrat und damit seine ehemalige Partei, die SPÖ, empfindlich schwächte. Dadurch gelang es der ÖVP, bei diesen Wahlen die absolute Mehrheit zu erringen.

Die kleine Welt der sozialistischen Fraktion in der Nationalbank hatte all diese politischen Großereignisse über sich ergehen zu lassen. Am Montag nach dem Wahlsonntag 1966 hieß es zwar nicht gerade über glühende Kohlen zu unseren Büros zu gehen, aber unsere Empfindungen waren nicht weit davon entfernt. Am Abend setzte sich Stefan Wirlandner mit uns, den jungen »SP-Fraktionellen«, zusammen. Der spätere Gouverneur der Postsparkasse, Kurt Nößlinger, war unser Obmann. Jahre danach folgte ihm Adolf Wala, der während meiner Kanzlerzeit als Generaldirektor des Noteninstituts umsichtig und höchst erfolgreich wirkte. Im Gespräch mit Wirlander konnten einige ihre Bestürzung über das Wahlergebnis nicht verhehlen und fragten beklommen, wie es denn weitergehen werde. Es werde weitergehen, sagte Wirlandner den Furchtsamen, und zwar für Sozialdemokraten gar nicht so schlecht, denn die Volkspartei sei auf dem Weg, ihre absolute Mehrheit falsch zu interpretieren. So war es dann auch. Und Stefan Wirlandner, unser großer und großartiger Mentor, sollte wieder einmal recht behalten.

In der Nationalbank war in diesen sechziger Jahren ein stellvertretender Personalchef tätig. Sein Name war Ferdinand Meißner, er hielt nichts von Volkswirtschaftslehre und Währungspolitik, hatte aber eine feste Position zum Thema Stückgeldversorgung der österreichischen Wirtschaft. Das äußerte sich so: »Der Generaldirektor will Sie unbedingt in einer hochgestochenen Abteilung haben. Sollte Ihnen das nicht gefallen, hab' ich Verständnis. Kommen S' zu mir, ich geb' Ihnen eine schöne Kassa.« Mit einem Wort, er mochte mich. Eines Tages aber ließ er mich zu sich kommen, wirkte besorgt und verstört zugleich. »Mir ist zugetragen worden«, sagte er, »Sie gehören zu den Roten. Sollte das wirklich wahr sein, treten Sie dort sofort aus, bei denen werden Sie nie etwas …«

In Regierungsnähe

Etliche Jahre später. November 1970. Die Minderheitsregierung Kreisky ist im Amt, der Generaldirektor-Stellvertreter der Nationalbank heißt Heinz Kienzl, später steigt er zum Generaldirektor auf. Als Präsident fungiert der ehemalige Finanzminister der ÖVP, Wolfgang Schmitz, als Vizepräsident der ehemalige Staatssekretär und Generaldirektor der Großeinkaufsgesellschaft österreichischer Consumvereine (GÖC), Andreas Korp, SPÖ. Mir hatte man in der Zwischenzeit hervorragende Chancen eröffnet. Ich konnte in der Volkswirtschaftlichen Abteilung das Nordamerikareferat auf- und ausbauen. Mehrmonatige Aufenthalte in Washington, New York, London, Den Haag und Amsterdam boten mir Möglichkeiten der Ausbildung (Geldstromrechnung, ökonometrische Modelle für Prognose und Geldmengenbestimmung sowie die ersten Schritte der Zahlungsbilanzhilfe für Länder, die derer bedurften, waren damals in Österreich neue, aber sehr gefragte Themen), aber auch Kontakte, die für meine künftige Tätigkeit innerhalb und außerhalb des Hauses von unschätzbarem Wert waren.

In diesem November fragte der Finanzminister des ersten Kabinetts Kreisky, Androsch, bei Generaldirektor-Stellvertreter Kienzl an, ob ich als Berater im Finanzministerium zur Verfügung stehen und ob Kienzl dies ermöglichen würde. Ich stand zur Verfügung, und Kienzl konnte es ermöglichen. Mit 1. Dezember 1970 übersiedelte ich als »Leihgabe« der Nationalbank ins Finanzministerium und damit von einer ziemlich geschützten in eine recht exponierte Position, war doch schon abzusehen, daß Bundeskanzler Kreisky die für ihn und die SPÖ vorliegenden erstklassigen Meinungsumfragen als Grundlage benutzen würde, um sich in einer vorverlegten Wahl ein noch größeres Vertrauen der österreichischen Wähler zu sichern, als dies bei der Nationalratswahl des Jahres 1970 möglich gewesen war. »Laßt Kreisky und sein Team arbeiten«, lautete der Slogan für die Nationalratswahl im Oktober 1971. Und die Wähler ließen. Die absolute Mehrheit der SPÖ war geboren, sie sollte bis in das Jahr 1983 währen.

Zurück aber zu meinem Wechsel von der Notenbank ins Finanzministerium. Vizepräsident Korp war davon alles andere als angetan. Ich konnte es drehen und wenden, wie ich wollte, er war gegen mein Abwandern in die Himmelpfortgasse. Ob dahinter Spannungen mit dem Bundesparteivorsitzenden oder anderen standen, konnte ich nicht beurteilen.

Andreas Korp jedenfalls war sich sicher: »Bleiben S' da; eine Minderheitsregierung hält sich nicht lang« (womit er ja – wenn auch anders als gedacht – recht hatte). Als ich aber nicht nachließ: »Also gut, Ihr Platz wird ein halbes Jahr lang nicht besetzt. Wahrscheinlich sind S' eh schon früher zurück.«

So zog ich Ende 1970 in die Himmelpfortgasse ein und blieb nicht ein halbes Jahr oder weniger, sondern fünfeinhalb Jahre lang. Formell war ich weiterhin Beamter des Hauses am Otto-Wagner-Platz, meine Arbeit verrichtete ich aber in der Himmelpfortgasse. Das Ministerium refundierte der Bank die Bezüge, die diese monatlich an mich ausbezahlte.

Mein Sohn Robert war kurz vorher zur Welt gekommen und lernte rasch, ebenso wie meine 1966 geborene Tochter Claudia, in einer Familie zu leben, in der der Vater zu den Marginalerscheinungen gehörte. Schade, aber es war so.

Mein Vater war einige Wochen lang mit mir sehr kurz angebunden. Für »Rechte« wie Kreisky und Androsch arbeitet man nicht, befand er. Außerdem verstand der in den dreißiger Jahren Ausgesteuerte, für den ein sicherer Arbeitsplatz das Alpha und Omega im Leben war, nicht, wie man eine Anstellung in einer Bank aufgeben konnte.

In diesen Dezembertagen des Jahres 1970 tauchte ich in

eine neue Arbeitswelt, eine neue Lebenswelt ein. Journalisten-kontakte hatte ich bis dahin einige gehabt, nun wurden es deren viele und das permanent, obwohl ich gar nicht der Presse-referent war, bei dem alles Mediale und Pressebezogene zusam-menlief. Politiker kannte ich persönlich einige, nun hatte ich wöchentlich mehrmals mit etlichen zu tun. Vom Parlamentsklub waren mir einzelne Abgeordnete bekannt und vertraut, keines-falls eine größere Zahl. Nun waren neunzig politisch exponierte und verantwortliche Menschen in der einen oder anderen Form meine Gesprächspartner, weil der Mitarbeiter eines Mini-sters diesen in der Kommunikation mit anderen Politikern, also im konkreten mit den Abgeordneten, zwar nicht ersetzen kann und soll, aber doch sehr viele Hilfsdienste im täglichen Getriebe einbringt. Last but not least sei die hohe Beamtenschaft des Hauses in der Himmelpfortgasse genannt. Für die gar nicht wenigen Jahre als Ministermitarbeiter habe ich keinen Fall in Erinnerung, in dem ich nicht eine korrekte und weiterführende Information erhalten hätte. Die Stellungnahmen der Sektions-chefs und Ministerialräte waren von viel Selbstbewußtsein geprägt – viele von ihnen waren anerkannte Kommentatoren und Interpreten der von ihnen redigierten, wenn nicht verfaß-ten Gesetzestexte –, sie standen dem Ministerberater aber immer kooperativ gegenüber.

Eine besonders schöne Erinnerung ist das Verhalten der Re-gierungsmitglieder der Kabinette Kreisky, der Parlamentsspitze und der Landespolitiker zu dieser Zeit. Ich bemühe mich sehr, diese Verhältnisse nicht im Rückblick verklärt zu sehen; Tat-sache ist aber, keine Frau, kein Mann, die hohe politische Funk-tionen wahrnahmen, ließen mich, den Ministermitarbeiter, hierarchisches Gehaben spüren. Soweit ich weiß, war das bei Mitarbeitern in anderen Ministerkabinetten ebenso. Für mich erwuchsen aus dieser Zeit wichtige loyale, freundschaftliche und je nach Temperament auch herzliche Verhältnisse. Die Ver-suchung, Namen zu nennen, ist groß. Ich erliege ihr und nenne Herta Firnberg, Erwin Frühbauer, Josef Moser, Christian Broda,

Otto Rösch, Rudolf Häuser, Josef Staribacher, Leopold Gratz, Adalbert Sebastian, Karl Steinocher, Fritz Maier, Leopold Grünzweig und Franz Hillinger. Über mein Verhältnis zu und meine Wertschätzung für Fred Sinowatz berichte ich an mehreren Stellen dieser Erinnerungen. Mit einigen politischen Sekretären gelangen haltbare und zukunftsfähige Bindungen, die ich nicht missen möchte – Karl Stix, Karl Grünner, Peter Ambrozy und Günther Sallaberger sind hier vordringlich zu nennen.

Androsch selbst hatte ich in der zweiten Hälfte der sechziger Jahre kennengelernt, als die sozialistische Fraktion in der Nationalbank ihn zu einer ihrer Bildungsveranstaltungen ins Konsumhaus in der Gloriettegasse einlud. Er war damals Sekretär im Parlamentsklub der SPÖ und referierte bei unserer Veranstaltung über die Geschäftsordnung des Nationalrats aus parteipolitischer Sicht. Ein nächstes Zusammentreffen ergab sich beim Europäischen Forum Alpbach im Spätsommer 1968. Androsch, einige andere ebenfalls mit wirtschaftspolitischen Angelegenheiten unmittelbar befaßte Teilnehmer und ich diskutierten dort intensiv mit tschechoslowakischen Nationalökonomen, die auf der Flucht aus ihrem Land nach dem Einmarsch der Truppen des Warschauer Pakts den Weg nach Österreich gefunden hatten. Etliche dieser Experten landeten schließlich in der Wirtschaftsforschung in Wien und machten sich hier einen guten Namen.

Während oder am Rand dieser Diskussionen in Alpbach fanden Androsch – er war vom Klubsekretär bereits zum Nationalratsabgeordneten aufgestiegen – und ich heraus, daß jeder von uns für die Beendigung unseres nebenberuflich betriebenen Doktoratsstudiums noch ein Rigorosum abzulegen hatte. Ich lieh ihm danach einige Skripten zur Vorbereitung für die an der Hochschule damals streng geprüfte Wirtschaftsgeographie.

Die dritte Begegnung ereignete sich im Jahr 1970 in der Nationalbank. Androsch war schon Finanzminister und stattete dem Noteninstitut in dieser Eigenschaft einen Besuch ab. Recht bald danach übersiedelte ich vom Otto-Wagner-Platz in die

Himmelpfortgasse, um in der unmittelbaren Umgebung des Ressortchefs zu arbeiten. Das Tätigkeitsgebiet war nicht eng definiert. Es lautete recht informell auf »Beratung in Wirtschafts- und Währungspolitik«, kannte aber keine wirkliche Eingrenzung.

Als ich meinen Posten im Finanzministerium antrat, traf ich ein sehr kleines Team an, das den Minister betreute. Im unmittelbaren Sekretariat werkte Ministerialrat Kurt Ruf. Das Um und Auf der politischen Beratung und der Öffentlichkeitsarbeit für Androsch hatte Beppo Mauhart übernommen, der vorher im Freien Wirtschaftsverband Chefredakteur der Verbandszeitschrift *Der Selbständige* gewesen war. Später übernahm Ruf die Leitung einer Abteilung der Präsidialsektion, und Michael Auracher, ein weiterer »gestandener« Finanzbeamter, leitete fortan das Sekretariat mit viel Umsicht und nicht zuwenig Humor. Gerhard Loidolt, ebenfalls ein Mann aus der Finanzverwaltung, stand ihm zur Seite. Der Ressortchef erwartete von uns die jederzeitige Verfügbarkeit, die nicht nur in physischer Präsenz, sondern vor allem in Diskussions-, Meinungs- und Aktionsbereitschaft bestand. Die andere Seite war unser ungefragt existierendes Angebot, jederzeit zur Verfügung zu stehen.

Androsch war, sieht man vom Schlußdrittel seiner Ministerschaft ab, ein erfolgreicher Politiker. Einer der Schlüssel zu seinem Erfolg lag in seinem Führungsstil im Finanzministerium: Er arbeitete mit dem Haus und sicherte sich damit die loyale, vor allem aber die von unüberbietbarer Sachkenntnis getragene Unterstützung seiner Beamten. Seine unmittelbaren persönlichen Berater übersetzten viele seiner politischen Vorhaben und Vorgaben in die Sektionen und Abteilungen des Ministeriums hinein und profitierten damit auf ihrer Ebene von der Professionalität des Apparats. Das Gegenteil dieser Arbeitsweise praktizierte der Nachfolger Androschs, Salcher. Er fristete ein mit wenigen Ehren beschienenes Dasein als Finanzminister, weil er seinem Mißtrauen gegenüber dem Großteil der nicht sozialistisch eingestellten Finanzbeamten erlag.

Aus meiner langjährigen Erfahrung im ministeriellen Getriebe – im übrigen auch in den Großbanken, in denen ich Leitungsfunktionen innehatte – muß ich immer wieder feststellen, daß eine kluge und überschaubare Amtsführung fraktionelle Unterschiede im Interesse des Gesamtziels begradigen kann. ÖAAB-Gefolgsleute, CV-Mitglieder, ja sogar »schlagende« Schmißverzierte waren zur Stelle, wenn man ihre – so vorhandene – Kompetenz respektierte und ihnen eine Rolle beim Erreichen des eigenen Ziels zugedachte.

Androsch bot als Ressortchef den Mitarbeitern seiner engeren Umgebung ein freundschaftliches Verhältnis an. Auch wenn das rund drei Jahrzehnte danach Stirnrunzeln hervorruft und im Licht meiner mittlerweile gemachten degoutanten Erfahrungen nicht auf den ersten Blick plausibel erscheint, es war nicht nur freundschaftlich, es war herzlich. Je nach Ereignis waren Auracher, Mauhart und ich Teil seiner gesellschaftlichen, gelegentlich sogar familiären Umgebung. So manches war eine Mischung aus: »Da müßt ihr dabei sein, um euch um die Leute zu kümmern« und: »Kommt mit, das verspricht interessant zu werden.« Wir bekleideten das eine oder andere Aufsichtsratsmandat in bedeutenden Aktiengesellschaften (Mauhart bei Austria Tabak und Austrian Airlines, Auracher in den Straßenbausondergesellschaften, ich in der Österreichischen Länderbank, später in der Creditanstalt). Androsch legte auf diese Entsendungen Wert. Einerseits sollten sie unserem beruflichen Fortkommen dienen, andererseits – und dies nicht nachrangig – galt es für ihn zu demonstrieren, daß er dort seine Leute einsetzen wollte. Das paßte in die Platzhirschpolitik und galt nicht als unüblich. Der bedingungslose Zusammenhalt zwischen Minister und Kabinett war nicht bloß eine von Emotion getragene Übung jüngerer Leute, sondern sehr viel mehr.

Die frühen siebziger Jahre waren zweifellos die Erfolgsjahre des Finanzministers Androsch und der gesamten Bundesregierung. Zu Beginn des Jahres 1973 wurde von der alten Umsatzsteuer auf die europagerechte Mehrwertsteuer umgestellt;

außerdem trat eine völlig neue Einkommensbesteuerung in Kraft. Erstmals führte man auf diesem Gebiet das Individual-besteuerungssystem ein; damit wurde die gemeinsame Veranlagung von Ehepartnern beendet und dem sogenannten Familiensplitting eine Absage erteilt. Keine Frage, daß die Individualbesteuerung viel mehr als eine abgabentechnische Facette unter anderen ist, trägt sie doch den verschiedenen Formen des Zusammenlebens in der Gesellschaft Rechnung und widerspricht – jedenfalls steuerrechtlich – der Abhängigkeit eines Ehepartners vom anderen.

Die gut funktionierende Kabinettsarbeit war auch anderen großen Vorhaben förderlich. In erster Linie ist hier die Währungspolitik zu erwähnen, im besonderen der rasch reifende De-facto-Verbund des Schillings mit der D-Mark, einer der stabilsten Währungen in Europa und der Welt. Belegt man diese währungspolitische Haltung noch mit den engen außenwirtschaftlichen Beziehungen Österreichs zu Deutschland, dann zeigt sich, wie richtig die von Androsch gewählte Vorgangsweise war. Der Argumentationsaufwand gegenüber der Partei und der exportorientierten Wirtschaft war allerdings beträchtlich, nicht zuletzt deshalb, weil Bundeskanzler Kreisky dieser Politik mehr als skeptisch gegenüberstand. Er befürchtete, die Hartwährungspolitik, wie wir sie wegen der Anbindung des Schillings an die harte D-Mark nannten, werde die österreichischen Exporte verteuern und in der Folge das hohe Beschäftigungsniveau gefährden. Beeinflußt wurde er darin vom damaligen Präsidenten der Industriellenvereinigung, Hans Igler. Kreisky und Igler wohnten in unmittelbarer Nachbarschaft voneinander und trafen ab und zu beim abendlichen Spaziergang mit ihren Hunden zusammen, wobei Igler jede solche Gelegenheit nützte, um Kreisky gegen die Hartwährungspolitik einzunehmen. Keine schwere Aufgabe, der Kanzler hörte ohnehin gerne Vorbehalte gegen die Währungspolitik, die sein Finanzminister betrieb. Jedesmal, wenn er am Morgen im Finanzministerium anrief, um zu deponieren, man möge sich die Geschichte mit der Hartwährungspolitik doch noch einmal genau überlegen, wußten wir, daß am Abend vorher ein Hundespaziergang mit Hans Igler stattgefunden hatte.

Wirtschafts- und zeitgeschichtlich verdient die »Politik des harten Schillings« auf alle Fälle deshalb hervorgehoben zu werden, weil sie in ihrem politischen Stellenwert durch währungs- und banktechnische Vorgänge alles andere als erschöpfend zu erklären ist. Es handelte sich in Wirklichkeit um einen umfassenden, gut funktionierenden Sozialkontrakt, der niemals in schriftlicher Form niedergelegt und von Partnern unterschrieben worden ist. Trotzdem – Spötter sagen, eben deshalb – hat er jahrelang gehalten. Im großen und ganzen wurde zwischen dem Finanzminister, der Notenbank, den Gewerkschaften und den Unternehmensvertretern Einvernehmen über eine Politik erzielt, die die Auswirkungen von auf dem Weltmarkt entstandenen Teuerungsschüben auf die heimische Wirtschaft milderte. Die Gewerkschaften konnten dadurch in ihren Tarifforderungen moderat bleiben; die Wettbewerbsstärke der Exporteure wurde gewahrt beziehungsweise durch eine offensive Investitionsförderungspolitik noch verbessert.

Mit dieser Politik sammelte Androsch Punkte bei den Sozialpartnern. Kreisky wurde ihm zunehmend deshalb gram, nicht so sehr wegen der Technik der Wechselkursermittlung – die politisch vollkommen irrelevant ist –, sondern weil er eine Schwächung seiner Führungsposition fürchtete. Nicht ganz ohne Grund. Die aus dem Erdölschock und dem Zusammenbruch des Bretton-Woods-Systems der festen Wechselkurse resultierende, zunehmende internationale Geld- und Währungsdiplomatie der Finanzminister konnte bei einem erfolgsverwöhnten Regierungschef, der es gewohnt war, im Mittelpunkt zu stehen, schon Gedanken der besonderen Art aufkeimen lassen. Androsch verstand sich zudem sehr gut mit Helmut Schmidt, der in dieser weltwirtschaftlich und währungspolitisch schwierigen Zeit, 1974, nach Willy Brandt deutscher Bundeskanzler wurde, nachdem er zuvor Finanzminister des Nachbarlandes gewesen war.

Die persönlichen Beziehungen Bruno Kreiskys nach Bonn galten allerdings in einem bestimmenden Ausmaß Willy Brandt, der seinerseits ein distanziertes Verhältnis zu seinem Nachfolger Schmidt pflegte.

Der Hunger der Partei- und Gewerkschaftsorganisationen nach Information und Diskussion war in dieser ersten Hälfte der siebziger Jahre nahezu unstillbar. Über alles, was in der Produktivküche Finanzministerium gekocht und gebraut wurde, wollte man reden, hören, fragen. Ich habe im ersten Jahrfünft der siebziger Jahre zur Erklärung der Mehrwertsteuer, der Einkommenssteuerreform und der Hartwährungspolitik sicher zweihundert Vorträge gehalten und Diskussionen bestritten. Je nach Destination brach ich zu nachtschlafender Zeit oder später auf, je nachdem landete ich dann vor oder nach Mitternacht zu Hause. Ein allzeit getreuer und verläßlicher Volvo hat das mitermöglicht, im besonderen seine damals nicht selbstverständlichen Liegesitze, wenn das Schlafdefizit das Kommando übernahm und ich auf einen Autobahnparkplatz einbiegen mußte.

Diese Vortrags- und Diskussionsarbeit war für mich ein Teil der Schule fürs spätere Leben. Stunden um Stunden brachte ich in Parteilokalen, Wirtshaussälen, Feuerwehrgaragen, Bundesbahnwerkstätten, Gewerkschaftsurlaubsheimen, Pensionistenheimen, Arbeiterkammersälen, Restaurants, teilweise ausgeräumten Fabriks- und Lagerhallen, Sortierräumen der Post und so weiter zu, um Individualbesteuerung, Vorsteuerabzug, ein- und mehrphasige Umsatzsteuer, Wechselkursstabilität und Währungsreserven und andere – vielen esoterisch erscheinende – Elemente unserer Politik zu erklären, ins Deutsche zu übersetzen und danach Fragen zu beantworten, die mir immer ein Gradmesser dafür waren, wie weit ich mit meinen Ausführungen überhaupt durchgedrungen war. Es war auch wichtig, sich von eigenwilligen Präferenzen des jeweiligen Auditoriums nicht überraschen zu lassen. So stellte mich ein Bezirksparteivorsitzender in einem westlichen Bundesland einmal so vor: »Das ist der Genosse Vranitzky. Er arbeitet im Finanzministerium. Er wird uns über die bevorstehende Mehrwertsteuer informieren und wie man sie am besten umgeht.«

Jahre später amüsierte es mich, wenn ahnungslose Kommentatoren mir zu bescheinigen nicht müde wurden, Partei und Parteibasis seien mir fremd. Nicht selten mit einer geistreichen Anmerkung über Anzugstoffe. Der Nadelstreif mußte zur Punzierung herhalten; in der Logik der Zeitungsschreiber waren die Träger einfarbiger oder karierter Jacken offenbar die wahren Arbeiterführer.

Vom Aufsichtsrat in den Vorstand

Sollte Bundeskanzler Kreisky Vorlieben gehabt haben, dann kaum für die österreichischen Banken im allgemeinen und für die Creditanstalt und deren Vorstandsvorsitzende im besonderen. Oder er hat sie geschickt verborgen. Franz Ockermüller, der legendäre Generaldirektor der Österreichischen Länderbank und Nestor der sozialistischen Vorstandsvorsitzenden, war Kreisky sympathisch, wenngleich wegen seiner Loyalität zu des Bundeskanzlers Finanzminister nur relativ.

Die Republik Österreich verfügte damals in den Hauptversammlungen der großen Kommerzbanken Creditanstalt-Bankverein und Österreichische Länderbank über dominierende Stimmrechtsmehrheiten. Ich war auf Veranlassung Androschs 1971 in den Aufsichtsrat der Österreichischen Länderbank gewählt worden. Als zwei Jahre später im Aufsichtsrat der CA eine Vakanz zu füllen war, meinte Bundeskanzler Kreisky: »Der Vranitzky, der kennt sich aus, der soll gleich auch in den CA-Aufsichtsrat gehen und dort aufpassen.« Das war freilich nicht möglich, lagen doch die beiden Geldinstitute unbeschadet ihrer analogen Eigentümerstruktur miteinander im Wettbewerb. Ich verließ also den Aufsichtsrat der Länderbank und wechselte in jenen der CA in die Schottengasse (vom April 1972 bis April 1976). Sollten dem Leser die hier geschilderten Abläufe und Entscheidungen ungewöhnlich, fremd oder gar skurril vorkommen, so wäre das nur zu verständlich, berichte ich doch über die siebziger Jahre, in denen in den verstaatlichten Aktiengesellschaften das Proporzsystem herrschte. Es sah vor, daß die im Parlament vertretenen Parteien – zunächst ÖVP und SPÖ, im weiteren Verlauf auch FPÖ – die Anzahl der Aufsichtsratsmandate und Vorstandsposten in der jeweiligen staatsnahen Gesellschaft entsprechend den politischen Kräfteverhältnissen aushandelten. Die Auswahl der Personen, die solche Mandate wahrzunehmen hatten, oblag dann ausschließlich der nominierenden Partei. Mit einem wenig schmeichelhaften Ausdruck nannte man diese Vorgangsweise Schimpansentheorie; damit brachte man zum Ausdruck, die eine Partei würde der anderen nicht einmal bei einer solchen Nominierung etwas dreinreden. Etliche Jahre später sollte es eine meiner wichtigsten Aufgaben werden, den Staatsanteil an den verstaatlichten Aktiengesellschaften zurückzunehmen und damit auch die Beendigung des Proporzsystems einzuleiten. Bis dahin war allerdings noch ein weiter Weg zurückzulegen. Auch für mich, war ich doch selber ein Bestandteil dieses Systems.

Im Frühjahr 1976 wählte mich der Aufsichtsrat der Creditanstalt in den Vorstand des Instituts und zum Generaldirektor-Stellvertreter. Daß ich als Aufsichtsrat der CA an der Abstimmung über meine eigene Bestellung nicht teilnahm, war selbstverständlich, allerdings aufgrund der damaligen Gebräuche gar nicht so wichtig, wurden doch Aufsichtsrats- und Vorstandsangelegenheiten in den Parteien vorentschieden. In meinem konkreten Fall im Präsidium der SPÖ auf Antrag des zuständigen Finanzministers und Präsidiumsmitglieds Androsch; in der Österreichischen Volkspartei vollzogen sich die Entscheidungsabläufe in kompletter Analogie.

Als die Entscheidung feststand und die erforderlichen Beschlüsse gefaßt waren, erwartete ich, daß der Vorstandsvorsitzende Heinrich Treichl mich ansprechen und mit mir die Einstandsmodalitäten erörtern würde. So habe ich es gehalten, als ich Jahre später an anderer Stelle Vorstandsvorsitzender war. In der Schottengasse wurde dies nicht so gehandhabt. Aber: Allianzen zählen und gelten. Es war ein in der Revisionsabteilung der Bank beschäftigter ehemaliger Basketballkollege, Carl Ludwig Kutschera, der mich vor Amtsantritt aufsuchte, mir ein Organigramm mitbrachte und es erläuterte. Der Bereichsleiter für das Kreditgeschäft, für das ich gemäß Geschäftsaufteilung im Vorstand zuständig zu sein hatte, Roman Fojtl, meldete sich ebenfalls einige Wochen vor meinem Eintritt in das Haus in der Schottengasse bei mir an und stellte mir diesen Kernbereich der Bank vor. Ich sollte in den Jahren danach mit ihm sehr gut zusammenarbeiten; mit seiner Erfahrung und seiner Kompetenz war er mir eine starke Stütze. Die wichtigsten Wegplatten waren also gelegt.

Mein erster Arbeitstag in der Creditanstalt war der 1. Juli 1976, ein Freitag. Montags darauf schaute der Vorstandsvorsitzende Treichl am Nachmittag wie beiläufig vorbei.

»Oh, Sie sind hier?«

»Ich arbeite da.«

»Schon, aber ich dachte, Sie hätten noch politische Verpflichtungen ...«

Das war's dann. Zwei Tage später berief Treichl eine Direktorenkonferenz ein, stellte mich vor, und es konnte beginnen. In den ersten paar Wochen gab es zweifellos eine gewisse atmosphärische Ambivalenz. Ich nehme an, das mittlere Management – es nannte sich die »Kaffeerunde« – war sich noch nicht sicher, ob ich nun ein politischer Abgesandter sei (zu welchem Zweck eigentlich?) oder doch nicht. In ihrer politischen Einstellung waren die Herren eindeutig: Ein sozialdemokratisch orientierter Direktor war in die Ebene unmittelbar unter dem Vorstand zur damaligen Zeit, weil nicht vorgesehen, noch nicht eingezogen. Aufsichtsratsvorsitzender Fritz Bock, langjähriger Handelsminister und Vizekanzler in ÖVP-Regierungen, begegnete mir mit etwas oberlehrerhafter Jovialität. Er strahlte eine Art vorweggenommener Übereinstimmung mit mir aus: »Sie und ich, wir wissen doch, worum's geht« – ohne zu enthüllen, worum es seiner Ansicht nach ging. Alles in allem war – wie man das heutzutage ausdrücken würde – die »Chemie« zwischen ihm und mir keine schlechte.

1976, als ich in den Vorstand der Creditanstalt einzog, wurde das staatliche Eigentum an den großen Aktiengesellschaften noch nicht in Frage gestellt. Wie auch an anderer Stelle meiner Aufzeichnungen erwähnt, fand die Volkspartei an den Unternehmen des öffentlichen Sektors zwar keinen Gefallen, ließ sich aber nicht davon abhalten, sich dort personalpolitisch und per Einflußnahme zu bedienen. Josef Taus, in der Regierung Klaus Staatssekretär für die Verstaatlichte Industrie im Bundeskanzleramt, später Vorstandsvorsitzender der Girozentrale, danach Parteiobmann der Volkspartei und wieder danach, während meiner Amtszeit als Politiker, Abgeordneter zum Nationalrat und Verstaatlichtensprecher seiner Partei, entwickelte als einer der wenigen Konservativen viel Gefühl und Verständnis für diesen Wirtschaftsbereich. Er war auch fachlich auf diesem Gebiet firm und in so manchen Verhandlungen ein kompetenter Ansprechpartner. Als später, Mitte der 1980er Jahre, die Zeit heranreifte, das öffentliche Eigentum an der »Verstaatlichten« schrittweise zu reduzieren und die Börsenfähigkeit der einzelnen Unternehmen vorzubereiten, hielt ich es für notwendig, ein letztes Mal finanzielle Mittel aus dem Bundeshaushalt zuzuführen. Diese Dotierung und vor allem die notwendige Höhe des Betrags – 32 Milliarden Schilling – führten 1987 zu wochenlangen heftigen Kontroversen zwischen den beiden Regierungsparteien. Besonders Parteiobmann Mock gab sich höchst unzugänglich. Josef Taus wurde als Vermittler eingesetzt, und eine Lösung kam zustande. In keinem der vielen Gespräche war zu erkennen, daß Mock die Tausschen Bemühungen wirklich schätzte. Viel Ruhm und Dank seiner Partei hat Taus nicht geerntet, als er Jahre danach aus seinem Abgeordnetenmandat ausschied. Das Interesse für sein Metier Wirtschaft hielt er dennoch wach und seinen Stellenwert darin ebenfalls. Insgesamt war er freilich in seiner Bejahung der Verstaatlichten Wirtschaft im Gefüge der österreichischen Ökonomie für die ÖVP weder typisch noch repräsentativ.

Für mich, der ich nun in einer der bedeutendsten Unternehmungen im maßgeblichen Eigentum der Republik Verantwortung trug, war auch gegenüber meiner eigenen Partei so manche Bürde zu schultern und so manche Argumentation durchzusetzen. Ich mache den Parteifreunden, mit denen ich damals etliche Auseinandersetzungen zu bestreiten hatte, keinen Vorwurf. Sie waren mit keinen anderen Informationen und Schulungen aufgewachsen, also waren einige Wege für sie und daher auch für mich sehr mühsam. Der wesentliche Stein des Anstoßes bestand darin, daß das Prinzip, ein Unternehmen im Besitz der Republik müsse Erträge erwirtschaften, von manchen nur beschränkt, von anderen gar nicht anerkannt wurde. »Eine verstaatlichte Firma braucht keinen Gewinn«, »eine verstaatlichte Firma hat hauptsächlich arbeitsmarkt- und sozialpolitische Aufgaben«, »eine verstaatlichte Bank hat in erster Linie volkswirtschaftliche und nicht betriebswirtschaftliche Ziele zu verfolgen«: Solche und ähnliche Losungen bekam ich in Versammlungen ebenso serviert wie bei Vorsprachen von Gewerkschaftern und lokalen Parteifunktionären, wenn ein Unternehmen – Kreditkunde der Bank – in Schwierigkeiten geraten war, neue Geldzufuhr brauchte und nach den Regeln der Bonitätsprüfung nicht mehr kreditwürdig war. Handelte es sich bei dem schwankend gewordenen Bankkunden um ein privates Unternehmen einer bestimmten Größenordnung, dann landete der Fall meist bei der Bundesregierung, namentlich beim Bundeskanzler. Dafür sorgten schon die politischen Exponenten des jeweiligen Bundeslandes, die VP-Landeshauptleute und Landesräte inbegriffen. Eine großangelegte Aussprache, »Gipfel« genannt, war fast immer die Folge. Fahrradgipfel, Brillengipfel, Papiergipfel sind mir in lebhafter Erinnerung.

Die Gipfel entsprachen dem damaligen Verständnis von der wirtschafts- und beschäftigungspolitischen Verantwortung der Bundesregierung und des Bundeskanzlers. Kreisky hatte zu Beginn seiner Kanzlerschaft einmal gemurmelt, von Wirtschaft nicht viel zu verstehen. Trotzdem sagten nur wenige in bezug auf die Gipfel, den Kanzler gehe dieses oder jenes Problem eines Unternehmens oder einer Branche nichts an. Notabene weil die Gipfel oft mit der Zusage einer Förderung des Patienten aus öffentlichen Mitteln verbunden waren. Es geht mir an dieser Stelle nicht so sehr darum, ob bei diesen Gipfeln Lösungen zustande gebracht wurden oder nicht, sondern um die grundsätzliche Einstellung der Regierungs- und Parteifunktionäre und der Sozialpartner beider Couleurs, SPÖ und ÖVP. Selbstverständlich kamen bei den Auseinandersetzungen um die Existenz eines Unternehmens die Eigentümer beziehungsweise Geschäftsführer nicht besonders gut weg; sie stießen aber immer noch auf mehr Verständnis als die Hausbank, die sich unterstand, sich um die Rückzahlung ihrer alten, noch mehr um die Bedienung ihrer allenfalls neu gegebenen Kredite zu sorgen. Der Hinweis, daß das verliehene Geld seinerseits von den Einlegern und Sparern geborgt sei, wurde als theoretisch abgetan. Es kostete mich viele Monate, wenn nicht Jahre, um den eigenen politischen Reihen zu vermitteln, daß ein Geldinstitut kein beliebig aufzudrehender Geldhahn ist. Diese Diskussion ist freilich auch unter dem Aspekt zu bewerten, daß sich Banken im Handumdrehen dem (nicht immer unberechtigten) Vorwurf ausgesetzt sehen, durch falsche Finanzierungsentscheidungen »Millionen in den Sand gesetzt« zu haben.

Bundeskanzler Kreisky wahrte bei den auf seine Veranlassung zustande gekommenen »Gipfelgesprächen« selbstverständlich die Formen und den Schein. Bei aller protokollarischen Korrektheit dürfte seine Wertschätzung für den österreichischen Kreditapparat trotzdem nicht eben überwältigend gewesen sein. Ein Beispiel aus einem anderen Gebiet und eine Anekdote mögen das belegen. Bei der Finanzierung des großen Konferenzzentrums am linken Wiener Donauufer kam es ihm gar nicht in den Sinn, sich des heimischen Geldgewerbes zu bedienen. Seine Zuneigung galt einer arabischen Gruppe. Die benötigten Mittel hätten die österreichischen Institute ohne Schwierigkeiten aufgebracht beziehungsweise wäre es ihnen ein leichtes gewesen, ein Konsortium zusammenzustellen, um den Stellenwert des Wiener Konferenzzentrums nachhaltig zu unterstreichen. Allein, Kreisky ging es um die

Demonstration seines Einflusses in der arabischen Welt und nicht zuletzt um eine weitere Bestätigung seiner Politik, die im internationalen Engagement nicht zuletzt bei einflußreichen arabischen Adressen – im konkreten Saudi-Arabien, Kuwait und Abu Dhabi – einen Sicherheitsfaktor für Österreich sah. Für die österreichischen »Geldwechsler« blieb da kein Fußbreit frei.

Die anekdotische Seite betrifft mich als Person. Irgendwann in den Jahren 1976 oder 1977 fragte mich Kreisky, ob ich nicht Zentralsekretär Blecha bei der Abfassung und Redaktion des neuen Parteiprogramms der SPÖ unterstützen wolle. Die Verblüffung über dieses Ansinnen war mir ohne Zweifel so deutlich ins Gesicht geschrieben, daß er erklärte, Benedikt Kautsky, der das geltende Parteiprogramm (es war 1958 beschlossen worden) im Entwurf verfaßt hatte, sei in den späten fünfziger Jahren ebenfalls Generaldirektor-Stellvertreter der Creditanstalt gewesen. In dieser Funktion habe man offenbar – so meinte der Kanzler – Zeit genug für ein solches Vorhaben. Meine abwehrende Reaktion wirkte, und der (dazu viel geeignetere) Universitätsprofessor Egon Matzner erhielt den Auftrag.

Meine ersten sechs bis acht Monate im Vorstand der Creditanstalt standen im Zeichen von Einarbeiten und Kennenlernen. Die Bank beschäftigte als größtes österreichisches Geldinstitut 5400 Mitarbeiter und war mit ihrem Außenstellennetz österreichweit vertreten. Der Kundenstock war dementsprechend beträchtlich, das persönliche Gespräch mit den Klienten in regelmäßigen Abständen notwendiges Element der Geschäftspolitik. Neben Heinrich Treichl, dem Vorstandsvorsitzenden, und mir, seinem Stellvertreter, gehörten der Geschäftsführung noch Wolfgang Feyl, Guido Schmidt-Chiari, Rudolf Schneider und Julian Uher an. Feyl und Schmidt-Chiari waren Parteigänger der ÖVP, Schneider und Uher solche der SPÖ. Meine beiden Parteifreunde harmonierten nicht übermäßig gut miteinander. Das war in der Bank jedem bekannt, und es hatte insoweit seine Auswirkung, als es sogar in der ohnehin nicht gerade mächtigen sozialistischen Belegschaftsfraktion einen Schneider-

und einen Uher-Flügel gab. Was die politische Außenwelt betraf, galt Uher – früher Direktor der Länderbank und Schwiegersohn des ehemaligen Länderbankchefs Oskar Henisch – als Vertrauensmann der Parteispitze, Schneider als ein solcher des Gewerkschaftsbundes, namentlich Anton Benyas. Ich hatte also zusätzlich zu meinen Vorstandsaufgaben noch die Einigung der Belegschaftsfraktion zu übernehmen. Dies wirkte sich bei der nächsten Betriebsratswahl für die sozialistische Seite positiv aus. Natürlich konnten wir die überlegene Führungsposition des ÖAAB im Gesamtbetriebsrat nicht erschüttern, doch gewannen wir immerhin das eine oder andere Mandat hinzu.

Die Atmosphäre in der Creditanstalt war politisiert. In den Auseinandersetzungen wurden die Umgangsformen gewahrt, und man war weit davon entfernt, einander verbale Schlammschlachten zu liefern, das änderte aber nichts an der grundlegenden Festigkeit, mit der Positionen vertreten und Besitzstände verteidigt beziehungsweise umkämpft wurden. Die CA galt unbestritten als eine der bürgerlichen Hochburgen des Landes schlechthin, und Treichl und ihm in verschiedener Hinsicht verpflichtete Leute innerhalb und außerhalb der Bank verstanden sich aus tiefster Überzeugung als Hüter dieser Rolle. Das Wort »bürgerlich« als politisch-historischer Begriff ist insofern zu relativieren, als sich das Haus praktisch von Anfang an auch in einer positiven Beziehung zur Aristokratie verstand; das Komitee, das sich für die Gründung des Kreditinstituts eingesetzt hatte, zierten die Namen Schwarzenberg, Auersperg, Fürstenberg und Chotek. Angehörige des Adels waren auch zu meiner Zeit in verschiedenen Ebenen des Bankmanagements anzutreffen. Diese Aspekte führten wieder dazu, daß so mancher Bankfunktionär der hier erwähnten Kategorie zwar sicherlich nichts mit der SPÖ anfangen konnte, mit einer ÖVP, sofern sie ihm im ÖAAB-Kleid entgegentrat, aber auch nicht viel mehr. So präsentierte sich mein Arbeitsumfeld als eine Kombination aus konservativ und ÖAAB; für sozialdemokratische Einstellungen sah das System nicht viel Platz vor. Ich machte mir mit der

Blaublütigkeit einiger Mitarbeiter keine Probleme, weil ich ihnen ihre gesetzlich ohnehin vor Jahrzehnten abgeschaffte Sonderstellung weder zugute hielt noch vorwarf. Ich füge hinzu, daß die Betroffenen auch gar nichts anderes voraussetzten oder erwarteten. So galt meine Einschätzung allein der fachlichen und beruflichen Eignung und nichts sonst. Was sie allenfalls hinter meinem Rücken über ihren Vorgesetzten sagten, weiß ich nicht. Aber das ist ja bei Nichtaristokraten nicht anders.

In der grundsätzlichen Geschäftspolitik war die weltanschauliche Aufspaltung des Vorstands, von wenigen Ausnahmen abgesehen, kein wichtiges Thema. Außerdem einte uns der scharfe Wettbewerb im damals noch recht streng ständisch organisierten Geldwesen. Die großen Aktienbanken finanzierten den Großteil der Industrie, des Bauwesens, des Getreidehandels und der Großformen des Einzelhandels sowie den Löwenanteil der österreichischen Exporte. Ihre Schwäche bestand im vergleichsweise geringen Einlagen- und Spargeschäft, das eine Domäne der Sparkassen und Genossenschaftskassen war. Wir sahen uns also im Vorstand der Creditanstalt ununterbrochen vor der Aufgabe, Kundeneinlagen an uns ziehen zu müssen, um die erwähnten großen Kredite refinanzieren zu können. Dazu gehörte auch das Ringen um die Errichtung zusätzlicher Filialen und Zweigstellen, um näher an die Sparer, an das sogenannte Mengengeschäft, heranzukommen. Hier waren unsere schärfsten Rivalen die Zentralsparkasse der Gemeinde Wien und der Raiffeisensektor. Ich konfrontierte mehrmals meine Partei mit der prekären Situation, in der ich mich als Mitverantwortlicher für die Creditanstalt befand. Die Bank finanzierte maßgeblich jenen Teil der Wirtschaft, der die größte Wertschöpfung in der Gesamtwirtschaft erbrachte und die meisten Arbeitsplätze im nichtöffentlichen Sektor sicherte, doch in der SPÖ waren, was Geldinstitute anbelangte, weder die CA noch die Länderbank, sondern die Zentralsparkasse der Gemeinde Wien, mit der die Republik gesellschaftsrechtlich überhaupt nichts zu tun hatte, »everybody's darling«. Der Gewerkschaftsbund hatte mit seiner Bank für Arbeit und Wirtschaft (BAWAG) ohnehin einen fixen bankwirtschaftlichen Bezugspunkt. Die BAWAG baute in den siebziger Jahren ein flächendeckendes System von Betriebsratsaktionen auf, womit sie sich einen großen Teil an zusätzlichen Spareinlagen und Tausende Kleinkreditgeschäfte sicherte. Die Betriebsräte der Unternehmen, an denen Creditanstalt und Länderbank Mehrheitsbeteiligungen hielten, waren in das Betriebsrätenetz der BAWAG einbezogen und keinesfalls zu gewinnen, zwecks ähnlicher Geschäfte zur Creditanstalt (oder Länderbank) umzusteigen. »Unsere Bank ist die BAWAG«, sagte man mir dazu. Punktum.

Weniger harmonisch als im Bankgeschäft verlief das Vorstandsleben in Personalangelegenheiten. Bei Funktionsernennungen und außerordentlichen Vorrückungen war jede Nominierung eines parteifreien oder gar sozialdemokratisch deklarierten Mitarbeiters zu erstreiten. Treichl – in Unschuldsmienen geübt – sagte mir manchmal, er wisse gar nicht, welche politische Überzeugung dieser oder jener Angestellte vertrete. Selbst wenn das gestimmt haben sollte, wußten es sicher jene, die ihm die Unterlagen für die Gespräche mit mir vorbereiteten.

Ein Arbeitsgebiet mit viel größerer, ebenfalls politischer Außenwirkung waren die Beteiligungen der Bank an bedeutenden österreichischen Unternehmen. Dazu zählten unter anderen Steyr-Daimler-Puch, Semperit, Wienerberger, Leykam-Mürztaler, Jenbach, Wertheim, Andritz, Heid-Stockerau, Stölzle-Oberglas, Austria Email, Hutter und Schranz, Vöslauer Kammgarn, Hitiag, Universale Bau und die Warenhausgruppe Gerngroß/Herzmansky. Ein spezifisches Beteiligungsverhältnis gab es außerdem an Steirerbrau (Gösser, Reininghaus) und an der Bank für Kärnten (heute Bank für Kärnten und Steiermark), der Bank für Oberösterreich und Salzburg und der Bank für Tirol und Vorarlberg. Selbstverständlich war die Bank größte Aktionärin bei den Spezialinstituten Österreichische Investitionskredit AG (heute Investkredit Bank AG) und bei der Österreichischen Kontrollbank. Bezüglich dieser beiden hält sich hartnäckig die Meinung, sie wären verstaatlicht. Das war nie direkt der Fall; sie gehören den österreichischen Geldinstituten.

In seinen großen wirtschafts- und bankgeschichtlichen Studien hat Eduard März die Rolle der Creditanstalt bei der Gründungsfinanzierung bedeutender österreichischer Industrieunternehmen dargelegt. Es ist interessant nachzuvollziehen, wie sich das 1855 nach dem Vorbild des französischen Crédit Mobilier errichtete Haus im auslaufenden 19. Jahrhundert und danach der Unternehmensgründung widmete und somit schon seit seiner frühen Geschichte Industriebeteiligungen hielt. In dem 1957 erschienenen Geschichtsband »Ein Jahrhundert Creditanstalt-Bankverein« schreibt März im Hinblick auf die Verstaatlichung der österreichischen Industrie nach dem Ende des Zweiten Weltkriegs: »... war der Übergang der Anteilsrechte an dem Institut in das Eigentum des Staates nicht mit der Verstaatlichung jener Unternehmungen verbunden, die in historischer Entwicklung dem industriellen Interessenkreis der Creditanstalt-Bankverein zugewachsen waren und immer nahestanden«. Die Industriebeteiligungen der Creditanstalt (und auch der Länderbank) waren also nicht Teil des großen Bereichs der »Verstaatlichten«. Dennoch war ihnen große Aufmerksamkeit der (wirtschafts-) politisch interessierten österreichischen Öffentlichkeit sicher, wegen der Börsennotierung der Unternehmen, aber auch im Spiegel der Debatte um Dimension und Bedeutung des öffentlichen Sektors im Land. Je nach Standpunkt zogen manche unerschütterlich mit der Behauptung ins Feld, bei den – wie es meist hieß – »Bankkonzernen« handle es sich doch klarerweise um private Unternehmen; wie sonst könnten ihre Aktien an der Börse notieren? Die Gegenmeinung orientierte sich an den Beteiligungsverhältnissen: Die Republik sei zu mehr als fünfzig Prozent an Creditanstalt und Länderbank beteiligt, folglich sei deren Mehrheitsbeteiligung an welchen Unternehmen auch immer als indirekte Verstaatlichung zu werten. Aktienrechtlich ist der zweiten Interpretation nichts entgegenzusetzen. Creditanstalt und Länderbank notierten an der Börse und waren trotzdem verstaatlichte Banken. Die eigentlich relevante Seite dieses Themas jedoch, die von keiner der beiden Auffassungen berührt wurde, ist die Art und Weise, wie eine Regierung ihre Beteiligungsrechte wahrnimmt. Was die beiden (ehemals) verstaatlichten Banken betrifft, so ist die formalrechtliche Seite dieser Angelegenheit mit dem Hinweis auf die Ausübung des Aktionärsrechts in der Hauptversammlung abgedeckt. Hohe Beamte des Finanzministeriums fungierten als Vertreter der Aktionärin Republik Österreich. Der politisch sensible Aktionsraum war der der Wahlen in den Aufsichtsrat und der Bestellung der Vorstandsmitglieder. Ansonsten gab es kein systemisiertes Regelwerk.

Die Beziehungen zwischen dem Management der zwei Geldinstitute und der Bundesregierung – primär dem Finanzminister, in bestimmten Fällen dem Bundeskanzler – waren hauptsächlich atmosphärisch definiert. Die Regierungsvertreter nahmen ja an der allgemeinen Geschäftspolitik oder gar am Tagesgeschäft kein Interesse. Wenn es zu kritischen Kontakten kam, lagen meist konkrete Anlaßfälle aus dem industriellen Leben vor, und zwar sowohl aus dem Bereich der Beteiligungen der Bank als auch aus dem Bereich privater Bankkunden. In der Abarbeitung solcher (Problem-) Fälle erwies ich mich als verständnisvoller, verhandlungsbereiter als die ÖVP-Leute im Vorstand, die Politikerinterventionen als »Hineinregieren« bezeichneten. Ob die Vermutung zutreffend ist, daß die Kollegen aus dem VP-Lager gegenüber einer von der Volkspartei dominierten Regierung flexibler gewesen wären, läßt sich schon deshalb nicht beurteilen, weil nicht sicher ist, ob unter solchen Rahmenbedingungen die Einsatzbereitschaft der Regierung für die betroffenen Betriebe und die gefährdeten Arbeitsplätze so ausgeprägt gewesen wäre wie bei sozialdemokratischen Politikern. Zieht man die seit dem Februar 2000 amtierende, von einem VP-Kanzler geführte Bundesregierung als Maßstab heran, so wäre das Interesse an Standortschicksalen recht wenig sichtbar gewesen.

Ich vertrete deshalb die Meinung, so vieles im Beziehungsgeflecht zwischen den verstaatlichten Großbanken und den Regierungspolitikern sei im »Atmosphärischen« gelegen, weil die Bewertung der Vorgangsweisen vom jeweiligen (wirtschafts-) politischen Standpunkt der handelnden Personen abhängt. Von »unzulässig« über »verständlich« bis zu »ist gar nicht anders vorstellbar« reichten die Meinungen. Die besonders puristischen Marktwirtschaftler ließen sich vernehmen: »Überall sonst in der westlichen Welt regiert der Markt.« Wie naiv, wie kindlich! Allein in der historisch so kurzen Zeitspanne von dreißig Jahren habe ich massive Eingriffe in die Angelegenheiten privater Firmen von Vertretern definitiv marktorientierter westlicher Staaten erlebt: Reagan, Bush senior, Clinton, Mitterrand, Blair, Schröder.

In der zweiten Hälfte der siebziger Jahre beschäftigten die ÖIAG-Töchter, also die Verstaatlichte Industrie, die Industrietöchter der Creditanstalt und der Länderbank, rund 180 000 Mitarbeiter. Gemessen an den damals in Österreich insgesamt 600 000 Beschäftigten in der Industrie war das ein Anteil von beachtlichen dreißig Prozent. Die Creditanstalt war in den 1970er Jahren organisatorisch nach Bereichen gegliedert: Die Verwaltung der Industriebeteiligungen nahm der Bereich »Konzern« wahr. Vorstandskompetenz hatte Treichl, Schmidt-Chiari und ich hatten Mitkompetenz. Treichl überließ Schmidt-Chiari im großen und ganzen die mit dem Konzern verbundene Arbeit der Anteilsverwaltung und der bankwirtschaftlichen Betreuung. Die Vielzahl der wesentlichen Beteiligungen, die breite Branchenstreuung und die große Zahl der in den Unternehmen Beschäftigten lassen schon erkennen, einen wie erheblichen Teil der Managementkapazität des Vorstands die Beteiligungen beanspruchten.

Nicht selten kam es zwischen Treichl und mir zu (Rand-) Bemerkungen, es liege eigentlich im Interesse der verantwortungsvollen Führung der Bank, sich von den Industriebeteiligungen zu trennen und ausschließlich unserer eigentlichen

Aufgabe des Bankmanagements nachzukommen, doch führten diese Gespräche, sosehr sie inhaltlich gerechtfertigt sein mochten, zu keinen Ergebnissen. Erstens war in den siebziger Jahren kein überzeugender Verkaufserfolg vorstellbar. Als Verantwortliche wollten und durften wir die Unternehmen nicht verschleudern. Zweitens soll das über die Beteiligungen abgesicherte Volumen am Bankgeschäft nicht verschwiegen werden. Drittens aber – das wiegt insgesamt am schwersten – war die Zeit für weitreichende Transaktionen in Österreich nicht reif, weder politisch noch öffentlichkeitspsychologisch. Der Hinweis, die Firma A oder B sei eine Tochter der Creditanstalt oder der Länderbank, war ein Qualitäts- und ein Bonitätsstempel. Ein Stempel, der auch dann kaum verblaßte, wenn die Ergebnisse da und dort schlecht waren und wenn die jeweils am Unternehmen Interessierten – lokal oder innerbetrieblich – den Hauptaktionär Bank zwar laufend kritisierten, per Saldo aber von einem Eigentümerwechsel nichts wissen wollten, ja diesen im Ernstfall samt und sonders abgelehnt hätten.

Es würde den Rahmen dieser Anmerkungen sprengen, in detaillierter Form auf die einzelnen Unternehmen einzugehen. Zwei sehr prominente, Steyr-Daimler-Puch und Semperit, seien immerhin kurz beleuchtet. Daß wir in unserem Portefeuille auch andere »Prominente« hatten, soll damit nicht in Zweifel gezogen werden.

Steyr-Daimler-Puch produzierte in der zweiten Hälfte der siebziger Jahre an fünf verschiedenen Standorten. In der Stadt Steyr erzeugte das Unternehmen Lastkraftwagen, Traktorenkomponenten, Wälzlager und Handfeuerwaffen, zunächst das Sturmgewehr 58 und später den Typ 77 sowie die Jagdwaffe Steyr-Mannlicher. In St. Valentin erfolgte das Assembling der Traktoren. Zweiräder und Geländefahrzeuge, nämlich Haflinger, Pinzgauer und Puch G, standen in Graz-Thondorf auf dem Programm, in Wien-Simmering Omnibusse und Kettenpanzer. Ein Zubehörwerk befand sich in Hirtenberg im südlichen Niederösterreich. Die Produkte zeichneten sich durch untadelige

Qualität aus, im scharfen internationalen Wettbewerb litt Steyr allerdings beim großen Brocken Nutzfahrzeuge unter den niedrigen Losgrößen, die die Fabriken aufzubringen imstande waren. Deshalb war keine den ausländischen Anbietern ebenbürtige Fließbandfertigung möglich, die Kostenstruktur daher nicht konkurrenzfähig. Die auf den Märkten erzielbaren Preise deckten die Herstellungskosten nicht. Auch die anderen Bereiche des zivilen Fahrzeugbaus waren nicht gerade gewinnträchtig. Es blieben die Rüstungsgüter, also die Panzer und die Handfeuerwaffen, als jene Produktsparten, die die Verluste der anderen Erzeugnisse mehr als kompensierten und von der Mitte der siebziger bis zu den beginnenden achtziger Jahren die Ausschüttung einer nicht unattraktiven Dividende ermöglichten.

Es ist einsichtig, daß diese Ertragsentwicklung Steyrs uns, den Hauptaktionär Creditanstalt, nicht zufriedenstellen konnte, daß wir in den Verlustbetrieben immer wieder Rationalisierungs- und Umstrukturierungsmaßnahmen verlangen mußten und daß, wenn der Steyr-Vorstand sie durchführte, die Betriebsräte im höchsten Maß beunruhigt und oft dagegen waren. Die Ansprechadresse der unzufriedenen Belegschaftsvertreter war ich. Nur äußerst selten hatten sie Unkritisches vorzubringen. Für mich also insgesamt eine recht heterogene Situation. Ich hatte natürlich meiner Verantwortung als stellvertretender Vorstandsvorsitzender des Hauptaktionärs und als stellvertretender Vorsitzender des Aufsichtsrats gerecht zu werden. Ich bemühte mich aber – durchaus in Erfüllung dieser Verantwortung – immer um den Dialog mit und den Informationsfluß zu den Betriebsräten. Notwendige Maßnahmen können nicht wegen individueller Befindlichkeiten einfach abgeblasen werden, sie gehen aber weniger kontroversiell über die Bühne, wenn die Belegschaftsvertreter rechtzeitig in die Informations- und Entscheidungsprozesse eingebunden werden. Ich legte das den jeweiligen Vorstandsvorsitzenden Steyrs – während meiner Creditanstalt-Zeit Rabus, Malzacher, später Voisard – immer wieder nahe. Diese versicherten stets, ohnehin alles im Interesse der innerbetrieblichen Kommunikation Notwendige zu tun. Die Betriebsräte verneinten das. Wer hatte recht? Ich mußte so manche Kilometer zurücklegen, um das atmosphärische Gleichgewicht abzusichern. Eine Aufgabe, die Heinrich Treichl weit weniger wichtig war als mir. Bei ihm läutete aber auch das Telefon weniger oft, wenn Partei- oder Gewerkschaftskameraden am anderen Ende waren.

Die schon erwähnte Überkompensation der Verluste im zivilen Bereich durch die Erträge aus dem Verkauf der Rüstungsgüter war nicht von Dauer, weil der Rüstungsgüterexport innen- und außenpolitische Probleme nach sich zog. Die Grundüberlegung des Steyr-Vorstandsvorsitzenden Malzacher bestand darin, die Erträge aus dem Militärgeschäft zu verwenden, um die Strukturreform der Werke in Graz zu finanzieren. Kettenfahrzeuge und Handfeuerwaffen sollten diese Substanz erarbeiten. Nach langwierigen Verhandlungen in der zweiten Hälfte der siebziger Jahre gelang es Steyr, einen Großauftrag der Regierung Chiles zu erhalten. Ein Vertrag über die Lieferung von hundert Kettenpanzern wurde abgeschlossen, fast ebenso sicher galt eine Option über die Lieferung von weiteren hundert Stück dieser Fahrzeuge. Die Exportfinanzierung in Österreich war ausverhandelt, die Exportbewilligungsverfahren hatten die zuständigen Ministerien durchlaufen und waren erteilt. Doch das Geschäft kam nicht zustande, und Steyr war seinen größten einzelnen Exportauftrag los. Es gab eine stärkere Kraft als die österreichischen Behörden: die Stimmen der zahlreichen Exilchilenen in Österreich und der Österreicher, die sie unterstützten.

1973 war der Staatspräsident Chiles, Salvador Allende, einem Putsch des Militärs zum Opfer gefallen. Seine Ermordung wurde dem von ihm selbst vorher eingesetzten militärischen Oberbefehlshaber Augusto Pinochet und dem Geheimdienst der USA zur Last gelegt, Vorwürfe, die bis heute nicht entkräftet sind. Nach der Ausschaltung Allendes setzte sich Pinochet an die Spitze der das Land regierenden Militärjunta und wurde im Jahr 1974 formell Präsident der Andenrepublik. Das bedeutete

das Ende der Demokratie in Chile und den Beginn einer viel-
jährigen blutigen Diktatur mit all den Greueln und Menschenrechtsverletzungen solcher Regime. Zahlreiche Chilenen, die
aufgrund ihrer politischen Einstellung die Schergen Pinochets
zu fürchten hatten oder einfach aus Abscheu vor der Diktatur
nicht mehr in Chile bleiben wollten, kamen auch nach Österreich, hielten hier mit ihrem Protest gegenüber der Diktatur
Santiagos nicht hinter dem Berg und gewannen Zustimmung
und Unterstützung. Sie zogen viele Österreicher auf ihre Seite,
die Auslieferung der Panzer wurde immer weniger wahrscheinlich, und Steyr bekam ein veritables Existenzproblem.

Malzacher kontaktierte Kreisky. Sein Eindruck war, der
Kanzler teile die massive Aufregung nicht, meine aber, sich
nicht für einen Panzerexport nach Chile exponieren zu können.
»Die Straße ist stärker«, zitierte der Steyr-Vorsitzende den
Regierungschef. Malzacher schließt im Rückblick gar nicht aus,
im Rechtsstreit – den er seiner Auffassung nach anstrengen
hätte können und sollen – gegen die Regierung Siegeschancen
gehabt zu haben.

»Chile-Panzer« wurde zum Codewort für ein österreichisches industriepolitisches Dilemma. Einem Land mit blutrün-
stiger Militärdiktatur Kriegsgerät zu verkaufen, das potentiell
gegen Menschen eingesetzt werden konnte, mit denen man
sympathisierte, war für eine sozialdemokratisch geführte Regierung die Quadratur des moralischen Kreises und daher unmöglich. Die Kehrseite der Medaille jedoch war die triste Perspektive für das Unternehmen, das ein Gutteil seiner Existenzgrund-
lage verlor. Für eine Regierung, die so großen Wert auf die
Sicherung von Arbeitsplätzen legte, war das nicht gerade beflü-
gelnd. Es führte auch zu Spannungen im sozialdemokratischen
Lager, welcher der beiden Maßstäbe für eine Industrienation
nun der richtige sei.

Ich meine, Österreich hätte diese Fahrzeuge realistischer-
weise nicht nach Chile liefern können, schon gar nicht unter
dem Eindruck der menschlichen Verwüstungen, die das Regime

Pinochet hinterlassen hat. Befremdlich an der Einstellung und den Wortmeldungen der Gegner allerdings war das aufreizende Desinteresse am Schicksal der Firma und ihrer Arbeiter und Angestellten. Das Thema Chile-Panzer eröffnete jedenfalls Nachdenkprozesse und Ansätze zu Strategiewechseln, wie es auch ein Vorläufer für die spätere, viel dramatischere Verwerfung im Zusammenhang mit den Noricum-Kanonen war.

Über die Entwicklung Semperits hatten sich die Kollegen im Vorstand schon vor meinem Eintritt in die Creditanstalt ernste und sorgenvolle Gedanken gemacht. Das Unternehmen unterhielt drei Werke: in Traiskirchen zur Erzeugung von Autoreifen, in Wimpassing zur Fabrikation technischer Produkte und in Wegscheid bei Linz, wo Schaumstoff und Kunststoff hergestellt wurden. Die Geschichte des Reifen- und Gummiwarenerzeugers Semperit reicht bis in die sechziger Jahre des 19. Jahrhunderts zurück. Der auf der ausgezeichneten Qualität aufbauende gute Name konnte Jahrzehnte hindurch abgesichert werden. Zerstörungen im Zweiten Weltkrieg, Plünderungen und der Abtransport von Maschinen durch die sowjetischen Besatzungsmächte hatten zur Folge, daß Traiskirchen 1945 praktisch vom Punkt Null neu starten mußte. Nach und nach schrieb Semperit wieder eine sehr beachtliche Erfolgsstory und galt nach der Überwindung der Kriegsfolgen als ein Vorzeigeobjekt des österreichischen Wirtschaftswunders.

Zur Ironie der Wohlstandsmehrung gehört es, daß die rasch zunehmende Motorisierung Österreichs die Marktposition Semperits mehr untergrub als stärkte. Für einen Reifenhersteller ist es wichtig, in der Erstausstattung von Autos präsent zu sein. Das garantiert eine fixe Abnahme, und die Erfahrung lehrt, daß die Autobesitzer in der Nachrüstung meist bei der Marke bleiben, die ihnen mit ihrem neuen Auto mitgeliefert wurde. Das Problem Semperits begann also damit und wuchs dadurch, daß es in Österreich keine Pkw-Produktion gab. Die Lage wurde noch angespannter, als es ab den siebziger Jahren weltweit zu einem Konzentrationsprozeß bei den Reifenherstellern kam.

Die Anzahl der verkauften Reifen war auf die Dauer zu gering, um dieses Produkt in Österreich profitabel zu erzeugen. Das Bemühen, Semperit bei den namhaften Autofirmen Europas in der Erstausrüstung zu verankern, wurde von allen engagiert, aber leider nicht erfolgreich betrieben, obwohl die Pkw-Reifen Semperits, insbesondere die Winterreifen, von allseits anerkannter Qualität waren. Das gleiche galt für die Lkw-Reifen. Die entscheidende Frage lautete also: Kann der »große« das Schicksal des »kleinen« Reifens von sich abwenden? Im heimischen Markt waren zwei Hersteller von Lastkraftwagen und anderen Nutzfahrzeugen tätig, Steyr-Daimler-Puch und MAN. Steyr, ohne internationale strategische Anbindung, hatte wegen der geringen Absatzzahlen selbst mit wirtschaftlichen Schwierigkeiten zu kämpfen, MAN spielte im Hinblick auf sein deutsches Stammhaus in einer anderen Liga, auch was das Erstausstattungsgeschäft betraf. Bald geriet auch das Lkw-Reifengeschäft unter Druck.

Ich war bereits vor meinem Eintritt in den Vorstand der Creditanstalt in den Aufsichtsrat der Semperit AG gewählt worden; die Problematik war mir daher nicht fremd. Treichl, Schmidt-Chiari und Kurt Grimm, Syndikus der Bank, hatten in der richtigen Einsicht, Semperit müsse im Weg einer strategischen Partnerschaft näher an das internationale Automobil- und dadurch an das Bereifungsgeschäft herangebracht werden, Verhandlungen mit Michelin aufgenommen. Ich hatte dabei gemischte Gefühle. Nicht weil ich die Richtigkeit der Partnersuche nicht einsah, sondern weil die französischen Gesprächspartner ihre gewichtige Position im Weltmarkt für uns sehr spürbar zum Ausdruck brachten. Treichl schien das weniger zu stören und die harte Unternehmersprache mehr zu beeindrucken als mich. Immerhin, Grundentscheidung und Grundgedanke waren richtig. An der weltweiten Präsenz und der Ertragskraft des Michelin-Konzerns gab es nichts zu deuteln. Der erhoffte Technologietransfer sprach zusätzlich für das Vorhaben. Zur Verwirklichung der Idealvariante kam es indes nicht, weil Michelin zu einer

Zusammenarbeit zwar bereit war, sich aber nicht selber ins gemeinsame Boot begab, sondern die Tochtergesellschaft Kléber-Colombes in die Kooperation einbrachte. Creditanstalt, Michelin und die Schweizerische Kreditanstalt gründeten 1976 eine Gesellschaft, die Semkler Ges.m.b.H., als Rahmen, innerhalb dessen die neue Partnerschaft operativ wurde. Schon 1979 beendeten wir das Experiment wieder. Der vereinbarte Produktionsaustausch funktionierte nicht. Kléber-Colombes war aufgrund seiner finanziellen Schwäche für ins Gewicht fallende Vorwärtsstrategien nicht zu haben, und die erhoffte Weitergabe technischen Wissens von Michelin an Semkler blieb aus. Mangels sichtbarer Erfolge der Partnerschaft gelang es auch nicht, die deutlichen Unterschiede der Unternehmenskulturen zu überbrücken. Im Gegenteil, atmosphärische Störungen und gegenseitige Schuldzuweisungen beherrschten die Tagesordnung.

Nach meinem Wechsel von der Creditanstalt in die Länderbank zu Beginn des Jahres 1980 war ich nicht mehr für Semperit zuständig. 1983 entschloß man sich, das Unternehmen in selbständige Gesellschaften – entsprechend den Produktionsstandorten – aufzuteilen. Semperit TP, Wimpassing, entwickelte sich ausgezeichnet. Die wirtschaftliche Situation des Reifenwerks in Traiskirchen verbesserte sich mit der Produktion eines neuen Hochgeschwindigkeitsreifens eine Zeitlang, die strukturellen Schwächen waren jedoch nicht zu beseitigen. 1985 verkaufte die Creditanstalt, von einer minimalen Beteiligung abgesehen, die Aktien der Semperit Reifengesellschaft an die niedersächsische Continental AG. Die neuen deutschen Gesellschafter gaben eine Fortführungsgarantie für den österreichischen Standort für zehn Jahre ab. Aus österreichischen öffentlichen Mitteln wurde für Traiskirchen ein Geldzuschuß für Investitionen in der Höhe von 1,2 Milliarden Schilling gewährt. Unmittelbar nach dem Auslaufen der zehnjährigen Periode gab Continental den Entschluß bekannt, die Aktivitäten in Traiskirchen einzuschränken, da die finanzielle Lage äußerst angespannt sei. Die erste sichtbare Maßnahme war die Verlagerung der Produktentwicklung nach Deutschland. Damit traf man einen überaus sensiblen Punkt. Im Werk und in der Stadt Traiskirchen führte dies verständlicherweise zu enormer Beunruhigung. Der Bürgermeister der Stadt, Fritz Knotzer, und die Belegschaftsvertreter ersuchten mich um Unterstützung. Ich führte einige von großer Medienaufmerksamkeit begleitete Gespräche mit dem Vorstandsvorsitzenden Contis, Grünberg, der seinen Standpunkt mit der trockenen Bestimmtheit des Unternehmensleiters vertrat, der eben seinen Aktionären für das Ergebnis verantwortlich ist. Er verhehlte auch gar nicht, daß man allenfalls weitere Produktionseinheiten aus Österreich in Standorte mit geringeren Arbeitskosten verlegen werde. Mit seinem norddeutschen Akzent schmeichelte er sich bei den Belegschaftsvertretern und lokalen Politikern nicht eben ein, und der Vorwurf, man habe die Förderung durch den österreichischen Staat in Anspruch genommen, um dann bei erster Gelegenheit abzusiedeln, war immer wieder zu hören. Ich aber mußte nach Tunlichkeit solche und ähnliche Emotionen aus den Gesprächen heraushalten. Unsachlichkeit durfte sich die österreichische Seite nicht vorhalten lassen. Mein Argument, ich wolle das Werk und die Arbeitsplätze retten, fand bei Grünberg ja Verständnis, nur war eben sein Auftrag ein anderer. Die Semperit-Leute waren verständlicherweise verbittert, insbesondere weil sie – abgesehen von der Sorge um ihre Beschäftigung – immer wieder stolz die hohe Qualität des von ihnen hergestellten Produkts ins Spiel brachten.

Die mediale Beurteilung meiner Bemühungen, die Wirtschaftsminister Johann Fahrnleitner und Landeshauptmann-Stellvertreter Ernst Höger nach Kräften unterstützten, fiel – je nach politischem Standort – unterschiedlich aus. Während die einen es sehr verständlich fanden, daß der österreichische Bundeskanzler sich um die Sicherung eines bedeutenden Werks annahm, kommentierten die anderen meine Anstrengungen hämisch als überkommene staatsinterventionistische Versuche, die im System der freien Marktwirtschaft und der freien Unternehmerentscheidungen keinen Platz (mehr) hätten. Ich bin sicher, die eifrigen Kommentatoren hätten mich auch oder erst recht kritisiert, hätte ich nichts unternommen. Schließlich gelang es zwar nicht, die Entwicklungsabteilung in Traiskirchen zu halten, wohl aber ein nicht unwesentliches Produktionsvolumen in Österreich zu belassen. Ob dies eine Dauerlösung sein würde, wußte ich zum damaligen Zeitpunkt nicht. Aber in dieser Notsituation war es am wichtigsten, die Existenz des Werks mit zumindest einer reduzierten Anzahl an Arbeitsplätzen zu sichern. Die Lösung hielt auch etliche Jahre, immerhin von 1995 bis 2003.

In eine andere Bankenkultur

Im landläufigen Gespräch der Nachkriegszeit konnte man folgenden Small-talk aufschnappen (das Wort Small-talk wird von mir zeitlich zurückversetzt; kein Mensch in Österreich verwendete es vor den neunziger Jahren): Die Creditanstalt und die Länderbank sind die zwei großen verstaatlichten Banken. Die Creditanstalt ist viel größer, nämlich nicht ganz doppelt so groß wie das verstaatlichte »Schwesterinstitut« Länderbank. Beide halten maßgebliche Beteiligungen an wichtigen Wirtschaftsunternehmen. Beide Institute sind proporzgeprägt und wirtschaftlich mächtig.

Das Haus am Schottentor und das Haus Am Hof waren also in bezug auf ihren Hauptaktionär Republik Österreich vergleichbar, sie waren vergleichbar als die Hausbanken der großen österreichischen Unternehmen, als »Mütter« etlicher Industriegesellschaften, und sie waren vergleichbar in ihrem Bestreben, die großen Kundeneinlagensummen an sich zu ziehen. Allerdings, im äußeren Erscheinungsbild, im persönlichen Stil der leitenden Funktionäre (im »gewissen Etwas«) und wohl auch in der grundsätzlichen Annäherung an das Fraktionelle traten recht beachtliche Unterschiede zutage. Freilich war die Creditanstalt die »schwarze«, war die Länderbank die »rote« Bank. Näheres Hinsehen ergab allerdings, daß die Länderbank nicht so rot wie die Creditanstalt schwarz war. Vor allem war die mittlere Funktionärsebene Am Hof nicht so durchgehend eindeutig ausgerichtet wie in der Schottengasse.

Gegen Ende der siebziger Jahre vollzog sich in der österreichischen Innenpolitik die eine Entwicklung und im österreichischen Industriegeschehen eine andere, mit denen ich zwar unmittelbar nichts zu tun hatte, die beide aber trotzdem für meinen weiteren Berufs-, eigentlich Lebensweg richtunggebend waren. Die innenpolitische Facette war die rasante und vor aller Öffentlichkeit ablaufende Verschlechterung des Verhältnisses Bundeskanzler Kreiskys zu seinem Finanzminister, Vizekanzler und Stellvertreter im Vorsitz der SPÖ, Androsch. Die erbitterte Konfrontation, die ihre Schatten auch ins Ausland warf, löste in der österreichischen Innenpolitik im allgemeinen und im Innenleben der SPÖ im besonderen tektonische Beben aus, die tiefe Gräben hinterließen. Die in solchen Situationen zwangsläufig entstehenden Reflexe ließen nicht lang auf sich warten. Es kam zu Parteiungen, sonderbaren Beschlüssen des Parteipräsidiums, wie der Erteilung einer »Generalvollmacht« für den Parteivorsitzenden, und einer lebhaften Konjunktur für Intriganten und Rückversicherer. Keine Frage, daß die schreibende Zunft ob der Geschichten, die immer wieder etwas »hergaben«, dies alles weidlich auskostete.

Im Jänner 1981 trat das Unvermeidliche ein. Kreisky trennte sich von seinem Finanzminister und Vizekanzler. Man wahrte die Form, betonte die Einvernehmlichkeit und beschloß im Parteipräsidium, der scheidende Finanzminister solle die Nachfolge Heinrich Treichls antreten, dessen Pensionierung als Generaldirektor der CA anstand. Das ging aber nicht Zug um Zug, da Treichls Vertrag bis Ende Juni 1981 lief und dieser auf eine Journalistenfrage, wie lange er sein Amt ausüben wolle, antwortete: »Bis zum Nachmittag des 30. Juni.« Also rückte Androsch mit 1. Februar 1981 zunächst als Generaldirektor-Stellvertreter in die CA ein und wurde erst mit 1. Juli 1981 Vorstandsvorsitzender am Schottentor. Eine Mehrheit im Aufsichtsrat der Creditanstalt wurde sichergestellt, indem man auf Parteiebene vereinbarte, daß der Vertreter der Freiheitlichen Partei, in diesem Fall Norbert Steger, mit der sozialistischen Fraktion mitstimmte.

Abseits der unmittelbaren politischen Bühne, nämlich im österreichischen Industriegeschehen, wurden an der Jahrzehntwende der siebziger zu den achtziger Jahren drei bittere

Befürchtungen Gewißheit: die Zusammenbrüche der renommierten Unternehmen Eumig (Erzeugung von Elektro- und Fotogeräten), Funder (Herstellung von Faserplatten) und Österreichische Klimatechnik. Diese Firmen zählten zu den angestammten Großkunden der Österreichischen Länderbank, hatten bei dieser über die Jahre Kredite in bedeutender Höhe angehäuft und durch ihre zuerst drohenden und dann auch eintretenden Insolvenzen die Bank in existentielle Schwierigkeiten gebracht. Die Bundesregierung, Privataktionäre des Instituts und die interessierte Öffentlichkeit waren geschockt, zählten doch die Firmenverantwortlichen Funder, Tautner (Klimatechnik) und Voggenhuber (Eumig) zu den Paradeerscheinungen österreichischen privaten Unternehmertums und ihre Produkte zu Verkaufsschlagern, vor allem im Export. Daß einer Großbank wie der Österreichischen Länderbank, noch dazu einer im Mehrheitseigentum der Republik stehenden, etwas »passieren« könnte, kam in der Vorstellungswelt der meisten, die sich damit beschäftigten, nicht vor. Die logische – und kaum zu bestreitende – Schuldzuweisung traf den Vorstand der Österreichischen Länderbank, Generaldirektor Wolfgang Erndl, seinen Stellvertreter Josef Koliander und die Vorstandsmitglieder Johann Strnad und Bruno Tichy. Der pauschale Vorwurf mag aufgrund der jeweiligen Zuständigkeiten von den einzelnen als ungerecht und unfair empfunden worden sein; aber die gesetzlichen Bestimmungen sahen für Aktiengesellschaften eben die kollektive Verantwortung des Vorstands vor, notabene bei so großen Summen. Außerdem hatte und hat die Differenzierung in Österreich traditionell wenig Chancen, wenn Managerhatz als Parole ausgegeben wird. Wie gar nicht anders denkbar, nahmen sich die Kommentatoren der Wirtschafts- und Finanzpresse des ehrwürdigen Hauses Am Hof an und widmeten auch Wolfgang Erndl, dem Vorstandsvorsitzenden, ihre wertende Aufmerksamkeit. Die Vertreter der Konkurrenzinstitute beklagten, eine ins Gerede gekommene Bank schade dem Finanzplatz Wien insgesamt. Die besorgten Mienen konnten freilich einen gewissen Sockelgenuß über das Ereignis nicht so verbergen, daß man ihn nicht bemerkte.

Beim Hauptaktionär Republik Österreich reifte der Wunsch nach personellen Änderungen. Bringt man die komplexe Gemengelage »Kreisky will Androsch nicht mehr in der Regierung« und »Erndl ist als Generaldirektor der Länderbank nicht mehr tragbar« auf den einfachen Nenner der Parteibeschlüsse, so kam folgendes heraus: Androsch soll den pensionsreifen Treichl in der CA beerben, Vranitzky als Generaldirektor in die Länderbank übersiedeln, Erndl in Pension gehen. Als Konsequenz davon veranlaßte der Hauptaktionär, vertreten durch das Finanzministerium, für den 13. Jänner 1981 die Abhaltung einer außerordentlichen Hauptversammlung der Länderbank, die eine Satzungsänderung beschloß: In Zukunft sollte der Vorstand der Bank aus maximal sechs anstatt bis dahin vier Mitgliedern bestehen. Die Absicht hinter dem Beschluß war eindeutig: Ich, der von allen Beteiligten als künftiger Generaldirektor Angesehene, sollte zugewählt werden können, ebenso mein künftiger Stellvertreter, ohne daß die vier noch amtierenden Vorstände Zug um Zug abgelöst werden mußten. Ihre Verträge wurden mit Ende 1981 befristet.

Ehe ich Generaldirektor der Österreichischen Länderbank werden konnte, hatte ich mein Ausscheiden aus der CA zu »erkämpfen«. Das konnte nur mit der Zustimmung des Aufsichtsrats der Bank gelingen, da mein Vertrag selbstverständlich nicht vorsah, daß ich während der Laufzeit einfach zu einem Konkurrenten wechselte. Nach Auffassung Walther Kastners, der unbestrittenen Autorität auf dem Gebiet des Gesellschaftsrechts, kam nur eine einvernehmliche Lösung des Dienstverhältnisses in Frage. Erstens wegen der Wahrung der im Vorstandsvertrag verbrieften Rechte; zweitens hätte eine einseitige Kündigung durch mich dem Aufsichtsrat der Bank die Möglichkeit eingeräumt, wenn nicht die Verpflichtung auferlegt, mich auf Einhaltung meines Vertrags zu klagen. Die ÖVP-orientierten Aufsichtsratsmitglieder und Generaldirektor Treichl erklärten, strikt

72

gegen mein Ausscheiden zu sein, und machten allerlei Argumente geltend, unter anderem das Konkurrenzargument, auch jenes, daß ich mich in der Bank und bei den Mitarbeitern so gut etabliert hätte. Was sie weniger deutlich sagten, aber aufrichtig meinten: Sie wollten den abgesetzten Finanzminister nicht an der Spitze der CA sehen. Während dessen späterer Funktionsperiode als Vorstandsvorsitzender haben allerdings etliche Skeptiker ihre Meinung zugunsten Androschs revidiert. Mein Ausscheiden aus der CA wurde schließlich vom Aufsichtsrat mit der analogen Stimmenmehrheit genehmigt, mit der Androsch später zum Vorstandsmitglied und Generaldirektor-Stellvertreter bestellt werden sollte, nämlich derjenigen der SP- und FP-Vertreter. Das ergab jeweils einen Überhang von einer Stimme.

Falls jemand annimmt, Vertreter der Regierung oder der Partei – ich erinnere daran, die SPÖ verfügte zu dieser Zeit über die absolute Mehrheit der Parlamentsmandate – hätten mit mir ein Gespräch über meinen von ihnen ausgeheckten Wechsel von der Creditanstalt in die Länderbank geführt, dann irrt er. Es blieb dem damaligen Klubobmann der Freiheitlichen Partei, Friedrich Peter, vorbehalten, mir diese Kunde anläßlich seines Besuchs in der CA am Weltspartag 1980 zu überbringen. Daß ich von der geplanten Rochade nichts wußte, verblüffte Peter. Der Weltspartag interessierte mich dann nur noch marginal. Ich eilte ans Telefon, um Alois Piperger, den Aufsichtsratsvorsitzenden der Länderbank, über das mir eben bekanntgewordene Gerücht zu befragen. Pipergers Antwort: »Was heißt Gerücht? Wir erwarten dich schon mit großer Freude.«

Ich durchdachte die Sache einige Tage lang und akzeptierte die Lösung. Schließlich waren die Partei und ihr Vorsitzender mit dem konkreten Personalproblem Androsch in keiner beneidenswerten Lage. Es wäre auch unfair, nicht zu erwähnen, daß die Vertragsbedingungen für mich im neuen Institut zwar nicht vollkommen gleich waren wie am Schottentor, jedoch ausreichend attraktiv. Das eigentliche Problem bestand für mich vielmehr darin, eine Bank zu übernehmen, deren angeschlagener

Zustand schon in aller Munde war, wogegen die CA, die Nummer eins im Land, recht untadelig dastand.

Angesichts der politisch motivierten Turbulenzen im Aufsichtsrat der CA stellte der renommierte Journalist und spätere Umwelt- und Gesundheitsminister Franz Kreuzer einmal die Frage, warum der abgesetzte Finanzminister Androsch nicht gleich in den Vorstand der Länderbank eingerückt sei. Man hätte sich viel Kraftaufwand erspart und kein Porzellan zerschlagen. Die Frage Kreuzers war logisch, ließ aber die konkrete Stimmung im Parteipräsidium außer acht. Unterhalb der Nummer eins der Banken hätte es der Newcomer im Bankgeschäft wohl nicht gemacht und vielleicht die ausgeklügelte Lösung gefährdet. Kreisky hatte bei der Ausbootung Androschs zwar formal, nicht aber von den konkreten Sympathielagen her komplett freie Hand. Vor allem Anton Benya vertrat im Parteipräsidium die Ansicht, Androsch solle eine Position erhalten, die ihn das Gesicht wahren lassen und seinen Einfluß erhalten könne. Benya war mit dieser Auffassung im Präsidium nicht allein.

Einige Wochen nach Vollzug der Rochade traf ich den Gewerkschaftsbundpräsidenten, der mir für meine Kooperationsbereitschaft dankte, etwas später konnte ich vom Zentralsekretär der SPÖ, Fritz Marsch, Anerkennendes vernehmen, und nach einigen Monaten brummte mir Bruno Kreisky einmal zu, das alles sei von mir so schlecht nicht gewesen. Das war's dann.

Zwischen Alois Piperger, dem ehemaligen Zentralsekretär der SPÖ und nunmehrigen Vorsitzenden des Länderbank-Aufsichtsrats, und mir entwickelte sich bald ein Verhältnis des gegenseitigen Vertrauens und des verständnisvollen Herangehens an die Probleme und Aufgaben, die dieses traditionsreiche, nun aber schwer angeschlagene österreichische Geldinstitut an uns stellte. Analoges ist über Pipergers Stellvertreter Arthur Mussil, vormals Abgeordneter zum Nationalrat und Generalsekretär der Bundeswirtschaftskammer, und Wilhelm Rosenzweig, renommierter Rechtsanwalt in Wien und Mitglied des Verfassungsgerichtshofs, anzumerken. Herbert Schmidtmeier, ebenfalls Abgeordneter zum Nationalrat und Präsident des Freien Wirtschaftsverbands Österreichs, folgte Rosenzweig nach und verdient die gleiche respektvolle Erwähnung. Dieses Aufsichtsratspräsidium nahm regen Anteil an der Unternehmensführung. Immer unterstützend, niemals der Versuchung unterliegend, zu bevormunden oder zu intervenieren. Im Lauf der Zeit gewannen die Herren, die ja – mit Ausnahme Schmidtmeiers – auch in der Zeit der vorangegangenen Katastrophen in Aktion gewesen waren, die Gewißheit und die Erleichterung, daß es mit der Bank Schritt für Schritt wieder aufwärts ging. Eine Einschätzung, um die ich mich mit meinen Kollegen und Mitarbeitern sehr bemühte.

Mit Wolfgang Erndl verfuhr man nicht fair. Alle in Regierung und Partei – und wohl auch im Aufsichtsrat – waren sich einig, daß er pensioniert werden sollte. Niemand allerdings war Manns genug, ihm das auch mitzuteilen. So übersiedelte ich ab 1. Februar 1981 als Generaldirektor-Stellvertreter von der CA in die Länderbank. Erndl blieb zunächst mit einjähriger Restlaufzeit Generaldirektor, Manfred Drennig wurde Vorstandsmitglied. Kenner der Verhältnisse verstanden nicht, warum der Aufsichtsrat, gesteuert von Finanzminister Herbert Salcher, die Neuordnung des Vorstands nicht schon im Februar 1981 traf. Es gab ausreichend Gemauschel darüber in den Medien und den Kaffeerunden des Finanzplatzes Wien. Ich hatte aber nicht die geringste Lust zu drängen, ebensowenig wie Drennig.

Dann überstürzten sich die Ereignisse. Am Morgen des Tages, an dem Salcher Erndl mitteilen wollte, daß ich an seine Stelle treten würde, erlitt Erndl einen Herzinfarkt und wurde in das Allgemeine Krankenhaus eingeliefert. Am Nachmittag besuchte ihn Finanzminister Salcher dort und gab ihm seine Entscheidung bekannt. Salcher konnte es nicht verborgen bleiben, daß das für Erndl keine Jubelnachricht war, also versuchte er den Schlag zu lindern und erklärte Erndl, wie dieser mir später erzählte, taxfrei zu seinem industriepolitischen Berater für die Industriebeteiligungen der Länderbank (Waagner-Biro, Voith,

Lenzing, Porr, Stuag, Gaskoks und andere). Erndl rief mich vom Krankenbett aus an, beglückwünschte mich als seinen Nachfolger und ließ mich wissen, er würde in allen unseren wichtigen Industrietochtergesellschaften gemäß den Vorstellungen Salchers Aufsichtsratsvorsitzender bleiben. Als künftiger Vorstandsvorsitzender des bestimmenden Aktionärs dieser Gesellschaften konnte ich das nicht akzeptieren. Also rief ich Minister Salcher an, um mich zu vergewissern, ob er solche Zusagen tatsächlich abgegeben habe. Salcher murmelte, Erndl habe ihn wahrscheinlich mißverstanden, und ersuchte mich, seine Ministerrolle auf den Punkt bringend, »dem Wolfgang alles selber zu erklären«. Ich erklärte, und Erndl nahm es, Salchers Worte nun richtig deutend, zur Kenntnis. Industriepolitischer Berater wurde er selbstverständlich nie.

Mit Wirkung vom 23. April 1981 bestellte mich also der Aufsichtsrat der Österreichischen Länderbank zum Vorstandsvorsitzenden und Generaldirektor. Die folgenden Jahre stellten an mich Anforderungen, die ich zu den schwierigsten meines Lebens zähle. Finanzminister Salcher erkannte wie ich – ich war als Generaldirektor aber Partei –, daß man eine österreichische Großbank aus vielerlei Gründen nicht »über die Klinge springen« lassen dürfe. Was wäre sonst die Eigentümerschaft der Republik wert gewesen? Auf der anderen Seite – er war in der Materie nicht wirklich zu Hause – zeigte er der Bank und mir gegenüber immer wieder Mißtrauen, das sich in einer bezeichnenden Bemerkung eines seiner Mitarbeiter äußerte: »Man muß aufpassen, daß Vranitzky Salcher nicht hineinlegt und die Länderbank übersaniert wird.« Als Beitrag der Republik zur Wiedergesundung der Länderbank folgte ein kompliziertes Gesetzeswerk, das Haftungen und Geldzuschüsse mit einer künftigen Besserung so verknüpfte, daß das alles am Ende kaum jemand mehr verstand, außer uns Länderbänklern, die wir diese Lösung dem Finanzministerium in unzähligen Sitzungen abgerungen hatten. Ich blicke heute noch mit großem Dank auf die Mithilfe des schon von uns gegangenen Walther Kastner, des ebenfalls verstorbenen Helmut Haschek, Generaldirektor der Österreichischen Kontrollbank, und Hans Wehselys, des vom Österreichischen Arbeiterkammertag zur Verfügung gestellten Experten, zurück.

Über die Zeit vom 23. April bis Juli/August 1981 kann ich der damaligen österreichischen Politik, was die Bank betrifft, kein gutes Zeugnis ausstellen. Das betrifft sowohl die SPÖ-Alleinregierung als auch – diese im besonderen – die oppositionelle Volkspartei. Man bedenke: Die zweitgrößte Bank im Mehrheitseigentum des Staates muß unter den wahrscheinlich schwierigsten unternehmenspolitischen Gegebenheiten in der Bankgeschichte der Zweiten Republik einige Monate hindurch von nur zwei Vorstandsmitgliedern geführt werden. Dies unter strengster Beobachtung durch die nationalen und ausländischen Korrespondenzbanken, die Zwischenbankeinlagen und andere Veranlagungen bei der Länderbank hielten und sich um deren Bestand sorgten. Andererseits war es für uns lebensnotwendig, diese Veranlagungen anderer Banken bei uns nicht zu verlieren. Der Innen- und Parteipolitik im allgemeinen wird man den Durchblick durch diese Zusammenhänge nicht zumuten wollen, dem Finanzminister im besonderen allerdings zumuten müssen. Es waren also noch zwei zusätzliche Vorstandsmitglieder zu bestellen. Nach der herrschenden Farbenlehre war eine Nominierung aus dem sozialdemokratischen, eine aus dem Lager der Volkspartei offen. Auf der sozialdemokratischen Seite war die Wahl mit Gerhard Wagner, Direktor der Zentralsparkasse der Gemeinde Wien, rasch getroffen worden. Wieso er erst mit 1. August 1981 zur Verfügung stand, vermag ich im Rückblick nicht mehr zu sagen.

Die Entscheidungsfindung der Volkspartei nahm hingegen längere Zeit in Anspruch. Auf der Gerüchtebörse wurden einige Namen gehandelt, darunter der Maria Schaumayers, doch es blieb bei Gerüchten. Obwohl es nicht unmittelbar meine Aufgabe war, sah ich mich angesichts der Untätigkeit der VP-Politiker gezwungen, mich in die Suche einzuschalten. Von ÖVP-

Seite trug man mir zu, Obmann Mock habe sich die Sache selber vorbehalten. Also meldete ich mich bei dem Mann an, der sechs Jahre später mein Vizekanzler werden sollte, und suchte ihn eines relativ frühen Morgens in seiner Wohnung auf. Ich bat ihn, bald eine Entscheidung zu treffen, da man eine so große Bank nicht länger zu zweit führen könne, noch dazu in der prekären Lage, in der das Institut war. Außerdem schlug ich ihm vor, Anton Osond in Erwägung zu ziehen. Osond, den ich von der Creditanstalt her kannte, besaß ausgezeichnete Kunden- und Geschäftskenntnisse, gehörte dem bürgerlichen Lager an und war – wie ich mich bei ihm vorher versichert hatte – bereit und interessiert, aus dem mittleren Management der Creditanstalt in den Vorstand der Länderbank zu wechseln.

Mock hörte mich an und versprach einen baldigen Entschluß. Die Wahl fiel auf Konrad Rumpold, tätig in der Girozentrale. Das Schlechte an meinem Vorschlag Osond war wahrscheinlich der Umstand gewesen, daß er von mir kam. Eine Lehre für die späteren Jahre in der Politik: Sich einen bestimmten ÖVP-Mann zu »wünschen«, erregt den »Verdacht« seiner Partei dem Wunschkandidaten gegenüber.

Der vierköpfige Vorstand der Bank war nun installiert. Die neuen Kollegen arbeiteten sich zügig ein. Teamdenken stand im Vordergrund. Fraktionspolitisches Gezänk ließ ich nicht zu, ich hatte aber den Eindruck, daß den anderen nicht danach war. Außerdem war der Druck auf den neuen Vorstand von innen und außen so groß, daß für Nebenkriegsschauplätze niemand Sinn oder Verständnis hatte, waren doch mehrere gravierende Probleme gleichzeitig anzupacken. Der Gedanke, den beruflichen Aufstieg zum Vorstandsvorsitzenden einer österreichischen Großbank in der Familie oder mit ein paar Freunden zu feiern, kam mir nicht. Die Problemfälle nahmen mich zeitlich außerordentlich stark in Anspruch, und dazu mußte ich mich sehr konzentriert der Bank an sich widmen: der Belegschaft, der betrieblichen Organisation, den Arbeitsabläufen, den Investitionen, der Kosten- und Ertragsentwicklung, der Personalplanung, der Produktentwicklung, der Kundenbetreuung und vielem anderem mehr. Überdies war ich in meinen Beurteilungs- und Denkweisen CA-geprägt. Die Creditanstalt war in ihrem Erscheinungsbild offener, mehr extrovertiert als die Länderbank. Der Vorstand und mit ihm der größere Teil des mittleren Managements waren expansionsorientiert, hielten die Internationalisierung der Bank für wichtig und sponserten Kultur- und Sportveranstaltungen. Grandseigneur Franz Ockermüller hatte an der Spitze der Länderbank mit einem anderen Grundverständnis agiert. Humanistisch gebildet, schlagfertig und witzig, legte er auf Spektakuläres nur wenig Wert. In der Auswahl des Führungspersonals ging er so vor, daß man da und dort vom »Bankhaus Ockermüller« sprach. Beim Wachstum des Geschäftsvolumens bevorzugte er das Adjektiv »organisch«. Wegen seiner exzellenten Kenntnisse in Latein und Altgriechisch wurde er allseits bewundert, Englisch oder Französisch hingegen waren ihm weniger zugänglich. Aus diesem Grund vermochte er sich für Niederlassungen der Bank im Ausland nicht brennend zu interessieren, so wie er auch kein ausgesprochenes Faible für nicht in deutscher Sprache abgefaßte Verträge oder für die elektronische Datenverarbeitung entwickelte. Ockermüllers Ansehen in der österreichischen Kreditwirtschaft war allerdings so groß, daß kaum jemand ernstlich Anstoß daran nahm; man erblickte darin allenfalls eine liebenswerte Schrulle.

Nach dem Tod Ockermüllers 1976 folgte ihm Wolfgang Erndl als Vorstandvorsitzender und Generaldirektor nach; Bruno Tichy komplettierte den vierköpfigen Vorstand. Die Herren verstanden, daß sie die Bank modernisieren mußten. Eine großangelegte Reorganisation wurde in die Wege geleitet. Man stützte sich dabei auf die Beratung durch Teams der Dresdner Bank, die ihrerseits eine umfassende Umorganisation hinter sich hatte.

Eine meiner ersten Erkenntnisse nach der Übernahme der Bankleitung war die große Distanziertheit der Mitarbeiter gegenüber dem System der Dresdner Bank. Tichy, der sich redlich um die Implantation der neuen Organisation bemüht hatte

79

und zu der getroffenen Entscheidung mannhaft stand, mußte klagend einräumen, die Belegschaft lebe dieses System noch nicht. »Aber es wird schon werden.« Es wurde nicht. Ich selber konnte im übrigen damit auch nichts anfangen. Die Dresdner Bank war eine weltweit agierende Großbank, um Zehnerpotenzen größer und gewichtiger als das Wiener Haus Am Hof. Der Mantel war schlicht zu groß, die tiefgreifende Unsicherheit der Mitarbeiter leicht festzustellen. Es galt die Unsicherheit zu beenden und Vertrauen aufzubauen. Ich setzte eine interne Arbeitsgruppe ein, erklärte ihr meine Vorgaben und das System Dresdner Bank für beendet. Die neuen Kollegen im Vorstand zogen ideal mit, und die Mitglieder des Aufsichtsratspräsidiums begrüßten jeden Schritt, der für sie einem Auftauchen aus der schlimmen Stimmung des Jahresanfangs 1981 gleichkam.

Viele Mitarbeiter reagierten auf die schwierige Situation wie ein bedeutender Teil der Öffentlichkeit: Daß eine so große, noch dazu im Mehrheitseigentum der Republik stehende Bank gefährdet sein sollte, hielten sie schlicht für unmöglich. Manche unterstellten offen, ich gaukle diesen Zustand vor, um harte Sparmaßnahmen zu erzwingen. In politischen Veranstaltungen bekam ich vom »vielen Geld« der Banken zu hören. Ich mußte sagen: Viel Geld haben wir schon, leider gehört es uns nicht. Andere wieder meinten, das Problem sei sicherlich groß, aber der Staat könne doch ein so gewichtiges, historisch gewachsenes Geldinstitut, an dem er selber mehrheitlich beteiligt sei, nicht fallenlassen. Es bedurfte vieler Erklärungen, daß ich diese Meinung in der Substanz teilte, dies aber nicht dazu führen könne, die Hände in den Schoß zu legen. Ich lud zahlreiche Mitarbeiter zu einer Versammlung in die Kurhalle Oberlaa ein und erklärte die vor uns liegenden Aufgaben. Die Resonanz war großartig. Ich erhöhte die Zahl der Ausbildungsmaßnahmen und Seminare und absolvierte ebenso wie die Vorstandskollegen Kundenbesuche im doppelten oder dreifachen Ausmaß des »Normalen«. Besonders wichtig war es, die Kontakte mit dem weltweiten Netz unserer Korrespondenzbanken zu intensivieren. Das bedeutete, zusätzlich zu den ohnehin regen Aktivitäten in Österreich, eine Vielzahl von Auslandsreisen. Ich erinnere mich zum Beispiel an einen völlig verunglückten Artikel in der *Financial Times*, der die Unterstützungsaktion des österreichischen Finanzministeriums schilderte. Der Zeitung ist kein Vorwurf zu machen, weil die vom Ministerium gewählte Konstruktion so komplex und juristisch gefinkelt war, daß zahlreiche Interessierte in Österreich sie kaum verstanden. Doch schrille Alarmrufe aus London waren die Reaktion unserer Korrespondenzbanken, und für mich hieß es wieder einmal, das nächste Flugzeug zu besteigen.

Ich konnte bei dieser Gelegenheit und bei anderen das wichtigste Ziel überhaupt erreichen, nämlich die bei uns veranlagten Zwischenbankgelder zu sichern. Dieses Thema scheint bei nur kurzer Betrachtung nicht wichtig zu sein. Aber eine international tätige Bank, deren Partnerinstitute Zwischenbankeinlagen abziehen, kann sich Ersatzliquidität nachher nur mehr zu erschwerten Bedingungen, das heißt zu spürbar höheren Kosten (Zinsen), besorgen – ganz abgesehen vom ramponierten Ruf. Es gelang mir und Rumpold, dem Vorstandskollegen, der für die internationalen Geldmärkte zuständig war, eine schädliche Auswirkung auf die Länderbank abzuwehren. Mir kam dabei zugute, daß ich in den internationalen Bankkreisen aus meiner Tätigkeit in der Creditanstalt her bereits bekannt war. Selbstverständlich spielte das Eigentum der Republik an der Bank in dieser Zeit eine unverzichtbare Rolle.

Es lag auf der Hand, die Öffentlichkeitsarbeit der Bank auf die unruhigen Gegebenheiten einzustellen, gleichzeitig aber auch den Weg in eine konsolidierte Zukunft zu weisen. Die Agentur GGK und ihr rühriger Chef Hans Schmid standen oft ohne zeitliches Limit zur Verfügung. Ein neues Logo, neue Logofarben, ein grundsätzlich neues Konzept, um das Erscheinungsbild des Instituts zu prägen und zu vermitteln, und die geglückte Harmonisierung der Produktpalette mit der Werbelinie beurteile ich auch heute noch, viele Jahre danach, als ein wesentliches Element dafür, daß wir das Ansehen der Länderbank wiederherstellen konnten.

Nach den vielen geschilderten Wirren und den vergeblichen Rettungsversuchen traten im Jahr 1981 die insolvenzrechtlichen Konsequenzen für die drei wankenden Großkunden in Kraft. Im März wurde der Ausgleich über Funder eröffnet. Als Ergebnis langwieriger Verhandlungen übernahm die Turnauer-Gruppe unter der Federführung von Josef Taus einen Teil der Betriebsstätten. Die restlichen wurden stillgelegt, die Maschinen und Grundstücke verkauft. Auch die Klimatechnik mußte im März Ausgleich anmelden. Die Fortführung des Unternehmens erwies sich als aussichtslos, also war der Anschlußkonkurs im darauffolgenden Mai nicht zu vermeiden. Schließlich wurde im August der Konkurs über Eumig angemeldet. In einige Betriebsstätten zogen andere Betreiber ein. Das Gebäude der Hauptbetriebsstätte in Wiener Neudorf kaufte die Firma Palmers, die dort befindlichen Maschinen wurden veräußert.

All diese Vorgänge können ohne Übertreibung als dramatisch bezeichnet werden und erweckten dementsprechend hohe Aufmerksamkeit der Medien, der an wirtschaftlichen und politischen Vorgängen interessierten Staatsbürger und der in- und ausländischen Finanzinstitute.

Bankwirtschaftlich bedeuteten die massiven Kreditausfälle zunächst, daß sich die Bank die im Jahr des Forderungsausfalls zur Gänze notwendigen Einzelwertberichtigungen nicht leisten konnte. Buchhalterisch gesehen sind Wertberichtigungen Aufwendungen. Steht einem Aufwand in einem so bedeutenden Ausmaß wie im konkreten Fall kein adäquater Ertrag gegenüber, dann gerät die Bank in die Verlustzone. Kann sie diese Verluste durch Eigenmittel nicht annähernd so abdecken, daß nachher auch noch ein den Bilanzvorschriften entsprechendes Eigenkapital zur Verfügung steht, tritt sie in die Überschuldungszone und folglich in die Zahlungsunfähigkeit ein. Zwei Sofortmaßnahmen waren also unverzüglich zu ergreifen. Erstens konnten wir für das Geschäftsjahr 1980 keine Dividende ausschütten, zweitens mußten wir mit der Republik möglichst rasch eine Regelung erreichen, durch die sie eine Garantie für die uneinbringlichen Forderungen gegenüber den gescheiterten Kreditkunden übernahm. Eine solche Garantie würde die Bank der Aufgabe entheben, die besagten Forderungen sofort wertzuberichtigen (abzuschreiben), und damit die vorher erwähnten existentiellen Konsequenzen vermeiden. In immens langwierigen Verhandlungen mit dem Finanzministerium wurde schließlich ein Maßnahmenbündel geschnürt, das den Notwendigkeiten der Länderbank gerecht wurde und das der Nationalrat in ein Spezialgesetz goß. Die darin enthaltenen Regelungen wurden so lange praktiziert, bis sie anläßlich der Übernahme der Länderbank durch die Zentralsparkasse der Gemeinde Wien nicht mehr erforderlich waren.

Meine Vorstandskollegen in der Länderbank und ich konnten die Bank Am Hof von Jahr zu Jahr mit jeweils besseren Ergebnissen präsentieren. Es gab wieder Dividendenzahlungen, interessante Auslandsniederlassungen wurden eröffnet, und die Flüge nach London oder New York dienten nun besseren Zwecken als der Erklärung von Katastrophen. Es gab in den meisten Arbeitsfeldern nur mehr Vorwärtsstrategien. Die Industriebeteiligungen der Bank – Waagner-Biró, Voith, Lenzing, Perlmoser, Porr, Stuag, AG für Bauwesen, Gaskoks – bewegten sich im Koordinatensystem der konjunkturellen Schwankungen. Gefährdet war keines der Unternehmen, Dividendenausfälle gab es so gut wie nicht.

Nachdem ich im September 1984 als Finanzminister in die Bundesregierung eingetreten war, übernahm Gerhard Wagner den Vorstandsvorsitz; Herbert Cordt, den ich Mitte der siebziger Jahre ins Finanzministerium geholt hatte, zog nach einer Zwischenstation als Vizegouverneur der Postsparkasse in den Länderbankvorstand ein. Die Länderbank »war wieder wer.« Ob ihr eine Zukunft entgegenleuchtete oder heraufdämmerte, war in diesen Herbsttagen des Jahres 1984 noch kein Thema.

Noch.

Fred Sinowatz an der Spitze

Die Nationalratswahlen des Jahres 1979 hatten, wie jene der Jahre 1971 und 1975, wieder einen glanzvollen Wahlsieg Bruno Kreiskys und seiner SPÖ gebracht. Danach war Kreisky allerdings krank geworden und mußte sich komplizierten Operationen unterziehen. Keineswegs unerklärlich, daß sich diese harten Erfahrungen in seinem Erscheinungsbild in der Öffentlichkeit auswirkten. Der strahlende »Sonnenkönig«, als der er in den siebziger Jahren in der Öffentlichkeit aufgetreten war, verehrt, bewundert, jedenfalls aber als Regierungschef akzeptiert, konnte er, wie viele von uns nicht wahrhaben wollten, nicht mehr sein.

Man schrieb das Jahr 1983, und die nächste Nationalratswahl stand bevor. Der in öffentlichen Auftritten und im Fernsehen krank und müde wirkende Bundeskanzler konnte seine Partei zwar zu einem Wahlsieg in relativem, nicht mehr jedoch in absolutem Ausmaß führen. Alle Demoskopen und Wahlanalytiker stimmten darin überein, daß eine Reihe von Steuer- und Abgabenerhöhungen (»Mallorcapaket« genannt, weil Finanzminister Salcher seine Vorschläge Kreisky in dessen Zweithaus auf der Baleareninsel unterbreitet hatte) einen zumindest so gewichtigen Einfluß auf das Wahlergebnis hatten wie die Krankheit des Kanzlers.

Der 24. April 1983 ging als trüber Tag in die Parteigeschichte der Sozialdemokraten ein, war doch nach dreizehn Jahren die Zeit der absoluten Mehrheit und damit auch die Periode der Alleinregierung zu Ende. Die Sozialdemokraten erreichten 47,6 Prozent der Stimmen und damit neunzig Mandate. Auch wenn der Verlust der absoluten Mehrheit ein Schock für die Partei und das Kreisky-Lager war, darf man die Augen nicht davor verschließen, daß ein solches Resultat nach der langen Zeit der Alleinregierung bereits erwartet worden war. In späteren Zeiten wären viele von uns froh gewesen, das damals als Niederlage empfundene Ergebnis zu erreichen.

Kanzler Kreisky zog sich am Abend des Wahlsonntags in sein Arbeitszimmer im Parteihaus in der Löwelstraße zurück und entschied dort, seine politischen Ämter als Bundeskanzler und Parteivorsitzender zurückzulegen. Als seinen Nachfolger in beiden Funktionen schlug er den langjährigen Unterrichtsminister Fred Sinowatz vor, der seit Jänner 1981 Vizekanzler war. Da die SPÖ nach dem Verlust der absoluten Mehrheit keine Alleinregierung mehr bilden konnte, entstand aus Verhandlungen mit der Freiheitlichen Partei die erste Kleine Koalition, gebildet aus SPÖ und FPÖ. Die Österreichische Volkspartei blieb in der Opposition.

Atmosphäre und Stimmung in der SPÖ waren angespannt. Die erfolgsge(ver)wöhnte Partei, deren Vorsitzender dreizehn Jahre lang die innen- und außenpolitischen Geschicke des Landes dirigiert und geprägt hatte wie kaum ein anderer, nahm den Verlust der alleinigen Regierungsverantwortung nur widerwillig und allmählich zur Kenntnis. Unter den Bedingungen der Kleinen Koalition mit der Fünfprozentpartei FPÖ unter dem Vorsitz des liberalen Rechtsanwalts Norbert Steger taten etliche sozialdemokratische Funktionäre so, als hätte es in den politischen Machtverhältnissen keine Änderung gegeben.

Wenn Fred Sinowatz sagte, er habe das Amt des Bundeskanzlers und den Bundesparteivorsitz nie angestrebt, so war das nicht eine der üblichen Allerweltserklärungen, die man in analogen Zusammenhängen immer wieder zu hören bekommt. Diese Zurückhaltung, die ihn auch sonst charakterisierte, darf allerdings nicht so ausgelegt werden, als hätten ihn seine politischen Spitzenfunktionen nicht komplett ausgefüllt und wären von ihm nicht hundertprozentig gelebt worden. Sinowatz wurde niemals müde, den Parteileuten, deren Vorstellung noch auf eine Alleinregierung eingestellt war, mit großer Standfestigkeit und Überzeugungskraft klarzumachen, daß eine Koalitionsregierung eben anderen Abläufen und Gesetzmäßigkeiten zu folgen hat als eine Alleinregierung. Dazu kam noch, daß die sozialdemokratischen Verbändefunktionäre, also Vertreter von Gewerkschaft und Arbeiterkammer, wenn es um politisch Andersdenkende ging, auf Funktionäre der Volkspartei fixiert waren und mit FPÖ-Leuten meist gar nicht in Berührung kamen. Sollte das da und dort vorgekommen sein, dann konnten sie mit ihnen nur wenig anfangen. Ich entsinne mich so mancher Randbemerkungen meiner sozialdemokratischen Ministerkollegen, wenn es um Arbeitnehmerangelegenheiten ging und die freiheitlichen Partner etwas mühevoll gewonnen werden mußten: »So etwas würde mit ÖVP-Leuten einfacher gehen.« Diese und ähnliche Auffassungen konnten nur von den Erfahrungen aus dem sozialpartnerschaftlichen Getriebe stammen, denn konkrete Regierungserfahrung mit Vertretern der Volkspartei hatte niemand im Kabinett: Eine Koalition SPÖ/ÖVP hatte es zuletzt vor der Märzwahl 1966 gegeben, und kein Mitglied einer Regierung Sinowatz oder einer Regierung Vranitzky war damals dabeigewesen. Ich muß auf der Grundlage meiner eigenen Wahrnehmung aber immer wieder betonen, daß die freiheitlichen Regierungsmitglieder loyale Arbeit leisteten und bemüht waren, kompetente politische Partner zu sein. Von ihren unprofessionellen und hilflosen Parteifreunden, die sich ab Februar 2000 in Regierungsämtern versuchten, haben sie sich jedenfalls strukturell und wohltuend abgehoben. Daß Klubobmann Friedrich Peter und Generalsekretär Walter Grabher-Meyer das Regierungsbündnis in ihren Partei- und Parlamentsfunktionen maßgeblich mittrugen, ist mehr als eine Erwähnung wert.

Es sei kurz zurückgeblendet: Zwischen der SPÖ des Parteivorsitzenden Bruno Kreisky und der FPÖ unter der Führung des langjährigen Partei- und Klubobmanns Friedrich Peter bestand seit dem Jahr 1970 im großen und ganzen eine arbeitsfähige Basis. Die FP Peters hatte im Jahr 1970 das Überleben der Minderheitsregierung Kreiskys insofern abgesichert, als sie im Nationalrat dem Bundeshaushaltsgesetz für 1971 zustimmte. Kreiskys politische Gegenleistung war seine Bereitschaft, eine Reform des Wahlrechts so zu beschließen, daß die Freiheitlichen davon profitierten.

In den Reihen der FPÖ hatte sich in den späten sechziger und dann in den siebziger Jahren insofern eine bemerkenswerte Entwicklung vollzogen, als sich tragende Persönlichkeiten dieser Partei in der seit ihrer Gründung immer wieder gestellten Frage »liberal oder (deutsch-) national?« für liberal entschieden. Die bis in das Jahr 1970 zurückreichende Vorgeschichte, die Beurteilung der FPÖ als liberal und nicht zuletzt das gute und tragfähige Verhältnis Kreiskys zu Peter waren die Säulen des Regierungsbündnisses zwischen den Sozialisten und den damals in Führungspositionen ihrer Partei tätigen Freiheitlichen.

Die politische Bezeichnung »liberal« hat in Österreich keinen schlechten Klang. Sie vermittelt ein von vielen als sympathisch empfundenes Ungebundensein, eine Freiheit des Denkens und des Handelns. Die einen glauben, auf diese Weise von keinem der großen Lager, sozialdemokratisch oder konservativ, vereinnahmt werden zu können, die anderen meinen, liberale Sozialdemokraten oder liberale Christdemokraten zu sein.

Gemäß Lexikon-Definition fordert der Liberalismus die Errichtung und den Ausbau eines Verfassungs- und Rechtsstaats, der die staatliche Macht begrenzt (nach dem Grundsatz der Gewaltenteilung). Schon in der zweiten Hälfte des 19. Jahrhunderts trat deutlich zu Tage, wie gering die Bindungswirkung der Liberalen im Vergleich zu den zwei großen Kräften war. Im 20. Jahrhundert änderte sich daran nichts. Eine liberale Partei war umso weniger eine Alternative zu Links und Rechts, je mehr politische, kulturelle, ökonomische Kriterien die Menschen in den Bann ihrer Antagonismen zogen, weil sie sich gerade von »ihrer« politischen Gruppierung Lösungen erwarteten. Solche oder ähnliche Beobachtungen konnte man nach den Krisen und Katastrophen des 20. Jahrhunderts in den meisten Staaten Europas machen.

In den siebziger Jahren versuchten Norbert Steger und andere den Neustart zu einer liberalen FPÖ. Er kam durch Haider sehr bald wieder zu seinem Ende, weil nicht die Gesamtheit, ja nicht einmal eine Mehrheit der Freiheitlichen dafür zu gewinnen war. Erst als die vormalige Generalsekretärin Heide Schmidt mit einigen Nationalratsabgeordneten und anderen Funktionären 1993 die FPÖ verließ, entstand im Österreich der Nachkriegszeit eine Partei, die in ihrem offiziellen Namen die Bezeichnung »liberal« führte: das Liberale Forum. Seine fünf Abgeordneten erhielten Klubstatus im Nationalrat und machten sogleich von sich reden, weil ihnen interessante politische Auftritte gelangen. Daß Schmidt als frühere Generalsekretärin zeitweilig eine Haider-Intima und 1992 Präsidentschaftskandidatin der Freiheitlichen gewesen war, ließen kritische Geister nie unerwähnt. Dem standen ihre gewinnende Art des Auftretens und Diskutierens gegenüber und wohl auch der Reiz des Neuen in einer über die Jahre unveränderten Parteienszenerie.

Trotz des schwungvollen Beginns und einiger Zwischenerfolge wurde das Liberale Forum bald wieder schwächer und erreichte bei der Nationalratswahl 1999 nicht mehr die zum Einzug in den Nationalrat erforderliche Anzahl an Wählerstimmen. Wieder ein ausgeträumter österreichischer liberaler Traum.

Fred Sinowatz versah seine neuen Ämter mit persönlicher Größe, die ich auch deshalb hervorhebe, weil er die Angriffe auf die Partei und die Schmähungen, die der politische Gegner und etliche Medien für sie vorrätig hielten, zu parieren hatte, ohne der Spitzenkandidat der SPÖ beim Verlust der »Absoluten« gewesen zu sein. Der promovierte Historiker, auf dem politischen Parkett zu Hause, für platte Gags nicht zugänglich und von großer Nachdenklichkeit über die Zusammenhänge und Wirkungsmechanismen der geschichtlichen und gesellschaftlichen Abläufe, vermittelte das Erscheinungsbild des bedächtigen, seriösen, dem Blenden zutiefst abgeneigten Verantwortungsträgers. Da er in seinem Leben viel gelesen und nachgedacht hatte, verfügte er in zahlreichen Belangen über mehr Wissen als andere, mit denen er zu tun hatte. Es waren dieses Wissen und die Lebenserfahrung, die ihn den legendär gewordenen Satz sagen ließen: »Es ist alles sehr kompliziert.« In einer Umgebung der Oberflächlichkeit und der Gier nach der schnell hingesagten, einfachen Antwort, die morgen schon wieder falsch sein kann, zog er damit den Spott auf sich. Die Richtigkeit des Satzes hat den dümmlichen Hohn allerdings längst Lügen gestraft.

Es waren nicht wenige Steine, die auf dem Weg des Parteivorsitzenden und Bundeskanzlers Fred Sinowatz lagen oder vielmehr hingeworfen wurden. Das begann damit, daß in der Zusammensetzung seines Kabinetts auf sozialdemokratischer Seite die Handschrift Kreiskys noch stark zu lesen war, vor allem in der Person Herbert Salchers als Finanzminister und Erwin Lanc' als Außenminister. Keines dieser beiden Regierungsmitglieder scheint die Wahl Sinowatz' gewesen zu sein. Seine Loyalität dem Amtsvorgänger gegenüber – die dieser im übrigen kaum honorierte, weil er mit seinem Nachfolger alles andere als unkritisch verfuhr – ermöglichte überhaupt erst, daß die beiden im Amt blieben. Salcher hatte in der Himmelpfortgasse eine seltsam eigenbrötlerische Küchenkabinettstruktur aufgebaut, die sich der ausgezeichneten Beamtenschaft des Finanzministeriums und ihrer Sachkenntnis kaum bediente. Die Außenpolitik des Ministers Erwin Lanc wiederum machte aus ihrer politischen Distanz zu den USA kein Hehl und Sinowatz darob zu Recht verdrossen.

Der Staat ruft nicht ... und ruft dann doch

In den Apriltagen 1983, unmittelbar nach der Wahl, hatte mich Fred Sinowatz gefragt, ob ich es mir vorstellen könne, das Amt des Finanzministers zu übernehmen. Das konnte ich kaum, war ich doch erst zwei Jahre zuvor mit der Führung der Länderbank und den enormen Restrukturierungsaufgaben betraut worden. Nach so kurzer Zeit schon wieder einen neuen Generaldirektor einzusetzen, hätte nach meinem Dafürhalten dem Institut nicht gutgetan. Ehe ich allerdings darüber ausführlich nachdenken konnte, rief Sinowatz mich schon wieder an, um mir mitzuteilen: »Vergiß es.«

Die Erklärung dafür war simpel. Bruno Kreisky hatte sich zwar entschlossen, aus der aktiven Politik auszuscheiden, in den Regierungsverhandlungen 1983 war seine Handschrift jedoch noch sehr deutlich zu erkennen. Dies äußerte sich unter anderem darin, daß er keine Veranlassung dazu sah, Herbert Salcher aus dem Kabinett zu entfernen. Salcher als Minister war Kreiskys persönliche »Erfindung« gewesen, und der Kanzler konnte auf die uneingeschränkte Loyalität des ehemaligen Landeshauptmann-Stellvertreters aus Tirol zählen, insbesondere auch in der Auseinandersetzung mit Androsch. Sinowatz wollte mit Kreisky darüber keinen Konflikt und so blieb Salcher, der Urheber des »Mallorcapakets«, Finanzminister.

Auf dem Bundesparteitag der SPÖ im Oktober 1983 wurde Sinowatz zum Bundesparteivorsitzenden gewählt, Kreisky zum Ehrenvorsitzenden. Das Zerwürfnis zwischen Kreisky und Androsch war nach dem Ausscheiden des ehemaligen Finanzministers aus der Bundesregierung und aus der Funktion eines stellvertretenden Parteivorsitzenden nicht zu Ende, es schwelte weiter. Sinowatz belastete dieses Thema sehr. Er geriet zwischen zwei Loyalitäten, einmal seinem Vorgänger im Amt, ein zweites Mal dem langjährigen Regierungskollegen gegenüber. Er hätte nichts lieber gesehen als ein Ende der auch von der Öffentlichkeit wahrgenommenen und von den Medien immer wieder kommentierten Mißstimmung. Zu allem Überfluß funktionierte die Zusammenarbeit Finanzminister Salchers mit dem neuen Bundeskanzler nicht so, wie Sinowatz sich das vorgestellt hatte. Als im August 1984 dann Salcher der Staatsanwaltschaft Wien eine Sachverhaltsdarstellung über ein Androsch vorgeworfenes Vergehen gegen ein Steuergesetz übergab, entstand eine neue Turbulenz, über die der Bundeskanzler alles andere als begeistert sein konnte. Er entschloß sich erneut zu einem Wechsel im Finanzministerium und kam wieder auf mich zu.

Sinowatz' Anruf erreichte mich in den Septembertagen des Jahres 1984 bei einer Veranstaltung des Europäischen Forums im Tiroler Bergdorf Alpbach, den damals dort jährlich abgehaltenen Wirtschaftsgesprächen. Ich hatte nicht mehr als einen Tag Zeit, mich zu entscheiden. Die Gedankenpfeile, die durch meinen Kopf schossen, schienen jeder in eine andere Richtung zu zielen. Die Länderbank hatte langsam, aber doch begonnen, Tritt zu fassen. Wie würden die Kollegen, wie würde der Aufsichtsrat reagieren? Ich hatte mich in der Öffentlichkeit gegen die eine oder andere Maßnahme Salchers geäußert. Wie hatte ich nun damit umzugehen? Wie würde ich in das politische Gefüge in Österreich im allgemeinen und im Hinblick auf meinen Eintritt in die Kleine Koalition im besonderen hineinpassen? Ich wußte, daß sich viele Sozialisten, vor allem Funktionäre, innerlich vom kommoden Zustand der absoluten Mehrheit noch nicht verabschiedet hatten. Würde ich die hohen Erwartungen, die der Regierungschef offensichtlich in mich setzte, erfüllen können?

Großartig waren meine Frau und meine Kinder. Mit allem, das ich selber für richtig hielte, wären sie einverstanden. In meiner eigenen Gedankenarbeit landete ich letztlich an einer Stelle, an der ich alle Pro und Contra beiseite schob und mir die zwei verbleibenden, wirklich relevanten Fragen zu beantworten trachtete: Traust du dir's zu? Kann man die Einladung, das Amt eines österreichischen Bundesministers anzunehmen, aus staatsbürgerlichem Pflichtverständnis heraus guten Gewissens überhaupt ablehnen?

Ich meinte letztlich, es mir zutrauen und nicht ablehnen zu können. Von Alpbach aus sagte ich Sinowatz telefonisch zu. Er war erfreut. Da noch etliches zu tun war – vor allem meinen Aufsichtsrat zu informieren und die Ausstiegsmodalitäten aus der Bank zu diskutieren –, vereinbarten wir Stillschweigen. Auf der Fahrt von Alpbach nach Wien machte ich im Restaurant »Weißes Kreuz« in Mondsee Station. Es war früher Abend, und ein Kolporteur verkaufte im Lokal die Abendausgabe des *Kurier*. Am Nebentisch, in einer Art Nische, saßen einige Bekannte aus der Kreditwirtschaft, die meine Anwesenheit nicht bemerkt hatten. Einer von ihnen kaufte die Zeitung und las den anderen den Aufmacher vor: »Vranitzky wird neuer Finanzminister«.

In jenem September 1984 hatte sich Kanzler Sinowatz nicht nur zu einem Wechsel in der Himmelpfortgasse, sondern gleich zu einer größeren Umbildung seines Kabinetts entschlossen. Er berief Leopold Gratz, den Bürgermeister von Wien, anstelle von Erwin Lanc zum Außenminister, Gertrude Fröhlich-Sandner, Wiener Vizebürgermeisterin, übernahm von Elfriede Karl die Leitung des Bundesministeriums für Familie, Jugend und Konsumentenschutz, Ferdinand Lacina, Staatssekretär im Bundeskanzleramt, ersetzte Karl Lausecker als Verkehrsminister, Herbert Moritz, Landeshauptmann-Stellvertreter im Bundesland Salzburg, wurde Minister für Unterricht und Kunst und folgte damit Helmut Zilk nach, der mehr oder weniger Zug um Zug zum Wiener Bürgermeister gekürt wurde. Später, im Februar 1985, schied der Minister für Bauten und Technik, Karl Sekanina, aus seinem Amt, und Fred Sinowatz ersetzte ihn durch

Heinrich Übleis, bis dahin Generaldirektor der Österreichischen Post- und Telegraphenverwaltung.

Am 16. September 1984 wurden wir neuen Regierungsmitglieder durch Bundespräsident Rudolf Kirchschläger angelobt. Kanzler Sinowatz hatte damit nach mehr als einem Jahr Amtszeit erst »seine« Regierung gebildet; das im Frühjahr 1983 berufene Kabinett war von vielen als ein personelles Kreisky-Vermächtnis gewertet worden. Es gab noch ein gemeinsames Mittagessen der Ausgeschiedenen und Neueintretenden im Wiener Rathauskeller, zu dem der Bundeskanzler einlud. Die Stimmung war mühsam.

Wer den Arbeitskalender des österreichischen Finanzministers in einem Normaljahr kennt, weiß, daß dieser im Monat September fast an nichts anderes denken und an kaum etwas anderem arbeiten kann als am Bundesvoranschlag für das nächste Jahr. Zwei Abstecher in andere Gefilde mußten sich die Finanzminister zur damaligen Zeit »gönnen«, und zwar im eigenen Interesse, handelte es sich doch um Foren, von denen aus die politische Herbst- und Winterarbeit angekündigt und begründet werden konnte: das Wirtschaftsgespräch beim Europäischen Forum Alpbach und die »Betriebswirtschaftliche Woche«, eine in Wien abgehaltene Vortragsveranstaltung der Kammer der Wirtschaftstreuhänder.

Für die Budgeterstellung herrschen strenge gesetzliche Terminvorgaben. Von der Präsentation in Form der Budgetrede und Einbringung des Entwurfs eines Bundesfinanzgesetzes im Nationalrat – das vom Gesetz festgeschriebene letztmögliche Datum ist der 22. Oktober des jeweiligen Jahres – wird zurückgerechnet. Aus dieser Rückrechnung ergeben sich die spätestmöglichen Verhandlungsrunden mit den Ministerkollegen und die Fertigstellung des umfangreichen Zahlenwerks, das in gedruckter Form in zahlreichen Exemplaren (630 Stück) dem Parlament rechtzeitig zur Verfügung gestellt werden muß.

Zwischen meiner Einigung mit dem Bundeskanzler, in die Regierung einzutreten, und der Angelobung durch den Bundespräsidenten lagen nur rund zwanzig Tage. Der abgesetzte Minister Salcher hatte unter diesen Umständen natürlich keine Veranlassung, die von ihm begonnenen Budgetarbeiten und -verhandlungen zu Ende zu führen. Ich wiederum, der ich keine Zeit zu verlieren hatte, konnte als designierter, aber noch nicht angelobter Minister die Amtsräume in der Himmelpfortgasse nicht beziehen. Was also war zu tun, um den Amtsantritt nicht mit einem kolossalen Risiko zu belasten, nämlich gegenüber dem Nationalrat in nicht zu bewältigende Terminnot und damit in unvorstellbare politische Bedrängnis zu geraten?

Der Ausweg verdient keinen Schönheitspreis, eher schon eine Anmerkung in der Kuriositätensammlung. Allerdings hatte ich keine Alternative. Ich bat die Beamten der Budgetsektion des Finanzministeriums, Abteilung für Abteilung, in die Länderbank. Sie rückten mit Unterlagen und Datenmaterial an, und wir erledigten die erforderliche Arbeit so, als säßen wir schon im Winterpalais des Prinzen Eugen. Sicherlich kam mir die gute Kenntnis des Ministeriums und der meisten Beamten zugute. Zudem gab ich ihnen von der ersten Stunde meiner Ressortverantwortung an unzweideutig zu verstehen, mit ihnen, »dem Haus«, und nicht halb isoliert, allein über das Kabinett arbeiten zu wollen. Dieser eherne Grundsatz läßt sich über viele Ministergenerationen in der Finanzverwaltung nachvollziehen, und seine Beachtung oder Nichtbeachtung entschied über passabel oder unerfreulich verlaufene Ministerschicksale. Dasselbe ist eins zu eins auf alle Ministerien anzuwenden. Ein Ressortchef, der sich im Kern der ministeriellen Arbeit nicht auf die jeweilige Beamtenschaft stützt – auch wenn er sie dazu vielleicht erst politisch gewinnen muß –, legt den Grundstein zu seinem Mißerfolg. Ein Irrtum wäre es, anzunehmen, die politische Willensbildung würde durch eine solche Einstellung in die Hände der Beamten gelegt. Weit gefehlt: Die Mitarbeiter im Ministerium, die im übrigen dem häufig überlieferten Bild vom verstaubten, Ärmelschoner tragenden, pragmatisierten Systembewahrer meist nicht entsprechen, liefern die Rahmengegebenheiten für die politischen Entscheidungen, vermitteln die juristischen Grundlagen und arbeiten in zahlreichen Fällen an der wissenschaftlichen Weiterentwicklung ihrer Arbeitsgebiete. Ich habe im Bundeskanzleramt, im Finanzministerium und indirekt im Außenministerium, das mich in allen außenpolitischen Angelegenheiten und bei der Besuchsdiplomatie betreute, in überwiegender Zahl Beamte angetroffen, für die meine positive Beurteilung gilt. Vielen von ihnen ist ein gegen den Minister gerichtetes parteipolitisches Kalkül fremd, und selten gab es offen parteipolitisch gefilterte Information oder Beratung, die mich in die »falsche Richtung« führen wollte.

Viele Leute, mit denen ich sprach, konnten sich nicht erinnern, jemals von einer Regierungsumbildung exakt zu diesem Zeitpunkt der Haushaltserstellung gehört zu haben, notabene von einer, die den Finanzminister betraf und im Rahmen derer nicht mit einem Budgetprovisorium gearbeitet wurde. Es ging nicht um besondere Akkuratesse meines hastigen Budgets, sondern bloß darum, es überhaupt zeitgerecht und haushaltsrechtlich zustande und überdies noch mit einem neuen, ebenfalls von mir mit den anderen Gebietskörperschaften auszuhandelnden Finanzausgleich in Übereinstimmung zu bringen.

Es war aber nicht nur der Termindruck in jenen September- und Oktobertagen des Jahres 1984, die dem Newcomer keine Gelegenheit zum organischen Aufbau eines tragfähigen Bundeshaushalts eröffnete; es gilt die gesamte Verfaßtheit des Regierungsbündnisses im allgemeinen und seiner sozialdemokratischen Seite im besonderen in Erinnerung zu bringen. Wie bereits erwähnt, lasteten der Verlust der absoluten Mehrheit und die daraus resultierenden politisch-taktischen und politisch-moralischen Nachwirkungen schwer auf der Partei. Die schlechte Stimmung wurde durch reale Entwicklungen der Jahre 1984 bis 1986 – meiner Zeit als Finanzminister – noch verstärkt. Das Scheitern des Kraftwerksprojekts bei Hainburg, der Handschlag des FP-Ministers Frischenschlager mit dem entlassenen Kriegsverbrecher Walter Reder, das Debakel von

VOEST und Intertrading, aber auch betriebswirtschaftliche Katastrophen bei anderen verstaatlichten Industrieunternehmen, die Probleme im Zusammenhang mit dem Lucona-Prozeß des Udo Proksch und mit den Waffenlieferungen der Firma Noricum in den arabischen Raum, die nicht enden wollenden Nachrichten über Vorwürfe an den früheren Finanzminister Androsch, der Glykolskandal und so manches andere mehr erzeugten Schlagzeilen, die die Partei und die Bundesregierung immer wieder und oft wochenlang arg belasteten. Vorwärtsstrategien, wie etwa eine sehr vorausblickende öffentliche Förderung der Verbreitung von Katalysatoren in Automobilen, blieben im Schlagschatten der Negativliste und waren daher gemäß einer alten Erfahrung in der Politik nicht stark genug, das Selbstvertrauen der Partei und ihrer Funktionäre zu heben. Ich sah es den Augen Kanzler Sinowatz' und der Minister an und las es aus ihrem – sehr freundschaftlichen – Verhalten zu mir ab: Bei all diesen Anstrengungen und Turbulenzen willst du uns auch noch mit Budgetrestriktionen quälen?

So hatte mein Leben als Finanzminister also recht ungewöhnlich begonnen; doch auch einige andere Ressortangelegenheiten sollten nicht ohne Turbulenz anlaufen. Ein Beispiel dafür war die seit geraumer Zeit intensiv und emotional geführte Debatte um die von der Regierung Kreisky entworfene Zinsertragsteuer. Dieser Steueridee – ein Bestandteil des »Mallorcapakets« – lag die Vorstellung einer Quellensteuer auf Veranlagungszinsen zugrunde sowie die Absicht, nicht nur Erwerbseinkommen, sondern auch Einkommen aus Geldveranlagungen zu besteuern. Das Zinsertragsteuergesetz trat mit Beginn des Jahres 1984 in Kraft, der Steuersatz betrug siebeneinhalb Prozent. Die politische Begründung für die Einführung dieser Steuer war gleichzeitig ihr verfassungsrechtlicher Schwachpunkt. Die Politik anerkannte selbstverständlich, daß Konto- und Wertpapierverzinsungen ohnehin der Einkommensteuer unterlagen, hielt dem aber entgegen, daß dies aufgrund der Anonymität der Spar- und Wertpapierkonten nur lückenhaft zu

erfassen sei. Die Disziplin der Steuerpflichtigen, ihre Zinsein-
künfte dem Finanzamt bekanntzugeben, war tatsächlich unter-
entwickelt. Allerdings: Wie immer man es drehte und wendete,
es lag eine doppelte Besteuerung ein und derselben Einkunftsart vor. Als Bankdirektor hatte ich überdies die zarte Pflanze
österreichischer Kapitalmarkt und private Geldkapitalbildung in
ihrer Entwicklung beeinträchtigt gesehen. Aus dieser Überlegung heraus hatte ich mich bereits etliche Male öffentlich gegen
diese Abgabe ausgesprochen.

Das Projekt Zinsertragsteuer lag, wie man sich leicht vorstellen kann, in den Medien, allen voran in der *Kronenzeitung*, mehr
als schlecht. Die oppositionelle ÖVP beteiligte sich mit Genuß
an der Verurteilung der Abgabe. In kürzester Zeit konnte sich
kaum jemand mehr mit dem Ausdruck Zinsertragsteuer verständlich machen. »Sparbuchsteuer« sollte das Monstrum heißen,
und dabei sollte es nach Meinung und Wunsch der Regierungs-
gegner auch bleiben. Und tatsächlich erwies sich dieses Wort als
ebenso unausrottbar wie der vielerorts erhobene Vorwurf, der
Staat würde auf diesem Weg den schon einmal versteuerten
Arbeitslohn ein zweites Mal versteuern, trotz tausendfacher
Beteuerungen und Versicherungen, daß nachweisbar die Zinsen
und nicht das angesparte Guthaben versteuert würden.

Für Fred Sinowatz und die SPÖ war die Zinsertragsteuer
eine arge politische Belastung. Als Bundeskanzler hatte er sie
aus dem vor der Wahl und vor seiner Amtszeit als Bundeskanzler – allerdings war er Regierungsmitglied und Vizekanzler
gewesen – erstellten und beschlossenen Programm zu übernehmen. Die Partei war – etliche Spitzenfunktionäre und Mitarbeiter allerdings zähneknirschend angesichts der Einwände und
des Gegenwinds – mitgegangen und »stand«. Nun hatte der
Kanzler und Parteivorsitzende mich als neuen Finanzminister
berufen und den bisherigen entlassen. Damit trat an die Stelle
des Konstrukteurs ein in der Öffentlichkeit als solcher bekannter Kritiker der Zinsertragsteuer. Ich mußte die Angelegenheit
mit dem Parteipräsidium und dem Parteivorstand austragen.

Einige Mitglieder dieser Gremien gaben mir spontan recht, andere standen meinen Vorschlägen strikt ablehnend gegenüber und verweigerten jede Änderung. Die Mehrzahl – erfahrene Praktiker im politischen Geschäft – hielt sich nicht mit kapitalmarktpolitischen Erörterungen auf, sondern erwartete schlicht eine politische Lösung, bei der niemand sein Gesicht verlor. Die freiheitlichen Koalitionspartner, definitiv keine glühenden Anhänger der Abgabe, dachten ähnlich. Fred Sinowatz, der mir nicht widersprach, sich aber von einem früher von ihm mitgefaßten Beschluß nicht sang- und klanglos distanzieren konnte, wahrscheinlich auch. Ich für meinen Teil hatte Verständnis für Kanzler und Partei, doch ohne irgendeine Veränderung zur Tagesordnung überzugehen, war mir wieder wegen der Sache und wegen meines eigenen Standings unmöglich. Ich schlug daher vor, und das wurde angenommen, als einen ersten Schritt die Zinsertragsteuer von siebeneinhalb auf fünf Prozent herabzusetzen und weiter über das Thema nachzudenken. Dies nicht nur, um einen Schlußstrich unter die Angelegenheit zu vermeiden, sondern auch weil mir bewußt war, daß es gegen die Zinsertragsteuer verfassungsrechtliche Bedenken gab. Ich sah damit ein neues Risiko heraufdämmern, und so kam es auch: Im März 1986 erklärte der Verfassungsgerichtshof unter Hinweis auf die Unzulässigkeit der doppelten Besteuerung ein und derselben Einkunftsart die Zinsertragsteuer zu einer Art Vorerhebung der Einkommensteuer. Dies erforderte keine legistische Reparatur durch den Gesetzgeber, wohl aber eine Reaktion der Finanzbehörde. Ich stimmte dem Vorschlag meiner Beamten zu, die von den Steuerpflichtigen eingehobene Zinsertragsteuer der von ihnen zu entrichtenden Lohn- oder Einkommensteuer anzurechnen.

Die Zinsertragsteuer war für das Jahr ihrer Einführung – 1984 – von Finanzminister Salcher mit einem fiskalischen Aufkommen in Höhe von 300 Millionen Schilling budgetiert worden. Gemessen am gesamten Steueraufkommen dieses Jahres eine zu vernachlässigende Stütze für das Bundesbudget, gemessen am politischen Schaden, den die »Sparbuchsteuer« anrichtete, eine schreckliche »Fehlinvestition«. Die Herabsetzung des Steuersatzes und die vom Verfassungsgerichtshof angeordnete Anrechnung auf Lohn- und Einkommensteuer verminderten die fiskalischen Ertragsaussichten noch mehr. Die Steuer war nur noch politisch lästig und staatsfinanziell uninteressant. Es war schon in der Zeit meiner Kanzlerschaft und in der Amtszeit Lacinas als Finanzminister, als wir per 1. Juli 1986 und per 1. Juli 1987 die Zinsertragsteuer komplett abschafften. Nicht nur diese Klärung war wichtig, sondern auch die von mir angeregte Nachdenkarbeit. Sie lieferte letztlich die Grundlage für die später entworfene und in die Praxis umgesetzte Kapitalertragsbesteuerung, die mehrere Probleme mit einem Schlag löste und große internationale Anerkennung fand.

In der Angelegenheit Zinserstragsteuer hatte ich noch flexibel und ohne Zurücklassung einer schmerzlichen Schleifspur vorgehen können; bei der Bewältigung eines anderen Problems hingegen gab es keinerlei Spielraum für einen Kompromiß. Bruno Kreisky war es durch großes diplomatisches Geschick und zähes Verhandeln gelungen, für Wien den Status einer Sitzstadt der Vereinten Nationen zu erringen. Er betrachtete das mit Recht als einen außenpolitischen Erfolg. Die sicherheitspolitische Komponente, die damals ins Treffen geführt wurde, wird man nach den Erfahrungen des 11. September 2001 in der UNO-Sitzstadt New York allerdings relativieren müssen.

Die ÖVP hatte im Parlament und in der Öffentlichkeit kaum einen Vorschlag, kaum eine Idee, kaum ein Projekt Kreiskys gutgeheißen. Sogar im Zusammenhang mit der Errichtung des Amtssitzes der Vereinten Nationen am linken Wiener Donauufer brach sie wilde Debatten vom Zaun, um Kreisky am Zeug zu flicken. Unter anderem zog man gegen die Finanzierung des Vorhabens und gegen die Bestellung des Wiener Architekten Johann Staber zu Feld und warf Kreisky unlautere Vorgangsweise vor. Das Gebäude entstand trotzdem, und die führenden Funktionäre der Vereinten Nationen in New York bekamen zunächst kein weiteres Schauspiel österreichischer »Internationalität« geboten. Am 23. August 1979 wurde das Amtssitzgebäude, die »Wiener UNO-City«, seiner Bestimmung übergeben.

Im Zusammenhang mit diesem wichtigen Projekt war in der Bundesregierung bereits 1967, in der Amtszeit des Bundeskanzlers Klaus, der Entschluß gereift, ein Konferenz- und Veranstaltungszentrum zu errichten. Dies sollte – so war das Angebot der Bundesregierung –, sofern benötigt, den Zwecken der Weltorganisation dienen, aber auch für österreichische und internationale Veranstaltungen auf kommerzieller Basis zur Verfügung stehen. Die Regierung Klaus kam nicht mehr zur Umsetzung ihres Angebots. Kreisky griff das Vorhaben während seiner Amtszeit wieder auf und stieß auf den erbitterten Widerstand der Volkspartei, die nun plötzlich in dem Projekt eine Verschwendung sah. Es gelang den Gegnern des Konferenzzentrums – hauptsächlich ÖVP-Abgeordnete zum Nationalrat und zu allen Landtagen – innerhalb kurzer Zeit, gegen das Projekt Stimmung zu machen und ein Volksbegehren dagegen durchführen zu lassen. Am 27. Mai 1982 stand es fest: 1,361.562 wahlberechtigte österreichische Staatsbürgerinnen und Staatsbürger hatten mit ihrem Nein dem von Bundeskanzler Kreisky und seiner Regierung vertretenen Projekt eine Absage erteilt. Es war das erfolgreichste Volksbegehren in der bisherigen Geschichte der Republik.

Das gab naturgemäß Anlaß zu großen innenpolitischen Auseinandersetzungen. Im Endeffekt entschlossen sich Kreisky und seine Regierung dennoch dazu, das Konferenzzentrum zu errichten. An der feierlichen Eröffnung im April 1987 nahmen auch etliche derjenigen teil, die sich im Vorfeld skeptisch geäußert hatten. Die ÖVP blieb nur bei der Eröffnung konsequent, indem sie sie boykottierte. Im Lauf der Zeit allerdings wurde der Widerstand brüchig, und auch ÖVP-Organisationen bedienten sich des Zentrums immer ausgiebiger, sei es für politische, sei es für gesellschaftliche Zwecke. Der »Durchbruch«

geht auf den niederösterreichischen Bauernbund zurück, der im Jahr 1989 das Konferenzzentrum als Heimstatt für seinen Ball erkor. 1990 erfreute es sich der Zuwendung durch Landeshauptmann Josef Ratzenböck für den Ball der Oberösterreicher in Wien.

Eine wesentliche Facette bei der Errichtung war allerdings weniger unterhaltsam: die Finanzierung. Kanzler Kreisky erblickte offenbar eine gewisse politische Raffinesse darin, ausländische, im konkreten arabische Investoren für eine Teilfinanzierung des Wiener Konferenzzentrums zu interessieren. Dies mag noch dadurch mitgenährt worden sein, daß er seine Zuneigung zu den österreichischen Banken unter Kontrolle hatte. So entstand also im Lauf des Jahres 1984 unter der Ressortzuständigkeit des Finanzministers Salcher der Entwurf einer Aktiengesellschaft, der Österreichischen Konferenzzentrum AG. Aktionäre waren zu fünfzig Prozent die Republik Österreich und zu fünfzig Prozent ein Konsortium der Staaten Saudi-Arabien, Kuwait und Abu Dhabi. Salcher ließ sich auf einen Gesellschaftervertrag ein, der den arabischen Aktionären einen bestimmenden Einfluß zugestand, dem österreichischen Aktionär, also der Republik, jedoch nur eine Art von Juniorpartnerrolle überließ. Ich war im Herbst 1984 erst wenige Wochen im Amt des Finanzministers. Mein Mitarbeiter Rudolf Scholten trug mir die Einzelheiten dieser Konstruktion vor, die bei mir sofort Alarmglocken schrillen ließen. Ich sagte mir: Das Konferenzzentrum ist unter so unendlichen innenpolitischen Geburtswehen zustande gekommen; wenn jetzt die österreichische Seite auch noch bei der Konferenzpolitik und anderen essentiellen Fragen nicht das Sagen hat, werden wir uns als Regierung ein gigantisches Problem einhandeln.

Ich stand vor drei außerordentlich schwierigen Aufgaben. Erstens mußte ich den uns ja nicht schlecht gesinnten arabischen Partnern klarmachen, daß ich mich gezwungen sah, die von meinem Amtsvorgänger mit ihnen vereinbarte Lösung neu zu verhandeln. Die Wichtigkeit der Beziehungen, die gebotene

Höflichkeit gegenüber den auf Formen und Würde besonders bedachten Vertragspartnern und das neue Verhandlungsziel, nämlich als Republik Österreich die Juniorposition in eine bestimmende zu verwandeln, all das lieferte ein Aufgabengemisch besonderer Art. Wieder einmal bat ich den Generaldirektor der Österreichischen Kontrollbank, Helmut Haschek, die Verhandlungen mit Rat und Tat zu begleiten. Er erfüllte mir die Bitte. Mit Hilfe seiner wertvollen Beratung und der Rudolf Scholtens, der nicht selten die Verhandlungen in meinem Namen führte und Tag und Nacht zur Verfügung stand, erreichte ich die Vertragsabänderung und die Fortsetzung der Partnerschaft mit den arabischen Gesellschaftern, ohne daß wir sie beleidigen mußten oder daß sie uns etwas nachgetragen hätten.

Zweitens erlebte ich als »Jungminister« ein Ausrasten der ÖVP, wie ich es von einer politischen Gruppierung, die sich selber gern als Wirtschaftspartei bezeichnet, nicht für möglich gehalten hätte. Ich dürfte damals einen partiell zu rationalen, möglicherweise zu optimistischen Zugang zum Verhalten der Volkspartei gehabt haben. Zu welchen Schmähungen und Diskreditierungen der arabischen Welt die Exponenten dieser Partei fähig waren, überstieg meine negativsten Vermutungen. Dies alles gegenüber Ländern, die kraft ihres Finanzpotentials von allen westlichen Industriestaaten und deren Unternehmensvertretern hofiert wurden. Ich werde nie vergessen, wie viele Anstrengungen ich unternehmen mußte, um Filter zwischen diesen VP-Tiraden und den Vertretern der arabischen Regierungen und Herrscherhäuser einzuziehen. Manch schlaues Lächeln der Partner ließ mich allerdings wissen, sie seien nicht ignorant und wüßten als wirklich Konservative sich ihren Teil über unsere sogenannten Konservativen zu denken. Jahre später, als das Konferenzzentrum längst in Betrieb war, als es in Wien und Österreich ganz selbstverständlich angenommen wurde und ich als Bundeskanzler offizielle Besuchsreisen in die arabische Welt unternahm, schlossen sich mir immer große und wichtige Delegationen österreichischer Unternehmen an, um das gute politische Klima, das solche Besuche absicherten, zur Pflege ihrer geschäftlichen Beziehungen zu nutzen. Es freut mich heute noch, feststellen zu können, daß sie den früher erwähnten Filter zu schätzen wußten. Später, in der Amtszeit des Bundespräsidenten Waldheim, waren die Araber übrigens bei der ÖVP wieder »in«.

Drittens ist die parlamentarische, die innenpolitisch komplexeste Aufarbeitung des Themas Konferenzzentrum in Erinnerung zu rufen. Zur Errichtung des Zentrums war ein Spezialgesetz nötig. Vor meinem Eintritt in die Regierung hatte die SPÖ-FPÖ-Koalition den Entwurf dieses Gesetzes im Nationalrat eingebracht. Die Regierungsparteien gaben dem Entwurf ihre Zustimmung. Das vom Nationalrat beschlossene Gesetzesvorhaben sollte nun dem Bundesrat zur Beschlußfassung zugehen. Der ÖVP-dominierte Bundesrat lehnte das Gesetz ab, worauf es, der parlamentarischen Geschäftsordnung entsprechend, wieder an den Nationalrat zurückging, der es durch einen sogenannten Beharrungsbeschluß endgültig verabschieden sollte.

In dieser Phase zwischen der Ablehnung durch den Bundesrat und der Vorbereitung des Beharrungsbeschlusses im Nationalrat betrat ich die Bühne des SPÖ-Parlamentsklubs. Ich sagte den sozialdemokratischen Abgeordneten: So wie das Gesetz vorliegt und im Nationalrat schon beschlossen worden ist, können wir keinen Beharrungsbeschluß fassen, und begründete meine Ansicht über die Juniorpartnerrolle Österreichs. Die Reaktion im Parlamentsklub war blankes Entsetzen. Zum ersten Mal seit langer Zeit, wenn nicht überhaupt zum ersten Mal sollte ein Beharrungsbeschluß nicht gefaßt werden. Für Außenstehende mag die Problematik nicht so ohne weiteres erkennbar sein, doch im Spannungsfeld des politischen Wettstreits hat derartiges die Dimension einer Katastrophe. Damit ergibt sich für die Opposition die Möglichkeit, voller Häme auf die Unfähigkeit der Regierung zu verweisen. Nicht übersehen werden durften die Rolle und auch die Leidensfähigkeit des Koalitionspartners, der von Norbert Steger geführten FPÖ. So recht protestieren konnten die Partner aber auch wieder nicht, hatte doch der von ihnen im Finanzministerium plazierte Staatssekretär Holger Bauer die Fehlkonstruktion ebenfalls nicht bemerkt oder – wie ich glaube – sich schlicht nicht darum gekümmert.

Die SPÖ-Abgeordneten stimmten mit mir darin überein, daß in der Gesellschafterversammlung der Konferenzzentrumsgesellschaft die österreichische Seite »das Sagen« haben müsse. Allerdings hatten sie geglaubt, dies sei im Salcherschen Entwurf ohnehin so geregelt gewesen, weil, wie Klubobmann Sepp Wille ausrief, »der Herbert uns das immer versichert« hat. Letztlich führte an meiner Argumentation kein Weg vorbei; wir mußten die bittere Pille schlucken und einen Abänderungsantrag zur eigenen Vorlage einbringen. Das Gesetz wurde in meinem Sinn verabschiedet, und das Konferenzzentrum (Vienna International Center) ging in Bau und später in Betrieb.

Ich habe keine Veranlassung, die geschilderten Vorgänge nachträglich zu dramatisieren, weil sie politisch anstrengend genug waren. Doch mußte ich mir dessen bewußt sein, daß ich in zwei essentiellen Angelegenheiten – Zinsertragsteuer und Konferenzzentrum – herrschende politische Bräuche stark strapaziert hatte.

Ich habe bereits erwähnt, welch große Anspannung und Anstrengung die Jahre 1984, 1985 und 1986 für den Parteivorsitzenden Sinowatz und damit für Regierung und Partei mit sich brachten. Außerdem setzte sich in mir schon in den ersten Regierungsmonaten der generelle Eindruck des Zeitmangels fest. Es war für nichts wirklich Zeit, mochte die Materie auch noch so komplex und wichtig sein. Kaum hatte ich als Finanzminister die Verhandlungen zum Bundesbudget 1985 hinter mir, mußte ich schon im Rekordtempo einen neuen Finanzausgleich mit den Bundesländern und den Gemeinden aushandeln, und zwar so schnell und so rechtzeitig, daß die Auswirkungen auf das Bundesbudget 1985 noch vor der Beschlußfassung im Nationalrat behandelt werden konnten. In dieser konkreten Situation war mir das Tempo allerdings nicht ganz unrecht, wußte ich doch, daß einige Standardverhandlungen über Jahre und Jahrzehnte einem eingefahrenen Ritual gehorchten, das zwar als sehr zeitaufwendig galt, doch mit Verhandlungs- und Abschlußqualität nahezu gleichgesetzt wurde. Anders ausgedrückt: Der Finanzausgleich mit Ländern und Gemeinden und – um ein anderes Beispiel zu nennen – Gehaltsverhandlungen mit der Gewerkschaft öffentlicher Dienst mußten über einige Runden gehen, damit nachher jeder für sich in Anspruch nehmen konnte, er habe einen Erfolg errungen. Es gelang mir zwar, im Lauf der Jahre diese Prozeduren abzukürzen, nicht aber sie zu beseitigen. Sie ähnelten abwechselnd – um zwei Bilder zu strapazieren – einem orientalischen Basar und dem Sängerkrieg auf der Wartburg und waren von einer großen Choreographie an Frankfurter Würsteln, Bier, Kaffee, Zigaretten während der Sitzungsunterbrechungen und »Beratungen im kleinen Kreis« geprägt. Die oft bis in die Morgenstunden in den Vestibülen wartenden Journalisten waren Teil dieser Inszenierung. Vorzimmerkräfte, Sekretärinnen und Sekretäre, Presseberater, Chauffeure und Familien hatten ihre Kalender auf diese »hohläugige« Jahreszeit ihrer Chefs beziehungsweise Familienväter und -mütter abgestimmt.

Skandale und Kalamitäten

Das zweite und das dritte Kanzlerjahr Fred Sinowatz', also die Jahre 1984 und 1985, bescherten dem Land und somit seinem Bundeskanzler jeweils einen handfesten Skandal im Bereich der Wirtschaft. Im Sommer des Jahres 1984 wurde offenkundig, daß einige burgenländische und niederösterreichische Weinbauern ihren Wein mit einem süßlichen Diäthylen, Glykol, zu mischen pflegten, um ihm mehr »Körper« zu geben. Die Aufregung war enorm. Die weitaus überwiegende Mehrzahl der Winzer, deren Weine in Ordnung waren, befürchteten zu Recht, daß auch ihre Produkte in Mißkredit geraten würden. Wegen der zu erwartenden und dann auch tatsächlich eintretenden Absatzeinbrüche schlug der Handel Alarm. Bauernschaft und Handel verlangten staatliche Unterstützung. Volkspartei und nicht ungefährliche Einzelgänger innerhalb der Freiheitlichen Partei ergriffen die willkommene Gelegenheit, gegen die Regierung Stimmung zu machen. Die exportierende Weinwirtschaft verhielt sich falsch, indem sie in den Absatzmärkten vergeblich und chancenlos erklärte, der österreichische Wein sei in Ordnung, anstatt ihn zurückzuholen und durch geprüften anderen Wein zu ersetzen.

Etwas in Österreich nicht Unübliches trat ein: ein »Sommerthema« entstand. Ein solches zeichnet sich dadurch aus, daß es alles dominiert und so intensiv diskutiert wird, daß es nach einer gewissen Zeit niemand mehr hören kann. Solange man aber darüber spricht, wird nach der Meinung vieler, vor allem der Kommentatoren, zumindest die Republik in ihren Grundfesten erschüttert, wenn nicht mehr. In Italien ereignete sich im selben Jahr ein Weinskandal, der mehr als zwanzig Todesopfer forderte. Die italienischen Weinexporteure holten ihre inkriminierten Sorten von den Regalen der ausländischen Abnehmer zurück, lieferten andere, und man ging zur Tagesordnung über. Durch die Weinpanscherei in Österreich war kein einziger Mensch an Leib und Leben zu Schaden gekommen. Dennoch beantragte Landwirtschaftsminister Günter Haiden im August 1984, also mitten in der parlamentarischen Sommerpause, eine Sondersitzung des Nationalrats, um das bestehende Weingesetz zu novellieren und damit die erforderlichen Kontrollen gesetzlich zu fixieren. Manche haben Haiden vorgeworfen, mit seiner hochsommerlichen Aktivität habe er die Aufregung noch verstärkt und die politische Problematik verschärft. In Wahrheit hatte er recht, die Malaise an der Wurzel zu packen, rasch – also vor der nächsten Ernte – für klare Verhältnisse zu sorgen und damit eine für die kommenden Jahre und Jahrzehnte positive Entwicklung einzuleiten. Der österreichische Wein hat seither eine Reputation aufgebaut, die man ohne Übertreibung als hervorragend bezeichnen kann. Es bleibt die Frage: Brauchen wir immer zuerst ein schallendes Nicht genügend, um beim nächsten Mal ein solides Sehr gut zu schreiben?

Der Glykolskandal 1984 war allerdings ein kleines Feuerwerk, verglichen mit der Explosion, die durch die Krise eines maßgeblichen Teils der Verstaatlichten Industrie im darauffolgenden Jahr das Land erschütterte. Die Metapher ist nicht grundlos gewählt, stürzten doch illegale Geschäfte mit der Kanone GHN 45, erzeugt von der VOEST-Tochter Noricum, im Verlauf der nächsten Jahre nicht nur das Unternehmen in arge Turbulenzen, sondern verursachten auch ein veritables politisches Beben in der Republik. Unabhängig davon führten dramatische Verlustgeschäfte der Firma Intertrading, einer Tochtergesellschaft der VOEST-Alpine, zum praktischen Zusammenbruch des Linzer Stammhauses. Die Intertrading erlitt 1985 einen Geschäftsverlust in der Höhe von 4,2 Milliarden Schilling, der zur Hälfte aus spekulativen Transaktionen am Rohölmarkt und zur Hälfte aus dem Stahl- und Maschinenhandel sowie der

Gebarung ihrer Tochtergesellschaft in New York resultierte. Ich kann die Reaktionen auf das Bekanntwerden dieser Katastrophe mit keinen anderen Worten als Entsetzen und Fassungslosigkeit umschreiben. Sinowatz, Lacina, der für die Verstaatlichte Industrie zuständige Verkehrsminister, und ich erörterten die Lage zunächst im kleinen Kreis, der bald erweitert wurde, vor allem um Anton Benya und Sepp Wille, beide langjährige Spitzenfunktionäre der Metallarbeitergewerkschaft. So manche Etikettierung wurde bemüht, etwa »Flaggschiff der österreichischen Industrie«. Mir ging in diesen Stunden und Tagen die Länderbank durch den Kopf. Sie war ebenso für ein »unsinkbares Schiff« gehalten worden wie die VOEST-Alpine. Und ich dachte viel an Heribert Apfalter, den Vorstandsvorsitzenden der Nummer eins der österreichischen Industrie, eine allseits hochgeschätzte und anerkannte Führungspersönlichkeit der heimischen Wirtschaft. Und jetzt das. Lacina konfrontierte Sinowatz, mich und andere mit seinem Vorhaben, den gesamten Vorstand der VOEST-Alpine abzuberufen. Ein zwar unüblicher, aber in jeder Hinsicht vertretbarer, ein verständlicher, ja ein unumgänglicher Schritt, auch wenn die meisten Vorstandsmitglieder für die Intertrading-Geschäfte keine Zuständigkeit hatten. Den Geschäftsführern der Intertrading, Gernot Preschern und Roland Lettner, wurde die maßlose Überschreitung ihrer Geschäftslimits zur Last gelegt. Zu Recht. Preschern kam später auch vor Gericht und wurde verurteilt, Lettner blieben ähnliche Erfahrungen interessanterweise erspart.

In der Aufarbeitung der Intertrading-Katastrophe mußte ich allerdings zur Kenntnis nehmen, daß das Problem VOEST-Alpine weit darüber hinausging. Inwieweit die Mitte der 1980er Jahre auf den internationalen Märkten grassierende Stahlkrise Ursache war, blieb ein Streitpunkt zwischen Apfalter und der Alleinaktionärin ÖIAG. Deren Aufsichtsrat war mit der Kommunikations- und Berichtspolitik des VOEST-Generaldirektors zunehmend unzufrieden, weil sich etliche vorgelegte Einschätzungen und Vorschauen im nachhinein als zu optimistisch, ja schlechthin als nicht haltbar erwiesen. Lacinas Schritt, vom gesamten VOEST-Vorstand den Rücktritt zu verlangen, bekam also immer mehr Berechtigung. Arbeiterbetriebsratsvorsitzender Franz Ruhaltinger und Angestelltenbetriebsratsobmann Fritz Sulzbacher waren von der Idee der Ablöse Apfalters nicht angetan, schwenkten aber letztlich auf ihre Art auf die Linie Lacinas ein: »Wenn Apfalter gehen muß, dann alle anderen auch.« Ich unterstützte Lacina, will aber nicht verhehlen, daß es mir nicht leichtfiel. Heribert Apfalter war keine Dutzenderscheinung. Er verkörperte den Gegenpol zur Parole »Small is beautiful«, er war von der Notwendigkeit einer offensiven Exportstrategie überzeugt, er liebte es, sich über den Tag hinausgehende Gedanken zu machen; mit all diesen Eigenschaften habe ich ihn in bester Erinnerung. Freilich, Unternehmensmißerfolge behebt man nicht mit Freundlichkeiten. Und die Regierung, der ich als Finanzminister angehörte, hatte ein veritables Problem und alle Anstrengungen zu unternehmen, um nicht ins Schleudern zu kommen.

Wenn ich feststelle, die Tage und Wochen des vierten Quartals 1985 seien außerordentlich hektisch verlaufen, dann mache ich mich einer krassen Untertreibung schuldig. Was da an Sitzungen, Sitzungsunterbrechungen, Interventionen, Hiobsbotschaften und deren Dementis oder Bestätigungen, improvisierten Medienkontakten, Parteimeetings, Koalitionssitzungen, Oppositionsattacken und so weiter auf uns niederprasselte, war wahrlich nur in Exponentialkoeffizienten zu definieren. Wenn ich vor Journalisten stand oder in Parteiversammlungen referierte, kam ich mir gelegentlich vor wie der Boxermotor im VW-Käfer. Die eine Boxrichtung mußte signalisieren: »Wir dürfen so nicht weitermachen.« Die andere hatte anzuzeigen: »Wir dürfen diese österreichische Industriesubstanz nicht zerstören.« Und in der Mitte der zwei Ausleger des Boxers, um bei dem Bild zu bleiben, lag die offene Angriffsfläche, an der die verzweifelt bohrenden Fragen oder auch die trotzig hingeworfenen Attacken auftrafen: »Kreisky hat uns das immer anders gesagt.

Bei ihm waren unsere Betriebe, unsere Arbeitsplätze für alle Zeiten sicher. Hätten wir ihn doch noch!«

Auf Vorschlag Lacinas wurde nach dem Ausscheiden des gesamten VOEST-Vorstands Richard Kirchweger zum neuen, interimistischen Vorstandsvorsitzenden und Generaldirektor der VOEST-Alpine bestellt; schon im Februar 1986 folgte ihm Herbert Lewinsky nach. Zum stellvertretenden Vorsitzenden wurde Claus Raidl gekürt, stark favorisiert von Alois Mock – frei nach dem Motto, daß Parteiinterventionen in der ÖVP verpönt sind. Raidl hätte aufgrund seiner Führungskompetenz den »Anschub« gar nicht nötig gehabt.

Wasserkraft im Zwielicht

Die Erzeugung elektrischen Stroms durch Wasserkraft erfreut sich in Österreich einer stolzen Tradition. Lange bevor in unserem Land von Umweltschutz und Umweltpolitik die Rede war, ließen die Nachkriegsregierungen in verdienstvoller Art und Weise in den Hochlagen der österreichischen Alpen und an den wichtigen Flußläufen Wasserkraftwerke errichten. Die Bundesländer taten es in ihren Bereichen der Bundesregierung und der Verbundgesellschaft gleich.

In den siebziger Jahren kam es zu zumindest zwei erheblichen Verteuerungen des »schwarzen Goldes« durch die erdölproduzierenden Staaten, 1973 und 1979. In den Verbraucherländern, die sich ihrerseits kaum auf namhafte Ölvorkommen auf ihren Territorien stützen können, also in den Industriestaaten Westeuropas (das Nordseeöl Norwegens und Großbritanniens wurde in den siebziger Jahren noch nicht gefördert), führten diese Verteuerungen, Erdölschocks genannt, zu beträchtlichen Verwerfungen im Preisgefüge bei Energieträgern, aber auch allgemein, und in der Folge zu Auseinandersetzungen über Lohn-, Wechselkurs- und Energiepolitik. Ein Problem bestand darin, daß die Relationen zwischen Erdölpreis und bestimmenden makroökonomischen Indikatoren abrupt über den Haufen geworfen wurden. Wenn der Ölpreis auf Dauer viel höher blieb als vordem, dann waren auch diese Relationen dauerhaft gestört. Und der Ölpreis stand lange Zeit auf einem maßgeblich höheren Niveau als vor dem Jahr 1973.

In der praktischen Politik wurde das von den Arbeitnehmervertretern zunächst aber nicht anerkannt. Das bedeutete unter anderem, daß die Gewerkschaften in den Lohnverhandlungen

Abgeltung für die so rasant gestiegenen Erdöl- bzw. Benzin-
preise verlangten. Es bedurfte großer Anstrengungen, sie davon
zu überzeugen, daß Lohnerhöhungen, sofern nicht durch
Produktivitätssteigerungen abgedeckt, die Unternehmen in
Schwierigkeiten bringen würden und daß damit die Arbeitsplätze gefährdet wären, ganz abgesehen vom unvermeidlichen
zusätzlichen Teuerungsschub.

Während der Kanzlerschaft Sinowatz' wurde das Bekenntnis
zur Wasserkraft erneuert und das geplante Donaukraftwerk
Hainburg an der unteren Donau in Niederösterreich zum Symbol für dieses Bekenntnis erhoben. Die Gewerkschaften, vor
allem die zuständige Bau- und Holzarbeitergewerkschaft und
ihr Vorsitzender Josef Hesoun, ließen ebenso wie die Vertreter
der Unternehmer keinen Zweifel daran, dieses Kraftwerk müsse
gebaut werden. Die Energieversorger, allen voran die Verbundgesellschaft, lieferten Unterlagen und Gutachten um Gutachten,
um die Plausibilität des Vorhabens zu unterstreichen. Der
niederösterreichische Landesrat Ernest Brezovsky, für den
Naturschutzbescheid zuständig, exponierte sich in geradezu
aufopfernder Weise für das Projekt. Ich werde seinen Bericht,
wie er und seine Familie durch Schmähbriefe, Telefonanrufe
und sonstige Einschüchterungsaktionen terrorisiert wurden, nie
vergessen. Der stille, in sich gekehrte Spitzenjurist, großartige
Fachmann und loyale politische Gefolgsmann hat weit über den
Anlaß hinaus meine Hochachtung.

Eine starke Gegenbewegung war entstanden, die man nicht
ignorieren konnte. Sie protestierte gegen das Kraftwerk mit
dem Argument, hier würde ein wertvolles Stück Natur zerstört,
insbesondere die Stopfenreuther Au, das vorgesehene Rodungs-
gebiet. Es gelang den Gegnern – österreichischen und ausländischen Umweltbewegten, dem World Wildlife Fund und nicht
zuletzt der *Kronenzeitung* –, gewaltigen politischen Druck zu erzeugen. Die Situation war außerordentlich ernst. Immer mehr
»Au-Besetzer« fanden sich am Ort des Geschehens ein, und
Zusammenstöße der in vielen Fällen jugendlichen Protestierer

und der die Rodungsarbeiten absichernden Exekutive waren nicht auszuschließen. Das Büro des Bundeskanzlers glich einer geschäftigen Kommandozentrale. Karl Blecha, der Innenminister, versorgte Sinowatz laufend mit den notwendigen aktuellen Informationen, andere Minister und der Obmann des SPÖ-Parlamentsklubs, Sepp Wille, wurden oft zweimal am Tag ins Haus am Ballhausplatz zu Ad-hoc-Besprechungen gerufen. Die Stimmung war im wesentlichen aus zwei Gründen recht eindeutig für das Festhalten an dem Kraftwerksprojekt. Erstens hatte die Bundesregierung in das Vorhaben über mehrere Jahre so intensiv politisch investiert und die wirtschaftliche Plausibilität so überzeugt begründet, daß sich allein deshalb eine Alternative zur Realisierung von selber verbot.

Zweitens hatte sich im Lauf der Debatte eine andere Facette in den Vordergrund geschoben, die sich, auf einen einfachen Nenner gebracht, so zusammenfassen läßt: Ist diese Bundesregierung nun für die Schaffung beziehungsweise Sicherung von Arbeitsplätzen – oder für den Schutz seltener Tierarten und gegen die Schaffung von Arbeitsplätzen? Selbst wenn man den demagogischen Zungenschlag dieser Vereinfachung ignoriert, ist leicht vorstellbar, daß diese Konfrontation die Sozialdemokraten im allgemeinen und in ihrem Verhältnis zu den Gewerkschaften im besonderen betroffen machen mußte. Ich wies in den endlosen Aussprachen zum Thema Hainburg darauf hin, daß wir uns keinesfalls darauf einlassen dürften, entweder als Arbeitsplatzsicherer oder als Naturschützer zu gelten. Das wäre eine echte Falle gewesen. Letztlich fanden wir auf meinen Vorschlag zu der Parole »Sichere Arbeitsplätze in einer sauberen Umwelt«.

In diesen überaus hektischen Tagen des Dezember 1984 waren allerdings grundsätzliche Aussagen nicht gefragt. Wie so oft in der Politik zählte nur mehr das Ja-Nein-Schema. Sind Sie für den Bau des Kraftwerks oder dagegen? Wir erwarten eine klare Antwort. So kurz wie möglich. Sonst wurde nichts mehr gefragt und auch nichts anderes akzeptiert. Hainburg war eines jener Single Issues, die am gnadenlosesten auf die österreichische Öffentlichkeit und damit auf die Politik im allgemeinen und die Regierung im besonderen niederprasselten. Dieses Trommelfeuer mit allen seinen Haupt- und Zwischentönen mußte natürlich die Wände des Bundeskanzleramts durchdringen. So kam es in den vielfachen Aussprachen auf Ministerebene zu sehr ernsten Debatten über das Für und Wider des Kraftwerksprojekts. Auch Kanzler Sinowatz legte angesichts der komplexen Situation den größten Wert darauf, so gut wie möglich informiert zu sein, um den Kabinettsmitgliedern nicht nur eine Linie vorgeben, sondern diese auch plausibel argumentieren zu können. Und des Kanzlers Argumente waren keineswegs leichtgewichtig. Die Elektrizitätsversorger legten dar, die österreichische Wirtschaft würde den in dem neuen Donaukraftwerk erzeugten Strom dringend benötigen; das Kernkraftwerk Zwentendorf habe man ja nicht bekommen. Und überdies müßten wegen des Geschiebehaushalts der Donau – die donauaufwärts liegenden Kraftwerke hatten ihn durcheinandergebracht – ohnehin teure Investitionen in die Regulierung getätigt werden. Mit und ohne Kraftwerk. Fauna und Flora im Augelände würden durch das Kraftwerk sicher in Mitleidenschaft gezogen, räumten die Experten ein, doch werde die volle Wiederherstellung in angemessener Zeit gelingen. Die rechtliche Seite sei durch Bescheide abgedeckt. Und schließlich das schwerste Geschütz: Arbeitsplatzsicherung. Selbstverständlich trug dieses Argument jeder mit. Sinowatz und ich, sicherlich auch andere, waren uns allerdings einig, daß der Beschäftigungseffekt nur im Zusammenhang mit der notwendigen Stromversorgung gesehen werden dürfe. Ein Großkraftwerk an einem kritischen Standort zu errichten, bloß um der Bauwirtschaft mehr Arbeitsplätze zu bieten, wäre ein Unding gewesen.

Überdies galt es, Rückgrat gegenüber den Medien zu wahren, allen voran gegenüber der *Kronenzeitung*. Die Minister verstanden, auch Harald Ofner. Den Justizminister erwähne ich deshalb, weil er bei den Regierungsberatungen wiederholt

Befürchtungen äußerte, als Folge allfälliger Auseinandersetzungen zwischen den meist jugendlichen Au-Besetzern und der Sicherheitsexekutive würde eine tiefe Kluft zwischen den Parlamentsparteien und der österreichischen Jugend entstehen. Dennoch scherte er aus der geschlossenen Reihe der Regierungsmitglieder nicht aus und entzog sich nicht der Solidarität mit dem Bundeskanzler. Das »Halten« und das »Stehen« (die zwei gängigsten österreichischen Ausdrücke dafür, daß man von einem einmal eingenommenen Standpunkt nicht abrückt) funktionierten also, und es gab kaum jemanden aus dem Kreis der Minister, der Berater aus der Partei und der E-Wirtschaft, der Kanzler Sinowatz nicht den Rücken gestärkt hätte.

Und plötzlich war es damit zu Ende.

Verschiedenes stürzte auf den Kanzler ein. Beim Polizeieinsatz gegen die Au-Besetzer am 19. Dezember 1984 kam es zu gewaltsamen Zusammenstößen. Ich wertete sie damals nicht, und ich werte sie heute nicht als falsch oder richtig, als übertrieben oder angemessen. In der Öffentlichkeit waren sie nicht vertret-, nicht argumentierbar. Politik ist so. Rationale oder juristisch korrekte Beweisführungen unterlasse man bei solchen Gelegenheiten besser. Sie haben keine Chance und verbieten sich in vielen Fällen dann, wenn eine blutende Jugendliche vor laufender Fernsehkamera abgeschleppt wird. Was soll da noch die Ratio eines wirklich oder vermeintlich gültigen Behördenbescheids? Karl Blecha war der erste, der Bedenken äußerte. Seine Stimme klang brüchig. Ich versuchte, mich in die Position Sinowatz' zu versetzen. Seit Tagen, ja seit Wochen hatte ihn niemand mit einer guten Nachricht verwöhnt. Protestaktionen, Medienkampagnen, all das stürzte auf ihn ein. Und jetzt empfahl auch noch der für die Sicherheit von Leib und Leben aller Beteiligten zuständige Minister den Rückzug. Ob der Kanzler innerlich darauf schon vorbereitet war? Ich hege eine vage Vermutung, von Wissen kann ich nicht sprechen. Er reagierte aus der Situation heraus richtig, verfügte die vorübergehende Einstellung der Rodungen, verkündete Weihnachtsfrieden und eine Nachdenkpause. Wie ich beobachten konnte, befriedigte dies Blecha und Ofner mehr als andere. Blecha konnte sich dem Fadenkreuz derer entziehen, die es im Hinblick auf Einsätze der Exekutive auf ihn abgesehen hatten; Harald Ofner war – würde man die Boxersprache bemühen – schon »angezählt«. Seine Tochter half, wie er mir später erzählte, bei der Öffentlichkeitsarbeit der Grün-Bewegung mit und nächtigte in einem alten Wohnwagen in der Au. Das Heizgerät des Wohnwagens war defekt, die schlafenden Insassen konnten im letzten Moment gerettet werden. Für Ofner stellten sich die Abläufe so dar: An einem Freitag wurde er in einem Gasthaus in der Steiermark benachrichtigt: »Die Hainburger Au ist besetzt.« Am darauffolgenden Samstag erhielt er die Mitteilung, seine Tochter sei außer Lebensgefahr. Welcher Vater verzichtet in einer solchen Situation nicht auf Kabinettsraison?

Fred Sinowatz reagierte zwar alles andere als erbaut auf die neue Situation, aber auch nicht so zornig, wie es ihm angesichts der langen Vorgeschichte niemand hätte verübeln können. Verständlicherweise sagte er das Projekt nicht ab, verhängte die erwähnte Nachdenkpause. Die Reaktionen darauf waren unterschiedlich, wie man sich leicht denken kann. Es lohnt nicht, im einzelnen auf alle einzugehen. Insgesamt gesehen bekam Sinowatz von einer Seite Kredit dafür, Gewalt und Ausschreitungen vermieden zu haben, von anderen wurde die Reaktion des Kanzlers und seiner Regierung als »Weichscheiben« bezeichnet und als Preisgabe eines auch symbolisch wichtigen Arbeitnehmerziels beklagt. In der SPÖ hinterließ die Nachdenkpause, die für viele das Ende des Donaukraftwerks Hainburg signalisierte, tiefe Spuren. Ich erlebte in Parteiversammlungen noch ein bis zwei Jahre später Wortmeldungen des Inhalts, am Beispiel Hainburg habe die SPÖ gezeigt, einen wie geringen Stellenwert Arbeitnehmer- und Gewerkschaftsinteressen für sie genießen würden. Ganz abgesehen von Bemerkungen, man sei vor der *Kronenzeitung* und ein paar »Grünchaoten« in die Knie gegangen.

So wenig ersprießlich das »Waterloo« Hainburg für die Regierung Sinowatz auch war, so sollten doch – wie immer in der Geschichte – die Lehren daraus nicht ganz fruchtlos sein. Auch bei Menschen, die ihre Denkarbeit nicht nur aus dem medialen Mikrokosmos beziehen, bei Menschen, die den Primat der Arbeitsplatzsicherung bejahen, aber eine lebenswerte Umwelt nicht weniger schätzen, stellte sich Nachdenklichkeit ein, die zur kritischen Überprüfung so mancher sozialdemokratischer Positionen führte.

Ich stand in der Zeit nach Hainburg unter dem Eindruck der Zurufe »Betonierer« und »Betonköpfe« an die Kollegen aus der Gewerkschaft. Ich war deren Anwalt nicht, trotzdem vertrug ich den Ton und die Aggressivität gegen sie schwer. Demgegenüber standen die Forderungen der Jungen in der Partei und außerhalb nach lebenswerten Umweltbedingungen und energie- und rohstoffsparenden Produktionstechniken sowie einer Kampfansage an den Autoverkehr und vieles andere mehr.

Die Politik im allgemeinen und die Sozialdemokratie im besonderen müssen doch – so sagte ich mir – mit diesen Antagonismen fertig werden und daraus eine Strategie für die vor uns liegende Zeit entwickeln. Es war immer schon falsch, die Funktion des Finanzministers auf die des »Buchhalters der Nation« einzuengen. Seine Zahlen sind in Geld ausgedrückte Politik. Je mehr ich mich in die Themen der miteinander im Wettbewerb stehenden Gruppen und Ideen vertiefte, desto konkreter landete ich bei Überlegungen über die Zukunft der Sozialdemokratie, die nach den so erfolgreichen Kreisky-Jahren den nächsten Schritt setzen mußte. Meine Position an einer Schnittstelle sozialdemokratischer Politik wurde mir einmal mehr bewußt.

Über solche und ähnliche Überlegungen führte ich mit Kanzler Sinowatz zahlreiche Gespräche. Sein Weitblick, seine Fähigkeit und, wie ich glaube, seine Sehnsucht, über die Tagesabläufe und -widerwärtigkeiten hinausgehend zu denken, zu formulieren und zu disponieren, brachten uns gedanklich immer näher zusammen. Leider lag in seinen Worten ab und zu auch Wehmut über die Dominanz des Banalen in der Tagespolitik, die den Großteil der Kapazität eines Politikers verschlingt. Sinowatz haderte mit den Kraftwerksgegnern, bei denen er zu Recht Geradlinigkeit vermißte, mit der Einstellung auflagenstarker Medien, weil sie die von Aktivisten vorgenommene Umwertung von Informationen ins Publikum transportierten, anstatt sie zu analysieren. Generell verdroß ihn das mangelnde Verständnis vieler für das Konzept der Stromgewinnung durch Wasserkraft, der Sicherung der Donau als Wasserstraße und der Wiederherstellung des natürlichen Lebens nach dem Abschluß der Bauarbeiten. Je mehr ich mich als Beteiligter in die Abläufe vertiefte, desto deutlicher erkannte ich die jenseits der Beschäftigung mit Bescheiden, Kubikmetern und Kilowattstunden liegende Symbolik des politischen Projekts Hainburg. Das Thema hob ab. Die Diskussion einer politischen Angelegenheit hat dann ihren Höhepunkt überschritten, wenn die meisten Leute sagen, sie könnten nichts mehr davon hören. Zu diesem Zeitpunkt ist allerdings die Umwertung auch schon breitflächig vollzogen. Im konkreten Fall stellte die Realität die Kraftwerksbefürworter simpel als Umweltzerstörer, die Kraftwerksgegner als Arbeitsplatzvernichter, ja als Feinde der Arbeitnehmerinteressen hin.

Die gesamte Entwicklung bereitete der SPÖ nicht geringe Schwierigkeiten, die auch auf ihr Verhältnis zum Gewerkschaftsbund ausstrahlten. Präsident Anton Benya wollte anfangs das Kraftwerksprojekt unbedingt durchziehen. Sinngemäß verlautete aus der ÖGB-Zentrale, man wolle den Schutz der Rodungs- und später der Bauarbeiten selber übernehmen. Sinowatz und Blecha machten klar – dies unter der Drohung, der Bundeskanzler werde zurücktreten –, daß jede Art von Ordnungsfunktion durch die Gewerkschaften kategorisch ausgeschlossen sei. Dieser Anlaßfall dürfte einer der ersten in der Nachkriegs(partei)geschichte gewesen sein, in denen ein sozialdemokratischer Parteivorsitzender der Gewerkschaftsfraktion die Grenzen seiner Bereitschaft aufzeigte, Politik an sie zu delegieren.

118

Der Themenkomplex Stromerzeugung und Energiepolitik sollte mich nicht loslassen. Ich hatte im Fall Hainburg die von Kanzler Sinowatz vorgegebene Linie mitgetragen. Wäre ich anderer Meinung gewesen, hätte ich dem Ruf in das Ministeramt nicht folgen dürfen oder bald wieder ausscheiden müssen. Meine zustimmende Einstellung war aber nicht nur aus Loyalität zum Regierungschef entstanden; wenn ich das Für und Wider abwog, ergab sich für mich ein Überhang von »Für«. Dies nicht zuletzt aufgrund der vor allem von Walter Fremuth, Generaldirektor der Verbundgesellschaft, und von Josef Kobilka, Generaldirektor der Donaukraftwerke, vorgelegten Berechnungen und Einschätzungen. Ich nahm den Befürwortern ab, daß sie Fauna und Flora bewahren oder wiederherstellen wollten, wenn auch nicht hundertprozentig. Der Kern meiner Überlegungen hatte mit anderen nicht fertiggestellten Projekten zu tun. Das einsatzbereite Nuklearkraftwerk im niederösterreichischen Zwentendorf war nie in Betrieb gegangen, da sich die Österreicher im November 1978 in einer Volksabstimmung dagegen ausgesprochen hatten; im Anschluß daran verbot das Parlament per Verfassungsgesetz die Atomenergieerzeugung in Österreich. Als Ersatz bauten zwar die Verbundgesellschaft und die damals noch als Niederösterreichische Elektrizitätswirtschafts-AG (NEWAG) firmierende EVN (Elektrizitätsverbund Niederösterreich) das Kohle-Gaskraftwerk Dürnrohr in unmittelbarer Nähe Zwentendorfs und die Österreichische Draukraftwerke AG (ÖDK) das kalorische Kraftwerk Voitsberg III in der Weststeiermark; der von den Energiewirtschaftern vertretenen Politik, Österreich müsse in der Stromversorgung autark sein, genügten diese Großinvestitionen jedoch nicht. Ich stimmte diesem Ziel zwar zu, mußte mich aber fragen, ob ich es nicht selber unterlief, weil ich zur Debatte stehende Kraftwerksbauten in den Alpen nach langer und intensiver Überlegung nicht mehr verfolgte (Dorfertal, Innergschlöß/Umbaltal). Unter diesen Umständen war es naheliegend, den Ausbau an der unteren österreichischen Donau zu bejahen. Hainburg war nicht mehr machbar. Was also tun mit der Schar von Fachkräften in der Donaukraft AG und dem zusätzlichen Strombedarf, wie ihn die Experten geschildert hatten?

Diese Fragen beantwortete ein Gemeinschaftsprojekt unserer Nachbarn Tschechoslowakei und Ungarn. Die Namen Gabčikovo und Nagymaros sollten Jahre hindurch nicht nur als Kraftwerksstandorte an der Donau östlich der österreichischen Staatsgrenze in aller Munde sein, sondern auch als Codewörter dienen für zunächst verheißungsvolle Schritte in eine nächste Etappe energiepolitischer Zusammenarbeit, in der Folge aber für komplizierte wirtschaftliche und politische Auseinandersetzungen mit dem Nachbarstaat Ungarn und innerhalb Österreichs. Ich war vom Finanzminister schon zum Bundeskanzler avanciert. Die Fäden des nächsten Kraftwerksbaus an der Donau liefen also jetzt bei mir zusammen.

In der Grundkonzeption folgte das Vorhaben einem nicht unüblichen Muster. Der Donaustrom sollte an einem bestimmten Teilstück umgeleitet und aufgestaut werden. Das Schwellkraftwerk hätte einen riesigen Stausee – eineinhalbmal die Größe des Attersees – entstehen lassen. Generaldirektor Fremuth hatte den ungarischen Vizepremierminister József Marjai von der Idee überzeugt, durch den Neubau eines Kraftwerks die Stromlücke im Nachbarland beseitigen zu helfen. Zur Gänze hätte man sie durch solche Projekte nicht schließen können, da die vom Partnerland Österreich eingeräumten Baukredite im wesentlichen durch Stromlieferungen Ungarns gegengedeckt werden sollten. Marjai war jedenfalls von den Vorschlägen Fremuths sehr angetan und verfolgte das Vorhaben mit Verve. Nach langem Bemühen schlossen die Österreichische Donaukraftwerke AG und ihr ungarisches Gegenüber Oviber (Országos Vizügyi Beruházási) einen Generalunternehmervertrag ab. Auf dessen Grundlage kamen österreichische Unternehmen des Turbinen- und Stahlwasserbaus, der Elektro- und Maschinenbauindustrie sowie des Bauwesens zu überaus interessanten Aufträgen.

József Marjai war die Angelegenheit so wichtig, daß er mich nach jedem Gespräch mit Wirtschaftsminister Graf und Finanzminister Lacina aufsuchte, um in wohlgesetzten Worten die Fortschritte der Verhandlungen, vor allem aber die historische Größe des Vorhabens zu rühmen. Als langjährigem kommunistischem Kaderpolitiker stand ihm das Pathos für wichtige Augenblicke mühelos zur Verfügung. Und das war nicht einmal so unpassend, denn im Mai 1989 konnte verkündet werden: Österreichische Unternehmen sind mit Bau, Lieferung, Planung und Bauleitung in Nagymaros in einem Auftragswert von 5,8 Milliarden Schilling beauftragt.

Zur gleichen Zeit jedoch formierte sich der Widerstand der Gegner des Kraftwerks Nagymaros. Es waren teils ökologisch motivierte Vorbehalte, doch hörte man auch Vorwürfe, die die innerösterreichische Hainburg-Debatte reflektierten: Man hielt der österreichischen Bundesregierung vor, die hierzulande nicht gelösten Probleme nach Ungarn exportieren zu wollen. Zudem kritisierten die Gegner den Vertrag der Donaukraft mit Oviber mit dem Hinweis, Menschen in Ungarn, die gegen das Projekt eingestellt seien, könnten sich aufgrund des diktatorischen Systems in ihrem Land nicht in Protestbewegungen engagieren. Politikerstimmen trugen zur Emotionalisierung bei. So wetterte der ÖVP-Abgeordnete Fritz König gegen die im Weg der Export- und Projektfinanzierung per Gesetz ausgesprochene Bundeshaftung, zog die ÖVP-Umweltsprecherin Marga Hubinek gegen das Vorhaben überhaupt vom Leder und desavouierte damit ihren Parteikollegen und langjährigen niederösterreichischen Landeshauptmann, Andreas Maurer, der den Vorsitz im Aufsichtsrat der Donaukraftwerke innehatte und den Kraftwerksbau befürwortete.

Trotz dieser Proteste und Störfeuer aus Österreich und anderen Ländern Westeuropas und trotz so mancher Emotionalisierung – »mit dem Kraftwerksbau Nagymaros wird die Wachau Ungarns zerstört«, hieß es – brachten wir die parlamentarische Vorarbeit für das Riesenprojekt gut über die Bühne. Gegen die

Proteste führten wir ins Treffen, das Kraftwerk sei nicht auf österreichisches Betreiben zustande gekommen, sondern eben eine Bestellung Ungarns bei der österreichischen Industrie, den österreichischen Planern, Bauunternehmen und Banken. An dieser Stelle entblößte das ungarische Kraftwerk die Mehrfachfacetten der Politik. Ich mußte mir selber Rechenschaft ablegen: Schalte ich die Ampel auf Grün für ein Hainburg in Ungarn? Sichere ich der heimischen Wirtschaft Arbeitsplätze und Gewinne, erspare mir aber die Probleme, die mein Amtsvorgänger mit der Stopfenreuther Au hatte? Ist das korrekt und moralisch in Ordnung, weil die kommunistische ungarische Regierung sicherlich einen anderen Zugang zur Behandlung von Au-Besetzern hat als die österreichische? Ich mußte diese Fragen für mich allein beantworten und Entscheidungen treffen; zu dissonant war der Chor der erwünschten und der selbsternannten Ratgeber. Ich entschied mich für Nagymaros, wahrscheinlich vor allem deshalb, weil ich meiner Regierung und mir nicht ein zweites großes Vorhaben von außen vereiteln lassen wollte.

Es wurde doch vereitelt. Nicht von außen, sondern von innen. Die Ungarn hatten ihre sanfte Revolution des Jahres 1989 hinter sich, eine neue Regierung war im Amt. Diese wollte das Kraftwerk nicht, verfügte im Herbst 1989 zunächst einen Baustopp und bediente sich danach eines in der Geschichte moderner Demokratien vermutlich einmaligen Vorgehens. Das nach der »Wende« neu gewählte ungarische Parlament faßte einfach den Beschluß, das Kraftwerk Nagymaros dürfe nicht errichtet werden. So weit wäre der Vorgang noch nicht so außergewöhnlich, hätte es da nicht ein umfassendes Paket längst abgeschlossener privatrechtlicher Verträge mit gegenseitigen Verpflichtungen im Ausmaß von mehreren Milliarden Schilling gegeben. Ich sagte Ministerpräsident József Antall, die österreichischen Firmen würden jeden Prozeß vor jedem Gericht der Welt gewinnen, und die ungarische Seite wäre zur Gänze schadenersatzpflichtig. Antall stimmte mir zu.

Er habe auch keine technischen, nicht einmal prinzipiell ökologisch gravierende Einwände, aber »grüne Gruppen« hätten
enorm viel Zustimmung gefunden, und das Projekt sei symbolisch eng mit dem ehemaligen kommunistischen Regime verbunden. Es werde in der ungarischen Öffentlichkeit so eindeutig mit »früher« identifiziert, daß er keinen anderen Weg sehe,
als es seinzulassen. Die Kraftwerksgegner in Österreich froh-
lockten. Die Industrie war klarerweise entsetzt und verlangte
ebenso wie der neue Wirtschaftsminister Schüssel – Robert Graf
war nach schwerer Erkrankung gestorben – ein hartes Eintrei-
ben der Schadenersatzforderungen gegenüber Ungarn. Auf fast
allen Ebenen des öffentlichen Lebens entbrannten Diskussionen, und so manche irreale Forderung wurde erhoben, wie die
ersatzweise Einbindung der österreichischen Firmen in den
Budapester U-Bahn-Bau, der von französischen und russischen
Gruppen betrieben wurde. Die Debatten gingen über Österreich
hinaus. Ein Hans Scholten, Präsident des Deutschen Bundes für
Vogelschutz, rühmte halbfertige Dämme als »Denkmäler der
Klugheit«. Und der deutsche Kanzler Kohl ließ sich in großzügiger Auslegung seiner Zuständigkeit vernehmen, Österreich
könne Ungarn doch nicht mit zu stringenten Schadenersatzbe-
gehren eindecken, wenn es gleichzeitig mit dem Nachbarland
die Abhaltung einer gemeinsamen Weltausstellung plane. Es
geht eben nichts über Dinge, die miteinander in logischem
Zusammenhang stehen.

Ich entschloß mich letztlich dazu, unsere Position zu behaupten, also auf einem angemessenen Schadenersatz zu bestehen, aus Nagymaros jedoch keinen Casus belli zu machen, der
womöglich das bilaterale Verhältnis stark getrübt hätte. Meine
Überlegung ging in die Richtung: Soll nun ein Nachbarland mit
vielfältigen, historisch gewachsenen Beziehungen zu meinem
Staat, das eben aus dem Schatten jahrzehntelanger sowjet-
kommunistischer Umklammerung herausgetreten ist, gleich
wieder – quasi zur Begrüßung in der freien Welt der westlichen
Demokratien – mit einer Mammutklage eingedeckt werden?

Sollen wir uns auf den Standpunkt der formalen Rechthaberei begeben? Ich entschied mich dafür, den beteiligten Firmen den Verhandlungsweg nahezulegen und ihnen dafür, so gut ich konnte, den Rücken zu stärken. Kein Wunder, daß ich in der Ecke der Hardliner, die für den »Gerichtsweg total« plädierten, wieder einmal als Zögerer galt. Das war freilich schon zum damaligen Zeitpunkt unerheblich, in der Retrospektive erst recht. Die »harte Gangart« hätte sich über Jahre hingezogen und wäre sowohl politisch wie wirtschaftlich unsinnig gewesen. Bereits ein Jahr nach der Beendigung des kommunistischen Regimes in Ungarn, im November 1990, stellten Donaukraft und Oviber in einer gemeinsamen öffentlichen Erklärung fest, sie hätten sich unter Verzicht auf ein Schiedsgericht außergerichtlich auf eine Entgeltzahlung an die österreichische Seite in Höhe von 2650 Millionen Schilling exklusive Zinsen und auf einen Stromliefervertrag geeinigt.

Die offenen Probleme zwischen Österreich und Ungarn bezüglich Nagymaros hatten also beseitigt werden können; es gab jedoch im Lauf der Zeit mit den benachbarten Tschechen und Slowaken weitaus gravierendere Diskrepanzen. Sie bezogen sich auf ihre Kernkraftwerke, deren Unsicherheit nicht mehr zu widerlegen war. Unter diesem Eindruck, der durch die Katastrophe von Tschernobyl immens verstärkt wurde, beschloß die Bundesregierung auf mein Betreiben, sich für ein AKW-freies (nicht atomfreies) Mitteleuropa einzusetzen. Dabei stießen ich und meine Minister in den unzähligen Gesprächen mit den tschechischen und slowakischen Kollegen auf so gut wie kein Verständnis für unsere Vorbehalte gegen ihre schadhaften Atommeiler. Sie wollten sie weiter betreiben und neue Anlagen errichten. Ein tschechischer Außenminister, Jiří Dienstbier, gab mir den Rat, mir ein anderes Hobby zu suchen, als gegen Atomstrom zu sein. Doch Schritt für Schritt gelangten wir mit den Nachbarn und auch mit Slowenien bezüglich des Kraftwerks Krško zu Vereinbarungen über Frühwarnsysteme bei Unfall- oder Gebrechensgefahr. Österreichs Nachfolgeregierungen waren und sind mit der Thematik weiter befaßt und werden das auch in Zukunft noch sein.

Nach dem De-facto-Aus für das Kraftwerksprojekt Hainburg und dem Platzen von Nagymaros war die öffentliche Debatte um die Errichtung eines Wasserkraftwerks an der Donau alles andere als beendet. Die Basisargumente, die schon zur Amtszeit von Fred Sinowatz ins Treffen geführt worden waren – Sicherung der Stromversorgung des Landes und Beschäftigung der Kraftwerksindustrie inklusive der Bauwirtschaft –, hatten sich in den frühen neunziger Jahren nicht geändert. Es machte sich eine Stimmung breit, nach der Absage an die Kernkraft, nach der Absage an Hainburg und nach dem Nichtzustandekommen des Donaukraftwerks in Ungarn sollte es doch zumindest ein Vorhaben geben, das nicht auf der Strecke bleibe. Da nichts im öffentlichen Leben ganz ohne Widerspruch ist, wurden auch in bezug auf ein denkbares Wasserkraftwerk Freudenau in Wien kritische Stimmen laut. Sie gingen jedoch im klar vorhandenen Willen unter, daß es »ein Kraftwerk an der Donau« geben müsse. Au gab es keine zu beschützen, die zu erwartende Änderung des Wasserpegels der Donau und ihre verminderte Fließgeschwindigkeit wurden zwar gelegentlich hinterfragt, wirklich aufregen konnte sich darüber offenbar aber niemand.

Vom 14. bis 16. Mai 1991 rief die Wiener Stadtverwaltung zu einer Volksbefragung auf. Die Bürger der Bundeshauptstadt sollten zwei Antworten geben: Wollten sie das Kraftwerk Freudenau und wollten sie gemeinsam mit der Stadt Budapest im Jahr 1995 eine Weltausstellung abhalten? Inwieweit die Wiener in der Fragestellung ein Entweder-Oder erblickten oder was sie sonst leitete, entzieht sich meiner Kenntnis. Sie entschieden sich jedenfalls mit 72,64 Prozent der abgegebenen Stimmen für die Stromerzeugung am Wiener Verlauf der Donau und mit 64,85 Prozent gegen die gemeinsame Expo mit Budapest.

Am Abend des Abstimmungstages ging ich durch die Wiener Kärntnerstraße. Die Befragungsergebnisse waren schon bekannt. Ein Werkelmann erkannte mich von weitem und schwenkte aufgeregt seinen schwarzen Hut. »Herr Bundeskanzler, wir haben gewonnen!« rief er mir zu. Auf meinen fragenden Blick ergänzte er: »Wir mit dem Kraftwerk und nicht die da mit der Mess'.« Vielleicht war er einer, der zwischen Freudenau und Expo in einfacher Alternative dachte, vielleicht war er einer, für den »die da« die Ungarn waren oder irgendwelche Ausstellungsfreaks. Die Gegner des Weltausstellungsprojekts hatten es sich in ihrer Kampagne nicht nehmen lassen, mit der Vorhersage einer sprunghaften Vermehrung der Kriminalität und der Prostitution in Wien zu drohen. Sie garnierten diese primitive Angstmacherei mit Argumenten, wir müßten den Ungarn auch noch ihren Kostenanteil bezahlen – und fanden Gehör.

Wie auch immer, Wien hat sein Donaukraftwerk bekommen. Dessen Wirtschaftlichkeit wäre schon früher gegeben gewesen, hätten wir das Kraftwerk bei Hainburg gebaut und unter Einbeziehung des Unterliegers eine Mischkalkulation durchführen können. So werden wohl etliche Jahre ins Land gehen, bis nach allen Regeln der Betriebswirtschaft ein positives Ergebnis erzielt werden wird.

Zwischen der bewegten Zeit, die – vom Projekt Freudenau abgesehen – als Kraftwerksverhinderungsperiode gilt, und der Zeit, in der diese Anmerkungen geschrieben werden, hat sich eine Liberalisierungswelle über die allermeisten Staaten der Europäischen Union und über jene Länder ergossen, die der Union bald angehören werden. Früher bestehende Stromversorgungsmonopole in Mitgliedstaaten existieren nicht mehr, große nationale, auch verstaatlichte Unternehmen sind mit gut gefüllter »Kriegskassa« aus ihren staatlichen Grenzen ausgebrochen und haben sich mit zum Teil phantastisch über den Substanzwerten liegenden Preisen in Stromversorger, Öl- und Gaslieferanten sowie Tankstellennetze eingekauft. Spektakuläre Unternehmenszusammenführungen beschäftigen die Kartellgerichte und die Wettbewerbshüter in der Europäischen Kommission. Es ist vor allem Frankreich, das zwar in anderen Ländern

Gesellschaftsanteile kauft, am eigenen Platz aber zentralistisch bleibt und nicht liberalisiert. Die beredten Befürworter der liberalisierten Energiemärkte träumen von Preisreduktionen als Folge des rasant vermehrten Wettbewerbs. Im Bereich von meist industriellen Großabnehmern gibt es sie teilweise. Ob sie tatsächlich eine Folge der Liberalisierung sind oder ob die Großabnehmer angesichts des größeren Angebots eben in den Genuß verbesserter Rabatte kommen, sei dahingestellt. Die privaten Haushalte spürten zwischen wenig und nichts von den preissenkenden Segnungen der europäischen Energiemarktliberalisierung. Im übrigen werden die Wettbewerbsvorteile, die Stromverbilligungen nach sich ziehen (sollen), ja nicht durch Unternehmensaufkäufe und -fusionen an sich erzielt, sondern durch die drastische Reduktion des Personals, die sich hinter der schonenderen Bezeichnung Synergieeffekte versteckt.

Donau- und Börsenwellen

Traditionen dürften es an sich haben, daß man sie in vielen Fällen nicht mehr auf ihre Sinnhaftigkeit befragt. Übersetzt in die Gegebenheiten des Finanzministeriums der 1980er Jahre heißt das, daß manche Empfänger öffentlicher Mittel sich eben als solche und nicht anders sahen. Innerhalb dieser engen Grenzen verrichteten sie ihre Arbeit gewissenhaft und geradlinig, sie öffneten sich selber aber keinen Spielraum dafür, durch geeignete Maßnahmen, durch neue Wege weniger Gelder aus der Staatskasse zu benötigen.

Zur Jahreswende 1984/85 erschien bei mir die Geschäftsleitung der Donau-Dampfschiffahrtsgesellschaft (DDSG), ein Unternehmen, an dem das Finanzministerium Eigentümerrechte wahrzunehmen hatte. Man wollte die Genehmigung für Investitionen einholen, die den Schiffspark sowohl der Personen- wie der Frachtschiffahrt betrafen. Auffällig in den Gesprächen war, daß man meine Frage, wie sich das bekannt schlechte

127

Unternehmensergebnis durch die gewünschten Investitionen verbessern werde, mit dem Hinweis beantwortete, angesichts der geringen Auslastung der Personenschiffe werde es sich noch etwas verschlechtern. Natürlich gab ich keine Zusage und wies meinen Mitarbeiter Rudolf Scholten an, das Vorhaben ausführlich zu studieren und mir darüber zu berichten. Scholten machte eine Beratungsfirma ausfindig, und der Vorstand der DDSG wurde ersucht, ihr einen entsprechenden Auftrag zu erteilen. Diese Vorgangsweise, die Sinnhaftigkeit beantragter Investitionen durch Dritte prüfen zu lassen, war der DDSG-Leitung sichtlich neu und wenig sympathisch, da ich es aber so wünschte, fügte man sich.

Die Studie bestätigte der Donau bedeutende touristische Attraktivität. Abgesehen von den Naturschönheiten und den kulturellen Anziehungspunkten könne man auf einem Schiff hinter den Eisernen Vorhang fahren – wir schrieben das Jahr 1985 – und eine berühmte Stadt besuchen, zum Beispiel Budapest, ohne in einem »Ost«-Hotel übernachten zu müssen. Speziell Touristen aus den USA scheuten vor Übernachtungen im damaligen Ostblock zurück, waren aber sehr neugierig auf diesen Teil der Welt. Die Empfehlungen der Berater waren eindeutig: Die Fahrpläne der Schiffe müßten auf die Besucherwünsche abgestimmt werden. Man müsse eine ausreichende Kabinenschifffahrtskapazität, das heißt zwei Schiffe, anbieten, um die Strecke bis zum Schwarzen Meer bestens bedienen zu können. Für die Strecke Wien – Budapest – Wien sollte man Tragflügelboote anschaffen und die Vermarktung professionalisieren. Das Konzept galt als plausibel, und das erste Kabinenschiff wurde international ausgeschrieben.

Eine deutsche Werft ging aus der Ausschreibung mit deutlichem Abstand als Siegerin hervor. Eine Bombe. Bis dahin hatte das ungeschriebene Gesetz gegolten, daß die DDSG Aufträge nur an die Österreichische Schiffswerften AG (ÖSWAG) in Korneuburg vergab. Nach der Entscheidung für den deutschen Lieferanten lud mich die Korneuburger Stadtorganisation der

SPÖ an einem Sonntagvormittag ein, ein politisches Referat zu halten und anschließend für eine Diskussion zur Verfügung zu stehen. Die überwältigende Mehrheit im überfüllten Veranstaltungssaal hatte nicht das geringste Verständnis für meine Entscheidung gegen »die Tradition«, für mein ihrer Meinung nach unpatriotisches Verhalten. Allerdings gab es auch abweichende Meinungen: Einige Versammlungsteilnehmer meldeten sich zu Wort und warnten, so wie bisher könne es mit der ÖSWAG ohnehin nicht weitergehen. Die Werft baute anerkannt gute Schiffe, war aber nahezu ausschließlich auf osteuropäische Abnehmer ausgerichtet und daher von diesen existentiell abhängig. (Diese Grundproblematik führte wenige Jahre danach zur Stillegung.) Der Sonntagvormittag in Korneuburg endete in besonnener und nachdenklicher Stimmung.

Da die DDSG, dem Vorschlag der Berater folgend, die Fahrpläne änderte, verbesserten sich die Ergebnisse, insbesondere im Wachauverkehr. Den durchschlagenden Erfolg brachte das neue Kabinenschiff »Mozart« allerdings nicht, weil man es unterlassen hatte, ein zweites Schiff anzuschaffen und deshalb die vorausberechneten Optimierungseffekte nicht erzielt wurden. Wenn auch nach 1989 der »Ostblock-Effekt« wegfiel, so wäre das angepeilte Unternehmenskonzept doch chancenreich genug gewesen, hätte sich die Geschäftsleitung der DDSG auf eine offensive Unternehmens- und Vermarktungsstrategie umgestellt. Die Chance hätte darin bestanden, das Unternehmen in einen modernen Fremdenverkehrsanbieter umzuwandeln. Stattdessen verblieb man dabei, Donauschiffe als Verkehrsmittel zu verstehen und einzusetzen.

Die Anschaffung nur eines Kabinenschiffs und keines zweiten war also ein Fehlschlag, für den ich bei Auseinandersetzungen im Parlament erhebliche Kritik einstecken mußte. Nun folgen parlamentarische Streitgespräche immer bestimmten Mustern. Im konkreten Fall war der Stein des Anstoßes die defizitäre Gebarung der »Mozart« und meine »diktatorische Einmischung« in die Dispositionen – aus meiner Sicht in die

Nichtdispositionen – des DDSG-Vorstands. Wäre dieser nämlich den Berechnungen des Beraterteams gefolgt, hätten sich aus dem Betrieb zweier Kabinenschiffe und den besseren Ergebnissen plausible Cash-flow-Vorschauen ablesen und die Anschaffungsfinanzierung darstellen lassen. So denken parlamentarische und parteipolitische Aktivisten natürlich keineswegs. »Einmischung« und »Verlust« waren medial verwertbare »Hämmer«. Ein Minister trug die Schuld an einem verlustbringenden Schiff, so mußte es sein. Und so wurde es auch. Keine Frage, daß ich mich ärgerte. Meine Fehleinschätzung bestand darin, von einer Managementmannschaft, die aus ihrem Verständnis heraus nicht mit Offensivstrategien vertraut war, sie im Gegenteil von sich wies, den Turnaround zu erwarten.

Letztlich war diese Debatte nur ein Detail. Andere, nämlich strukturelle Gründe beendeten eine maßgebliche Rolle österreichischer Schiffahrtsfirmen auf der Donau.

Als Finanzminister und früheren »Banker« hatte mich natürlich der österreichische Kapitalmarkt zu interessieren. Es war um ihn nicht gut bestellt, insbesondere was den Aktienhandel und das Emissionsgeschäft in Aktien betraf. Kapitalmarktpolitik war über die Jahre und Jahrzehnte nach dem Kriegsende von den jeweiligen österreichischen Regierungen im wesentlichen als Begünstigung der privaten Geldkapitalbildung im Wege geförderter Sparformen, namentlich Bausparen, Prämiensparen, Versicherungssparen, verstanden und mit Erfolg betrieben worden. Auf dem Kapitalmarkt im engeren Sinn, also der Börse und schließlich im Bankgeschäft für Wertpapiere, war das am häufigsten anzutreffende Papier die Schuldverschreibung in Form der festverzinslichen Anleihe mit langer Laufzeit. Für Anleihezeichner gab es eine staatliche Förderung. Meist waren die Emittenten die Republik selber, aber auch Elektrizitätsversorgungsunternehmen, die Verstaatlichte Industrie, Straßenbausondergesellschaften und die Geldinstitute. Diese Politik kurbelte die private Geldkapitalbildung an, bot den Kapitalsammelstellen breite Veranlagungsmöglichkeiten und schuf die Grundlage für die Finanzierung des Wiederaufbaus in Infrastruktur und Industrie. Die Österreicher, die in der Zwischenkriegszeit durch Zusammenbrüche von Banken und Industrien und durch die Inflation ihre Spargelder eingebüßt hatten, bauten wieder Vertrauen in das ihnen in der Zweiten Republik angebotene System auf und schickten sich an, zu international geachteten Sparmeistern zu werden.

Aktien und der Aktienmarkt hatten über lange Zeit ein bescheidenes Dasein in der österreichischen Anlegerschaft gefristet. Einerseits sollte das nicht besonders überraschen, befanden sich doch viele der großen österreichischen Aktiengesellschaften im Eigentum der öffentlichen Hand, nämlich des Bundes und der Bundesländer, in einigen Fällen in einer Mischform. Und die Aktien solcher Gesellschaften notierten entweder nicht oder in geringen Volumina auf den Kapitalmärkten. Außerdem wurde das Investieren in Aktien nicht nur nicht staatlich gefördert, es gab sogar noch dieses Anlagepapier diskriminierende steuerliche Regelungen.

Daß dieser Zustand zu beheben war, lag für mich auf der Hand. Ich bereitete daher eine Gesetzesänderung vor, durch die die Doppelbesteuerung der Aktie beseitigt werden sollte. Bundesregierung und Parlament sorgten für die erforderlichen Beschlüsse. Ein wichtiges Ziel war erreicht.

In diesem Zusammenhang kam es zu einer positiven Entwicklung, die leider Episode blieb. Der amerikanische Börsenspezialist Jim Rogers veröffentlichte in einer weltweit gelesenen Fachzeitschrift einen Artikel über die Wiener Börse und erregte damit internationale Aufmerksamkeit. Diese und Rogers' eigene Kaufaktivitäten bewirkten einen beispiellosen Höhenflug der Kurse am Wiener Platz, den die erwähnte Marktenge noch zusätzlich antrieb. Es war dann eben wieder diese Marktenge, die der Wiener Börsenblüte Mitte der 1980er Jahre ein Ende machte, weil sie einer breiteren internationalen Nachfrage nicht mehr gerecht werden konnte.

Diese Schilderung mag dem Leser recht technokratisch erscheinen. In Wahrheit steckte eine nicht zu unterschätzende politische Problematik dahinter. Im speziellen aus der Warte der SPÖ trafen Vorhaben wie jene, den Aktienmarkt zu beleben, auf ein gerüttelt Maß an Skepsis darüber, was eigentlich einer der Ihren hier trieb. Die Wirtschaftspolitik der Partei war in den siebziger Jahren und in der ersten Hälfte der achtziger Jahre im großen und ganzen der Logik der sozialen Verantwortung, des Wiederaufbaus und der Beseitigung des Entwicklungsrückstands gegenüber Westeuropa gefolgt. »Europalohn« und »Überholspur« waren zwei gängige politische Parolen der Regierungen Kreiskys. Die Ausweitung und Festigung der sozialen Sicherheitsnetze, die Verwirklichung der notwendigen Infrastrukturvorhaben vor allem in den Bereichen Verkehr, Energiewesen, Gesundheit, Hochschulen waren die achtbaren Ergebnisse dieser Politik. Das Vertrauen in einen starken öffentlichen Sektor des Wirtschaftens – Dienstleistung und Produktion – hatte das Bild noch abgerundet. Die Interessenvertreter der unselbständig Erwerbstätigen, der Selbständigen und der Bauern hatten in diesem System einen festen Stellenwert. Somit war auch die ÖVP über die Bundeswirtschaftskammer und die Präsidentenkonferenz der Landwirtschaftskammern in viele wichtige Entscheidungen mit eingebunden, weil diese Interessenvertretungen mit dem Österreichischen Wirtschaftsbund respektive dem Bauernbund, zwei von drei Teilorganisationen der Volkspartei, de facto identisch waren und sind. Der aus der Zwischenkriegszeit unrühmlich überlieferte Begriff »Ständestaat« wurde vermieden, seine Grundmauern standen gleichwohl auch in der Zweiten Republik, jedenfalls bis tief hinein in die achtziger Jahre, wenn nicht länger. Erst seit Beginn der EU-Zeit bröckelt der Verputz. Ob auch das Mauerwerk, bleibt abzuwarten. Wahrscheinlich wird es ebenfalls schwächer werden.

Wir Sozialdemokraten waren vom »Modell Österreich« angetan. Zahlreiche Beobachter aus dem Ausland hatten sich mit bewundernden Zensuren eingestellt. Hans Seidel, Leiter des Österreichischen Instituts für Wirtschaftsforschung (WIFO) und von 1981 bis 1983 Staatssekretär im Finanzministerium, verbrämte das Modell mit dem schmückenden Ausdruck »Austrokeynesianismus«. Ein Gefahrenpunkt in dem System war allerdings zweifellos der Umstand, daß die öffentliche Hand zunehmend Darlehen aufzunehmen hatte. Das wurde bald Thema einer zentralen Auseinandersetzung mit der oppositionellen Volkspartei. Allerdings nicht nur mit dieser. Auch in der eigenen Partei stießen ich und meine sozialdemokratischen Mitstreiter auf wenig Verständnis, wenn wir die Notwendigkeit ansprachen, die Kreditaufnahmen des Staates einzudämmen. Offensichtlich war der Nachhall des Kreiskyschen Satzes, ein paar Milliarden Schulden bereiteten ihm weniger schlaflose Nächte als ein paar hundert Arbeitslose, in den Köpfen unserer Parteileute so präsent, daß meine Auffassung als unverständlich und politisch schädlich galt. Nicht nur einmal sagte man mir bei Diskussionen über die Staatsverschuldung, ich möge mir ein Beispiel an Bruno Kreisky nehmen, der habe halt noch sozialistische Politik gemacht. Ferdinand Lacina und Rudolf Streicher berichteten mir öfter über ähnliche Erfahrungen. Zur Ironie des Parteilebens gehört es, daß in den Jahren 2000 und 2001 in Veranstaltungen derselben Sozialdemokratischen Partei viele kritische Wortmeldungen zu hören waren, warum nicht schon die von der SPÖ geführten Regierungen den blau-schwarzen Sparkurs und die Nulldefizitstrategie verfolgt hätten.

Der Fall Reder

Die politische Auseinandersetzung um die öffentlichen Finanzen war aber nicht das einzige Problem der Regierung Sinowatz. Ich habe schon angemerkt, daß die Kanzlerschaft des promovierten Historikers und feinsinnigen Humanisten alles andere als auf Rosen gebettet war. Das erwartet zwar niemand, der ein politisches Amt antritt, für Fred Sinowatz jedoch schien eine Art unsichtbarer Regie überdurchschnittlich viele Hürden vorrätig zu haben. Dazu kam, daß die Parteifunktionäre in ihrem Verhalten und in ihren politischen Forderungen so taten, als sei die »Absolute« noch intakt. In der Öffentlichkeit fand diese Einstellung freilich keine Widerspiegelung. Ich erinnere mich in diesem Zusammenhang stets an François Mitterrand, der in einem Gespräch einmal meinte, die Menschen dächten eben schneller, als die Apparate sich bewegen können. Das noch immer vorhandene Mehrheitsdenken ließ einen Vorbehalt, eine Art Vorstufe des Mißtrauens, gegenüber den freiheitlichen Regierungsmitgliedern, wachsen, die sich aber ihrerseits kollegial bemühten und in Regierung und Parlament meiner Erinnerung nach keinen Akt ernsthafter Illoyalität setzten. Gegenüber Vorbehalten aus ihren Reihen und den immer wüster werdenden verbalen Rempeleien Haiders erwiesen sie sich als resistent.

Dem widerspricht nicht, daß der »Fall Reder« zu einem ernsten Zerwürfnis zwischen uns Sozialdemokraten und den freiheitlichen Regierungspartnern führte. SS-Sturmbannführer Walter Reder war wegen in Italien begangener Kriegsverbrechen von einem italienischen Gericht im Oktober 1951 zu einer lebenslangen Kerkerstrafe verurteilt worden. Reder war gebürtiger Österreicher; schon vor Ausbruch des Zweiten Weltkriegs hatte man ihm die Staatsbürgerschaft wegen nationalsozialistischer Betätigung aberkannt. Nach Kriegsende hielt er sich in Österreich auf, wurde aber sehr bald an die italienischen Behörden ausgeliefert. Die lebenslange wurde später nach Berufungen gegen das Urteil in eine vieljährige Kerkerstrafe umgewandelt. Im Lauf der Zeit mehrten sich die Stimmen in der öffentlichen Meinung Österreichs, die die Freilassung Reders und seine Rückkehr nach Österreich forderten. Diese Forderung wurde gegenüber Italien auch auf politischer Ebene vertreten, unter anderem von Bruno Kreisky, Alois Mock, Erwin Lanc und Leopold Gratz. Im Juli 1980 wurde Reders Antrag auf bedingte Entlassung stattgegeben und seine Enthaftung verfügt. Allerdings verhängte man über ihn die Schutzaufsicht für die Dauer von fünf Jahren. Ab Juli 1980 war Reder daher Kriegsgefangener und in der Militärstrafanstalt Gaeta interniert.

Mitte der achtziger Jahre erwirkte Außenminister Gratz vom italienischen Regierungschef Bettino Craxi die Freilassung Reders; er sollte von einem Flugzeug der italienischen Luftstreitkräfte nach Österreich gebracht werden. Zwar nur kurz vor dem Ablauf der Haftzeit, aber immerhin vorzeitig. Gemäß dem nunmehrigen Status Reders als Kriegsgefangener ersuchte Gratz den zuständigen Verteidigungsminister Frischenschlager darum, für die Organisation der Ankunft Reders in Österreich zu sorgen und dabei Geheimhaltung zu beachten. Aufsehen war unerwünscht, da man Sympathiekundgebungen neonazistischer Gruppen für Reder befürchtete. Im Verteidigungsministerium erhielt Frischenschlager den Rat, Reder auf einem österreichischen Flughafen in Empfang zu nehmen und per Hubschrauber weiterzubefördern, weil nur bei einem sogenannten Ministerflug die Namen der Beteiligten den Flugbehörden nicht bekanntgegeben werden müssen. Man faßte den Plan, das italienische Flugzeug auf dem Militärflugplatz Langenlebarn in Niederösterreich landen zu lassen, doch wegen der Kürze der Piste mußte dies fallengelassen werden. Stattdessen wählte man den Flughafen Graz/Thalerhof. Frischenschlager fuhr im Auto dorthin. Fünf italienische Luftwaffenangehörige entstiegen mit Reder dem Flugzeug und erklärten, ein Protokoll über Landung und Übergabe des Entlassenen anfertigen zu müssen. Allein diese einstündige Prozedur und der Umstand, daß das Flughafengebäude vorher geräumt und abgesperrt worden war, vereitelten jeden Versuch der Geheimhaltung. Außerdem hatte die italienische Militärverwaltung die Überstellung Reders nach Österreich ohnehin bekanntgegeben. Dazu kam noch, daß der auf die Weiterführung Reders wartende Hubschrauber wegen Schlechtwetter nicht aufsteigen konnte. Reder wurde mit einem anderen Fluggerät in die Heeressanitätsstation Baden gebracht, wo er geraume Zeit blieb. Möglicherweise hätten diese komödienhaft anmutenden Abläufe das politische Gleichgewicht nicht besonders gestört, hätte nicht Frischenschlager selber seinen Auftritt gehabt: Vor den Augen der nunmehr hergestellten öffentlichen Aufmerksamkeit schüttelte er Reder die Hand und brachte damit Affinität, Vertrautheit zum Ausdruck. Affinität zu und Vertrautheit mit einem Mann, der als Kriegsverbrecher rechtskräftig verurteilt war und deswegen eine vieljährige Kerkerstrafe verbüßt hatte.

Friedhelm Frischenschlager räumt im Rückblick ein, zweierlei nicht bedacht zu haben. Erstens, daß ein FP-Minister mit einer solchen Aktion wieder Reflexe und Reaktionen hervorrufen würde, seine Partei hege Sympathien für den Nationalsozialismus beziehungsweise die SS. Zweitens, daß es – wie in vielen anderen Fällen – aussichtslos war, einen Geheimhaltungsauftrag zu erfüllen. Wie immer man es dreht und wendet, Frischenschlager hatte durch den Handschlag mit Reder erheblichen Schaden genommen. Es war zu hören, daß Alois Mock zürnte, weil er – in der Angelegenheit Reder vorher selber aktiv – in der Schlußphase damit nicht befaßt worden war. Die öffentliche Entschuldigung Frischenschlagers für den Handschlag nahm ihm wieder Parteikollege Haider übel. Dieser strapazierte für den Kriegsverbrecher Reder den ekelerregenden Hinweis auf den Soldaten, der seine Pflicht getan habe.

Innerhalb der Bundesregierung kam es zu einer Krise, weil die meisten Sozialdemokraten, mich eingeschlossen, über die Vorgangsweise Frischenschlagers höchst befremdet waren und für uns eine weitere Zusammenarbeit mit dem Koalitionspartner nur mehr sehr mühevoll vorstellbar war. Bundeskanzler Sinowatz gelang es in vielen Tagen anstrengender Kleinarbeit, die Wogen zu glätten. Fairerweise muß festgestellt werden, daß Frischenschlager gar nicht in seine prekäre Lage gekommen wäre, hätte Außenminister Gratz nicht den »Erfolg« gehabt, Reders Haftentlassung zu erreichen.

Im übrigen war Frischenschlager auch aus einem anderen Grund ein nur bedingt geeigneter Adressat für unseren Zorn über Ewiggestriges, war er doch einer jener freiheitlichen Minister, die sich bemühten, einen Beitrag zur Aufarbeitung der Vergangenheit zu leisten. Als Verteidigungsminister ließ er zwei bemerkenswerte Angelobungen der Jungmänner des Bundesheers durchführen: eine auf dem Gelände des ehemaligen Konzentrationslagers Mauthausen im Herbst 1983, die zweite etwas später im Wiener Karl-Marx-Hof zum fünfzigsten Jahrestag des Bürgerkriegs vom Februar 1934. Er wollte ein Signal an die Jugend aussenden: Das Militär kann, wie die Geschichte zeigt, mißbraucht werden. Damit soll ein für allemal Schluß sein. Im Februar 1934 hatten Formationen des Bundesheeres, der Polizei und der Heimwehr im Auftrag der autoritären christlichsozialen Bundesregierung die nach Marx benannte Wohnhausanlage in Wien-Heiligenstadt unter Beschuß genommen, weil dort Mitglieder des sozialdemokratischen Republikanischen Schutzbunds Zuflucht gesucht hatten. Dieses größte und zu seiner Zeit fortschrittlichste Wohnbauprojekt besaß in der erbitterten bewaffneten Auseinandersetzung zwischen den uniformierten Einheiten der autoritären Regierung und der Heimwehr auf der einen und dem Republikanischen Schutzbund auf der anderen Seite besondere Symbolkraft. Frischenschlagers Absicht und Idee waren eindeutig: Im Jahr 1934 hat das Heer den Karl-Marx-Hof beschossen, fünfzig Jahre später kommt es in friedlicher Absicht zurück. Mit einer jungen Generation, mit einem vollkommen anderen Zugang zu dieser Republik und vor allem zur Symbolik dieser Wohnanlage.

Bundeskanzler Sinowatz war mit dieser Geste einverstanden und wohnte der Zeremonie bei. Ich spazierte mit einigen Parteifreunden zum Karl-Marx-Hof, um mir die Angelobung der Präsenzdiener anzusehen. Es herrschte rege Geschäftigkeit, und man sah viele der bei solchen Veranstaltungen unvermeidlichen wichtigen beziehungsweise wichtig dreinschauenden Leute. Die Aufstellung der Präsenzdiener und alle anderen üblichen Vorbereitungen nahmen ihren Lauf. Auffälligkeiten gab es nicht. Doch als die Angelobungsformel von den jungen Burschen nachgesprochen werden sollte, öffneten sich die Fenster von den Stiegenhäusern in den großen Innenhof, und Hunderte Trillerpfeifen übertönten die Eidessprüche an die Adresse des Vaterlands. Die sozialistischen Jugendorganisationen und ihnen zur Hand gegangene Helfer hatten aus ihrer Sicht ganze Arbeit geleistet, und so mancher Parteigänger wird zufrieden gewesen sein, daß es das Bundesheer und ein blauer Verteidigungsminister in »unserem« Karl-Marx-Hof nicht so einfach hatten.

Ich selber halte das Experiment Frischenschlagers bis heute für gut, denn im Endeffekt sind die Jungmänner angelobt worden, und das im Karl Marx-Hof und im Zeichen der Anstrengung eines jungen Ministers, eine Geste zu setzen, zu der ihn niemand gezwungen hat und niemand hätte zwingen können.

Über unser, also der Sozialdemokraten, Verhalten gegenüber Frischenschlager in der Causa Reder bin ich nachdenklich geworden. Nach wie vor bin ich davon überzeugt, daß die Aktion des Ministers falsch war und das ohnehin prekäre Gleichgewicht zwischen Sozialdemokraten und Freiheitlichen unnötig belastete. Dafür, ob unsere Aufregung und Entrüstung in der damaligen Intensität angebracht waren, würde ich heute die Hand nicht mehr ins Feuer legen. Aber auch hier fällt der Rückblick nach zwei Jahrzehnten leichter als der Durchblick zum gegebenen Zeitpunkt. Selbstverständlich hat es der Zeitablauf an sich, zu relativieren. Hätten wir das schon früher zur Kenntnis genommen, hätten wir weniger Frischenschlager gezürnt als kurze Zeit später den Kärntner ÖVP-Abgeordneten Wilhelm Gorton aufs Korn genommen, der Reder Unterschlupf in seinem Haus in Straßburg gewährte. Danach lebte Reder in einem Pensionistenheim in Wien; im April 1991 starb er bei Verwandten in der Bundeshauptstadt.

Im Frühjahr 1986 verließ Frischenschlager die Bundesregierung, um als Nachfolger Friedrich Peters die Führung des freiheitlichen Parlamentsklubs zu übernehmen. Helmut Krünes, Vorstandsmitglied der Wienerberger AG, wurde Verteidigungsminister. Diese an sich nicht spektakuläre Rochade darf nicht darüber hinwegtäuschen, daß seit der Jahreswende 1985/86 in der Zusammenarbeit der zwei Koalitionspartner einige Spaltpilze zu gedeihen begannen. Die sozialdemokratische Zurückhaltung gegenüber den Freiheitlichen habe ich an einigen Stellen dieses Berichts schon angesprochen. Ob sie immer der Klugheit letzter Schluß war, sei dahingestellt; dieser Regierungspartner war keine Haider-Partei. Es entwickelten sich aber auch in der FPÖ Vorbehalte gegen die gemeinsame Regierung mit uns Sozialdemokraten. Die hitzige Reaktion der SPÖ auf die Art der Heimholung Reders war ein Auslöser dieser Vorbehalte, wenn auch nicht der wichtigste. Reizthemen für die Freiheitlichen waren – wie sie es nannten – das »Drumherum« um das Thema Hainburg und die auf Betreiben des SPÖ-Sozialministers Alfred Dallinger eingebrachte Klage gegen den Salzburger Landeshauptmann Wilfried Haslauer. Dieser hatte per Verordnung vom 6. November 1984 das Offenhalten der Salzburger Geschäfte am 8. Dezember, einem Feiertag, erlaubt. Im Juristendeutsch: die Zulassung der Gewerbeausübung und Ausnahmen von der Arbeitsruhe. Sozialminister Dallinger sah das als eindeutige Verletzung gesetzlicher Bestimmungen und erteilte Haslauer die Weisung, die Verordnung abzuändern beziehungsweise aufzuheben, was der Landeshauptmann nicht tat. Die Bundesregierung erhob daraufhin Ministeranklage beim Verfassungsgerichtshof und erhielt recht, regte allerdings an, der Verfassungsgerichtshof möge sich auf eine Feststellung der Rechtsverletzung beschränken. Es gab also keine Sanktionen gegenüber Wilfried Haslauer.

Die Anklage basierte auf einem Beschluß der Bundesregierung. Beschlußfassungen der Bundesregierung folgen dem Prinzip der Einstimmigkeit. Im konkreten Fall hieß das, daß auch die freiheitlichen Minister der Anklage gegen Haslauer zugestimmt hatten; sie hatten allerdings an der atmosphärischen Facette des Streitthemas zu kauen. So waren bürgerlich-liberale FP-Anhänger über die gerichtliche Verfolgung Haslauers entsetzt, die sie als Kniefall der Bundesregierung vor dem Gewerkschaftsbund interpretierten. Im Zusammenhang mit dem Donaukraftwerk Hainburg wurde aus der gleichen Ecke geargwöhnt, der ÖGB gebe der Bundesregierung die Richtung vor. Wenn dieser Argwohn durch die faktische Entwicklung auch seine Grundlage verlor, schien er dennoch im Bewußtsein der freiheitlichen Skeptiker bereits unauslöschlich verankert.

Das parteipolitisch Bedeutsame der Jahreswende 1985/86 war allerdings nicht nur die bürgerlich-liberale Skepsis gegenüber dem rot-blauen Regierungsbündnis, sondern vor allem der wachsende Angriffsgeist Haiders gegen Norbert Steger und die anderen von der Freiheitlichen Partei gestellten Minister. Haider bediente sich gerade der Themen Hainburg und Reder und nutzte sie als Kernpunkte, um seinen Parteikollegen in der Bundesregierung Schwäche und mangelnde Durchsetzungskraft vorzuwerfen. Daß Haider und seine Vasallen in der innerparteilichen Wühlarbeit diese ihre Vorwürfe noch mit der Ablehnung des von Peter und Steger ausgerufenen liberalen Kurses »würzten« und die von ihnen selber bevorzugte deutsch-nationale Linie in den Vordergrund rückten, ist angesichts der Entwicklung dieser Partei am und nach dem Innsbrucker Parteitag vom September 1986 keine Überraschung.

Ein Wahlkampf verändert Österreich

Das Jahr 1986 war nicht gerade arm an Ereignissen, besonders nicht aus sozialdemokratischer Sicht. Und ebensowenig von Erfolgserlebnissen für die SPÖ geprägt. Die Krise der Verstaatlichen Industrie saß festverwurzelt im Bewußtsein breiter Kreise der österreichischen Bevölkerung. Den Beschäftigten in den betroffenen Betrieben begann es zu dämmern, daß die für sicher gehaltenen Arbeitsplätze dies möglicherweise nicht waren. Die politische Agitation mehr contra als pro Sozialdemokratie lief auf Hochtouren. Je nach politischer oder beruflicher Position wurde die Ära Kreisky teils zurückbeschworen, teils als schuldig abgestempelt. »Der Staat kann nicht wirtschaften«, so hieß es völlig undifferenziert als vielgesungener Refrain konservativer Stammtischlieder. Wie immer man es dreht und wendet, politische Beurteilung ist nicht anlesbar, sie entsteht aus dem Erleben von Aktualitäten. Und so hatte die SPÖ ein Problem.

Im Juli 1986 sollte die zweite Amtsperiode Rudolf Kirchschlägers als österreichischer Bundespräsident zu Ende gehen. Eine neuerliche Kandidatur kam aufgrund der Gesetzeslage nicht mehr in Frage. Die Sozialistische Partei nominierte den Wiener Arzt Kurt Steyrer als ihren Kandidaten für das höchste Amt im Staat. Er war von Kreisky im Jänner 1981 in das Amt des Bundesministers für Gesundheit und Umweltschutz berufen worden und folgte Herbert Salcher nach, der seinerseits als Finanzminister in die Himmelpfortgasse wechselte. Die ÖVP schickte Kurt Waldheim ins Rennen.

Waldheim, Karrierediplomat, war in der Regierung des Bundeskanzlers Josef Klaus von 1968 bis 1970 österreichischer

Außenminister und von 1971 bis 1981 Generalsekretär der Vereinten Nationen gewesen. Daß ein Österreicher die Spitze der Weltorganisation erklimmen konnte, tat einem Land, dessen Bewohner immer seine Kleinheit betonen, damit aber auch kokettieren, besonders wohl. Die Vereinten Nationen haben bei den Österreichern emotional keinen besonderen Stellenwert, nicht im Guten, nicht im Schlechten. Ein verflossener *Kronenzeitungs*-Spaltenfabulierer widmete der Organisation regelmäßig ein paar Schmährufe, wie man eben jemanden beschimpft, den die anderen auch nicht besonders leiden können, ohne Risiko also. Als weltweite Krisenfeuerwehr genießt das Haus am New Yorker East River keinen unbedingt positiven Ruf. Das ist ebenso real wie unfair, denn eine internationale Organisation ist nicht stärker, als die tonangebenden Mitgliedstaaten das wollen. Und in vielen Fällen wollten sie eben nicht. Einzelne, wie die USA, erlauben sich jahrelang sogar das Fehlverhalten, ihre Mitgliedsbeiträge einfach nicht zu bezahlen und dort dennoch das große Wort zu führen und ihre politische Macht einzusetzen. Zahlreiche Teilorganisationen der Vereinten Nationen leisten auf den Gebieten Erziehung, Flüchtlings- und Entwicklungshilfe und so weiter besonders nützliche Arbeit, viele Hunderte »Blauhelme« sind als Sicherheitskräfte in Krisenzonen im Einsatz. Eine Präsenz, die ein viel größeres Spektrum abdeckt als das im engen Sinn militärische. So geschehen etwa im Wirkungsbereich der österreichischen Kräfte im Kongo, in Zypern und auf den Golanhöhen.

Mögen die Österreicher also 1971 und danach viel, durchschnittlich, wenig oder gar nichts von den Vereinten Nationen gehalten haben, die Wahl eines Österreichers an die Spitze der Weltorganisation gefiel den meisten allemal. Am besten sicherlich Bruno Kreisky, der mit der Nominierung des Österreichers Waldheim einen österreich- und weltweit anerkannten Erfolg heimbrachte.

Rudolf Kirchschlägers Amtsvorgänger Karl Renner, Theodor Körner, Adolf Schärf und Franz Jonas waren ausgewiesene

Sozialisten (dem Usus folgend, hatten sie ihre Parteimitgliedschaft nach der Wahl zurückgelegt). Mit Kirchschläger entschloß sich die SPÖ auf Vorschlag Kreiskys erstmals für einen Kandidaten, der keiner politischen Partei angehörte, sich allerdings in den von Kreisky geführten Regierungen als Außenminister hohes Ansehen erworben und aus seiner Zeit als Beamter des Außenministeriums, insbesondere als Gesandter in Prag 1968, einen hervorragenden Ruf ins politische Amt mitgebracht hatte. Diese Anmerkung ist deshalb von Bedeutung, weil die ÖVP vom Beginn der Wahlwerbung für Waldheim an dessen Ingredienzien – also erfahrener Diplomat, Außenminister, hoher internationaler Beamter – ins Treffen führte und damit eine Analogie zum beliebten und geachteten Kirchschläger aufzubauen versuchte. Nicht ohne Erfolg. Die Meinungsumfragen belegten eine gute Startposition für den ehemaligen Generalsekretär der Vereinten Nationen. Waldheim konnte als Präsidentschaftswahlkämpfer auf eine gewisse Routine verweisen, hatte er sich doch schon einmal, nämlich 1971, für das höchste Amt im Staat beworben; damals war er Franz Jonas unterlegen.

Daß der Präsidentschaftswahlkampf nicht den früheren Ablaufmustern entsprach, ist zunächst auf Waldheim zurückzuführen. Er hatte ein Erinnerungsbuch veröffentlicht, in dem es einige weiße Flecken gab; er hatte vergessen oder es (bewußt?) unterlassen, über seine Tätigkeit als Offizier der deutschen Wehrmacht auf dem Balkan in den Jahren 1942/43 zu berichten. Dieser Umstand führte zu einer Vielzahl an offenen Fragen, die in kürzester Zeit eine außerordentlich aufgeregte und gereizte politische Stimmung im Land schufen.

Fred Sinowatz hatte es weder angeordnet noch in anderer Weise zu einer Strategie erhoben, die Wehrmachtsvergangenheit Waldheims als Wahlkampfthema einzusetzen. Trotzdem wurde es das, sowohl aus Eigendynamik als auch deshalb, weil sich sozialdemokratische Funktionäre seiner bedienten. Waldheim selber entwickelte beachtliche Ungeschicklichkeit, aber auch sichtbaren Unwillen, den Vorwurf aus der Welt zu schaffen.

So manche Landsleute fanden keinen Gefallen an den An-schuldigungen gegen den ÖVP-Kandidaten, er habe ein wenig herzeigbares Kapitel seiner Lebensgeschichte in der NS-Zeit in seinen Erinnerungen »vergessen«. Die Kriegsgeneration, sofern sie nicht gegenüber dem Hitler-Regime politisch sehr gefestigt war, sah derartige Vorwürfe nie gern, weil sie dahinter eine pauschale Verurteilung vermutete. Und die meisten Parteigän-ger Waldheims, erst recht seine Wahlkampfstrategen, klagten, hier werde ein angesehener österreichischer Diplomat unge-recht behandelt. Der Aufschrei, die Sozialisten würden »Verna-derungspolitik« betreiben, noch dazu mit Hilfe ihrer Kontakte im Ausland, konnte nicht ausbleiben, wurde publikumswirk-sam in so manchen Medien untergebracht und von diesen weitergetragen. Die Mobilisierungskraft österreichischer Sozial-demokraten im Ausland gegen österreichische Mitbewerber ist eine weitverbreitete und fast unausrottbare Legende. Nicht nur im Fall Waldheim, auch im Februar 2000 anläßlich der Bildung einer Bundesregierung aus FPÖ und ÖVP wurde sie wieder mit rechts von der Mitte geschlagenem cholerischem Schaum be-schworen.

Zahlreiche Vereinigungen, darunter jüdische Organisationen in verschiedenen Ländern, allen voran in den USA, bezogen gegen Waldheim Stellung. In Österreich schien das seine Wahl-chancen zu beflügeln. Unverhohlen warben seine Unterstützer mit der Parole »Jetzt erst recht«, weil Ausländer es gewagt hat-ten, Waldheims angenommenen und von ihm nicht überzeu-gend widerlegten rechten Hintergrund zu kritisieren. »Right or wrong, an Austrian candidate«, ist man versucht, in Abwand-lung eines britischen Worts anzunehmen. Waldheim gewann denn auch die Präsidentschaftswahl im zweiten Wahlgang; im ersten Anlauf im Mai 1986 hatte er 49,6 Prozent der Stimmen erzielt und war damit vor Kurt Steyrer, der von den Grünen nominierten Freda Meissner-Blau und dem von der FPÖ nicht offiziell unterstützten Freiheitlichen Otto Scrinzi gelegen.

Die Wunden, die der Präsidentschaftswahlkampf in der politischen Landschaft Österreichs geschlagen hatte, vernarbten lange nicht. Von den ausländischen Stimmen, die gegen den ÖVP-Kandidaten Stellung bezogen hatten, blieb den Österreichern der Jüdische Weltkongreß am stärksten in Erinnerung. Seine Repräsentanten Edgar Bronfman, Israel Singer und Elan Steinberg prägten sich dem (Kurzzeit-) Gedächtnis vieler Landsleute als düstere Drahtzieher ein. Die Wahlkampfbetreuer Waldheims, allen voran der damalige Generalsekretär der ÖVP, Michael Graff, sprachen oft von »den gewissen Kreisen«, die ausgezogen seien, die Kür des ehemaligen UNO-Generalsekretärs zum österreichischen Bundespräsidenten zu verhindern. In Pamphleten deutschnationaler und sonstiger rechter Gruppen und Grüppchen standen selbstverständlich wieder die »amerikanische Ostküste« und das »Weltjudentum« am Pranger. Die *Kronenzeitung* trug die Graffsche Wahlkampflinie bereitwillig in ihre Leserschaft hinein. Es bewahrheitete sich die häufig erlebte Tatsache, daß eine Agitation vom Ausland aus gegen einen heimischen politischen Bewerber diesem in der österreichischen Bevölkerung mehr Zustimmung als Ablehnung beziehungsweise mehr Zustimmung als vorher einbringt, vor allem, wenn diese Meinungsäußerungen aus jüdischen Quellen stammen. Ich persönlich halte das für schauderhaft, kann die Realität aber nicht bestreiten.

Für Kurt Steyrer war die Wahlauseinandersetzung von Beginn an unter keinem besonders günstigen Stern gestanden. Waldheim lag in den Meinungsumfragen von Anfang an voran und konnte seinen Vorsprung bis zum Wahltag ausbauen. Er profitierte von der Aura des Berufsdiplomaten und hohen internationalen Beamten. Von den Niederungen der Innenpolitik sich fernzuhalten fiel ihm leicht, weil diesbezüglich ohnehin niemand Erwartungen in ihn setzte. Ein aktiver Bundespräsident wolle er werden, sagte er im Wahlkampf.

Steyrer hatte erst nach dem Beschluß der Partei über seine Kandidatur sein Amt als Gesundheits- und Umweltminister zurückgelegt, war also noch voll im innenpolitischen Geschäft.

Er wurde als Mitglied der Bundesregierung »gecheckt«, um ein Wort aus dem Eishockey zu entlehnen. Von der Verstaatlichten Industrie bis zu gesicherten Pensionen reichte die Bandbreite der ihm in kritischen Diskussionen gestellten Themen. Und aus der Ecke der Grünbewegten – wer ist heute nicht für eine saubere Umwelt? – wurde Steyrer ebenfalls mit Attacken eingedeckt. Niemand kam auf die Idee, von Waldheim auf solche Fragen Antworten zu erwarten.

Kreisky ließ sich zu Beginn der Wahlauseinandersetzung nicht gegen Waldheim vernehmen, der ja seine eigene »Erfindung« als Generalsekretär der Vereinten Nationen gewesen war. Daß Kurt Steyrer seine Wahl als Kandidat für die Hofburg gewesen wäre, habe ich aufgrund später mit ihm geführter Gespräche Anlaß zu bezweifeln. Er selber hatte jedes Ansinnen, für das höchste Amt im Staat anzutreten, abgelehnt, ließ sich jedoch von recht klaren Vorstellungen leiten, wie »der da drüben« beschaffen sein müßte. Nach einigen Wochen Wahlkampfdauer befürwortete er nach außen hin vorbehaltlos die Nominierung Steyrers durch seine Partei.

Das SPÖ-Wahlkampfmanagement setzte auf die große Zahl der Auftritte Steyrers. Dafür sprach einiges, vor allem das sympathische und ehrliche Erscheinungsbild des Kandidaten; dagegen standen freilich dessen nicht endlos verfügbare physische und psychische Ressourcen. Steyrer sollte ja Bundespräsident und nicht Marathonmann werden. Aus diesem Grund und aus anderen Gründen gibt mir die damalige Wahlkampfführung der SPÖ bis heute einige Rätsel auf. Plakattexte wie (sinngemäß) »In Zeiten wie diesen – keine unnötigen Fragen stellen« fanden bei politisch Interessierten viel Aufmerksamkeit, vorzugsweise in der Variante der Parodie. Dem Kandidaten halfen sie selbstverständlich nicht, um es zurückhaltend zu formulieren.

Als man nach dem ersten Wahlgang wußte, daß man an Kampfkraft würde zulegen müssen, suchten einige Bruno Kreisky auf, um sich Rat zu holen. Ob die dann eingeschlagene Linie wirklich auf seiner Empfehlung basiert, weiß ich nicht.

Jedenfalls instrumentalisierte man Steyrer als den großen Abgeber von Zusagen und Garantien, etwa für Arbeitsplatzsicherheit in der Verstaatlichten Industrie. Das mußte zwangsläufig die falsche Botschaft sein. Der Bundespräsident hat auf die operative Politik einer Bundesregierung keinen Einfluß. Jeder Angestellte, jeder Arbeiter weiß das. Viel mehr aber fielen die katastrophalen Entwicklungen eines so maßgeblichen Teils der österreichischen Industrie wie eben des Eisen- und Stahlbereichs in den Jahren 1985 und 1986 ins Gewicht. Die Strategie des »Ich garantiere alles« war rettungslos verfehlt. Es war auch nicht anständig Steyrer gegenüber, ihn in all das hineinzuhetzen.

Ich war damals noch Finanzminister und wurde für Wahlkampfveranstaltungen eingeteilt. Ich warb gerne für Steyrer, weil mich seine nüchterne Einstellung gegenüber so manchen hochfliegenden politischen Seifenblasen für ihn einnahm und weil ich seine menschlichen Qualitäten schätzen lernte und bis heute schätze. In einer ruhigen Stunde fragte ich ihn einmal, warum er sich so ohne weiteres in die verfehlte Wahlstrategie einspannen ließ. Seine Antwort lautete sinngemäß: Wenn man einmal in dem Getümmel steckt, hat man gar keine Zeit mehr, das Programmatische kritisch zu durchdenken. Man übernimmt einfach die organisatorischen Vorschläge. Als jemand, der selber dann in der Zukunft viele Wahlkämpfe zu schlagen hatte, muß ich ihm jedenfalls in einem recht geben: In der Hektik der Wahlauseinandersetzung liegt das Risiko, daß das Organisatorische teilweise zum Inhaltlichen wird. So richtete mir einmal ein erboster Funktionär aus: »Im Nachbarbezirk bist du gewesen, in unserem nicht. Das ist eines Spitzenkandidaten nicht würdig. Viele unserer Leute verstehen das nicht. Im Wahlverhalten wird sich das auswirken.« Dieses Risiko gilt es zu erkennen, um ein anderes, noch viel schwerwiegenderes zu bewältigen: das Verwaschen, das Untergehen der eigenen Persönlichkeit, die sich in einer solchen Körper- und Nervenschlacht total exponiert und entweder siegreich überlebt oder wie der erledigte Fisch mit dem Bauch nach oben dahintreibt.

Steyrer schloß unser nachdenkliches Gespräch mit der Bemerkung, er sei eben auch ein Mensch mit ererbter Parteidisziplin. Daß er mir ausgerechnet an dieser Stelle riet, seine Fehler nicht zu wiederholen, wird manche Leute amüsieren.

Wien I, Ballhausplatz 2

Waldheims Wahl und Amtsantritt zeitigten unmittelbare Wirkungen, zunächst im Inland, bald darauf auch im Ausland. Die gravierendste Änderung in Österreich bestand darin, daß Bundeskanzler Sinowatz sich zum Rücktritt entschloß und mir antrug, an seiner Stelle Regierungschef zu werden. Außenminister Leopold Gratz gab ebenfalls bekannt, aus dem Amt scheiden zu wollen. Er hatte sich im Präsidentschaftswahlkampf eindeutig und um Österreichs Stellenwert in der Welt zutiefst besorgt gegen die Wahl Waldheims engagiert und hielt es aufgrund dessen für ausgeschlossen, im Ministeramt zu verbleiben und von diesem Bundespräsidenten auf die Verfassung angelobt zu werden. Gratz' Entscheidung bedeutete viel mehr als einen personenbezogenen Reflex. Sein Stil, das Außenministerium zu führen, hatte weithin Anerkennung gefunden, nicht nur bei den ausländischen Gesprächs- und Verhandlungspartnern, sondern auch im Ressort selber, in dem Gratz die über Jahrzehnte beachtete Balance der Weltanschauungen der ihm anvertrauten Diplomaten vernünftig fortsetzte. Sein Nachfolger Peter Jankowitsch tat es ihm gleich. Mit dem Einzug Mocks ins Außenministerium Anfang 1987 verkam diese Ausgewogenheit zur historischen Kategorie.

War schon meine Berufung zum Finanzminister im September 1984 unter unüblichen Umständen vor sich gegangen, so konfrontierte mich nun Sinowatz' Antrag mit einer Reihe von Fragen, auf die es Antworten zu finden galt. Als ich 1984 aus der Österreichischen Länderbank in die Himmelpfortgasse gewechselt war, hatte ich mir noch ab und zu gesagt, für einen Absolventen der Hochschule für Welthandel gebe es doch kaum ein höheres Ziel als den Vorstandsvorsitz in einer großen Aktiengesellschaft, mit all den Begleiterscheinungen wie Position und Einfluß in der Wirtschaft und einem hohen persönlichen Einkommen. Auf dem Weg ins Ministerium gingen solche Gedankenabrisse verloren, weil ich ihnen kein Gehör mehr schenkte. Schenken durfte.

Als dann das Angebot des Kanzlers kam, in das Haus am Ballhausplatz als Chef einzuziehen, war von späteren Karrieren außerhalb der Politik in meiner Vorstellungswelt nichts mehr zu spüren. Viele andere Gedanken übernahmen die Herrschaft und führten mich vor die Alternative: »Entweder mit Haut und Haar oder gar nicht.« Ich verbannte das »gar nicht« ins Nirgendwo. Dies war Ergebnis meiner eigenen, höchstpersönlichen Entscheidung. Mit wem, außer meiner Familie und den allernächsten persönlichen Freunden, hätte ich mich beraten sollen? Meine Frau war ohnehin darauf eingestellt, mit mir, wie wir es oft scherzhaft beschrieben, auch nach Timbuktu zu gehen. Die heranwachsenden Kinder hätten für eine langwierige Herumfragerei ebenso kein Verständnis gehabt wie dafür, daß ein potentieller Bundeskanzler sich ausgerechnet aufgrund ihres Vetos entschlossen hätte, dies nicht zu werden. Das sogenannte politische Umfeld zu befragen, hätte geheißen, leere Kilometer zurückzulegen. Ehrlich oder unehrlich, wer sagt einem bereits designierten Regierungschef, daß er ihm abrät? Die wenigen mir bekannten Leute, die das gesagt hätten, befragte ich nicht. Nicht weil ich mich vor ihrem allenfalls ablehnenden Zuruf gefürchtet hätte, sondern weil ich aufgrund vorher gemachter Erfahrungen auf ihre Meinung ohnehin nichts gab.

Politisch viel gravierender war ein anderer Gedankengang. Renommierte Sozialdemokraten und gute persönliche Freunde wie Fred Sinowatz und Leopold Gratz hatten es für sich ausgeschlossen, während der Amtszeit eines Bundespräsidenten Waldheim einer österreichischen Bundesregierung anzugehören, aus Gründen, die ihnen viele Österreicher abnahmen, ja die sie geradezu billigten. Ausgerechnet ich, dessen tiefe Aversion gegen alles in die Nähe der unseligen Zeit zwischen 1938 und 1945 Gerückte allgemein bekannt war, sollte dies womöglich ignorieren oder bagatellisieren? Anders ausgedrückt: Die aufrechten Roten ziehen sich zurück, und ich finde nichts daran, als Bundeskanzler zur Verfügung zu stehen?

Ich höre schon die Stimmen im Hintergrund: Was sollen diese Skrupel und Bedenken? Das Amt des Bundeskanzlers ist in seiner Machtfülle so attraktiv, man nimmt es einfach an, alles andere ist Koketterie. So einfach war es für mich nicht, auch aus einem anderen Grund. Ich hatte weniger als zwei Jahre im Finanzministerium amtiert. Die als ehrenvoll angesehene »Ochsentour« in der Partei hatte ich nicht absolviert; überdies hatte mir meine berufliche Tätigkeit als Chef einer Großbank das Epitheton »Banker« eingetragen, ein in unserer Partei nicht nur schmückendes.

Drei Gründe waren letztlich für meine Zusage ausschlaggebend. Erstens die vom Parteivorsitzenden Sinowatz an mich herangetragene und in der Partei schon festgemachte Stabübergabe. Zweitens die Herausforderung, die ich angesichts der erwachenden »Gipfelhoffnung« der Mock-ÖVP zu spüren vermeinte. Und last but not least das eigene Selbstwertgefühl, in einer schwierigen Situation bestehen zu können.

Die weiteren Stationen sind schnell aufgezählt. Sinowatz holte die Zustimmung von Parteipräsidium und Parteivorstand zur Nachfolgeregelung ein, ohne wesentliche Probleme oder Widerstände. Er verblieb im Amt des Parteivorsitzenden. Herbert Moritz und Günter Haiden zogen sich aus dem Unterrichts- beziehungsweise aus dem Landwirtschaftsministerium zurück. Ich stand also gleich zu Beginn vor der Aufgabe, die Regierung umbilden zu müssen. Ich berief den Diplomaten und langjährigen Kreisky-Berater Peter Jankowitsch zum Außen-, die Bildungs- und Kultursprecherin der SPÖ, Hilde Hawlicek, zur Unterrichtsministerin und Erich Schmidt zum Landwirtschaftsminister. Das Landwirtschaftsressort war zu dieser Zeit stark sozialpartnerschaftlich geprägt. Es gab noch Preisregelungen,

Absatzförderungen und andere staatliche Unterstützungen für das Agrarwesen, die nach dem Beitritt Österreichs zur Europäischen Union verschwanden. Vorher jedoch spielten sie eine erhebliche Rolle für jeden Landwirtschaftsminister. Schmidt, der zuvor Leitender Sekretär des ÖGB und danach Staatssekretär im Wirtschaftsministerium gewesen war, brachte für diese Position viele Voraussetzungen mit.

Am bewegtesten sollte sich die Suche nach meinem eigenen Nachfolger in der Himmelpfortgasse gestalten. Ich wollte von der ersten Stunde an Ferdinand Lacina als Finanzminister, er wollte das überhaupt nicht. Lacina war beruflich in der Wiener Arbeiterkammer in der Umgebung von Josef Staribacher, Eduard März, Maria Szejci, Philipp Rieger, Oskar Grünwald, Günter Chalupek, um nur einige zu nennen, groß geworden. Im April 1980 hatte ihn Kreisky in sein Kabinett geholt; davor war er Abteilungsleiter in der Holdinggesellschaft der Verstaatlichten Industrie ÖIAG (Österreichische Industrieverwaltungsaktiengesellschaft) gewesen. Im November 1982 wurde Lacina Staatssekretär für die Verstaatlichte Industrie, im September 1984 berief ihn Sinowatz zum Bundesminister für Verkehr (ab Jänner 1985 Bundesminister für öffentliche Wirtschaft und Verkehr). Als solcher hatte er die ungeheure Last des VOEST-Debakels mit der Intertrading-Katastrophe und des Merx-Fehlschlags im Bereich der Chemie Linz zu schultern. Wenig verwunderlich, daß es ihm zum Aufhören zumute war. Mit Hilfe von Freunden, darunter Sinowatz und Benya, gelang das Umstimmen Schritt für Schritt, aber noch nicht endgültig. Denn, so eröffnete er mir eines Tages, mit dem Vorstandsvorsitzenden der Creditanstalt, Androsch, könne er so ohne weiteres nicht. Das beruhe außerdem seiner Einschätzung nach auf Gegenseitigkeit.

Ich lud beide zu einem Mittagessen in meine Wohnung ein, mit der festen Absicht, diese Meinungsverschiedenheiten auszuräumen, durch die ich mich in meiner politischen Arbeit nicht aufhalten lassen wollte. Es kam zu einer zivil geführten Aufrechnung aus der Vergangenheit stammender Differenzen.

Lacina hatte als Student, wie bereits berichtet, die Borodajke-wycz-Affäre ins Rollen gebracht; Androsch wiederum hatte vor Jahren sinngemäß gesagt, die Aufregung um den Professor sei überzogen gewesen. Daran schlossen sich Dispute der damals jungen Sozialisten, die bis an das Ohr des Parteivorsitzenden Bruno Pittermann drangen, der seinerseits die Sache ernst nahm. So wurde das Thema laut Androsch unnötig lang am Leben gehalten.

Am Ende galt die Sache als beigelegt. Ob sie es wirklich war, bezweifle ich, doch zerbrach ich mir darüber nicht mehr den Kopf. Mir war die Zustimmung Lacinas, Finanzminister zu werden, wichtiger als die immer wiederkehrenden Seelennöte eines verflossenen Ressortchefs.

Ferdinand Lacina erfüllte dann in all den Jahren, die er im Winterpalais des Prinzen Eugen das Amt führte, meine Erwartungen hervorragend. Er leitete das Ressort mit großer Umsicht und brachte immer wieder seine ordnende Hand in die übergreifenden Zusammenhänge der Wirtschafts-, Währungs- und Finanzpolitik ein. Für sein Verhandlungsgeschick, das er auch in fremden Sprachen einsetzen kann, erntete er hohe Achtung im In- und Ausland. Im Jänner 1993 wurde er mit dem Award »Finanzminister des Jahres« ausgezeichnet. Der überzeugte Integrationspolitiker Lacina spielte bei den entscheidenden und abschließenden Beitrittsverhandlungen in Brüssel im März 1994 die Schlüsselrolle schlechthin.

Obwohl die Mitte der achtziger Jahre der österreichischen innenpolitischen Szene jede Menge an Turbulenzen bescherte und sie mit tagespolitischen Aufregungen in Beschlag nahm, war trotzdem laufend strukturpolitisch orientierte Politik zu machen, insbesondere auf dem Gebiet der Wirtschaft. Verstaatlichte Industrie, Fiskalpolitik, Infrastrukturpolitik seien als Stichwörter hervorgehoben. Noch strahlte der Glanz der Sozialpartnerschaft. Niemand tastete das Zweigestirn Benya – Sallinger an. Die Betonung liegt auf dem Wort »noch«. So vieles war in

Bewegung geraten, das zu neu, zu anders, zu ungewohnt war. Auch für die Politik.

Ich habe mich immer wieder und nicht nur pro forma um ein gutes und geordnetes Verhältnis zu den Sozialpartnern bemüht und halte das auch im Rückblick für richtig. Das darf aber nicht darüber hinwegtäuschen, daß deren aus den sechziger und siebziger Jahren überlieferte Kapazität zur Lösung gravierender Wirtschafts- und Sozialprobleme in den achtziger und vor allem neunziger Jahren im Schwinden war. Manche verstanden die Welt nicht mehr. Waren nicht Hundertschaften aus allen Teilen Europas in unser Land gepilgert, um dieses Erfolgssystem zu studieren? Warum verlor das ehemalige Vorzeigemodell im eigenen Land an Attraktivität? Dazu gibt es einige Erklärungen. Die Sozialpartnerschaft alter Prägung lebte im System der geschlossenen Märkte mit hoher Regulierungsdichte. Die Widerhaken des internationalen Wettbewerbs konnten hier nicht verfangen. Preisregelungen und kollektivvertragliche Lohnabschlüsse standen miteinander in Zusammenhang. In dem Maß, in dem die Liberalisierung der Märkte und der Abbau von Regulierungen von außen – durch die Welthandelsorganisation WTO (früher GATT), durch die EU – auf das heimische System einwirkten, konnten die ehemaligen Erfolgsmechanismen nicht mehr funktionieren. Aus ihrem Grundverständnis und nicht zuletzt aus der Existenzlogik heraus mußten die beiden Sozialpartnerparteien SPÖ und ÖVP die Modernisierung des Landes und seiner Systeme auf ihre Fahnen heften. Da ihre Vorstellungen von Modernisierung mit denen der sozialpartnerschaftlichen Politik der Interessenwahrung für ihre Mitglieder nicht immer konform gingen, kam es zu Divergenzen. Überdies war es nicht mehr selbstverständlich, daß die jeweilige politische Partei und die »dazugehörige« sozialpartnerschaftliche Organisation dieselbe Position vertraten. Doch in den Reihen der Volkspartei war niemand bereit, das Denkmal Rudolf Sallinger in Frage zu stellen, ebenso wie die Sozialdemokraten in echter Verehrung Anton Benya gegenüberstanden (den ich nicht nur wegen seiner staatsmännischen Statur und seiner unverbrüchlichen Loyalität nicht vergessen werde).

Im Lauf der Zeit äußerten einzelne Fachgewerkschaften, die Frauenorganisation des Gewerkschaftsbundes und einige dem ÖGB und den Arbeiterkammern zuarbeitende Experten Kritik an Maßnahmen, die ich für die Modernisierung des Landes als unumgänglich bezeichnet und in die Tat umgesetzt hatte. Diese kritischen Bemerkungen zielten auf die Budgetpolitik im allgemeinen, auf Sozial-, Agrar- und Steuerpolitik und andere Bereiche im besonderen. Die meisten dieser Vorbehalte wurden dann vorgebracht, wenn die von mir vertretenen Maßnahmen die internationalen Wettbewerbsbedingungen oder die ehemals dogmatische Fixierung der SPÖ auf die hundertprozentige Verstaatlichung der österreichischen Großindustrie betrafen. So trug ich in meinen fast allmonatlichen Auftritten bei der sozialdemokratischen Fraktion im ÖGB mit den Gewerkschaftern häufig unterschiedliche Standpunkte aus. Fast immer landeten wir bei vernünftigen Ergebnissen. Der Mitkämpfer und Autor vieler Vorhaben, Ferdinand Lacina, stand noch mehr an der Front als ich. Nicht unwahrscheinlich, daß in seinem Fall der Ton der Auseinandersetzung härter war als in der Diskussion mit mir.

Lacina und ich hatten in allen wesentlichen wirtschafts- und finanzpolitischen Reformschritten dort, wo das relevant war, den sozialen Ausgleich an die Spitze des politischen Konzepts gestellt, insbesondere dann und dort, wo die Frage der Verteilung des volkswirtschaftlichen Ertrags angesprochen war. Verteilungsgerechtigkeit wird freilich subjektiv beurteilt, die ökonometrisch untermauerten Analysen der Experten werden nicht eins zu eins in die eigene Überzeugung eingebaut. Das liegt in der Natur des eigenen politischen Standpunkts. Innerhalb dieser nicht geringen Bandbreite verlief die politische Diskussion, wobei die Symbolwirkung nicht außer Betracht bleiben darf. In diese Kategorie fiel etwa die von uns durchgeführte Abschaffung der Gewerbe- und der Vermögenssteuer, war dies doch in keinem sozialdemokratischen Pflichtenheft vermerkt.

Lacinas Argumentation, starke und leistungsfähige Unternehmen seien auch im Interesse der Belegschaften, wurde von so manchen in der ÖGB-Fraktion nicht »gekauft«. Das kontrastierte mit dem Etikett, das er von anderen verliehen bekam, ein »Linker« zu sein. Wie auch immer, der Haussegen zwischen den Gewerkschaften und Lacina hing nicht selten schief. Bei seinem Abgang aus der Politik, etliche Jahre später, sollte das nicht ohne Bedeutung sein.

Zurück zur Regierungsumbildung des Jahres 1986. Nach dem vereinbarten Wechsel Lacinas vom Verkehrsministerium in das Finanzressort gewann ich Rudolf Streicher als neuen Bundesminister für öffentliche Wirtschaft und Verkehr. Streicher, graduiert und habilitiert an der Montanuniversität in Leoben, hatte sein berufliches Leben in der österreichischen Industrie verbracht und viele Zwischenstufen vom Werkzeugmacherlehrling in der VOEST bis zum Generaldirektor der AMAG (Austria Metall AG) durchlaufen, ehe er den Vorstandsvorsitz der Steyr-Daimler-Puch AG erklomm. Das Curriculum belegt die idealen Voraussetzungen, die Streicher für einen Ressortchef mitbrachte. Mit der ihm eigenen Dynamik ging er sein Geschäft an.

Bei den Freiheitlichen hatte es ebenfalls eine Änderung gegeben: Als Spätfolge der Reder-Affäre verließ, wie erwähnt, Friedhelm Frischenschlager das Verteidigungsministerium, wechselte zurück ins Parlament und folgte dort Friedrich Peter als Klubobmann. Auf Vorschlag der FPÖ berief ich Helmut Krünes, ehemaliges Vorstandsmitglied der Firma Wienerberger, zum Verteidigungsminister.

Am 16. Juni 1986 nahm Bundespräsident Rudolf Kirchschläger die Angelobung des ersten von mir gebildeten Kabinetts vor. Er hatte nur noch einige Wochen in der Hofburg zu amtieren; sein Nachfolger Waldheim war bereits gewählt. Dem Usus entsprechend, bot ich anläßlich seines Amtsantritts am 8. Juli die Demission der Bundesregierung an, die er selbstverständlich ablehnte.

156

Das Ende eines Versuchs

Die freiheitlichen Regierungsmitglieder, im besonderen Vizekanzler Norbert Steger, sahen sich, wie erwähnt, zunehmend mit kritischen und aggressiven Wortmeldungen aus den eigenen Reihen konfrontiert. Eindeutige Speerspitze dieser Attacken war der Kärntner Landespolitiker Jörg Haider. Vor diesem unruhig gewordenen innerparteilichen Hintergrund begaben sich die Koalitionspartner zu ihrem Parteitag nach Innsbruck, der für das Wochenende um den 13. September 1986 anberaumt war. Steger und Haider als Herausforderer wollten sich um die Funktion des Parteiobmanns bewerben.

Am Donnerstag davor erreichte mich ein telefonischer Anruf Haiders. Er werde, so meinte er, am kommenden Wochenende Parteiobmann der FPÖ werden und stelle die Frage, ob »wir zwei Dynamischen dann eh gemeinsam weitermachen«. Ich meinte, ich hätte ein aufrechtes Regierungsbündnis mit Steger und hielte es für schlechthin ausgeschlossen, hinter dessen Rücken respektive überhaupt mit jemand anderem eine solche Vereinbarung zu treffen. »Selbstverständlich, selbstverständlich, diese Einstellung ehrt Sie sehr«, gab Haider zurück. Angeblich teilte er am Parteitag in Innsbruck ein oder zwei Tage später mit, er habe bezüglich seiner Vizekanzlerschaft mit mir schon alles geregelt.

Ich erlebte den Parteitag der Freiheitlichen nicht nur als Medienkonsument, sondern sehr unmittelbar durch regelmäßige telefonische Berichte Stegers. Es liegt auf der Hand, daß ich im höchsten Grad an den Vorgängen und Entscheidungen in Innsbruck interessiert war, nicht nur weil im Duell Steger gegen Haider meine Sympathie eindeutig Steger galt, sondern auch

157

weil ich erst knapp drei Monate zuvor das Amt des Bundeskanzlers einer Koalitionsregierung und damit ja auch ein vernünftiges politisches Konzept meiner Vorgänger übernommen hatte. Wenn durch eine veränderte personelle Konstellation die Fortsetzung dieses politischen Konzepts beeinträchtigt oder mir gar unmöglich gemacht wurde, dann stand ich vor einer völlig neuen Situation.

Intensive Gedankenarbeit war also angesagt an diesem Wochenende im September 1986. Die Anrufe Stegers wurden immer häufiger. Ich rührte mich zu Hause nicht vom Telefon weg. Weder durfte ich eine wichtige Mitteilung versäumen noch Steger die Sicherheit nehmen, daß ich ihm stets zur Verfügung stand. Dieser Mann und seine ihn begleitende Frau hatten in einer Veranstaltung ihrer eigenen Partei ein veritables Stahlbad oder Fegefeuer, welcher Vergleich auch immer zutreffen mag, zu durchlaufen. Zu den offenen Anpöbelungen und Respektlosigkeiten kam die Verhaltensweise jener, die wenige Stunden vorher noch als Getreue gegolten hatten. Offensichtlich war auch Stegers Traum ausgeträumt, aus einem rechtslastigen, antisemitischen (an Stegers Ohren drang in Innsbruck der schmeichelhafte Zuruf »Saujud«) und deutschtümelnden Konglomerat eine liberale Partei westeuropäischen Zuschnitts zu formen (wieder einmal ein in Österreich fehlgeschlagener liberaler Anlauf).

Die Stunden schleppten sich dahin. »Es wird nicht großartig, aber die Zweidrittelmehrheit steht«, lautete Stegers telefonische Botschaft. »Sechzig Prozent«, eine Stunde später. »Ein hoher Fünfziger«, beim nächsten Mal. »Ich weiß nicht, wieviel genau, aber an der Mehrheit gibt es keinen Zweifel.« Norbert Steger erhielt 37,5 Prozent der Delegiertenstimmen. Haider war neuer Parteiobmann und wurde auf den Schultern seiner Vasallen durch den Saal getragen.

Sonntag, 14. September 1986. Der Vizekanzler sitzt mir in meiner Wiener Wohnung gegenüber. Gebrochen. Verspottet. Wahrscheinlich auch unsicher über mein Verhalten. Werde ich mit der FPÖ weitermachen? Erhofft oder befürchtet er es? Viel-

158

leicht von jedem etwas. Der Variante Haider als Vizekanzler kann er nichts abgewinnen. Wir vereinbaren, am nächsten Tag zu einer Besprechung der Lage zusammenzutreffen. Allein geblieben, erwäge ich noch einmal alle Pro und Contra und komme zu dem Entschluß: Mit Haider kann ich keine österreichische Bundesregierung bilden. Ich nehme Kontakt mit Fred Sinowatz, Heinz Fischer, Anton Benya, Leopold Gratz auf, vorher aber noch mit Bruno Kreisky. Kreisky, Konstrukteur des Naheverhältnisses zwischen SPÖ und FPÖ, hat Verständnis. Sein einziger, nicht unerwarteter Einwurf: »Dann mußt du aber mit der ÖVP zusammengehen.« Ja, das werde ich müssen.

Ich bitte eine spätabendliche Gesprächsrunde zu mir. Die Bestürzung über das Innsbrucker Ergebnis ist groß. Einige meinen, wir – die SP-Regierungsfraktion – hätten Steger und seinen Mannen mehr Bewegungsspielraum, mehr Erfolgserlebnisse zugestehen müssen, um seine Argumentation gegen Haider zu stärken. Die Debatte darüber bleibt stecken. Kein einziger votiert für eine Beibehaltung der Regierung mit einem Parteiobmann Haider. Für einige in der Sozialpartnerschaft arbeitende Freunde kommt meine Entscheidung wie eine Erleichterung.

Mehr als ein Jahrzehnt nach dem Bruch der Kleinen Koalition bemerkte ein mir nicht näher bekannter Gesprächspartner beiläufig, namhafte Sozialdemokraten wie etwa Anton Benya und der frühere Kärntner Landeshauptmann Leopold Wagner hätten die Fortsetzung des Regierungsbündnisses auch mit der von Haider geführten FPÖ befürwortet und meinen Entschluß des Auseinandergehens mißbilligt. Tatsächlich wurde ich auf ein Buch von Gerhard Seifried und Heimo Toefferl mit dem Titel »Drei Genossen« aufmerksam, erschienen 1997, also in jenem Jahr, in dem ich mich aus dem Amt des Bundeskanzlers zurückzog. Dieses Buch enthält umfangreiche Interviews mit Erwin Frühbauer, Verkehrsminister 1970 bis 1973, mit Rudolf Gallob, von 1970 bis 1988 Landesrat in Kärnten, und mit Leopold Wagner, Landeshauptmann von Kärnten 1974 bis 1988. Wagner berichtet in dem Buch im Originalton über das eine oder andere Gespräch über Haider: »... ich mag dem nicht auf die Zehen steigen, weil den Fehler hat ja unser Kanzler (Vranitzky, Anm. d. A.) gemacht. Weil wenn der Benya, der Kreisky, der Gratz, der Blecha, ich, der Marsch, und alle sagen: wir setzen die Koalition mit ihm (Haider, Anm. d. A.) fort, dann hat der Kanzler das zu machen gehabt. Weil wissen Sie, was dann passiert wäre? Wir hätten uns das alles erspart, was da stattfindet. Er wäre ins Parlament gekommen als Vizekanzler und hätte die ÖVP zusammengedroschen, daß es nur so raucht. Weil ich weiß das ja, wir haben mit ihm eine Koalition zur Veränderung der Landwirtschaftskammer gemacht, wie der mit der ÖVP Schlitten gefahren ist. Und er hätte bei der darauffolgenden Wahl vier Prozent mehr als Steger gehabt, aber er wäre kontrollierbar geblieben. Weil ja die ÖVP ihn bis aufs Messer bekämpfen hätte müssen. So spielt sie heute, jetzt ist er schon zehn Jahre Obmann, noch immer mit dem Gedanken, man könnte mit ihm auch. Obwohl ich gesagt habe, damals draußen, und der Kreisky und alle: länger als zwei Jahre geht das natürlich nicht. Dann muß man einen Absprung finden. Weil in vier Jahren wird er dann anfangen, selber auf Distanz zu gehen und mit dem Wechselspiel der Kräfte anfangen. Aber zunächst wird er berauscht sein von dem, was aus ihm geworden ist ...«

Ich gehe auf die Ausführungen Wagners nicht ein, merke aber nachdrücklich an, nicht Kreisky, nicht einer der anderen genannten sozialdemokratischen Funktionäre und auch nicht Wagner selber haben sich im Lauf der Jahre ein einziges Mal mir gegenüber ähnlich geäußert, wie es bei Seifried/Toefferl wiedergegeben ist. Sollten also Vorbehalte gegen die Beendigung der Zusammenarbeit mit der FPÖ vorhanden gewesen sein, dann haben die Apostrophierten ihre Auffassungen vor mir verborgen und herzliche Freundschaftsbezeugungen an ihre Stelle gesetzt. Leopold Wagner eingeschlossen.

Die Aufkündigung des Regierungsbündnisses führte unweigerlich – ein sogenannter fliegender Koalitionswechsel war undenkbar – zur Abhaltung einer vorverlegten Nationalratswahl.

160

Im Frühjahr 1987 wäre der nächste Urnengang ohnehin fällig gewesen. Für die vorgezogene Wahl wurde der 23. November 1986 festgelegt.

Montag, 15. September 1986. Ich hatte die freiheitlichen Regierungsmitglieder und Haider zu einer Aussprache ins Bundeskanzleramt eingeladen und eröffnete ihnen dort, daß ich unter ihrer neuen Parteiführung die Koalition aus meiner Sicht für nicht mehr möglich hielte und sie daher beenden wolle. Zu groß seien die Auffassungsunterschiede zwischen Haider und mir in grundsätzlichen politischen Fragen.

Es kam zu keiner erwähnenswerten Debatte über das Warum und Weshalb. Meine Einstellung zum neuen Parteiobmann war offensichtlich bekannt genug. Es galt nur abzuhandeln, wie die Zeit bis zur Nationalratswahl zu überbrücken war. Nach der Abwägung einiger Varianten kamen wir überein, die personelle Zusammensetzung der Bundesregierung bis zur Novemberwahl unverändert beizubehalten.

In einem Interview für das »Mittagsjournal« des Hörfunks gab ich unmittelbar nach der Unterredung mit den Freiheitlichen meine Entscheidung der Öffentlichkeit bekannt. Ein politischer Versuch, Sozialdemokraten und Freiheitliche als gemeinsame Gegenspieler zur christlich-sozialen, konservativen Volkspartei aufzustellen, war beendet. Ich beendete ihn, weil ich – dies weder entschuldigend noch ungebührlich selbstbewußt – der sicheren Überzeugung war, einen österreichischen Politiker und seine Partei, die sich nicht hundertprozentig und klar gegenüber der Zeit von 1938 bis 1945 abgegrenzt hatten, nicht in eine österreichische Bundesregierung aufnehmen zu dürfen. Manche könnten einwenden: In deiner eigenen Partei gab es Personen, die in dieser Angelegenheit selber nicht so »wasserdicht« waren. Einverstanden. Aber: Hätte ich dies durch opportunistische Vergeßlichkeit bestätigen sollen? Meine Antwort war jedenfalls ein Nein. Oder es mußte ein anderer machen. Der zeigte sich nicht.

Der Wahlkampf 1986 war eröffnet. Auch wenn nach dem Ende der Zusammenarbeit mit der Freiheitlichen Partei theoretisch eine Koalition in anderer Zusammensetzung hätte gebildet werden können, entsprach nach den erheblichen Veränderungen im Staat die Neuwahl des Nationalrats der demokratiepolitischen Logik. Das galt im übrigen auch konkret für meine Person. Ich war im Juni 1986 österreichischer Bundeskanzler geworden, ohne vorher bei einer allgemeinen Wahl Kandidat gewesen zu sein. Das Amt war mir von einem Vorgänger übertragen worden, der sich zwar viele Male um ein politisches Mandat beworben hatte, jedoch selbst ebenfalls nicht Spitzenkandidat seiner Partei war, ehe er Bundeskanzler wurde. (Bei der Wahl 1983 führte noch Bruno Kreisky die SPÖ-Kandidatenliste an.) Die Vorverlegung der Nationalratswahl auf November 1986 war nicht Bestandteil einer langfristig geplanten politischen Strategie, trotzdem kam sie mir insofern nicht ungelegen, als ich keinesfalls den Vorwurf riskieren wollte, eine längere Zeit hindurch Regierungschef ohne eigentlichen Wählerauftrag zu sein.

Da nur so wenig Zeit zur Verfügung stand und es an einer vorbereiteten Wahlstrategie mangelte, bedurfte es hochkonzentrierter Anstrengungen meiner selber, meiner Mitarbeiter und jener Personen, die in der einen oder anderen Form in die Wahlvorbereitung einbezogen waren. Obwohl sich da und dort die unvermeidliche Hektik dazugesellte, gelang es, eine funktionierende und recht gut koordinierte Maschinerie aufzubauen. Karl Krammer und Gerhard Zeiler sorgten unermüdlich für die Kontakte zu den Medien, Günther Sallaberger organisierte und koordinierte meine Wahlkampfauftritte. Er wechselte sich mit Karl Schlögl als Begleiter auf den langen Fahrten durch die Bundesländer ab, an denen jeweils auch ein Kabinettsmitarbeiter oder eine -mitarbeiterin teilnahm. Die damit verbundene Kleinarbeit in einem Wahlkampf kann nicht genug gewürdigt werden. Abgesehen davon, daß die Wahlveranstaltungen fast ausnahmslos zu Zeiten stattfinden, die für andere Menschen

Freizeit sind, also in den Abendstunden an Wochentagen und an den Wochenenden ganztags, ist Wahlkampfbegleitung eine Tätigkeit, die höchste Konzentration erfordert. Tage zuvor müssen mit den lokalen Parteifunktionären alle organisatorischen, ablauftechnischen und politischen Einzelheiten geklärt werden. Es darf kein wichtiges politisches Thema der betreffenden Region oder der jeweiligen Gemeinde geben, über das der wahlwerbende Kandidat nicht Bescheid weiß oder eine nicht mit den befreundeten lokalen Politikern abgestimmte Meinung vertritt. Neben dem Spitzenkandidaten muß auch die für ihr eigenes Mandat in der Region wahlwerbende Person in geeigneter Form zur Geltung kommen. Sie spricht meist unmittelbar vor dem Spitzenkandidaten. Wenn dieses Aufeinander-Eingehen gut funktioniert, ergibt sich eine ideale Kombination, die weit über den unmittelbaren Anlaß hinaus Bestand hat. Mich verband mit dem allergrößten Teil der sozialdemokratischen Abgeordneten arbeitsmäßig wie auch persönlich ein sehr gutes Verhältnis, das sich nicht zuletzt auf gemeinsame Auftritte in der Heimat der Mandatare und in der Folge auf die Rückkoppelung im parlamentarischen Geschehen gründete.

Trotz des Intensiveinsatzes bei Wahlveranstaltungen gab es in diesen Herbstwochen 1986 auch andere mit einer Nationalratswahl verbundene Aktivitäten zu erledigen. Die Landesparteiorganisationen hatten die Listen ihrer Kandidaten zu erstellen und zu beschließen. Ein kurzfristig einberufener Bundesparteirat hieß danach die gesamte Kandidatenliste und damit auch den Spitzenkandidaten gut. Die Nominierung der Kandidaten beruht auf dem Bundesländerprinzip; der Wohnort beziehungsweise das Wirkungsgebiet ist ausschlaggebend dafür, auf der Liste welchen Bundeslandes jemand aufscheint. Von diesem Prinzip ausgenommen sind allerdings Politiker und Politikerinnen, deren aktueller oder künftiger Wirkungsbereich keinem bestimmten Bundesland zugeordnet werden kann. Das können Mitglieder der Bundesregierung sein, sofern sie sich um ein Nationalratsmandat bewerben, der Nationalratspräsident, der

Präsident des Gewerkschaftsbundes oder ein Bundesgeschäftsführer, damals Zentralsekretär genannt. Da eine Kandidatur aber nur auf der Liste eines Bundeslandes möglich ist, müssen für diesen Personenkreis gesonderte parteiinterne Regelungen, sogenannte zentrale Notwendigkeiten, getroffen werden. 1986 wie auch bei späteren Wahlgängen kandidierte ich auf den Landeslisten Wiens und Niederösterreichs, 1990 auf den Listen aller Bundesländer, weil ich einen Vorzugsstimmenwahlkampf führte. Wenn also ein Wähler meinen Namen in den Stimmzettel eintrug, sicherte das der Partei die abgegebene Stimme, auch wenn sie selber nicht angekreuzt wurde. Genießt der Spitzenkandidat Ansehen und Popularität in der Partei, dann setzen ihn die Landesparteien gern an die Spitze ihrer Kandidatenliste. Sollte sich allerdings keine Landesorganisation finden, die das tun möchte, dann sollte sich die betreffende Person ernsthaft Gedanken darüber machen, ob sie überhaupt antreten will.

Konzeptive Arbeit war mir und meinen engsten Mitarbeitern während dieser Herbsttage 1986 fast nur in den Nachtstunden möglich. Untertags war die Betriebsamkeit, in den ersten Vormittagsstunden die Müdigkeit einfach zu groß. Zu den vielen Wahlveranstaltungen kamen noch die Fototermine und die Sitzungen, in denen geplante Postwurfsendungen und Plakatentwürfe zu prüfen und Entscheidungen über sie zu fällen waren. Über all den anstrengenden Stunden und Tagen lag eine ungemein positive Einstellung aller Mitarbeiter und Helfer. Die Meinungsumfragen verhießen alles andere als einen glänzenden Wahlsieg, eher ein Abrutschen auf den zweiten Platz hinter der ÖVP und den durchaus möglichen Gang in die Opposition. Ich kann nicht einmal präzise darlegen, warum uns diese Aussichten wenig beirrten. War es Trotz? War es der Siegeswille des Underdogs? Oder wurde der belastende Gedanke, das Kanzleramt zu verlieren, bloß verdrängt? Wahrscheinlich hat jeder dieser Aspekte eine Rolle gespielt und den Feuereifer des Teams stets neu entfacht. Zusätzlich zu den schon Genannten sorgte Max Kothbauer für nie versiegenden Optimismus, hielt Hannes

Sereinig mit viel Übersicht das Backoffice in Ruhe und Ordnung und sah Eva Nowotny dazu, daß es selbst in der ärgsten Terminnot auch noch Außenpolitik gab. Michael Prassé und Pedro Kramreiter schossen unermüdlich die Fotos, derer es offenbar nie genug geben konnte, Hans Schmid war Geist und Körper der gesamten Werbung.

Es mußte eine Art von Präsenzlawine in Gang gesetzt werden, um den Kurzzeitbundeskanzler, der vorher noch nie gewählt worden war, dem Publikum näherzubringen. Hunderte Wahlveranstaltungen, Zeitungs-, Radio-, Fernsehinterviews und die von mir so besonders »geschätzten« Fototermine nahmen mich zwölf, manchmal vierzehn Stunden und länger pro Tag in Anspruch. Die Wahlkampfparolen und Plakattexte waren auf allgemeine wirtschafts- und sozialpolitische Inhalte angelegt, und zwar so, daß sie mein Generalmotto »Wir nehmen einen Modernisierungsschub vor« verdeutlichten. Ebenso aber auch auf nachträgliche Schockmilderung nach den Versprechungswellen im Präsidentschaftswahlkampf. »Ich verspreche nichts, was ich nicht halten kann« war aus der Situation heraus geboren, aus der Warte des politischen Weitblicks natürlich nicht gerade anspruchsvoll.

Ein begeisterndes Phänomen konnte ich zum ersten Mal erleben, das sich in späteren Jahren mehrfach wiederholen sollte: Diese geschundene Partei, die wegen Hainburg und Verstaatlichtenfiasko und anderer Kalamitäten verspotteten und ausgelachten Funktionäre und Mitarbeiter waren zur Stelle. Ernst Högers niederösterreichische Partei machte mit einer großen Konferenz in Stockerau den Anfang, und alle Landesorganisationen folgten in der einen oder anderen Art und Weise. Günther Sallaberger gab die Zügel vierundzwanzig Stunden am Tag nicht aus der Hand. Alle halfen, den oft erhobenen Vorwurf zu widerlegen, der sogenannte Parteiapparat sei träge. Meiner Erfahrung nach läuft er zu guter Form auf, wenn der Ernst der Lage deutlich wird, wenn man seinen Mitarbeitern Wertschätzung vermittelt und selbst persönlichen Einsatz vorweist.

Die Karten der ÖVP für die Nationalratswahl waren gut. Die Bundespräsidentenwahl war gewonnen. Der Parteivorsitzende der SPÖ hatte das Amt des Bundeskanzlers zurückgelegt. Das politische Konzept der Kleinen Koalition war gescheitert und wurde von den Kommentatoren auch so beschrieben. Und schließlich lag die »unendliche Geschichte« Verstaatlichte Industrie den Wählern und Anhängern der SPÖ schwer im Magen. Konsequenterweise sah sich die Volkspartei in den Meinungsumfragen an der Spitze. Parteichef Alois Mock konnte für sich reklamieren, 1983 die absolute Mehrheit der SPÖ gebrochen und 1986 das Amt des Bundespräsidenten erstmals für einen VP-Mann gewonnen zu haben. Mit diesen Erfolgen und den guten Umfragewerten im Rücken ließ sich die Novemberwahl für die ÖVP schon einigermaßen selbstsicher angehen. Und das tat Mock auch. Er warb ununterbrochen für eine »andere Politik«, ohne sich akribisch auf Details einzulassen, was das sein würde.

Die immer besser auf Touren kommende Wahlkampfmaschine der SPÖ bewirkte allerdings, daß die Meinungsforscher nicht mehr ausschlossen, wir würden die Mandatsmehrheit behalten. Der ÖVP dürften zwei Fehler passiert sein. Erstens gaben sich ihre Repräsentanten schon im Vorfeld als Sieger. Löst Überheblichkeit Optimismus ab, dann ist das immer schlecht. Zweitens mißglückte ihrem Obmann Mock eine Fernsehdiskussion gegen Ende des Wahlkampfs gründlich. Für längere Fernsehauftritte wird man vom Fachpersonal des ORF geschminkt, man erhält, wie es heißt, eine Maske. Mock machte von dieser Dienstleistung der stets sehr freundlichen Maskendamen, seltener -herren, keinen Gebrauch, sondern erschien bereits mit Maske, die etwas »zu stark gelungen« war. Sehr aufgesetzt und mechanisch legte er dann auch seine Gesprächsführung an, wie die meisten Kommentatoren am nächsten Tag schrieben. Ich konnte mich glücklich fühlen, bessere Zensuren zu erhalten. Die *Kronenzeitung*, besonders ungern auf der Seite von Verlierern, schwenkte langsam, aber merklich weg von Mock.

Das Wahlergebnis war objektiv schlimm. Die SPÖ büßte zehn Mandate ein und kam auf 43,12 Prozent und achtzig Mandate. Das waren aber immerhin noch um drei mehr als die Mandate der ÖVP (77 beziehungsweise 41,29 Prozent). Nach den fürchterlichen Erlebnissen der Sozialdemokraten in den Jahren 1985 und 1986 zwar alles andere als eine Erfolgsstory, aber eine Art von befreitem Aufatmen.

Für Alois Mock war dieser Wahlausgang eine bittere Pille, wie er am Wahlabend vor laufenden Fernsehkameras nicht zu verbergen vermochte. Der Freiheitlichen Partei, erstmals mit Haider als Spitzenkandidat, gelang ein mächtiger Sprung: Sie legte um 4,75 Prozentpunkte zu (von 4,98 Prozent 1983 auf 9,73 Prozent) und verbesserte ihren Mandatsstand von zwölf auf achtzehn. Die Grünen erhielten 4,82 Prozent und acht Mandate.

Bundespräsident Waldheim beauftragte mich als den Vertreter der mandatsstärksten Partei mit der Bildung der nächsten Bundesregierung. Ich nahm Verhandlungen mit der Volkspartei auf und einigte mich mit Parteiobmann Mock auf ein Regierungsprogramm und die Ressortaufteilung. Mein Verhandlungsergebnis wurde vom mitverhandelnden Parteivorsitzenden Sinowatz, von Parteipräsidium und Parteivorstand gutgeheißen. Am 21. Jänner 1987, weniger als zwei Monate nach der Nationalratswahl, wurde die Regierung angelobt.

Die Koalitionsverhandlungen waren hart gewesen und – man bedenke ein vorangegangenes, sechzehn Jahre währendes Regierungs-/Oppositionsverhältnis – über weite Strecken von recht langwierigen Positionskämpfen beherrscht. Vieles Ausgesprochene und nicht Ausgesprochene mag dazu beigetragen haben. Zunächst saß der Langzeitpolitiker Mock jemandem gegenüber, den abzulösen er recht zuversichtlich gewesen war. Die Enttäuschung über den Fehlschlag war nicht verwunden. Überdies wurde nie der These widersprochen, Mock habe in Wirklichkeit die Situation nutzen wollen, um mit den Freiheitlichen eine Regierung zu bilden und damit sehr wohl die Kanzlerposition einzunehmen. In der Parteiführung der Volkspartei sei er damit nicht durchgekommen, hieß es. Auch dem wurde nie widersprochen. Wie Waldheim darauf reagiert hätte, weiß ich nicht. Wirklichen Widerstand hätte er Mock kaum entgegengesetzt. Konkrete politische Positionen einzunehmen, gehörte nicht zu seinen Vorlieben. Vermutlich hätte er jede Regierung angelobt, die sich ihm angeboten und eine Mehrheit im Parlament gehabt hätte.

Schließlich verliefen die Verhandlungen mit Mock auch deshalb so zäh, weil er zu den Führungsleuten in der ÖVP mit der ausgeprägtesten antisozialistischen Einstellung gehörte. Selten wurde eine getroffene Vereinbarung von den Mock-Leuten öffentlich als Kompromiß dargestellt, fast immer als ein Sieg. So etwas macht den Verhandlungspartner für die nächste Auseinandersetzung nicht gerade geschmeidiger, wollte doch keiner als der dastehen, der seine Position aufgeben mußte.

Mein Bericht über die Regierungsverhandlungen Ende 1986/Anfang 1987 wäre nicht vollständig, würde ich ein wichtiges SP-Internum übergehen. Bruno Kreisky hatte – wie schon berichtet – gegen die Auflösung der SP/FP-Regierung nicht opponiert. Er nahm an einer großen Wahlauftaktkonferenz in der Wiener Stadthalle teil, die übrigens neben der politischen Bedeutung auch Klatschspaltenberühmtheit erlangte und eine Fotoinflation auslöste. Sallaberger hatte zur Programmauflockerung eine international bekannte Sängerin und Bühnenschönheit engagiert. Sie bat Sinowatz, Sallaberger und mich auf die Bühne und lud uns zu einer etwas extravaganten Tanznummer ein, wie sie vielleicht in einem Pariser Varieté als passend empfunden worden wäre; in einer Wahlveranstaltung der SPÖ in Wien-Fünfhaus jedoch stieß sie eher auf skeptisches Erstaunen und gemischte Reaktionen. Einige Funktionäre waren etwas aufgeregt. Der Ruhigste war Kreisky. Erstens, sagte er zu mir, »is die eh ganz liab«, und zweitens war's harmlos.

Die Wahl war längst vorbei, die Koalitionsverhandlungen zogen sich. Daß Mock Vizekanzler werden sollte, war unbestritten, welches Fachressort er gleichzeitig betreuen sollte, war jedoch nicht von Anfang an klar. Unterrichtsminister war er unter Kanzler Klaus schon gewesen. Dies wäre wieder eine Option für ihn, sagte er mir; das Außenministerium würde ihn ebenfalls sehr interessieren. Ich versuchte Mock das Unterrichtsministerium schmackhaft zu machen, und zwar mit dem eigentlich altruistischen Gedanken, als Parteiobmann käme ihm ein »inneres« Ministerium gelegener als das Außenministerium, das naturgemäß rege Reisetätigkeit mit sich bringt. Er wolle sich das überlegen, so Mock.

Nicht gerechnet hatte ich mit Angehörigen der eigenen Riege, die zu Kreisky liefen und ihn warnten: »Der Vranitzky gibt das Außenministerium her!« Ob diese Anstiftung notwendig war oder nicht, lasse ich dahingestellt. Kreisky ließ sich jedenfalls sofort in der Öffentlichkeit vernehmen, Mock sei völlig ungeeignet, das Außenamt zu führen, im allgemeinen und in Kombination mit Waldheim als Bundespräsident im besonderen. Angesichts solcher Kreiskyschen Schmeicheleinheiten kam für Mock natürlich gar nichts anderes mehr in Frage, als Außenminister zu werden. Parteivorsitzender Sinowatz stand zu mir. Kreisky legte den Ehrenvorsitz in der SPÖ zurück und hatte bis auf weiteres kein gutes Wort mehr für mich übrig. Keine angenehme Situation. Ich hatte mich allerdings auch noch um viele andere Dinge zu kümmern.

Viele Staatsbürger begrüßten die Rückkehr zur Regierungskonstellation SPÖ–ÖVP; trotzdem mußte ich erhebliche Anstrengungen unternehmen, um nicht Erinnerungen und negative Erwartungen zu wecken, die die interessierte Öffentlichkeit mit der alten Großen Koalition zwischen 1945 und 1966 assoziierte. Diese Erinnerungen bezogen sich hauptsächlich auf den Proporz als Grundlage der Postenbesetzungen – meist wurde der dramatischere Begriff Postenschacher verwendet – in Ämtern, in den Schulen und in der öffentlichen Wirtschaft. Die Erinnerungen bezogen sich allerdings auch auf Entwicklungsstillstand in vielen Bereichen und auf eine ablehnende Einstellung gegenüber freier und offener künstlerischer Betätigung. Insbesondere dieser Vorbehalt geht auch auf die Zeit der Alleinregierung der Volkspartei von 1966 bis 1970 zurück. Die »Achtundsechziger« waren noch in wacher Erinnerung.

Gegen die Vorbehalte und Ängste, es würde nun wieder ein unbeweglicher, verstaubter Moloch mit bequemer Verfassungsmehrheit im Parlament Österreich – je nach Sprachtemperament der Kritiker – in Geiselhaft nehmen oder einschläfern, kam mir mein Trommeln im Wahlkampf, wir planten einen »Modernisierungsschub für Österreich«, im nachhinein zugute. In der Zeit, in der ich dieses Buch schreibe, werkt mit Wolfgang Schüssel ein VP-Kanzler in seinem vierten Amtsjahr am Ballhausplatz. Er wird nicht müde, die Periode der Regierung, der er lange Jahre selbst angehörte, als eine Zeit der nur langsamen Weiterentwicklung oder gar des Stillstands zu diskreditieren. Ich übergehe seine Absicht, sich selber zu vermarkten; sie ist Teil der Politik und des Politikers. Im Kern der Sache hat er vollkommen unrecht. Zwei Parteien, die einander länger als zwei Jahrzehnte in ausgeprägter Gegnerschaft gegenüberstanden, die besonders in der Kreisky-Zeit bis ins Persönliche reichende politische Gefechte austrugen, verständigten sich auf einen gemeinsamen Weg in einer bewegten Gegenwart und in eine unsichere Zukunft. Man braucht nur die Indikatoren heranzuziehen, nach denen politisches Handeln beurteilt wird, und kommt zum Ergebnis einer insgesamt interessanten und erfolgreichen Periode für Österreich, im materiell-ökonomischen wie im immateriellen Bereich des Geistigen, des Künstlerischen und der Wertschätzung innerhalb der Völkergemeinschaft. Es steht außer Frage, daß die Gemeinsamkeit nur durch immensen persönlichen Einsatz herzustellen und abzusichern war. Ich komme gelegentlich erst im Rückblick zu der Erkenntnis, daß ich die mühevollen, oft nicht enden wollenden Runden, um mit dem Koalitionspartner Lösungen zu erreichen, mit der Freude des Zuversichtlichen gedreht habe.

Es ist unmöglich, hier Arbeitsprogramme und -übereinkommen der jeweiligen Bundesregierungen, denen ich vorstand, wiederzugeben. Einige Schwerpunkte mögen als Anhaltspunkte dafür dienen, wohin die Reise ging.

Das Wahlrecht wurde mit einem neuen Element des Persönlichkeitswahlrechts angereichert. Die Bestimmungen bezüglich Volksbegehren wurden überarbeitet, die Volksbefragung eingeführt. Wir stellten die Prüfung der Kapitalmarktfähigkeit der Verstaatlichten Industrie außer Streit und gaben den Startschuß für das Projekt einer großen Steuerreform. Wir entwickelten das Gleichbehandlungsrecht weiter, schufen die Voraussetzung für das tatsächliche Wirken der Volksgruppenbeiräte und arbeiteten ein modernes Jugendgerichtsgesetz aus. Was mir darüber hinaus und zusätzlich zu reibungslosen Abläufen der Regierungsarbeit wichtig war, war die intensive Teilnahme am Prozeß der europäischen Integration, 1987 noch im Kontakt mit den EFTA-Partnern.

In meiner Regierungserklärung sagte ich: »Die neue Partnerschaft ist eine auf Zeit eingegangene Zusammenarbeit. Niemand glaubt doch, daß SPÖ und ÖVP auf diese Weise verschmelzen werden. Sie werden sich beim nächsten Wahlgang wieder als eigenständige Parteien dem Wähler präsentieren. Ihre Tradition, ihre lang zurückreichende Geschichte, ihre tiefe Verwurzelung in der österreichischen Gesellschaft sind die Garanten dafür, daß der für eine Koalition notwendige Pragmatismus kein blutleer wird. Beide Parteien sind diese Koalition in der Überzeugung eingegangen, daß die in einem unsicheren internationalen Umfeld auf uns wartenden Herausforderungen der Zukunft nur gemeinsam bewältigt werden können. ÖVP und SPÖ sehen daher in dieser Bundesregierung nicht den kleinsten gemeinsamen Nenner ihrer Überzeugungen, sondern die Zusammenführung zweier großer Potentiale an Ideen und Durchsetzungskraft im Interesse unseres Landes.«

Ausgegrenzt?

Die parlamentarische Unterstützung der SPÖ durch die Freiheitlichen im Jahr 1970 war der Beginn einer sozialdemokratisch-liberalen Weggemeinschaft gewesen, die bis zum September 1986 dauerte und sich im großen und ganzen auch bewährte. Die Freiheitliche Partei setzte ihr mit der Wahl Haiders zum Parteiobmann und mit der Hinwendung von einer liberalen zu einer populistisch-rechtsorientierten Grundausrichtung ein Ende. Man mag einwenden – und einige tun das bis heute –, die SPÖ hätte 1986 die Koalition mit der FPÖ fortsetzen können oder sollen, auch mit einem Parteiobmann Haider. Als Begründungen für diesen Einwand werden meist eine Reihe von Behauptungen aufgestellt, auf die alle einzugehen sich für eine seriöse politische Auseinandersetzung nicht lohnt. Es sei lediglich herausgegriffen, daß die wenigen Kritiker meiner Entscheidung, das Regierungsbündnis mit der Haider-FPÖ aufzulösen, meinen, damit wäre der ÖVP unnötigerweise wieder der Eintritt in die Bundesregierung ermöglicht worden. Außerdem hätte eine Einbindung Haiders seinen aggressiven Oppositionskurs verhindert, und der beträchtliche Stimmenzuwachs der FPÖ bei den Wahlen der darauffolgenden Jahre wäre nicht eingetreten.

Ich leugne gar nicht, mir solche oder ähnliche Fragen selber auch immer wieder gestellt zu haben. Ohne überheblich sein zu wollen, komme ich allerdings zu dem Schluß, daß ich richtig gehandelt habe. Die SP/FP-Regierung erfreute sich keiner allzu großen Beliebtheit. Die Meinungsumfragen – auch wenn ich solche nie eins zu eins übernehme – arbeiteten das klar heraus. Die ÖVP, mit dem Sieg Waldheims im Rücken, war eindeutig im

Vormarsch. Ich hatte, als Bundeskanzler erst seit wenigen Monaten im Amt, die Führungsrolle meiner Partei und damit das Amt des Regierungschefs zu verteidigen. Der Vorwurf, der ÖVP den Weg in die Regierung geebnet zu haben, geht also ins Leere. Die Volkspartei hatte intakte Chancen, selber stärkste Partei und daher mit der Regierungsbildung betraut zu werden. Wie bereits erwähnt, war Mock ohnehin einer ÖVP-FPÖ-Regierung ziemlich zugetan. Die SPÖ hätte also ohne weiteres der »weinende Dritte« werden können. Das als kluge Politik zu bezeichnen, wird sich ja niemand vordrängen.

Ein Regierungsbündnis mit einer von Haider geführten FPÖ kam für mich grundsätzlich nicht in Frage. Allein seine in der Zeit der Kleinen Koalition zunehmend aggressiver werdenden Attacken gegen seine Parteifreunde in der Regierung offenbarten ein profund gestörtes Verhältnis zu Grundbegriffen der Loyalität. Seine oft sehr persönlichen Angriffe sollten in erster Linie Norbert Steger treffen, den er als Parteiobmann zu beerben die Absicht hatte. Er verursachte aber etwa auch dem Kärntner Arzt Mario Ferrari-Brunnenfeld mit seiner Distanzierung zur freiheitlichen Regierungsriege ungute Gefühle. Ferrari-Brunnenfeld, Staatssekretär im Gesundheitsministerium, war es gewesen, der dem Oberösterreicher Haider die Voraussetzungen geschaffen hatte, sich in der Kärntner FPÖ als künftiger Obmann zu etablieren. Last but not least nahm Haider den FP-Nestor und Begründer der freiheitlichen Zusammenarbeit mit der SPÖ, Friedrich Peter, aus seiner Aversion gegen die politische Linie der Partei nicht aus. Aus diesen immer wieder festgestellten Illoyalitäten – schließlich hatten ja Steger und seine Freunde ihre Strategie nicht als Geheimwissenschaft betrieben, sondern in der Partei thematisiert und mit ihr abgestimmt – war abzuleiten, daß es mit der Handschlagqualität Haiders nicht weit her sein konnte. Eine wesentliche Voraussetzung für ein politisches Bündnis war somit nicht gegeben.

Das andere prinzipielle Hindernis einer Zusammenarbeit in einer gemeinsamen Bundesregierung war (und wäre es bis heute) die politisch-weltanschauliche Positionierung Haiders. Ich habe es stets als müßig empfunden, mich damit auseinanderzusetzen, ob er ein Nazi ist oder nicht. Das Be- oder Widerlegen von Formeln bietet dem Betroffenen und seinen Anhängern zu viele Möglichkeiten, auszuweichen. Mein grundsätzlicher Vorbehalt gegen Haider ist in seiner Unfähigkeit begründet, sich vom Nationalsozialismus abzugrenzen, sich von ihm zu distanzieren, ihn als menschenverachtende Doktrin und Praxis zu verurteilen. Das ist von jedem Menschen zu verlangen, der die Grundelemente des Humanismus nicht negiert. Die Erfüllung dieses Verlangens ist Haider – wie er in all den Jahren seines Auftretens in der Öffentlichkeit bewiesen hat – nicht möglich, aus welchen Gründen immer. Einige Kommentatoren haben als eine Erklärung sein streng nationalsozialistisches Elternhaus und dessen Nah- oder Fernwirkung ins Treffen geführt. Von der Warte jemandes, der die Frage einer Regierungsbeteiligung Haiders zu prüfen und danach seine Entscheidung zu fällen hat, sind diese Erklärungsversuche ohne Bedeutung. Es zählt das Faktum. Und das Faktum ist, daß er immer wieder Erklärungen und Rechtfertigungen für die Politik der Nationalsozialisten parat hatte. Er fand Lobesworte für Leute, die überall sonst abgelehnt oder sogar gerichtlich verurteilt wurden. Weil er für dieses absurde Verhalten keine objektiven Kriterien anführen kann, verlegt er sich auf eine Art Gerechtigkeitsfanatismus zugunsten von Verfemten. Er geht großzügig darüber hinweg, daß die Verfemung ihre Ursache hat. Und wenn die Logik gar nichts anderes mehr zuläßt, müssen eben ungenannte linke Verschwörer als Schuldige herhalten.

Um Haiders eindeutige Positionierung zu belegen, bedarf es indes gar keiner »linken Verschwörung«, sondern bloß des Rückgriffs auf seine eigenen Formulierungen. So sprach er zum Beispiel am 30. September 1995 im kärntnerischen Krumpendorf vor Veteranen der Waffen-SS von deren »geistiger Überlegenheit«. Haider ist kein ungebildeter Mensch. Wenn er im österreichischen Nationalrat die Konzentrationslager Hitlerdeutschlands als Straflager apostrophierte, dann war das Vorsatz und kein Versprecher. Wenn er im Kärntner Landtag an der Beschäftigungspolitik im »Dritten Reich« Gutes entdeckte, muß er dies im Wissen darum getan haben, daß Hitlers Wirtschaftspolitik eine Vorbereitung auf einen Eroberungskrieg war, dem letztlich Millionen Menschen zum Opfer fielen. Es ging nicht mehr um Prognosen; diese Menschen waren alle schon tot.

In der SPÖ war der Rückhalt für meine Abgrenzung zur Haider-FP so gut wie einheitlich. Die ganz wenigen, die bereit gewesen wären, es »doch zu versuchen«, um so, wie sie sagten, der ÖVP »gegen den Wagen zu fahren«, waren eine verschwindende Minderheit. Sollten es mehr gewesen sein, dann haben sie es mir gegenüber verschwiegen. Allerdings: Wer von den Sozialdemokraten hätte sich schon mit den ewiggestrigen Reden Haiders identifizieren können, ohne in der interessierten Öffentlichkeit und in den eigenen Reihen selber Schaden zu nehmen? Ab und zu stand einer auf und fabulierte etwas von einem zusätzlichen Standbein für die SPÖ. Mit den »brutalen« Freiheitlichen gehe das nicht, sagten diese Leute, aber doch mit den anderen. Das sind Selbstverständlichkeiten. Ich hatte stets betont, daß die Vorbehalte gegenüber der Haider-FP gälten. Sollten sich die personellen Zusammensetzungen ändern und damit auch die politisch-inhaltliche Einstellung der FP, dann wäre die strikte Abgrenzung nicht mehr erforderlich.

Nach dem September 1986 ist das Wort von der »Ausgrenzung« zu einem geflügelten innenpolitischen Begriff geworden und hat sich selbständig gemacht. Meist wird es gegen mich eingesetzt. Obwohl die Erklärung einfach ist und ich mich in diesem Zusammenhang nicht zu verteidigen brauche, mir der »Vorwurf« im Gegenteil zur Ehre gereicht, seien einige Anmerkungen dazu eingeflochten.

Das Wort »Ausgrenzung«, sofern es ihn und seine Partei betraf, hat Haider in die politische Debatte eingebracht. Begrifflich ist es eher in sozial- und integrationspolitischen Angelegenheiten gängig. Im Grund ist der von Haider forcierte Begriff der wehleidige Ausdruck dessen, daß ich mit ihm keine Koalitionsregierung bilden mochte. Der zentrale Aspekt ist einfach damit zu umschreiben, daß meine Partei aus allen Nationalratswahlen, in denen ich Spitzenkandidat war, als Mehrheitspartei hervorging. Daraus folgt, daß ich vom jeweiligen Bundespräsidenten mit der Bildung der Bundesregierung betraut wurde. Ich habe dann nichts anderes unternommen, als von meinem Recht in der Demokratie Gebrauch gemacht, den Koalitionspartner auszuwählen, von dem ich mir eine gedeihliche Regierungszusammenarbeit versprach. Weder Demokratie noch Verfassung sehen einen Zwang vor, mit einer bestimmten Partei zu koalieren. Das Recht der Auswahl durch den mit der Regierungsbildung Beauftragten ist uneingeschränkt. Die Unterstützung einer neu gebildeten Regierung durch eine parlamentarische Mehrheit ist die wesentliche Voraussetzung dafür, daß diese Regierung arbeiten kann. Weil das so ist, kann sich keine Partei darüber beklagen, zur Teilnahme an einer Bundesregierung nicht eingeladen worden zu sein. Einige Leute verwiesen auf die taktische Variante, mit der Haider-FP gegen die Volkspartei zu arbeiten. Sie fügten hinzu, sie meinten es gut (mit wem eigentlich?). Mir fiel dazu immer das (wenn auch in anderem Zusammenhang geäußerte) Wort Gottfried Benns ein: Gut gemeint ist das Gegenteil von gut.

Wichtig war mir auch die Überlegung, wie das Ausland auf eine Regierungsbeteiligung der Haider-FP reagieren würde. Selbstverständlich bedeutet der Ausdruck Ausland keine homogene Begriffswelt, aber von Ausnahmen abgesehen – von den bekannten europäischen Rechtsaußenparteien bis hin zu Teilen der CSU – wollte keine maßgebliche politische Gruppierung mit der »Haiderei« in Zusammenhang gebracht werden. Schon gar nicht die deutschen Freien Demokraten. Die allermeisten lehnten den oberösterreichisch-kärntnerischen Demagogen von der ersten Minute seines international wahrnehmbaren Erscheinens an ab. Wie schon erwähnt sind Vorbehalte aus dem Ausland in Österreich meist Wachstumspillen für den kritisierten

Landsmann. In solchen Zusammenhängen wird dann oft gesagt, was das Ausland über uns denke, interessiere uns nicht. Eine solche Einstellung legt offenbar keinen Wert auf Ansehen und Reputation. In der Zeit der Internationalisierung und der Vernetzung der Systeme ist sie darüber hinaus ein fundamentaler Irrtum. Wenn wir mit immer mehr Menschen außerhalb unserer Grenzen Wirtschaftsaustausch pflegen, wenn wir reisen, Kunst und Kultur genießen, wenn wir auf der meinungsbildenden Bühne der Nationen nicht sprachlose Statisten sein wollen, dann kann es nicht gleichgültig sein, wie Völker anderer Länder und deren politische Repräsentanten über uns denken. Dumpfes Ignorieren der Meinungen aus vieler Herren Länder bleibt eben dumpfes Ignorieren, an sich schon ein Armutszeugnis.

Zu all den politischen, humanitären und kulturellen Hintergründen, die mir ein Zusammengehen mit den Haider-Freiheitlichen unmöglich erscheinen ließen, kam im Lauf der Zeit eine unerträgliche Facette der führenden Vertreter dieser Partei hinzu: Gerieten sie, wie so oft, bei politischen Diskussionen mangels Argumenten in Bedrängnis, dann entwickelten sie ein besonderes Geschick, ihre politischen Gegenspieler mit anzüglichen und diffamierenden Attacken einzudecken. Dies mit einer Rhetorik des sich selber nach vorn peitschenden Wortschwalls, der den Gesprächspartner durch die bloße Redemenge überrumpeln sollte. Haider selber hält außerdem einen ausreichenden Bestand an offenbar für die jeweilige Veranstaltung zusammengetragenen oder frei erfundenen Beschimpfungen und Verleumdungen vorrätig. Dieser Vorrat wird dann bei – oft bierseligen – Massenveranstaltungen eingesetzt. Mit Politik hat das alles ebensowenig zu tun wie mit den in Mitteleuropa üblichen Umgangsformen. So manchen scheint es zu gefallen, weil sie darin eine Auflehnung gegen den Staat, die Verbände und deren Repräsentanten erblicken; sie applaudieren dem, der sich »etwas traut«.

Der beträchtliche Stimmenzuwachs der Haider-FP in den Jahren der SP/VP-Koalition ist selbstverständlich ein Thema, über das ich nicht einfach zur Tagesordnung übergehen kann. Zunächst schicke ich voraus, daß Haider eine außerordentliche Begabung dafür besitzt, Stimmungen in der Bevölkerung zu erkennen und mit wachem Spürsinn für seine eigene Agitation verstärkend (wir haben doch viel zu viele Ausländer, die uns Arbeit, Geld und Wohnungen wegnehmen, und außerdem sind viele davon kriminell) oder abschwächend zu nutzen (die NS-Opfer sollen sich nicht so aufblasen, unsere Leute haben auch zu leiden gehabt; unter dem Sowjetkommunismus oder den Beneš-Dekreten oder den Avnoj-Regelungen). Die konkrete Konstellation einer Großen Koalition war von Vorteil für Haider und seine Partei. Wähler, die mit der Regierungsarbeit der SPÖ unzufrieden waren, und sich deshalb von der Partei abwandten, suchten nicht den Weg zur ÖVP, die saß ja in derselben Regierung. Analoges läßt sich von Wählern der ÖVP sagen, die ihrer Partei die Treue aufkündigten und sich in beachtlicher Anzahl für Haiders Freiheitliche Partei erwärmen konnten.

Der klassische politische Wettbewerb zwischen links und rechts, zwischen sozialdemokratisch und bürgerlich, zwischen arbeitnehmer- und unternehmerorientiert, zwischen Sozialismus und Kapitalismus hat im Verlauf der Zeit, als die Schäden des Zweiten Weltkriegs beseitigt, die Nöte der Nachkriegszeit bewältigt waren und sich die »Gesellschaft im Überfluß« (John K. Galbraith) ausbreiten konnte, an Schärfe verloren. Der Sieg der Marktwirtschaft über die Planungs- und Regulierungsmodelle hat vielen der früher gängigen politischen Etikettierungen den Anlaß entzogen. Fanden dann noch, wie in der österreichischen Realität, die klassischen Gegenspieler in einer gemeinsamen Regierung zusammen, dann bedeutete das eine weitere Abschwächung der traditionellen Auseinandersetzung. Nicht daß sie gänzlich erstorben wäre; sie war selbst in der abgeschwächten Form noch beträchtlich. Man muß an dieser Stelle allerdings hinzufügen, daß die breite Öffentlichkeit zu Recht nach einer Bundesregierung verlangt, die kooperiert und das nach außen auch klar zu erkennen gibt. Ohne Ambivalenzen ist eine solche Situation nicht. In Parteivorstandssitzungen der SPÖ konnte man Wortmeldungen hören wie: »Streitet nicht so viel mit der ÖVP. Das kommt nicht gut an«, aber auch: »Laßt euch von der ÖVP nicht so viel gefallen.« Diese Zurufe untermauern geradezu zwingend die Notwendigkeit des Kompromisses, der seiner Natur nach eben nicht die vollständige Durchsetzung des eigenen Standpunkts vorsieht. Das wiederum kann zu Anmerkungen führen wie: »Es ist kaum mehr ein Unterschied zwischen den zwei Regierungsparteien.«

Die Wahlerfolge der Haider-FP sind also nicht, wie manche das darzustellen versuchten, auf einen einzigen Umstand zurückzuführen. Die Große Koalition war der Rahmen, innerhalb dessen Haider sich profilieren konnte. Dazu kam, daß er sich über Einkommensregelungen hoher sozialdemokratischer Funktionäre Auskunft verschafft hatte und sie ans Tageslicht brachte. Analoge Einkommenshäufungen auf ÖVP-Seite blieben unterbelichtet und daher politisch bedeutungslos. Der spektakulärste Fall während meiner Amtszeit war jener von Alois Rechberger, Präsident der Arbeiterkammer Steiermark, Vorsitzender der SP-Fraktion in der steirischen Metallarbeitergewerkschaft, Zentralbetriebsratsobmann der Vereinigten Edelstahlwerke, Abgeordneter zum Nationalrat. Rechberger bezog aus all diesen Funktionen Einkünfte, die in ihrer Gesamtheit für einen sozialdemokratischen Arbeitnehmerpolitiker nicht vertretbar waren. Der Spitze der Bundespartei waren solche Regelungen nicht bekannt, obgleich wir dahinterkommen hätten müssen, hätten wir uns darum gekümmert. Ich selber wurde mit Rechbergers Einkommenskumulierung zum ersten Mal in einer Fernsehdiskussion mit Haider konfrontiert. Der FP-Obmann plazierte auf dem Gesprächstisch im Fernsehstudio kleine Papptafeln, von denen Rechbergers verschiedene Gehälter abzulesen waren. Ich konnte die Haidersche Attacke nur mühsam und mit wenig Erfolg abwehren, weil es nichts nützte, daß ich als Parteivorsitzender für Arbeiterkammer- und Firmengehälter nicht die geringste Zuständigkeit besaß. Der Fall Rechberger zog sich etliche

Monate hin und hatte erhebliche Konsequenzen für andere sozialdemokratische Interessenvertreter, nach deren Regelungen man sich selbstverständlich ebenfalls sofort erkundigte. Der Beiname »Skandalpartei« feierte eine neuerliche Auferstehung. Bundesgeschäftsführer Peter Marizzi bekam von mir den Auftrag, sofort ein Vierpunkteprogramm für die Gehälter der Mandatare auszuarbeiten, wobei es in erster Linie darum ging, die Entgeltlichkeit nur einer politischen Funktion – auch wenn der betreffende Mandatar mehrere ausübte – zum Prinzip zu machen. Das Grollen einiger in der Partei war unüberhörbar, die meisten allerdings hielten die Maßnahme für richtig und unumgänglich. Auch wenn nach einer gewissen Zeit die neue Regelung durchgesetzt war, stand fest, daß Haider mit seiner »Taferl«-Aktion im Fernsehen politisch gepunktet hatte.

Gepunktet hat er auch insbesondere dann, wenn er Spott und Beschimpfungen über politische Gegner ausgoß. Es gelang ihm, die Zustimmung derer zu gewinnen, die ihm für das Aufdecken wirklicher und vermeintlicher Privilegien der großkoalitionär und sozialpartnerschaftlich handelnden Personen politischen Kredit gaben. Die »Etablierten« fanden sich in einer nahezu permanenten Defensive. In der SPÖ griff zwar die Aktion Marizzis, bis eine solche von der breiten Öffentlichkeit aber zur Kenntnis genommen und auch geglaubt wird, vergehen Monate, wenn nicht Jahre.

Notorisch ist Haiders Agitation gegen alles, was aus dem Ausland kommt, seien es Ideen, seien es Menschen, sei es im Rahmen der europäischen Integration, sei es in anderen Politikbereichen. Haider und seine Helfer verbreiten die Auffassung, die Durchlässigkeit der nationalen Grenzen in Europa sei zum Nachteil der Österreicher. Mit den absurdesten und skurrilsten Scheinargumenten werden Gefühle der Abneigung, des Neids, der Angst geweckt. Und das mit Erfolg, wie die dadurch bei so manchen Staatsbürgern ausgelöste und von der *Kronenzeitung* zu Papier gebrachte »Wonne der Empörung« (Copyright Otto Schily) zeigt. Latente und in nicht wenigen Fällen konkrete, bisweilen militante Ablehnung alles Nichtösterreichischen ist die reale Konsequenz und war eine weitere Ursache der Wahlerfolge Haiders.

Weder seine weltanschaulichen Positionen noch seine sprunghafte Einstellung zu Handschlag und Loyalität legten es mir also nahe, mit ihm ein Regierungsbündnis einzugehen. Das ist kein moralinsaures In-Deckung-Gehen, wie der Journalist Hubert Feichtlbauer glaubte es sehen zu müssen, sondern die offene Antwort auf eine gestellte Frage. Da ich während meiner aktiven Zeit als SPÖ-Parteivorsitzender immer einen Koalitionspartner hatte, war ich auf die Haider-FP nicht angewiesen. Hätte ich, aus welchen Gründen immer, nur diese Option gehabt, wäre die SPÖ in Opposition gegangen – oder sie hätte einen anderen Vorsitzenden wählen müssen.

Da in der Auseinandersetzung mit Jörg Haider der Zuzug von Menschen aus anderen Ländern eine sehr gewichtige Rolle spielte, sei an dieser Stelle auf dieses Thema eingegangen. Die SPÖ fand zur sogenannten Ausländerfrage längere Zeit hindurch keine schlüssige und überzeugende Einstellung. Nach dem Ende des Eisernen Vorhangs 1989 begrüßten insbesondere die Wiener Sozialdemokraten die Öffnung der Grenzen überschwenglich. Symptomatisch dafür war eine Rede des Wiener Parteivorsitzenden Hans Mayr: Er sprach unter Hinweis auf die vielen tschechischen und slowakischen Familiennamen im Wiener Telefonbuch davon, daß »unsere« Tschechen und Slowaken nun ungehindert ihre Verwandten besuchen könnten. Allerdings, die seit der Wende vom 19. zum 20. Jahrhundert in Wien lebenden Bürger ehemals tschechischer oder slowakischer Herkunft wollen nichts weniger als »unsere Tschechen« oder »unsere Slowaken« sein und sind auch nichts anderes als Österreicher. Die Überschwenglichkeit wurde im Lauf der Zeit etwas gedämpft, als etwa Reisegruppen aus Polen an Wochenenden einen regelrechten Verkaufsboom für österreichische, insbesondere Wiener Geschäftsleute auslösten. Was den einen, die phantastische Umsatzsteigerungen feierten, willkommen war, wurde

von den anderen, in deren Wohnbezirken die Autobusse abge-
stellt waren und sanitäre Vorkehrungen für einen so großen
Besucheransturm fehlten, als grobe Belästigung empfunden.
Wochenlang wurde ich in Parteiversammlungen mit vorwurfs-
vollen Berichten über diese Zustände konfrontiert.

Ich erwähne diese im Grunde trivialen Beispiele, um die
hohe Sensibilität vieler Österreicher für den Umstand aufzuzeigen, daß sich eben seit dem Fall der Mauern und Zäune mehr
Menschen aus anderen Staaten in unserem Land aufhalten als
während der Jahrzehnte der Spaltung Europas. In den Beratungen des Bundesparteivorstands der SPÖ begann dieses Thema
mehr und mehr Raum einzunehmen. Zunächst, in den ersten
ein bis zwei Jahren nach der Sanften Revolution in Osteuropa,
betraf es nur Ostösterreich und hier wieder vornehmlich Wien.
Die Delegierten der zentralen, der westlichen und der südlichen
Bundesländer wohnten den Auseinandersetzungen anfangs nur
passiv bei. Im Lauf der Jahre erhielt das Thema gesamtöster-
reichische Dimension, wenn nicht geographisch, so doch politisch.

Die sozialdemokratische Bewegung Österreichs war auf die
Ende der achtziger Jahre einsetzenden Migrationsströme kaum
vorbereitet. Nicht politisch, nicht organisatorisch, nicht mental,
trotz zahlreicher bewundernswerter Einzelinitiativen. Ich richte
diese kritischen Worte auch an mich selber. In der äußerst
bewegten Zeit nach 1989 brauchte ich relativ lange, um mit
meiner Partei zu einer in sich geschlossenen und herzeigbaren
Leitidee zum Immigrationsthema zu gelangen. Selbst als diese
dann gefunden war, gab es in der Durchführung noch etliche
Unebenheiten, die nicht zuletzt mit der recht heterogenen Mei-
nungslandschaft in der Wiener SP und im Gewerkschaftsbund
zu tun hatte. Es war klar, daß die führende Partei des Landes
besonders gefordert war. Der Nullpolitik der Freiheitlichen
(gerade daß man nicht »Ausländer raus« als Leitparole ausgab)
war mindestens ebenso entgegenzutreten wie der großzügigen
und auf Volliberalisierung abzielenden Einwanderungsstrategie

der Grünen und des Liberalen Forums. Haider und seine Anhänger verstärkten ihre Tiraden noch durch die taxfreie Abstempelung der Ausländer als Kriminelle. Von der ÖVP wurde in der Zeit der Koalitionsregierung mit der SPÖ keine immigrationspolitische Akzentsetzung bekannt. Ab Februar 2000, im Regierungsbündnis mit den Freiheitlichen, übernahm die Volkspartei des Obmanns Schüssel die absurde und gegen jedes Zukunftsinteresse Österreichs gerichtete ausländerfeindliche Politik Haiders im Verhältnis eins zu eins. Diese Einstellungen laufen im übrigen auf die historisch unwahre und pro futuro sinnlose Bemerkung hinaus, Österreich sei kein Einwanderungsland.

Die anfängliche Überschwenglichkeit der Wiener Stadt- und Parteiführung (Bürgermeister Zilk: »Die Wiener werden bald wieder nach Preßburg zu Kaffee und Kuchen fahren«) wurde sehr bald in den Meinungsumfragen und durch Originalberichte aus den Bezirksorganisationen relativiert. Eine Kehrtwendung der Wiener Partei und damit der Stadtverwaltung war die Folge. Dies äußerte sich etwa in einer über Monate zwischen Innenminister Franz Löschnak und der Stadt Wien hin und her wogenden Debatte über die Verlegung von in Auffanglagern untergebrachten Flüchtlingen in die einzelnen Bundesländer inklusive Wien. Als hervorstechendes Beispiel sei das Flüchtlingslager im niederösterreichischen Traiskirchen erwähnt. Es platzte in der Zeit nach der Sanften Revolution aus allen Nähten, und der überaus tüchtige Bürgermeister Fritz Knotzer schlug Alarm, weil die Situation für die Flüchtlinge und die Traiskirchner unzumutbar zu werden drohte. Wieder hatte sich Löschnak um Aufnahme der heimatlos Gewordenen in anderen Bundesländern zu bemühen, und wieder war die Resonanz des zuständigen Wiener Stadtrats Johann Hatzl auf Restriktion ausgerichtet.

Die flexibel betriebene und auf geordnete Verhältnisse bedachte Immigrationspolitik auf der Ebene der Bundespartei, auf die wir uns nach ersten Orientierungsschwierigkeiten geeinigt hatten, halte ich für erfolgreich, weil wir damit das Potential für heftige politische Auseinandersetzungen oder gar gewaltsam ausgetragene Animositäten gering gehalten haben. Grausame Beispiele aus Nachbarstaaten, wie sie in Österreich so nicht vorkamen, zeugen von der Richtigkeit des eingeschlagenen Wegs, wenngleich es garantierte Fehler- und Pannenfreiheit nirgends gibt. Den karitativ arbeitenden Organisationen und den Grünen war diese Linie zu restriktiv, den Freiheitlichen viel zu großzügig. Dieses Nebeneinander von Ablehnungen aus entgegengesetzten Gründen ist eine insgesamt positive Zensur. Daß Haider, obwohl er den von der SPÖ gesteuerten Kurs ablehnte, Innenminister Franz Löschnak seinen besten Mann in der Regierung nannte, ist weniger eine politische Wertung als vielmehr Ausdruck von Haiders Hang zum bösartigen Bonmot, das dem Adressaten schaden sollte.

Löschnak erntete für seine straffe Führung in der Sache Anerkennung und Kritik; ich erntete Kritik der Kritiker, weil ich ihn gewähren ließ. Ich bin allerdings auch mit dem zeitlichen Abstand mehrerer Jahre überzeugt davon, daß unsere Ausländerpolitik im Grunde richtig war. Ich hörte so manchen Vorwurf, wir seien Haider zu Diensten gewesen, und Löschnak habe dies mit polizeistaatlichen Methoden getan. Dieser Vorwurf ist haltlos. Die isolationistische Linie Haiders haben wir ja eben nicht verfolgt. Die vorsichtige Vorgangsweise Innenminister Löschnaks hat viele Freiräume in der Immigrationspolitik und bei der Berücksichtigung humanitärer Selbstverständlichkeiten geschaffen und diese auch genutzt. Im Wandel der Zeiten und unter der Ägide des Bürgermeisters Michael Häupl erhielt die Integrationspolitik der Bundeshauptstadt einen viel höheren Stellenwert als zuvor. Dieser Umstand und der an stupider Primitivität nicht mehr zu überbietende Antiausländer-Wahlkampf der Wiener Freiheitlichen trug ihnen bei der Gemeinderatswahl im März 2001 eine empfindliche Niederlage ein. Häupl holte unter anderem auch deshalb für die Wiener SP wieder die 1996 verlorene absolute Mehrheit zurück.

Erinnern und vergessen

Zunächst als Kind, dann als heranreifender junger Mensch erlebte ich die Wiedererrichtung und weitere Entwicklung der Republik Österreich gleichsam parallel zu meinem eigenen Werden. Deutlich schien mir die Rückkehr zur politischen und gesellschaftlichen Normalität nach den pathologischen Zuckungen der Nazizeit; in diesem Licht war für mich die Zweite Republik die Antithese zum Nationalsozialismus. Daran halte ich fest.

Der Wiener Philosoph Rudolf Burger, mit dem ich so manche in freundschaftlichem Ton gehaltene Unterredung über den Nationalsozialismus im allgemeinen und dessen österreichische Erscheinungsformen im besonderen führte, redet bekanntlich dem Vergessen das Wort, wenn die Frage auftaucht, wie wir mit der nicht zu leugnenden, in unserem Land ehemals weitverbreiteten Hinwendung zum Nationalsozialismus umgehen sollen. Burger belegt seine Auffassung nicht zuletzt mit Erfahrungen aus der Geschichte der Menschheit. »Die Geschichte rechtfertigt, was immer man will. Sie lehrt schlechterdings nichts, denn es gibt nichts, was sich mit ihr nicht belegen ließe.« Haben also die Menschen unrecht, die an Gedenktagen den Millionen Opfern des Naziterrors und den Opfern eines aus wahnwitzigem Macht- und Expansionsstreben resultierenden Weltkriegs respektvolle Erinnerung widmen? Appellieren sie an das Schuldbewußtsein, um sich selber immer wieder Aufmerksamkeit zu verschaffen?

Nun, ich gehöre zu denen, die solche Gedenktage wahrnehmen und aus solchen Anlässen, wenn eingeladen, das Wort ergreifen. Während meiner Amtszeit häufig, heute seltener, aber immerhin noch hörbar genug. Es geht mir dabei nicht um

Gefühlsduselei, wie manche Kritiker meinen. Ich halte es vielmehr für einen Akt der Verantwortung, sich aus einem bestimmten Kapitel der Geschichte seines Landes nicht sang- und klanglos davonzustehlen, insbesondere wenn dieses Kapitel ein trübes ist. Den wenigen Überlebenden und ihren Angehörigen soll die klare Botschaft vermittelt werden, daß sie einem nicht gleichgültig geworden sind, nur weil bereits viel Zeit vergangen ist. Überdies halte ich es für unverzichtbar, der jüngeren Generation die geschichtlichen Fakten und die ideellen Verirrungen nahezubringen, um sie für künftige Auswüchse wachsam zu machen, sie zu warnen und zur aktiven Abwehrbereitschaft zu gewinnen. »Ein Hitler kommt nie mehr wieder«, werden die Beschwichtigungsapostel jetzt einwenden, »es wird keine Konzentrationslager mehr geben, und den Juden wird auch nichts mehr geschehen« (»wenn sie sich ordentlich aufführen«; diese Hinzufügung kann schon gelegentlich entschlüpfen). Auch ich behaupte nicht, daß es Gestapo und SS, BDM und Ariernachweis in dieser Form noch einmal geben wird. Daß Faschismus, daß Rassismus, daß Unfreiheit aber nicht in ganz anderen Kleidern als ehedem auftreten werden, kann niemand garantieren. Und um die darauf bezogene Wachsamkeit und Abwehrbereitschaft geht es. Last but not least: Wenn unsere Schuljugend in Geschichtsstunden über so manche Scheußlichkeiten der letzten drei Jahrtausende Auskunft geben muß, dann gibt es keinen vernünftigen Grund dafür, daß sie nicht auch wissen soll, was die Österreicher Eichmann, Kaltenbrunner und Globocnik verbrochen haben.

Dem offiziellen Österreich der unmittelbaren Nachkriegsjahre wird nicht selten der Vorwurf gemacht, mit Nationalsozialisten großzügig umgegangen zu sein. Wiewohl ich meine strikte Anti-NS-Einstellung nicht zu betonen brauche, habe ich immer zu sorgsamer Annäherung an dieses komplexe Thema geraten. Man erinnere sich an die einschlägigen Prozesse, die dabei ausgesprochenen Todesurteile und deren Vollstreckung. Zum anderen trifft es sicher zu, daß ehemalige Nationalsozialisten in der öffentlichen Verwaltung (wieder) beschäftigt wurden. Die damals entscheidenden Politiker wären mit großer Wahrscheinlichkeit ohne diese Kräfte nicht ausgekommen. Überdies war ihnen auch an der Reintegration der zu Recht Diskreditierten gelegen. Das alles verdient keinen Schönheitspreis. Doch Schönheit ist leider nicht immer das allein ausschlaggebende Kriterium. Schlimmer sind die Fälle, in denen Betroffene selbst nach dem Beweis der Hitlerschen Verbrechen noch Bekenntnisse dazu ablegten. Solche Eklats mußten von den jeweils politisch Verantwortlichen ausgetragen werden, so wie Kreisky viele Jahre später unter Empfehlungen von Parteifreunden litt, »Ehemalige« in die Bundesregierung aufzunehmen.

Zahlreiche Autoren haben die Rolle des offiziellen Österreich in der Behandlung der NS-Vergangenheit einiger Politiker, hoher Beamter und anderer bekannter Personen untersucht. Diese Schriften und einige Partikularvorkommnisse wie die Affäre Frischenschlager – Reder trugen unserem Land in den Augen so mancher eine Art Nazi-Abstempelung ein. Die Turbulenzen um Bundespräsident Waldheim verstärkten diese ungerechte Punzierung. Wieder einmal mußte ich zur Kenntnis nehmen, daß ausgewogene und alle relevanten Aspekte berücksichtigende Argumentationen gegen bizarre politische Zuspitzungen keine Chance haben. Ein freundlicher Passant, mit dem ich Ende der achtziger Jahre in New York zufällig ins Gespräch kam, stellte die offenbar unvermeidliche Frage: »Where are you from?« Ich deklarierte mich als Österreicher und bekam prompt »Oh, that old Nazi-country« zu hören.

Seit ich mir über politische Themen Gedanken mache, hat mich die Einstellung der Österreicher zum »Dritten Reich« und nach dessen Zusammenbruch beschäftigt. Zunächst war das ein rein privates Interesse; es änderte sich jedoch mit meinem Eintritt in die Bundesregierung von einem Tag auf den anderen. Das Thema »Vergangenheitsbewältigung« trat mir ununterbrochen entgegen, sei es politisch-abstrakt in Diskussionen innerhalb und außerhalb der Partei, sei es konkret, weil ich als

Finanzminister sehr früh mit der Rückgabe der in der Kartause Mauerbach aufbewahrten, ihren jüdischen Besitzern geraubten Kunstgegenstände befaßt war. Den Begriff »Vergangenheitsbewältigung« habe ich allerdings immer abgelehnt, weil er mir schlicht unpassend erschien und erscheint. Zu bewältigen ist ein Hindernis, ein Rückschlag, vielleicht eine Krankheit, sicherlich aber nicht eine Vergangenheit mit unauslöschlichen Spuren, die in Gegenwart und Zukunft reichen. Besser erscheint es mir, von Aufarbeitung zu sprechen.

Lange Zeit fand ich keine passende Gelegenheit, mich diesbezüglich öffentlich und grundsätzlich zu äußern. Schließlich nutzte ich eine parlamentarische Debatte am 8. Juli 1991, in der es eigentlich um die Jugoslawienkrise ging. Ich gab eine Grundsatzerklärung zur staatlichen Anerkennung Sloweniens und Kroatiens ab und fuhr dann fort:

»Gerade wir in Österreich müssen wissen, was es geheißen hat, Unabhängigkeit und Eigenstaatlichkeit zu verlieren. Auch und gerade weil es nicht wenige Österreicher gab, die vom größeren Reich und seinen größeren wirtschaftlichen Möglichkeiten viel erwartet hatten. Doch im Namen dieses Reiches wurden Hunderttausende Österreicher eingekerkert, vertrieben oder ermordet, und mehr als 250 000 sind im Krieg umgekommen. Das war das Unheil, das die NS-Diktatur über unser Land gebracht hat.

Viele haben Widerstand geleistet und dabei ihr Leben für Österreich gegeben. Aber wir dürfen auch nicht vergessen, daß es nicht wenige Österreicher gab, die im Namen dieses Regimes großes Leid über andere gebracht haben, die teilhatten an den Verfolgungen und Verbrechen dieses Reichs. Und gerade weil wir unsere eigene leidvolle Erfahrung in dieses neue Europa einbringen wollen, gerade weil wir in den letzten Tagen so eindringlich und nachdrücklich daran erinnert werden, was Unabhängigkeit und Eigenstaatlichkeit, Freiheit und Menschenrechte für kleine Völker bedeuten, gerade deshalb müssen wir uns auch zu der anderen Seite unserer Geschichte bekennen; zur

Mitverantwortung für das Leid, das zwar nicht Österreich als Staat, wohl aber Bürger dieses Landes über andere Menschen und Völker gebracht haben.

Es ist unbestritten, daß Österreich im März 1938 Opfer einer militärischen Aggression mit furchtbaren Konsequenzen geworden war. Die unmittelbar einsetzende Verfolgung brachte Hunderttausende Menschen unseres Landes in Gefängnisse und Konzentrationslager, lieferte sie der Tötungsmaschinerie des Nazi-Regimes aus, zwang sie zur Flucht und Emigration. Hunderttausende fielen an den Fronten oder wurden von den Bomben erschlagen. Juden, Zigeuner, körperlich oder geistig Behinderte, Homosexuelle, Angehörige von Minderheiten, politisch oder religiös Andersdenkende – sie alle wurden Opfer einer entarteten Ideologie und eines damit verbundenen totalitären Machtanspruchs.

Dennoch haben viele Österreicher den ›Anschluß‹ begrüßt, haben das nationalsozialistische Regime gestützt, haben es auf vielen Ebenen der Hierarchie mitgetragen. Viele Österreicher waren an den Unterdrückungsmaßnahmen und Verfolgungen des Dritten Reichs beteiligt, zum Teil an prominenter Stelle.

Über eine moralische Mitverantwortung für Taten unserer Bürger können wir uns auch heute nicht hinwegsetzen. Vieles ist in den vergangenen Jahren geschehen, um, so gut dies möglich war, angerichteten Schaden wiedergutzumachen, angetanes Leid zu mildern. Vieles bleibt nach wie vor zu tun, und die Bundesregierung wird auch weiterhin alles in ihrer Macht Stehende unternehmen, um jenen zu helfen, die von den bisherigen Maßnahmen nicht oder nicht ausreichend erfaßt oder bisher in ihren moralischen oder materiellen Ansprüchen nicht berücksichtigt wurden.

Wir bekennen uns zu allen Taten unserer Geschichte und zu den Taten aller Teile unseres Volkes, zu den guten wie zu den bösen: und so wie wir die guten für uns in Anspruch nehmen, haben wir uns für die bösen zu entschuldigen – bei den Überlebenden und bei den Nachkommen der Toten.

Dieses Bekenntnis haben österreichische Politiker immer wieder abgelegt. Ich möchte das heute ausdrücklich auch im Namen der österreichischen Bundesregierung tun: als Maßstab für das Verhältnis, das wir heute zu unserer Geschichte haben müssen, also als Maßstab für die Kultur in unserem Land, aber auch als unseren Beitrag zur neuen politischen Kultur in Europa.«

Meine Erklärung wurde in Österreich und in etlichen anderen Staaten sehr positiv aufgenommen. Lediglich – wie nicht anders zu erwarten – der Rechtspopulist der *Kronenzeitung*, »Staberl«, grummelte dagegen, und einige ÖVP-Leute konnten, wie mir zugetragen wurde, das Wort »überflüssig« nicht unterdrücken. Alles in allem kein ernstzunehmendes Gegenfeuer.

Gelegentlich wird behauptet, die Republik Österreich habe erst nach dem Regierungswechsel im Jahr 2000 die gerechtfertigten materiellen Ansprüche der Opfer des Nationalsozialismus befriedigt. Auch wenn ich diese Leistung anerkenne, muß ich doch festhalten, daß in den Jahren zuvor selbstverständlich berechtigte Forderungen der Opfer in maßgeblichem Umfang erfüllt worden sind. Dazu zählen sozialrechtliche Verpflichtungen, die die Republik übernommen hat, verschiedene neue gesetzliche Regelungen zur Rückgabe von Kunstgegenständen, die Errichtung eines Sonderfonds entsprechend den Verhandlungsergebnissen mit dem Jewish Claims Committee und die Errichtung des österreichischen Nationalfonds für Opfer des Nationalsozialismus. Die Restitutionsbeschlüsse der Bundesregierung nach dem Jahr 2000 sind nicht zuletzt im Licht analoger Entwicklungen in Deutschland und in der Schweiz zu sehen. Das tut ihrer Bedeutung jedoch keinen Abbruch. Im übrigen dürfen die »großen« Aktionen sehr gediegene andere nicht überschatten. Ein eindrucksvolles Beispiel ist der Jewish Welcome Service von Professor Leon Zelman.

Die Beziehungen unserer Republik zu Israel waren zu Beginn der neunziger Jahre nicht schlecht, aber auch nicht wirklich gut. Nach meiner Rede wendete sich das Blatt. Nach sorgfältiger und intensiver diplomatischer Vorarbeit kam es im Juni des Jahres 1993 zum ersten offiziellen Besuch eines österreichischen Bundeskanzlers im Staat Israel. Ich reiste in Begleitung meiner Frau und einer ansehnlichen Delegation nach Jerusalem, wo uns Premierminister Yitzhak Rabin und seine Frau Lea herzlich in Empfang nahmen. Die Gespräche mit Rabin, mit Staatspräsident Ezer Weizman, Außenminister Shimon Peres, Oppositionsführer Benjamin Netanyahu, dem Jerusalemer Bürgermeister Teddy Kollek und Abgeordneten der Knesset waren von großer Harmonie und dem beiderseitigen Bekenntnis zu viel mehr Zusammenarbeit in der Zukunft geprägt. Abgesehen von den politischen Großereignissen stand die Verleihung eines Ehrendoktorats der Hebräischen Universität an mich im Zentrum dieses Besuchs. In meiner Dankesrede nahm ich sehr ausführlich auf meine Erklärung im österreichischen Parlament vom Juli 1991 Bezug. Die bilateralen Beziehungen zwischen Israel und Österreich verbesserten sich in der Folge schlagartig.

Aus den zahlreichen Gesprächen, die ich mit Rabin und Peres über ihre Pläne zum Frieden in Nahost führte, ging eine Initiative hervor, die ich im Anschluß an meinen offiziellen Besuch in Israel sehr förderte: die Aktion »Crossing Borders«. Jugendliche aus Israel, aus arabischen Ländern und aus Österreich trafen mehrmals in Israel, in Jordanien, in Ägypten und in Österreich zusammen, um bei Wanderungen, Diskussionen und anderen Veranstaltungen den Grundstein zu gegenseitigem Verstehen zu legen. Ich nahm an einer Auftaktveranstaltung in Eilat teil und diskutierte bis in die Nacht hinein mit den jungen Menschen. Eine faszinierende und gleichzeitig betrübliche Erfahrung, weil die Jugendlichen nach dem Meeting wieder nach Hebron, Ramallah und in andere Orte zurückkehren mußten, in die alltägliche Traurigkeit des bewaffneten Konflikts.

Auch mit Yassir Arafat bin ich mehrere Male zusammengetroffen. Zur konkreten Friedensinitiative Anfang der neunziger Jahre ist mir zweierlei in Erinnerung: einmal die recht positive Haltung Arafats zu den Vorstellungen der israelischen Regierungsspitze, zum anderen ein bemerkenswertes Treffen in Wien.

Während der Menschenrechtskonferenz der Vereinten Nationen in Wien 1992 lud ich den Generalsekretär der Vereinten Nationen, Boutros Boutros Ghali, den israelischen Außenminister Shimon Peres, den belgischen Außenminister Willy Claes und den früheren US-Präsidenten Jimmy Carter zu After Dinner Drinks in meine Wohnung ein. Dort entwickelte Peres – zum ersten Mal vor externen Zuhörern, wie er sagte – den Rabin/Peres-Friedensplan. Das war aus damaliger Sicht eine Sensation. Der Ägypter Boutros Ghali brach als erster das staunende Schweigen und meinte zu Peres gewandt: »Der Plan ist kolossal, du wirst nur mit ihm scheitern. Als erstes in deinem eigenen Land.«

Peres war unbeeindruckt. Alte Leute könnten kühne Ideen eben nicht mehr verstehen, konterte er lachend. Peres war knapp an die siebzig Jahre alt, Boutros Ghali etwas darüber.

Der Friedensplan erregte sehr bald die Aufmerksamkeit der Weltöffentlichkeit. Die norwegische Hauptstadt Oslo, in der er in Geheimverhandlungen vorbereitet wurde, erhielt dafür zahlreiche Meriten. Fotos, die den historischen Handschlag Rabins mit Arafat zeigten, fehlten in keiner Zeitung. Die Verleihung des Friedensnobelpreises 1994 an Yitzhak Rabin, Shimon Peres und Yassir Arafat war der Höhepunkt dieses Weltereignisses.

In letzter Zeit ist das israelisch-palästinensische Verhältnis durch schwere bewaffnete Auseinandersetzungen immer mehr belastet worden. Die häufiger gewordenen Selbstmordanschläge auf Ziele in Israel und die Vergeltungsmaßnahmen, von Premierminister Ariel Sharon mit harter Hand veranlaßt, nahmen in der internationalen Berichterstattung einen sehr breiten Raum ein. Die Fernsehbilder von Tod und Zerstörung, die erkennbare militärisch-technische Überlegenheit Israels und die unnachgiebige Wort- und Strategiewahl Sharons stärkten Vorbehalte gegen diese Vorgangsweisen. Und dabei tauchte ein Problem wieder auf, das man vielfach für halbwegs überwunden gehalten hatte: der Antisemitismus. In vielen Gesprächen bei politischen Veranstaltungen und im privaten Kreis war ich mit Einwänden gegen das Vorgehen der Regierung Sharon konfrontiert, die von altbekannten antisemitischen Tönen begleitet waren. »Sie trauen sich wieder«, kommentierte Hans Rauscher in der Tageszeitung *Der Standard* auch seine einschlägigen Beobachtungen.

Sorgsam und nachdenklich, doch nicht ohne Richtungsangabe formulierte der *profil*-Journalist Georg Hoffmann-Ostenhof im November 2003: »Man kann gewiß besorgt darüber sein, daß in der arabischen Welt die Feindschaft gegenüber Israel ideologisch vielfach aus Europa importierte klassisch antisemitische Formen annimmt. Daß aber die europäischen Mehrheiten, die heute der israelischen Politik kritisch gegenüberstehen, antisemitisch motiviert wären, ist mehr als fraglich.« Fraglich ist auch, ob Hoffmann-Ostenhofs Feststellung über die Eliten hinausgeht. Zu hoffen und zu wünschen wäre es, sicher ist es nicht.

Koalitionen – Wechselbäder
politischer Gefühle

Mehrparteienregierungen, Koalitionen, sind in den europäischen Staaten, abgesehen von Großbritannien, die häufigste Regierungskonstellation. Österreich ist ein Teil dieses Gesamtbilds, aber dennoch eine der wesentlichen Ausnahmen: Hier gab es nach 1945 mehr als eineinhalb Jahrzehnte Alleinregierungen. Vier Jahre lang – 1966 bis 1970 – stellte die ÖVP, dreizehn Jahre lang – 1970 bis 1983 – die SPÖ eine monokolore österreichische Bundesregierung. Die dominierende Zusammensetzung war die Große Koalition mit ÖVP und SPÖ als Partner. SPÖ und FPÖ arbeiteten drei Jahre – 1983 bis 1986 – zusammen, ÖVP und FPÖ seit dem Jahr 2000. Mit Ausnahme der unmittelbaren Nachkriegsjahre habe ich alle erwähnten österreichischen Bundesregierungen bewußt erlebt und bin etlichen von ihnen vorgestanden. Vielleicht bin ich ihnen, weil ich so lange dazugehörte und um ihre Mechanismen weiß, in gewisser Hinsicht ein Anwalt, auch wenn ich politisch zu so manchen in eindeutiger Distanz stehe.

Ich berühre damit eines der grundlegenden Probleme in der Demokratie, in der Staatsführung. Die politischen Abläufe, die Meinungsbildungen, die Entscheidungsfindungen, die Balance zwischen Kompromiß und Scheitern, die notwendige weltanschauliche Festigkeit: sie alle sind unverzichtbare Requisiten des politischen Gewerbes. Und gerade für sie besteht in weiten Teilen des staatsbürgerlichen Publikums nur beschränkt ausgeprägtes Verständnis. Nicht selten stößt man auf kategorisch-verächtliche, im weniger schlechten Fall auf achselzuckende Ablehnung und Teilnahmslosigkeit oder auf blankes Desinteresse. Auf

einer ähnlich bedenklichen Wellenlänge bewegen sich staats-
kritische Politiker. Das Wirtshausargument, der Firmeninhaber,
der Familienvater dürfe sich »auch nicht so aufführen wie der
Staat«, ist die Vorstufe zum Zweifel daran, daß der Staat mit
einem vielfältigen, weitverzweigten Geflecht an Dienstleistungen, Organisationsrahmen und Verpflichtungen Geborgenheit
vermitteln soll (nicht zuletzt für Menschen, die keine Familie
haben). Ich rede nicht einem allmächtigen Staat das Wort. Sinn
und Zweck des Staates ist eben etwas anderes als Sinn und
Zweck eines Familienvaters oder Firmeninhabers. Deshalb ist
die Überbrückung der Verständnis-, der Sprachlosigkeit zwischen dem Staat und den Staatsbürgern eine existentielle und
niemals endende Aufgabe der Politik. Besonders auch deshalb,
weil sie auf die Billigung, auf die Akzeptanz ihrer Arbeit durch
die Bürger Wert legen muß, darf sie ihren Sinn nicht verlieren.

Bemerkenswerterweise finden in der zeitgeschichtlichen Betrachtung die monokoloren österreichischen Regierungen mehr
Aufmerksamkeit als die Koalitionsregierungen. Dafür bieten
sich zumindest zwei Erklärungen an. Einmal die Persönlichkeit
Kreiskys. Dieser Einschätzung tut auch das Bewußtsein keinen
Abbruch, daß er hin und wieder erst im nachhinein zur Ikone
gemacht wurde. Zum zweiten wird die Öffentlichkeitswirkung
der handelnden Personen in einer Zweierkoalition durch das
allgegenwärtige Spannungsverhältnis relativiert. Ich bin in diesem Zusammenhang einem immer wiederkehrenden Phänomen in der Berichterstattung begegnet: Gab ich eine Entscheidung bekannt oder äußerte ich zu einer bestimmten Angelegenheit eine Meinung, eine Absicht, dann wurde sofort ein
Vertreter des Koalitionspartners befragt. Augenblicklich wurde
dadurch die erwähnte Relativierung ausgelöst, wenn dieser
nicht sofort mit mir übereinstimmte. Bis zur endgültigen Aus-
tragung hing die Sache in der Luft und wurde als solche wiedergegeben. Ging hingegen der Koalitionskollege konform, dann
war die Berichterstattung darüber kurz, unaufgeregt und eine
De-facto-Einladung, zur Tagesordnung überzugehen.

Die Staatsbürger stehen Koalitionsregierungen ambivalent gegenüber. Die Zusammenarbeit von Kontrahenten wird in weiten Kreisen begrüßt, ja herbeigewünscht, im Handumdrehen aber als »Packelei« denunziert, die hauptsächlich Stillstand, Verkrustung und Lähmung produziere. Wie meistens, paßt die historische Wahrheit nicht in diese Schwarzweißschablone. Mein persönlicher politischer Bericht darüber dient unter anderem dazu, dies ungeschminkt darzustellen.

Einundzwanzig Jahre lang – von 1945 bis 1966 – hatten die Österreichische Volkspartei und die Sozialistische Partei Österreichs in einer gemeinsam gebildeten Bundesregierung zusammengearbeitet. Den Bundeskanzler hatte immer die ÖVP gestellt, die jeweils über die Mehrheit der Mandate im Parlament verfügte. Auch nach der Nationalratswahl 1959, bei der die Sozialisten die meisten Wählerstimmen erreichten, gelang es ihnen aufgrund der Besonderheiten des Wahlsystems nicht, die Mehrheit der Parlamentssitze für ihre Partei zu erringen: 44,79 Prozent brachten 78 Mandate für die SPÖ, 44,19 Prozent 79 Mandate für die ÖVP.

In die Nationalratswahl 1966 ging die SPÖ sehr geschwächt, hauptsächlich weil sie von einer internen Zerreißprobe belastet war. Der vormalige Präsident des ÖGB und spätere Innenminister Franz Olah hatte immer wieder Kritik an der von Vizekanzler Pittermann innerhalb der ÖVP/SPÖ-Koalition vertretenen Politik geübt. Es kam zu schweren Zerwürfnissen und schließlich zur Trennung der SPÖ von Olah, der aber das Vertrauen und die Sympathien vieler Mitglieder und Unterstützer der SPÖ nicht verlor. Bei den Wahlen 1966 trat er mit einer neugegründeten wahlwerbenden Gruppe an, der DFP (Demokratische Fortschrittliche Partei), und landete mit 3,28 Prozent einen Achtungserfolg. Die ÖVP konnte von dieser Spaltung der linken Seite profitieren und errang mit 85 Mandaten die absolute Mehrheit der Parlamentssitze (die SPÖ errang 74, die FPÖ sechs Mandate). ÖVP und SPÖ führten danach zwar noch Koalitionsgespräche, sie hatten aber, weil die Sieger unter Berufung auf den Wählerauftrag verständlicherweise nicht kompromißbereit waren, keine Substanz. Die erste monokolore Bundesregierung nach dem Zweiten Weltkrieg trat ihr Amt an. Bundeskanzler war wieder Josef Klaus, der auch die letzte Koalitionsregierung mit den Sozialdemokraten geleitet hatte. Klaus, geborener Kärntner, war vor seiner politischen Tätigkeit in Wien Landeshauptmann von Salzburg gewesen, danach Finanzminister (von April 1961 bis März 1963), ehe er zum Bundeskanzler aufstieg.

Das Führungsduo der ÖVP, Bundeskanzler Klaus und Vizekanzler Hermann Withalm, unterlag insofern einer Fehlinterpretation, als es offenbar das schlechte Abschneiden der SPÖ mit einer analogen Stärke der Volkspartei gleichsetzte. In dem Maß, in dem die für Olah abgegebenen Stimmen zur SPÖ zurückflossen, sah die absolute Mehrheit der ÖVP schon weniger glänzend aus. Sichtbaren Ausdruck fand das in etlichen Landtagswahlen, die mit deutlichen Verlusten der ÖVP und Gewinnen der SPÖ endeten. Im Jänner 1968 tauschte Kanzler Klaus seinen glück- und farblosen Finanzminister Wolfgang Schmitz gegen den Staatssekretär im Bundeskanzleramt, Stephan Koren, aus. Koren setzte einige wichtige Maßnahmen zur Stärkung des Kapitalmarkts und zur allgemeinen Standortverbesserung. Allerdings führte er auch steuerliche Neuerungen ein, die ihm und seiner Regierung herbe Kritik einbrachten. Zu Korens »Paukenschlag«, so die Trademark, gehörte unter anderem die Einführung der sogenannten Luxussteuer, de facto eine zusätzliche Umsatzsteuer, die zum Kaufpreis plus normale Umsatzsteuer zu zahlen war. In der Bevölkerung machte diese Belastung böses Blut. Für viele Beobachter war sie nicht die Ursache, aber ein Symbol für den fortschreitenden Vertrauensverlust der ÖVP-Alleinregierung bei den Wählern.

Dieser Bundesregierung gelang es nicht, ihr angestammtes Wählerpotential, den Mittelstand, zu halten. Einige ihrer Repräsentanten schienen zudem in öffentlichen Auftritten sehr von sich eingenommen und sammelten so nur wenige Sympathiepunkte. Dies trifft im besonderen auf Vizekanzler Withalm zu, den seine Leute den »Eisernen Hermann« nannten. Er unterschied sich in seiner auftrumpfenden Scharfzüngigkeit sehr vom zurückhaltenden und bescheidenen Bundeskanzler Klaus. Allerdings, auch dieser schrieb ein fragwürdiges Stückchen österreichischer politischer Geschichte, als er sich im Wahlkampf 1970 gegen Kreisky als »echter Österreicher« plakatieren ließ. Offensichtlich wollte er diese Qualifikation Kreisky nicht zugestehen. Da es für eine solche Unterscheidung keine objektivierbaren Anhaltspunkte gab, mußte man annehmen, daß Klaus eben auf die jüdische Herkunft Kreiskys anspielte.

Am 1. Februar 1967 wählte der Bundesparteitag der SPÖ Bruno Kreisky als Nachfolger von Bruno Pittermann zum Bundesparteivorsitzenden. Unverdrossen machte er sich an die Arbeit, die SPÖ aus ihrem Tief herauszuführen. Trotz gewichtiger Gegenpositionen, die von renommierten Funktionären wie etwa Karl Waldbrunner oder Otto Probst und – mit Respektabstand – Eduard Weikhart eingenommen wurden, verstand es Kreisky, Aufbruchstimmung zu erzeugen. Sein Konzept ging auf. Bei der Nationalratswahl 1970 erreichte die von ihm geführte SPÖ die relative, im Jahr darauf bei einer vorgezogenen Wahl die absolute Mehrheit.

Als Sieger der Wahl 1970 wurde Kreisky von Bundespräsident Franz Jonas mit der Bildung einer Bundesregierung betraut. Es gab einige Anläufe zu einem Zusammengehen mit der Volkspartei, die jedoch scheiterten. Insbesondere Kreiskys Vorgaben, eine Koalition mit großem koalitionsfreiem Raum einzurichten, riefen bei der ÖVP Widerspruch hervor. Es war aber nicht nur dieser Widerspruch, der einer neuen SP/VP-Koalition im Weg stand, sondern auch das Kalkül Kreiskys, einen anderen Weg nicht auszuschließen. Jahre später brachte die ÖVP in Regierungsverhandlungen mit mir das Verlangen nach einem koalitionsfreiem Raum ein. Ihre Vorstellungen gingen aber in eine Richtung, die das Regieren zu einem Lotteriespiel gemacht hätte. Ich lehnte das Ansinnen daher ab.

Kreisky bildete schließlich 1970 eine SPÖ-Minderheitsregierung, weil er eine Zusicherung der von Friedrich Peter geführten Freiheitlichen Partei erhielt, im Parlament dem Budget 1971 zuzustimmen. Kreisky verpflichtete sich im Gegenzug, eine Wahlrechtsreform durchzuführen, die den Interessen der Freiheitlichen entgegenkam. Das Echo der Kreiskyschen Regierungsarbeit in der Öffentlichkeit fiel so aus, daß er es sich leisten konnte, am 10. Oktober 1971 die Wähler um ein noch größeres Vertrauen zu bitten, das er auch erhielt. Die absolute Mehrheit hielt bis 1983. Das Außergewöhnliche, das undenkbar Scheinende war nicht nur diese zwölf Jahre anhaltende Mehrheit der Sozialdemokraten, sondern vor allem das Umschwenken der österreichischen Wählerschaft, innerhalb von fünf Jahren – zwischen 1966 und 1971 – zwei verschiedene politische Parteien mit dem absoluten Vertrauen auszustatten.

Zurück zu meiner Koalition mit der ÖVP. Mein Anliegen war es von allem Anfang an, eine Bundesregierung zu bilden und der Volkspartei Partnerschaft zu signalisieren. Sie sollte keinesfalls das Gefühl bekommen, Notnagel zu sein, weil es für mich mit der Haider-FP eben nicht ging. Mein Vertrauen in die ÖVP gründete auf ihrer langjährigen Erfahrung als Regierungspartei, die sie in sechzehn Jahren Opposition nicht verloren haben sollte. Vernünftige Brückenschläge der Vergangenheit – so meinte ich – sollten nicht vergessen sein. Alte Bekannte, viel mehr aber in ihrer Eigenschaft als Verhandlungspartner während meiner Bank- und Finanzministerzeit bewährte ÖVP-Leute ließen mich eine positive Zusammenarbeit erwarten. Ohne Anspruch auf Vollständigkeit nenne ich einige Personen, die sich in der neuen politischen Konstellation als zuverlässige Gesprächspartner bewährten: Josef Taus, Heinrich Neisser, die Agrarier Hans Lehner, später Rudolf Schwarzböck und Josef Riegler, Robert Graf, Franz Fischler und Erhard Busek. Robert Lichal war zunächst ein unerbittlicher Vertreter der Beamtengewerkschaft, danach ein streitbarer Verteidigungsminister mit Handschlagqualität. Die ÖVP-Landeshauptleute pochten immer wieder auf ihre Interpretation des Föderalismus und meinten damit in Wirklichkeit die Festigung von neun Zentralismen. Sei's drum, gute Österreicher. Für den Bundeskanzler wichtige Gesprächspartner. Die Donau oder den Inn oder die Salzach oder den Rhein wollten sie nicht in Flammen setzen, auch die Mur letzten Endes nicht. So manche von ihnen waren originell, einer ein Original: Eduard Wallnöfer, der Tiroler. Verschlungen in der Sprache, geradlinig in seiner Politik. Die Inntalautobahn wurde ihm ebenso zum Verdienst wie zum Vorwurf. Monatelang, jahrelang wurde und wird darüber diskutiert. Eine Frage allerdings bleibt unbeantwortet: Hätte er ihren Bau nicht betreiben sollen? Irgendwo sitzt er und freut sich, daß es sie gibt und daß sie sein Werk ist.

Mein hauptsächlicher Gesprächs-, Verhandlungs- und Vertragspartner war selbstverständlich ÖVP-Obmann Alois Mock. Kontrahent, Partner und Konkurrent. Ob er die Regierungspartnerschaft mit der SPÖ innerlich wirklich wollte, ist mir bis heute nicht klar geworden. Im Zweifel würde ich diese Frage eher mit nein als mit ja beantworten. In der Riege der VP-Leute, die im Koalitionsgefüge arbeiteten, war er einer der überzeugtesten Antisozialisten.

Sollte ich für mein Verhältnis zu Alois Mock ein Beispiel wählen, so würde ich ein mehrstöckiges Gebäude nennen, in dem in jedem Stockwerk ein eigenes Spannungsverhältnis herrscht. Spannungsverhältnisse produzieren (spannende) Ergebnisse, oder sie führen zu lästigen Pattsituationen, oder sie lösen sich in Streit und Zerstörung auf. Dieses Gebäude ist die Republik, und ich wollte es, wohl wissend um die solide Grundsubstanz an Zynismus in der Politik, so präsentabel wie möglich einrichten und führen. Das, so meinte ich auch, sollte doch einem Sozialdemokraten in Zusammenarbeit mit einem Christdemokraten, der noch dazu dem Arbeitnehmerflügel seiner Partei angehörte, ohne allzu große Schwierigkeiten gelingen.

Es gelang im großen und ganzen, aber nicht ohne Schwierigkeiten. Mock und ich stimmten in den wesentlichen Politikfeldern überein: Österreichs Mitgliedschaft in den Europäischen Gemeinschaften. Eine vernünftige Privatisierung der Verstaatlichten Wirtschaft. Bildungs- und Forschungsoffensive. Ausbau und Sicherung des Sozialnetzes. Einführung der Pflegeversicherung. Budgetdisziplin und Steuerreform, um nur die wichtigsten Eckpfeiler zu nennen.

Von all diesen Arbeitsgebieten ist über maßgebliche Fortschritte zu berichten. Anstrengende, wenn nicht außerordentlich mühsame Situationen entstanden dann, wenn Mock ohne den Ansatz einer vorhergehenden Absprache Positionen bezog, die ich in dieser Form nicht für richtig hielt, von denen er dann aber nicht einmal mit den sprichwörtlichen zehn Pferden abzubringen war. Über die Entscheidung der USA, Kurt Waldheim auf eine Liste der Personen zu setzen, denen sie die Einreise verweigerten (»Watchlist«), kann man geteilter Meinung sein. Waldheim war ein niederrangiger Offizier der deutschen Wehrmacht im Zweiten Weltkrieg gewesen, und nun, Jahrzehnte später, »setzte sich« die Weltmacht Nummer eins auf das kleine Österreich »drauf«. Man muß kein Waldheim-Verteidiger sein (der ich wirklich nicht bin), um diesen Schritt für überflüssig, ja unsinnig zu halten. Prekär allerdings war die Reaktion Alois Mocks. Er zog alle Register einer antiamerikanischen und auch antiisraelischen Politik, die sich ein Außenminister der Republik hätte versagen sollen. Der Umstand, daß ein österreichischer Bundespräsident jede Fähigkeit vermissen ließ, sich der weltweit (bloß die islamischen und kommunistisch dominierten Staaten zeigten, wenig überraschend, Sympathien) gegen ihn gerichteten Angriffe zu erwehren, hätte nicht dazu führen dürfen, daß sich der österreichische Außenminister für ihn undifferenziert in die Bresche warf. Die Wahrnehmung gesamtösterreichischer außenpolitischer Interessen hätte wichtiger sein sollen als das Mauermachen für den vormaligen ÖVP-Kandidaten. Adolf Schärf oder Franz Jonas auf der amerikanischen Watchlist ist Hypothese, eine ähnliche Kampfeslust Mocks für einen der beiden auch. Das Ganze wurde dadurch noch absurder, daß ein konservativer österreichischer Minister sich betont antiamerikanisch gab und mit den kommunistischen Regierungen, die Waldheim respektierten, Freundlichkeiten austauschte. Ich hielt es für richtig, in regelmäßigen Abständen Washington offizielle Besuche abzustatten, bei Reagan, bei Bush senior und bei Clinton, mit dem mich bis heute eine persönliche Freundschaft verbindet. Die im Streit um das Wiener Konferenzzentrum von der ÖVP wie Strauchdiebe abgekanzelten Araber wurden nun, zwei bis drei Jahre später, wieder hofiert. Sie mochten ja Waldheim.

Welche »Blüten« eine Situation wie diese treiben kann, zeigte eine Begebenheit anläßlich meines offiziellen Besuchs in Saudi-Arabien 1988. Meine Frau wurde von der Witwe des ermordeten Königs Feisal protokollarisch betreut. Die hohe Dame war von den Ereignissen rund um diese Visite sehr angetan, erwies sich als recht österreichfreundlich und ließ im Gespräch wissen, unsere Völker verstünden einander deshalb so gut, weil wir beide die Juden nicht leiden könnten …

Im Durchsetzen von Parteistandpunkten und in parteipolitisch induzierter Personalpolitik war Mock nicht Alt-, sondern Uraltpolitiker. Über Jahrzehnte haben die Außenminister verschiedener Couleurs bei der Besetzung der Funktionen im Außenamt eine Art von Drittelparität von SPÖ, ÖVP und Parteiungebundenen (Gruppe »Ballhausplatz«) beachtet. Darauf verzichtete Mock. Auch außerhalb seines Amtsbereichs war sein Denken in fraktionellen Besitzständen ehern. Als es nach dem Tod Stephan Korens um die Neubesetzung des Nationalbankpräsidenten ging, brachte ich eine parteiungebundene Variante ins Gespräch und verblüffte Mock damit. Nationalbankpräsidenten gehörten (!) doch seit jeher der Volkspartei, war die Antwort. Nach dem Abgang von Androsch als Vorstandsvorsitzender der Creditanstalt war der stellvertretende Vorsitzende Guido Schmidt-Chiari der von der gesamten Bankenlandschaft als logisch angesehene Nachfolger. Obwohl dies ein Wechsel von der SPÖ zur ÖVP war, erhob ich keinen Einwand.

Ich behaupte nun nicht, die SPÖ wäre in Personalfragen nicht ebenfalls auf die Durchsetzung ihrer Nominierungen bedacht gewesen, doch die Konsequenz Mocks stellt die sozialdemokratische Besetzungspraxis spielend in den Schatten. Das ist vor allem auch deshalb hervorzuheben, weil nach der Installierung einer ÖVP/FPÖ-Bundesregierung die Schuld am Proporz allein der SPÖ in die Schuhe geschoben wurde. Daß zum Proporz im übrigen immer wenigstens zwei gehören, sei zumindest der arithmetischen Ordnung halber angemerkt.

Mock war nicht frei davon, in der Bundesregierung immer wieder ein separates Regiment zu versuchen. Das äußerte sich in mangelnder Kommunikation mir gegenüber und in überzogener Ressortpartikularität. Während wir auf der einen Seite recht gut zusammenarbeiteten, die Besuchsdiplomatie und Arbeitsschwerpunkte miteinander abstimmten, entwickelten der Außenminister und seine Mitarbeiter im Tagesablauf eine geradezu missionarische Verteidigung der von ihnen definierten Zuständigkeiten ihres Ministeriums. Am Ende jeder kleinkrämerischen Auseinandersetzung der Mitarbeiter stand das Fazit des Außenministers, für die Außenpolitik im allgemeinen und die Europapolitik im besonderen allein zuständig zu sein. Ich konnte diesen öden Hahnenkämpfen wenig abgewinnen, und in der SPÖ wuchs die Empörung über Mock. Einige VP-Leute feuerten ihren Obmann noch an und nannten ihn Europaminister, andere ÖVP-Kollegen rieten mir, derartige, auch für sie langweilige Episoden einfach zu übergehen: »So ist der Alois halt.« Der Karikaturist Zehentmeyer brachte die Situation trefflich zu Papier: Man sah Mock und mich als Geigenspieler. Auf meinem Notenblatt stand zu lesen: Erste Geige. Auf dem Notenblatt Mocks: Zweite Erste Geige.

Es hatte den Anschein, als wären die ÖVP-Leute um Mocks Stimmungslagen in der Zeit, in der er nicht mehr Parteiobmann war, mehr besorgt als während seiner Obmannschaft. Die Rücksicht, die sie selber bei seiner Ausbootung nicht nehmen wollten, verlangten sie post festum von uns. Für irgendwelche denkmalpflegerische Anwandlungen für den Außenminister war allerdings in der SPÖ niemand zu haben.

Über die Jahre setzte sich bei der ÖVP ein bestimmter Vorbehalt fest: Das Zurückbleiben der Partei hinter der SPÖ bei Wahlen und in Meinungsumfragen sei auf die Koalition mit ebendieser SPÖ zurückzuführen. Manche verstiegen sich sogar zu dem Glauben, sie hätten die Meinungsführerschaft, während die SPÖ die Regierungsarbeit und -erfolge dem Publikum besser »verkaufen« könne. Eine solche Betrachtungsweise kann man nur beim oberflächlich Informierten anbringen. Wer hingegen weiß, wie weitreichende Regierungsbeschlüsse zustande kommen, der weiß auch, welch umfangreiche Beratungs-, Verhandlungs-, Koordinierungs-, Schlichtungsarbeit erforderlich ist, um ein gemeinsames Ziel zu erreichen. Für das Herausstellen der eigenen Leistung in diesem Prozeß ist demnach ausgiebig Raum vorhanden. Wenn die Volkspartei diesen Spielraum nicht nutzen konnte, dann war das nur ihr Problem. Wie auch immer, die ÖVP schien sich von dem Vorbehalt nicht lösen zu können, es gehe ihr hauptsächlich wegen der SPÖ schlecht. Ein Austritt aus der Koalition hätte zu vorverlegten Wahlen geführt. Das war eine schwache Option angesichts der nicht eben verheißungsvollen Ergebnisse der Meinungsumfragen. Also ereignete sich etwas für die ÖVP nicht Ungewöhnliches: Man begann über den Parteiobmann zu debattieren.

Tatsächlich trat im Mai 1989 ein, was einige Jahre zuvor kaum jemand für möglich gehalten hätte. Man überredete Mock, die Obmannschaft in der ÖVP niederzulegen und diesen Platz künftig Josef Riegler zu überlassen. Der Steirer Riegler hatte sich als Landwirtschaftsminister einen guten Namen gemacht. Er brachte den Begriff der ökosozialen Marktwirtschaft in die österreichische Politik ein. Er praktizierte einen offenen Zugang dazu, die überhöhten staatlichen Zahlungen an die Landwirtschaft zu begrenzen, und wußte, daß bei aller Parteieigenständigkeit der Konsens ein unverzichtbares Instrument in einer gemeinsamen Regierung ist. Riegler wurde Parteiobmann und Vizekanzler, Mock blieb Außenminister. Der Tiroler Franz Fischler übernahm das Landwirtschaftsressort.

Josef Riegler war ein umgänglicher, zu konstruktiver Zusammenarbeit bereiter Partner. Er hatte sich entschlossen, als Vizekanzler keine Ressortverantwortung zu übernehmen, um freiere Hand für die Koordinierung seiner Partei zu haben. Ich hatte ihm davon abgeraten. Ohne Ressort hat ein Regierungsmitglied weniger Gewicht als andere, außerdem hat die Bezeichnung »ohne Portefeuille« in der Öffentlichkeit nicht den besten Klang. Doch Riegler hatte sich bereits festgelegt.

Im Wahlkampf vor der Nationalratswahl 1990 entschloß ich mich auf Anraten meiner Parteifreunde, einen Wahlkampf um Vorzugsstimmen zu führen. Das trug Früchte: Ich erhielt als Spitzenkandidat in allen Wahlkreisen 560 789 Vorzugsstimmen, und meine Partei schloß mit 42,8 Prozent aller abgegebenen Stimmen recht gut ab, nur unwesentlich weniger als bei der vorangegangenen Wahl (43,12 Prozent). Die Freiheitlichen konnten sich erheblich steigern; von 9,73 Prozent auf 16,6 Prozent; die Grünen erhielten 4,8 Prozent. Die eigentliche schlimme Erfahrung mußte die ÖVP machen: Sie fiel von 41,29 Prozent auf 32,1 Prozent der abgegebenen gültigen Stimmen zurück. Der Mandatsabstand zwischen der SPÖ und der ÖVP vergrößerte sich von 80 zu 77 auf 80 zu 60.

Die Pille war für Riegler sicherlich mehr als bitter. Es wäre nicht die ÖVP, hätten sich nicht unmittelbar nach Bekanntwerden des Wahlergebnisses die Auguren hören lassen, die laut über einen Wechsel an der Spitze der Partei nachdachten. Für mich war die Szene ziemlich kommod. Riegler war anständig, charakterlich einwandfrei, einsatzfreudig und unter Garantie nicht Haider-anfällig. Ich hatte die Wahl gut geschlagen, der Koalitionspartner nicht. Die parlamentarische Mehrheit von SPÖ und ÖVP (140 Mandate), sicherte die Möglichkeit ab, Beschlüsse zu fassen, die einer Zweidrittelmehrheit bedurften. Ich wollte gar nicht daran denken, nach der Kür Rieglers zum ÖVP-Obmann im Mai 1989 schon bald wieder ein neues Gegenüber zu bekommen, bis mich eine Facette der Koalitionsverhandlungen stutzig machte.

Im vorherigen Kabinett hatte der parteiungebundene Egmont Foregger die Funktion des Justizministers wahrgenommen; er ging nun in den Ruhestand. Die Mode wollte es, wieder eine parteiungebundene Persönlichkeit an die Spitze des Justizministeriums zu setzen. Ich sage deshalb Mode, weil mir bis heute nicht einsichtig ist, warum nicht auch jemand, der Mitglied einer Partei ist, ein guter Justizminister sein kann. Ich schlug also Riegler als Nachfolger Foreggers wieder einen parteiungebundenen Sektionschef im Justizministerium vor: Otto Oberhammer. Wir gingen im ruhigen Vieraugengespräch alle Pro und Contra durch und entschieden uns gemeinsam für ihn. Die Nominierung kam in der Öffentlichkeit gut an; Oberhammer wurde sofort zu Stellungnahmen und Interviews eingeladen, die der sehr erfahrene Beamte mit Leichtigkeit meisterte. Alles schien in Ordnung, bis mir Riegler wenige Tage später nach einer Sitzung der Bundesparteileitung der ÖVP mitteilte, Oberhammer komme für seine Partei als Justizminister nicht in Frage. Da er Jahre zuvor von Bundeskanzler Kreisky als Generalintendant des ORF vorgeschlagen worden sei, habe er seine Parteiungebundenheit und politische Unbedenklichkeit verloren, auch wenn man anerkenne, daß er keiner politischen Partei angehöre. Riegler wirkte nicht unverstört, als er mir diese Mitteilung machte. Von der Reaktion des ÖVP-Gremiums war ich wenig überrascht. Sie paßte genau in die dumpfe parteipolitische Grundeinstellung der dortigen Granden (welch mißbräuchliche Verwendung eines Begriffs, der Größe vermitteln will). Besorgt machte mich, daß Riegler eine mit mir getroffene Vereinbarung bei denen, die ihn auf den Schild gehoben hatten, nicht durchsetzen konnte. Nikolaus Michalek, Präsident der Österreichischen Notariatskammer, erklärte sich in dieser verfahrenen Situation bereit, als Justizminister zur Verfügung zu stehen, und bewahrte somit beide Regierungsparteien, vor allem aber Vizekanzler Riegler vor einer nicht geringen Blamage.

Oberhammer blieb Chef der Präsidialsektion des Justizministeriums und erfreute sich bis zu seiner Pensionierung und darüber hinaus hohen Ansehens.

In der Folge kam es wieder einmal so, wie es kommen mußte: Die Volkspartei hielt nach einem neuen Obmann Ausschau. Man brachte es zustande, Josef Riegler nicht wegzuschicken, sondern ihn selber um die Nachfolge in einer Funktion besorgt sein zu lassen, die auszufüllen er nicht mehr den Willen hatte.

Der neue ÖVP-Obmann Erhard Busek konnte von seinen Vorgängern nicht verschiedener sein. Schon zwischen Riegler und Mock waren Welten gelegen. Kaum je kamen mit Mock Vereinbarungen im ersten Anlauf zustande. Er verhandelte nicht, er gab Standpunkte kund und stellte Forderungen. Konnte oder wollte ich sie nicht sofort und im Verhältnis eins zu eins erfüllen, hatte es keinen Sinn, weiterzureden. Je nach Thema mußten dann mehrere Wochen auf Mitarbeiterebene mit jeweiliger Rückkoppelung an Mock und mich investiert werden, ehe es – mühevoll genug – zu klaren Verhältnissen kam. Mit Riegler und Busek verhielt es sich ganz anders. Auch hier gab es nicht in allen Fällen kurzfristig eine Einigung, aber immerhin Gespräche, in denen wir ausloteten, wo es einfach, wo es schwieriger sein würde. Wenn ich nach den Vieraugengesprächen meinen Mitarbeitern berichtete, war das Signal an sie in Zeiten Rieglers und Buseks, daß Verhandlungen, in der Zeit Mocks, daß Streitigkeiten eröffnet seien.

Erhard Busek, in Wien geboren und aufgewachsen, war in der katholischen Jugend- und Studentenbewegung verankert, Generalsekretär im Wirtschaftsbund, Generalsekretär der ÖVP während der Obmannschaft von Josef Taus ab 1975. Gegen die damalige Hochform Bruno Kreiskys hatte das Duo allerdings nichts aufzubieten. Als »kalte Knackwürste mit Brille« (Eigendefinition) dümpelten sie in der Zeit der absoluten SP-Mehrheit durch die Innenpolitik und konnten bei den Nationalratswahlen den SPÖ-Vorsitzenden nicht einmal marginal gefährden.

1978 wurde Busek Vizebürgermeister von Wien und machte in dieser Funktion vor allem als Kulturpolitiker und als Kämpfer gegen geistige Enge auf sich aufmerksam. Mit Schützenhilfe des Schriftstellers und Stadtrats Jörg Mauthe wurde Busek unter dem Logo »Bunte Vögel« ein nicht unbeachteter Mittler der einen oder anderen auffälligen Botschaft. In die offizielle Außenpolitik der Republik nicht eingebunden, baute er im Lauf der achtziger Jahre Beziehungen zu nichtkonformistischen politischen Gruppierungen in den damaligen osteuropäischen Volksdemokratien auf und aus. Ich halte das bis heute für eine verdienstvolle Arbeit des späteren Vizekanzlers, der, abgesehen von der Richtigkeit der Initiative an sich, den Freiraum eines nicht in die Regierung eingebundenen Politikers vorausschauend und aus heutiger Sicht europapolitisch relevant nutzte.

Mir wurde gelegentlich vorgehalten, es in der Kontaktpflege mit den damaligen Gegnern der kommunistischen Regime, für die sich der Ausdruck Dissidenten eingebürgert hatte, Busek nicht gleichgetan zu haben. Der Vorwurf ist recht durchsichtig, will er mir doch unter anderem Nähe zu Kommunisten anhängen. Meine Einstellung bestand darin, während der Sowjetzeit zu allen volksdemokratischen Regierungen ein offenes Verhältnis zu pflegen, weil dies im Interesse Österreichs war, sowohl aus wirtschaftlichen Gründen als auch aus Gründen ordnungsgemäßer diplomatischer Beziehungen. Unterredungen und Kontakte mit regimegegnerischen Gruppen waren bei allen meinen offiziellen Besuchen ebenso auf der Tagesordnung wie das Intervenieren in allen Fällen von Menschenrechtsverletzungen und verwandten Materien.

Wie fremd konzeptive Außenpolitik manchen in der österreichischen Politik ist, zeigten übrigens die freiheitlichen Abgeordneten in einer Parlamentsdebatte. Zwischen Bundeskanzler Helmut Kohl und dem vorletzten DDR-Ministerpräsidenten Hans Modrow waren vorsichtige Bande gediehen. Die DDR zählte zu den wichtigsten Handelspartnern Österreichs im Ostblock; also ließ Modrow wissen, er würde mir gerne in Wien einen Besuch abstatten. Ich gewann dem Vorhaben einiges ab und erwähnte es Kohl gegenüber in einem Telefongespräch zu einem anderen Thema, da ich in der Deutschlandpolitik Bonns keineswegs ein Störfaktor sein wollte. Kohl reagierte hocherfreut und ermunterte mich, Modrow zu empfangen; das könne der Entspannungspolitik nur guttun. Der SED-Mann Modrow kam nach Wien und erzielte hier mit seiner vorsichtig annäherungsorientierten Einstellung gegenüber der BRD interessierte Aufmerksamkeit. Etliche Zeit später – die deutsche Einigung war längst vollzogen – ereiferten sich FPÖ-Parlamentarier in einer Plenarsitzung, ich sei der einzige westliche Regierungschef gewesen, der den in Berlin vor Gericht gestellten letzten kommunistischen Regierungschef der DDR, Egon Krenz, noch empfangen habe. In ihrem gründlichen internationalen Durchblick verwechselten sie Modrow mit Krenz.

Im übrigen empfing ich auch den allerletzten Regierungschef der DDR, Lothar de Maizière, in Wien. Als Politiker der Ost-CDU hatte er während der Honecker-Zeit keine Reisefreiheit genossen. Folglich antwortete er auf meine Frage beim Empfang am Flughafen Schwechat, ob er das erste Mal in Wien sei: »Ich bin überall zum ersten Mal.«

(Zur öden Tristesse der Politik gehört es, daß Modrow mir mehrere Jahre nach dem Fall der Berliner Mauer erzählte, sein früherer »Entspannungspartner« Kohl widme ihm bei Begegnungen keine Aufmerksamkeit mehr. Wer weiß? Vielleicht aus historischer Größe …)

Zurück zu Busek. Als er Parteiobmann wurde, sagte mir ein altgedienter VP-Kollege: »Weit hat es unsere Partei gebracht. Busek ist der neue Obmann, hat aber mehr Gegner als Freunde in der Partei.« Mit solchen Mitteilungen wollte ich mich aus gutem Grund nicht abgeben. Sie waren außerdem nicht meine Angelegenheit und hätten mir in Grenzsituationen auch gar nichts genützt. Busek war als Person eindeutig ein Gegenkonzept zu Mock. Den Europakurs strikt beizubehalten, widersprach dem nicht. Allerdings lag ihm im Gegensatz zum Vorvorgänger überhaupt nichts daran, diesen Kurs als eine Geheim- und Ausschließlichkeitsdoktrin zu vereinnahmen. Das war eine gute Grundlage, die Vorbereitungen für die Volksabstimmung über Österreichs Beitritt zur Europäischen Union im Konsens und kooperativ zu betreiben. Der Erfolg, der beim Referendum über den Beitritt erzielt wurde, nämlich eine solide Zweidrittelmehrheit der abgegebenen Stimmen, spricht für sich selber. Es war mit Abstand die größte und überzeugendste Zustimmung in allen vier Ländern, die die Mitgliedschaft anstrebten.

Die Siegesstimmung am Abend des 12. Juni 1994 war gewaltig. Die Wiener Innenstadt glich einem einzigen Jubelplatz. Mehr könnte man nur noch nach dem Cupgewinn einer österreichischen Fußballmannschaft in der Champions League erwarten. (Auch so gesehen ist es gut, den EU-Beitritt schon geschafft zu haben.) Auf dem Platz vor unserem Parteihauptquartier in der Löwelstraße hatten wir in Richtung Ringstraße und Burgtheater ein großes Zelt errichtet. Es wurde gefeiert, gelacht, getrunken und gesungen. Zu einem Zeitpunkt, in dem ich gerade nicht dort war, suchte Erhard Busek es auf. Eine gute Geste. Jemand stimmte die »Internationale« an, und Busek sang mit. Nicht zuletzt, wie er später sagte, weil die Sänger Textschwierigkeiten hatten. Wie auch immer, konservative Kreise kritisierten ihn sehr und lieferten damit ein Beispiel dafür, daß einem der Ihren nicht nachgesehen wird, wenn er – selbst in der Stunde des Jubelns und Feierns – zu nahe an den »Klassenfeind« heranrückt (in der SPÖ ist man nicht frei von analogen Regungen, per saldo aber doch weniger penibel).

Unter der Führung Buseks gewann die ÖVP nach 1986 auch im Jahr 1992 die Bundespräsidentenwahl. Er legte immer Wert darauf, seiner Partei Thomas Klestil vorgeschlagen und damit reüssiert zu haben. Das reklamierten allerdings auch andere für sich, wie man damals hören konnte, vor allem die Umgebung von Alois Mock.

Als Minister für Wissenschaft und Forschung mit Zuständigkeit für Museumsangelegenheiten war Busek der politische

Autor einer wichtigen Etappe der Universitätsreform, einer Neuregelung der Forschungsförderung und etlicher Neuordnungen im Museumswesen. Das museumspolitische Glanzstück sollte das Museumsquartier in Wien werden. Das wurde es auch – nach einundzwanzig Jahren »Austragungszeit«.

Ich stimmte mit Busek darin überein, das Museumsquartier gegen alle nur denkbaren und absurden Einwände zu errichten. In einer langwierigen und komplizierten Prozedur sicherten wir den vom privaten Sammler Rudolf Leopold zusammengetragenen Schatz an Bildern Egon Schieles und Gustav Klimts. Die Nationalbank half mit Geld, wir halfen uns selber mit starken Nerven. Vor allem in den Gesprächen mit Leopold.

Bei der feierlichen Eröffnung im Juni 2001 hielten Bundespräsident Klestil, Bundeskanzler Schüssel, der Wiener Bürgermeister Häupl und Bildungsministerin Gehrer ihre Reden. Die mit unendlicher Geduld und bemerkenswerter Resistenz gegen unqualifizierte Attacken ausgestatteten Architekten, das Brüderpaar Laurids und Peter Ortner, ernteten das verdiente Lob, ebenso wie Architekt Manfred Wehdorn. Erhard Busek war nicht anwesend. Er wollte, sagte er mir später, die Widerständler gegen das Projekt, die bei der feierlichen Eröffnung dabeisaßen, nicht sehen. Eine verständliche Einstellung.

Bald nachdem ich das Kanzleramt übernommen hatte, organisierte Rudolf Scholten, in meinem Kabinett unter anderem für die Beratung in Kunst- und Kulturangelegenheiten zuständig, einen Diskussionsabend mit renommierten österreichischen Malern. Das Thema kreiste etwas vage um die Beziehungen des Staates zur Kunst oder auch der Beziehungen der Kunst zum Staat. Das Gespräch begann spät, sodaß aus dem Diskussionsabend eine Diskussionsnacht wurde. In beredten Worten entwickelte jeder seine Vorstellungen, wie der Staat die Kunst unterstützen solle. Farbe und Temperament erhielt die Unterredung allerdings erst so recht, als Hermann Nitsch meinte: »Herr Bundeskanzler, am besten helfen Sie uns Künstlern, indem Sie uns in Ruhe lassen.« Ein Gewirr aus Gelächter, Zustimmung und Protest war die Folge. Schließlich einigten wir uns auf die Formel: »Wie läßt der Staat die Künstler am besten in Ruhe?«

Ich erzähle diese Begebenheit, weil sich an ihr die mir selbst auferlegte Verpflichtung ablesen läßt, überall dort, wo ich konnte, den Künstlern Freiräume zu schaffen und/oder sicherzustellen. (Die beiden Regierungsmitglieder Hilde Hawlicek und Rudolf Scholten waren mir dabei wertvolle Stützen und Ideenbringer.) Dies wurde auch zu einem wichtigen Prinzip meiner Regierungspolitik, ebenso wie der andere Grundsatz, materielle Unterstützung in den Bereichen, in denen es noch keinen Markt gab, bereitzustellen. Das ist hier unkomplizierter aufgeschrieben, als es real akzeptiert wird. Ernst Strouhal hält dazu in den »Themen der Zeit« fest: »Das programmatische Schweigen der österreichischen Politik zu Fragen der aktuellen Kunst und Kultur ist verständlich. Die Klientel begegnet – im Gegensatz zu anderen Ländern – der Politik historisch bedingt mit Mißtrauen und bei allem freundlichen Lächeln mit heimlicher Verachtung. Für die Kunst ist das Schweigen auch nicht weiter beklagenswert: Nur ihre Funktionäre sonnen sich gern im Schatten der Politik.«

Wie dem auch immer sei beziehungsweise war, die Politik der Freiräume schien mir auf jeden Fall richtig. Dazu kam ein weiteres Prinzip, das mir wichtig war: zu den einzelnen Künstlern und ihrer Arbeit zu stehen. Ich fand es schade, daß Bundespräsident Klestil im Rahmen der Weltausstellung in Sevilla einen Raum des Österreich-Pavillons nicht betrat, den Hermann Nitsch künstlerisch gestaltet hatte. Konservative und klerikale Stimmen hatten sich oft gegen die Arbeiten Nitschs geäußert; Grund genug für den Präsidenten, sich nicht in deren unmittelbare Nähe zu begeben. Die spanische Königin hatte hier keine Berührungsängste. Klestil war mit seiner Distanz zu Nitsch alles andere als allein; auch so manche andere Landsleute wollten mit den Schüttbildern nichts zu tun haben. Nicht unbezeichnend für das österreichische, in diesem Fall vornehmlich Wiener

Publikum ist es, daß der Künstler, der Jahre später für die gefeierte Inszenierung der Massenet-Oper »Hérodiade« in der Staatsoper ein großartiges, typisches Nitsch-Bühnenbild entwarf, plötzlich für Leute interessant wurde, die vorher ein Schüttbild »nicht einmal ignoriert« hätten.

In meiner Amtszeit übernahmen mehrere, ziemliche Aufmerksamkeit erregende Persönlichkeiten Führungspositionen in der österreichischen Kulturszene. An der Staatsoper war es das Duo Ioan Holender und Eberhard Waechter (Waechter verstarb leider während seiner Direktionszeit); zwei andere Nominierungen bewegten allerdings die Gemüter viel mehr: Claus Peymann als Direktor des Burgtheaters und Gérard Mortier als Intendant der Salzburger Festspiele. Beide waren Aufreger, beide inszenierten Theater und sich selber, in unterschiedlichen Stilformen. Peymann war Thomas Bernhard ergeben, verstand sich mit einigen Mitgliedern des Burgtheaterensembles gut, mit anderen dagegen überhaupt nicht, und sie sich nicht mit ihm. Ob Peymann private Freunde hat, weiß ich nicht, es tut auch nichts zur Sache. Mit dem »Rest der Welt« schienen ihn keine Loyalitäten zu verbinden. Das alles bleibt im Hintergrund, gemessen an der Bewegung, die er ins Wiener Theaterleben brachte. Deshalb hielt ich während seiner Direktionsperiode an ihm fest und zu ihm. Ein freundliches Wort mir gegenüber hörte ich von ihm nie. Er schien es als selbstverständlich zu erachten, daß er hier war. Alles in allem kein Choral der Schmeichelei. Doch es war richtig, daß wir ihn engagierten.

Österreichische Theaterlegenden wie Fritz Muliar, Menschen, die ich als Künstlerinnen oder Künstler besonders schätze, an der Spitze Erika Pluhar, kamen mit Peymann ebensowenig zurecht wie er mit ihnen. Sie haben, wie nicht verwunderlich, Ausstrahlung auf die Kunstszene, auf die Gesellschaft; über diese Transmissionsbänder erntete ich viel Skepsis als Peymann-»Bewahrer«. In der Partei hörte ich gelegentlich: »Scholten schadet dir.« »Wieso?« »Na weil er doch den Peymann schützt, den die meisten von uns ablehnen.« »Ich schütze ihn auch.«

»Um Gottes willen ...« Dem ist nur entgegenzuhalten: Erinnert euch an die »Hermannschlacht«, an »Richard III.«, an »Ritter, Dene, Voss« ...

Mortier versetzte die meisten, die direkt oder indirekt mit den Salzburger Festspielen zu tun hatten, in Aufregung, wenn nicht in Entsetzen, bis hin zu den Gastronomen, denen die Vorstellungen zu spät endeten und die deswegen einen, wie sie sagten, erheblichen Teil ihres Abendgeschäfts einbüßten. Das mag alles zutreffen. Aber zum einen reagierte die Fachpresse der Welt auf die künstlerische Richtung, die Mortier Salzburg gab, außerordentlich positiv. Zum anderen stimme ich Wolfgang Kos zu, der in den »Themen der Zeit« ausführt: »Ein Schlüsselbegriff des Kulturbooms der letzten Jahre ist der der ›Umwegrentabilität‹. Es ist üblich geworden, die Notwendigkeit von kunstpolitischen Vorhaben mit dem Argument der Rentabilität zu begründen und abzusichern, etwa im Zusammenhang mit Tourismus, Standortimage, Regionalplanung oder Arbeitsplatzsicherung. So hilfreich Studien sein mögen, die bestätigen, daß durch Festspiele die Wirtschaft einer ganzen Region Impulse erhält oder daß der Großteil von Ausstellungsbudgets an lokale Gewerbebetriebe (und nicht an Künstler) geht: es ergibt sich für die Kunst die Problematik, daß sie allzu leicht zum konjunkturellen Trittbrettfahrer wird, daß ihre Sinnhaftigkeit also ständig mit Argumenten begründet werden muß, die mit Kunst eigentlich nichts zu tun haben. Kunst ist aber über- und unterfordert, wenn sie permanent als Vorwand für anderes betrachtet wird, wenn die Begründungszusammenhänge stets über mehrere Banden laufen müssen.«

Die Offenheit des Kunstklimas, die ich zu sichern hoffte (dazu gehört auch, daß man mißglückte Aktionen eingesteht, etwa das verpatzte Meeting einer österreichischen Kulturbeamtin mit Günter Brus bei der documenta in Kassel), führte zu zahllosen persönlichen Kontakten mit und zu dauerhaften Beziehungen zu Künstlern, die alle aufzuzählen über den Rahmen dieser Aufzeichnungen hinausgehen würde. Abgesehen von der persön-

lichen Bereicherung, die solche Bekanntschaften und Freundschaften bewirken, gelang es in so manchen wichtigen Fällen,
den Ruf österreichischer Kunst über die Grenzen des Landes
hinauszutragen. Das erstreckt sich von den Auftritten bei der
Biennale in Venedig bis zur Frankfurter Buchmesse. Die österreichische Bundesregierung des Jahres 2003 hingegen will, so
ist zu lesen, den Schwerpunkt ihrer Kulturförderungspolitik in
die österreichische Provinz verlegen.

Der mit Abstand unangenehmste Zeitabschnitt für die Partei-
spitzen der beiden Koalitionsparteien war das letzte Drittel des
Jahres 1994. Ich schreibe nur über mich, nicht über Busek;
sollte es Analogien geben, würde mich das nicht wundern. Der
grandiose Erfolg beim Referendum über den EU-Beitritt im Juni
war, so schien es danach, eine denkbar schlechte Voraussetzung
für die Nationalratswahl im Oktober desselben Jahres. In beiden
Regierungsparteien war eine gewisse Wahlkampfsättigung un-
übersehbar. Das überzeugende Ergebnis beim Referendum
wurde unterbewußt als eine ebenso überzeugende Mehrheit für
die Regierung fehlinterpretiert. Niemand sagte das so, aber de
facto teilten viele Funktionäre die Zweidrittelmehrheit für den
EU-Beitritt einfach auf die beiden Regierungsparteien auf, legten gedanklich noch etwas dazu und erhofften ein gutes Natio-
nalratsergebnis. Im nachhinein mußte ich über mich selber feststellen, nicht so konzentriert und überzeugend wahlgekämpft
zu haben wie bei früheren und späteren Urnengängen. Ich ließ
mir zu Zwecken der Nachwahlanalyse Aufzeichnungen von
Fernsehdiskussionen vorlegen und konstatierte eine mir uner-
klärliche sträfliche Passivität.

Busek ließ im Wahlkampf verlauten, er werde auch nach
der Nationalratswahl ohne Wenn und Aber an der Koalition mit
der SPÖ festhalten. Angesichts der gemeinsam geschlagenen
Volksabstimmung und angesichts auch seiner Grundabneigung,
mit der Haider-FP zu koalieren, hatte diese Aussage durchaus
Logik. Allein, sie wurde ihm übelgenommen, man warf ihm

eine Vorwegnahme des Wählerwillens vor. Tatsächlich wird es eine willkommene Gelegenheit für jene gewesen sein, die ihm am Zeug flicken wollten.

Das Wahlergebnis war für beide Regierungsparteien niederschmetternd. Die SPÖ verlor 7,9 Prozentpunkte und landete bei 34,9 Prozent, die ÖVP büßte 4,4 Prozentpunkte ein und erreichte 27,7 Prozent. Die Freiheitlichen gewannen 5,9 Prozentpunkte dazu und zogen mit insgesamt 22,5 Prozent in den neuen Nationalrat ein. Die Grünen kamen auf 7,3 Prozent und das Liberale Forum auf sechs Prozent.

Der Wahlausgang war eine sehr bittere Medizin für mich, zeigte er doch auch mit jener Härte, die die Politik zu bieten hat, wie knapp innerhalb weniger Monate Erfolg und Niederlage beieinander liegen können. Und er zeigte, last but not least, daß die Politik keine Fehleinschätzungen und daraus resultierende Fehler verzeiht. Dazu kommt, daß das System es mit sich bringt, geradezu verlangt, sich unmittelbar nach Bekanntwerden des Mißerfolgs der Öffentlichkeit zu stellen, obwohl man die Abgeschiedenheit seines Zimmers, mit engen Mitarbeitern oder allein, vorziehen würde. Es hilft nichts, der Marsch durch die dichten Spaliere der wartenden Journalisten, Politikerkollegen, Sicherheitsleute und Adabeis muß absolviert werden. Im grellen Schein der für das Fernsehen installierten riesigen Lampen gibt man seine Erklärungen ab, während die Gedanken möglicherweise woanders sind. Ich lernte die Einsamkeit inmitten vieler Menschen kennen.

Noch am Abend des 9. Oktober 1994 lud ich meine sozialdemokratischen Kabinettskollegen und andere Getreue zu einer Aussprache ein und bot meinen Rücktritt an. Sie wollten davon nichts wissen; die Lage würde sich dadurch nicht bessern. In sehr kurzer Zeit kam ich mit Busek überein, die Koalition in der SPÖ/ÖVP-Konstellation fortzusetzen. Bundespräsident Klestil beauftragte mich wieder mit der Regierungsbildung; am 29. November 1994 wurde die neue Regierung angelobt.

Die politische Arbeit für eine Regierung, deren beide Parteien empfindlich verloren hatten, sollte härter, der parlamentarische Ton rauher werden. Die Zweidrittelmehrheit, über die SPÖ und ÖVP gemeinsam verfügt hatten, war eingebüßt. Die Stimmung im von achtzig auf 65 Mandatare geschrumpften sozialdemo-kratischen Parlamentsklub war verständlicherweise getrübt. Die österreichische Mitgliedschaft in der EU war seit 1. Jänner 1995 Realität, die große Begeisterung begann der Alltagsnormalität zu weichen. Für einigen Ärger sorgte es, daß die eine oder andere Neuerung sich als doch nicht so positiv erwies, wie es in der Werbung vor der Volksabstimmung dargestellt worden war.

Verlorene Nationalratswahlen und kaum Erfolgserlebnisse: Niemand war darüber verwundert, daß die alte Logik der Volks-partei wieder in Kraft trat und eine Obmanndebatte begann. Im Mai 1995 war es wieder soweit. Busek legte die Funktion des Parteiobmanns nieder, der bisherige Wirtschaftsminister Wolf-gang Schüssel wurde zum Obmann gewählt, fungierte als Vize-kanzler und übernahm das Amt des Außenministers von Alois Mock, der sich auf einen Sitz im Nationalrat zurückzog. Neuer Wirtschaftminister wurde Johannes Ditz, bisher Staatssekretär im Finanzministerium.

Ich persönlich hielt die Art und Weise, wie sich die Volks-partei ihres Obmanns Busek entledigte, nicht für fair. Einige ÖVP-Leute gaben mir sogar recht, fügten allerdings hinzu, Busek habe die Portion Unfairneß zurückerhalten, mit der er selber Jahre hindurch andere bedacht habe.

Dem Verdacht, außen- und integrationspolitisch stark inter-essiert zu sein, setzte sich Schüssel in den Jahren 1995 bis 2000, in denen er Außenminister war, nicht übermäßig aus. Hingegen begann er bald nach seiner Angelobung in den Vieraugen-gesprächen mit mir, aber auch bei anderen Gelegenheiten an Finanzminister Staribacher herumzukritisieren, vorerst in Nadel-stichstrategie, danach zunehmend heftiger. Tatsächlich war es erforderlich, für die Jahre 1996 und die folgenden das Budget weiter zu verbessern. Anders ausgedrückt, die Defizitentwick-lung zu bremsen. Schüssel trug seine Vorstellungen jedoch in einer Art und Weise an mich heran – ich war ja ohnehin grundsätzlich der gleichen Meinung –, die mich in ihrer Mischung aus Kritik (an Staribacher) und ultimativen Untertönen (»es muß diese Regierung ja nicht unbedingt geben« oder »manche meiner Leute können sich auch eine andere Koalition vorstellen«) befremdete. Ich beauftragte den Finanzminister, eine auf den letzten verfügbaren Daten aufbauende Budgetvorschau zu erstellen. Diese Vorschau ergab einen bestimmten Konsolidierungsaufwand, es bedurfte also defizitsenkender Maßnahmen. Einigung bestand darüber, daß der Schwerpunkt bei Kürzungen auf der Ausgabenseite gesetzt werden sollte; es waren also keine erheblichen Steuer- und Gebührenerhöhungen vorgesehen.

Wie in früheren Zeiten auch, lud ich die Präsidenten der vier Sozialpartnerorganisationen zu Beratungen über die Situation der Staatsfinanzen ein und ersuchte sie um haushaltspolitische Vorschläge aus ihrer Sicht. Die Budgetvorschau des Finanzministers und der darin enthaltene Konsolidierungsbedarf sollten die Grundlagen für ihre Evaluierungen und Einsparungsvorschläge sein. Die Präsidenten – Lore Hostasch, Arbeiterkammer, Leopold Maderthaner, Bundeswirtschaftskammer, Rudolf Schwarzböck, Präsidentenkonferenz der Landwirtschaftskammern Österreichs, Fritz Verzetnitsch, Österreichischer Gewerkschaftsbund – taten sich von der ersten Minute an schwer, Ausgabenkürzungen vorzuschlagen, kollidierten diese doch in jedem einzelnen Fall mit den Interessen der von ihnen vertretenen Gruppen. Nach einer gewissen Zeit des Sondierens und Kalkulierens entstand für sie ein rettendes Unheil: Staribacher mußte nach einer neuerlichen Überprüfung seines Zahlenwerks zugeben, daß der Konsolidierungsbedarf um rund fünf Milliarden Schilling höher war als im ersten, den Sozialpartnern übersandten Entwurf. Blitzartig setzten sich die Sozialpartnerpräsidenten von dem vorher übernommenen Auftrag ab; die Voraussetzungen stimmten ja nicht mehr, so ihr Argument. Die Vorschaupanne des Finanzministers war zwar peinlich, die Absetzbewegung der Sozialpartner jedoch lächerlich. Die Abweichung vom usprünglichen Entwurf war nicht annähernd gravierend genug, um sich sogleich von einer Aufgabe zu verabschieden und damit den eigenen Stellenwert in Frage zu stellen. Es sei denn, und das ist meine Beurteilung, dieser Stellenwert hat real gar nicht mehr existiert.

Die Lösungskapazität, die man ihnen nachsagte, hatten die Sozialpartner längst eingebüßt. Die parlamentarische Demokratie übernahm nicht mehr undifferenziert außerhalb des Parlaments erzielte Einigungen, wie das in den sechziger und siebziger Jahren der Fall gewesen war. Außerdem hatten die Modernisierung in der Industrie, die Internationalisierung und die Emanzipation der unternehmerischen Führungskräfte dazu geführt, daß der korporatistische Zuschnitt des österreichischen Systems aufgeweicht wurde. Auf der Seite der Bundeswirtschaftskammer war das stärker zu verspüren als in Gewerkschaft und Arbeiterkammer. Das modern geschulte Vorstandsmitglied einer Kapitalgesellschaft oder der selbstbewußte Jungunternehmer haben mit der Wirtschaftskammer weniger gemein als Belegschaftsvertreter mit ihrer Gewerkschaft oder rechts- und auskunftssuchende Arbeiter und Angestellte mit der Arbeiterkammer. Das Auseinanderdriften war in den Verhandlungen im Jahr 1995 stark spürbar. Ich bezeichnete die Kontrahenten während einer Aussprache mit ihnen gelegentlich nicht als Sozialpartner, sondern als Sozialgegner und erntete nicht einmal viel Widerspruch.

Im nachhinein ärgerte ich mich über mich selber, weil mir bewußt hätte sein müssen, daß die Sozialpartnerschaft zu diesem Zeitpunkt für kontroversielle, aber notwendige budgetpolitische Maßnahmen auf gemeinsamer Basis nicht mehr zu haben war. Die aus meiner Sicht inakzeptablen Vorstellungen Schüssels wurden vom Präsidenten der Wirtschaftskammer, Leopold Maderthaner, so kategorisch mitgetragen, daß er keine Bewegungsfreiheit für Verhandlungen mit den Arbeitnehmervertretern mehr hatte. Ob er im Wirtschaftsbund und damit in der ÖVP überhaupt noch Spielraum gehabt hätte, weiß ich nicht. Meine persönliche Einschätzung: Er hatte keinen. Er gehorchte der von Schüssel ausgegebenen Parteilinie. Dies alles wissend oder zumindest sehr konkret ahnend, hätte ich bei dem alten Spiel »Die Sozialpartner sollen einen Vorschlag machen« nicht mehr mitwirken sollen. Die Fortsetzung dieser in früheren Zeiten hilfreichen Praxis hat bloß dazu geführt, daß wir leere Kilometer zurücklegten. Ich habe dieses Thema oft mit meinen Freunden aus dem ÖGB diskutiert und sie, namentlich Fritz Verzetnitsch, zeigten sich bisweilen beleidigt und befremdet über meine zurückhaltende Einschätzung der Sozialpartnerschaft in den neunziger Jahren. Ihre Verdienste in der Aufbauzeit, beginnend mit der Einrichtung der Paritätischen Kommission für Lohn- und Preisfragen im Jahr 1957 über die Arbeitsverfassung bis zum EU-Beitritt am 1. Jänner 1995, sind unbestritten. Insbesondere die Unterstützung der Regierungsarbeit mit dem Ziel, Österreich zum Mitglied der Europäischen Union zu machen, ist ein historisches Faktum. Trotzdem bleibe ich bei meinem Urteil.

In einer Verhandlung der Koalitionspartner legte Staribacher neuerlich ein Papier als Diskussionsgrundlage vor. Schüssel stimmte damit überhaupt nicht überein und geriet in der anschließenden Diskussion außer Rand und Band. Jahre später zimmerte er sich das Erscheinungsbild des allzeit Gelassenen zurecht; in der damaligen Situation jedoch war er nicht gelassen, sondern verlassen, nämlich von allen guten Geistern: Er hob mit spitzen Fingern die vorgelegten Seiten hoch und zerriß sie. Keine Frage, daß ich das Gespräch sofort für beendet erklärte.

Trotz dieser indiskutablen und den Koalitionspartner abqualifizierenden Vorgangsweise fühlte ich mich immer noch verpflichtet, zu einer gemeinsamen Lösung zu gelangen, tat dies aber mit zunehmender innerer Überzeugung, die andere Seite habe – wenn überhaupt noch – nur mehr wenig Interesse an einem Budget 1996 und am Fortbestand der gemeinsamen Regierung. Daher war auch ich nicht mehr bereit, Zugeständnisse zu machen. Wozu noch ein Geschenk an den anderen, wenn der nur mehr apathisch am Tisch sitzt? Es folgten noch einige wenige Zusammenkünfte im Bundeskanzleramt und in den Büros Maderthaners und Verzetnitschs. Sie brachten nicht den geringsten Fortschritt. Eines Nachts wurden die Mappen zugeklappt, und der Innenminister erhielt den Auftrag, einen Wahltermin vorzuschlagen.

Schüssel gab sich sehr selbstsicher. Er tat so, als wäre er im Besitz von Meinungsumfragen, die ein ihn beruhigendes Ergebnis der Wahlen erwarten ließen. In der veröffentlichten Meinung waren die Einstellungen zu seinem Koalitionsbruch gemischt. Die *Kronenzeitung* stand auf seiner Seite, weil es ihrer Auffassung nach Zeit für einen Wechsel an der Regierungsspitze sei. (Zur Jahreswende 1999/2000 las man es anders. Nach der Übernahme der Kanzlerschaft im März 2000 schnitt Schüssel im Massenblatt viel besser ab, ab der Jahreshälfte 2001 war er im Kleinformat unten durch, und im Jahr 2003 wieder persona grata. Schöne Hochschaubahn: Sie landet immer an der Einsteigstelle.)

Die SPÖ war für die Dezemberwahl 1995 gut motiviert. Viele wollten die Schlappe von 1994 auswetzen. Schüssel hatte in den Budgetverhandlungen einige Änderungen sozial- und arbeitsmarktpolitischer Natur verlangt, denen ich nicht stattgegeben hatte. Daraus wurden einige griffige Wahlkampfslogans fabriziert, ebenso aus dem Umstand, daß Schüssel eine Koalition der ÖVP mit der Haider-FP nie wirklich ausgeschlossen hatte. Zu all dem kam, daß nach langjähriger Erfahrung derjenige, der eine Wahl vorzeitig vom Zaun bricht, mit einem gewissen Malus in die Auseinandersetzung geht.

In einem Fernsehduell mit Schüssel ging es mir anfangs schlecht. Ich war mit Fieber angetreten und hatte überflüssigerweise vorher ein heißes Getränk zu mir genommen. In Verbindung mit den starke Hitze erzeugenden Scheinwerfern führte das zu dem von allen in diesem Medium auftretenden Menschen teuflisch gefürchteten Schweißausbruch. In der Sauna ja, im Fernsehen nein. Zu meinem Glück klang diese physische Unzulänglichkeit in der Mitte der Sendung ab, und der Auftritt wurde insgesamt noch positiv.

Schüssels Optimismus hielt während des Wahlkampfs an. Zwei Tage vor dem 17. Dezember 1995, dem Wahlsonntag, flogen wir gemeinsam zu einer EU-Ratssitzung nach Madrid. Er war so gelöst, daß er im Flugzeug ein Kinderbuch illustrierte.

Bei der Nationalratswahl 1995 legte die SPÖ 3,2 Prozentpunkte zu und kam auf 38,1 Prozent und 71 Mandate, ein Plus von sechs Sitzen. Schüssels hochfliegende Pläne gingen nicht in Erfüllung. Mit 28,3 Prozent war die Volkspartei nur um 0,6 Prozentpunkte besser als bei der Wahl 1994; der Mandatsstand erhöhte sich um einen Sitz, von 52 auf 53. Die Haider-FP verzeichnete ein Minus, wenn auch mit 0,6 Prozentpunkten bloß geringfügig, in Mandaten ausgedrückt ein Verlust von zwei Sitzen auf vierzig. Die Grünen kamen auf 4,8 Prozent, verloren vier Mandate und hatten nun deren neun, das Liberale Forum erreichte mit 5,5 Prozentpunkten zehn Mandate, eines weniger als vorher.

Weihnachten 1995 zog ins Land. Von Schüssel war geraume Zeit nach der Wahl nichts zu sehen, nichts zu hören. Verständlicherweise. Seine lang angelegte Strategie hatte Schiffbruch erlitten. Kaltschnäuzigkeit, insbesondere in der Sozialpolitik, wurde nicht als Professionalität gewürdigt. Die Position, Haider gegenüber offen zu sein, gab dem VP-Chef keine Triebkraft, im Gegenteil: Die VP-Stammwähler, die das nicht wollten, blieben zu Hause oder wählten einfach nicht ÖVP. Diejenigen Wähler, die Haider in der Regierung wollten, wählten Haider. Nach geraumer Trauerarbeit stand Schüssel als Verhandlungspartner dann wieder zur Verfügung.

Ich hatte angesichts der gesamtpolitischen Wichtigkeit der Budget- und Finanzangelegenheiten Andreas Staribacher aus der Regierung abgezogen und Verkehrsminister Viktor Klima mit der Funktion des Finanzministers betraut. Staribachers Ausscheiden aus dem Kabinett tat mir sehr leid, hatte ich ihn doch seinerzeit als große Nachwuchshoffnung berufen. Seine profunde Ausbildung als Wirtschaftsprüfer, sein sprühender Intellekt und sein offenes Wesen hatten mich sehr für ihn eingenommen. Die Trennung seines bürgerlichen Berufs vom Ministeramt hatte er tadellos geregelt. Als Sohn des langjährigen Handelsministers der Ära Kreisky, Josef Staribacher, hatte er eine gediegene SPÖ-Punzierung, wenngleich keine traditionelle Parteikarriere hinter sich.

Eine der wesentlichen Wahlkampfparolen im Spätherbst 1995 hatte gelautet: »Sparen ja, aber sozial gerecht«. Die vom neuen Finanzminister Klima entworfenen und dann mit der ÖVP ausgehandelten Bundesbudgets für die Jahre 1996 und 1997 trugen dieser Wahlkampfparole Rechnung. Das entsprach nicht nur der finanzpolitischen Richtigkeit und Notwendigkeit an sich, sondern war auch die Grundlage für Österreichs Teilnahme an der künftigen gemeinsamen europäischen Währung.

Ein neuer Bundespräsident

Im Sommer 1991 erreichte mich ein telefonischer Anruf von Bundespräsident Kurt Waldheim. Er teilte mir mit, er wolle sich nach Ablauf seiner Funktionsperiode im Juli 1992 nicht neuerlich einer Kandidatur für das Amt des Bundespräsidenten stellen. Er nannte keinen konkreten Grund; ich bin allerdings ziemlich sicher, daß er von einer Wiederkandidatur deshalb absah, weil er nicht noch einmal eine Diskussion über seine Person riskieren wollte. Die sogenannten »gewöhnlich gut informierten Kreise« ließen damals wissen, die ÖVP würde Waldheim im Fall einer Wiederkandidatur selbstverständlich freudig unterstützen, und sollte er nicht wieder antreten wollen, wäre – so hieß es – ihre Freudigkeit nicht geringer. Wie auch immer, das Thema war vom Tisch. Zug um Zug setzten Rätselraten und Spekulation ein, wen die SPÖ, wen die ÖVP nominieren würde, und würden die Freiheitlichen jemanden ins Rennen schicken?

Es entstand eine Situation, die ich für die österreichische innenpolitische Landschaft als typisch bezeichne. Im Zeitraffer sieht das so aus: Kaum wird die Notwendigkeit einer wichtigen Personalentscheidung bekannt, wollen die Medienvertreter auch schon den Namen wissen. Die Entscheidung liegt allerdings noch nicht vor. In der nächsten Phase begeben sich diese Träger der öffentlichen Diskussion auf eigene Faust auf Erkundungstour. Dabei werden sie mit Hinweisen, Andeutungen, geheimnisvollen Tips und so weiter versorgt; von Unzuständigen, weil die Zuständigen ihnen ja nichts sagen. Das Spekulationskarussell setzt sich in Bewegung, und der Innenpolitik liebstes Thema, Personalangelegenheiten, ist auf der Welt. Den Medienleuten ist kaum ein Vorwurf zu machen, ihre selber kaum kundigen

»Hintergrundinformanten« spielen voll mit. Wie wichtig dünken sich manche, wenn sie glauben, Geheimnisträger zu sein! Der Träger eines Geheimnisses muß dieses freilich gelegentlich preisgeben, sonst wüßte ja niemand, daß er einer ist. Das Namedropping hat in der Frühphase überdies noch den Zweck, eine Person rechtzeitig zu forcieren oder zu verhindern.

Außenminister Mock und ich hatten nach einigen diesbezüglichen Ungereimtheiten zu Beginn unserer Regierungsarbeit ein System vereinbart, Reisepläne und die Auswahl der Zielländer für offizielle oder Arbeitsbesuche zu koordinieren. Das funktionierte. Ich ersuchte Mock auch regelmäßig, einen eingearbeiteten und repräsentativen Beamten des Außenministeriums zu nominieren, den ich dann in meine Delegation aufnahm. Bei Reisen in die größeren Staaten fiel die Wahl auf Generalsekretär Thomas Klestil. Es war bekannt, daß Mock und Klestil einander in Sachfragen nicht optimal verstanden, nicht zuletzt weil der Generalsekretär die in vielen Fällen ausgesprochen inflexible politische Einstellung seines Ministers nicht recht teilen wollte. Dies mag auch dazu beigetragen haben, daß Klestil einige Zeit hindurch in Medien als Abgänger aus dem Ministerium und möglicher Kandidat für den Einzug in den Vorstand der Austrian Airlines gehandelt wurde.

In einem Vieraugengespräch am Rand eines Besuches erörterten Klestil und ich die innenpolitische Lage in Österreich und die bevorstehende Präsidentschaftswahl. Die formlose Unterredung führte uns schließlich zur Frage eines gemeinsamen Kandidaten beider Regierungsparteien. Sollte in einem solchen Ausleseprozeß er in die engere Wahl gezogen werden, könne er sich vorstellen, zur Verfügung zu stehen, sagte Klestil in diesem sehr vorsichtig und unverbindlich geführten Gespräch. Auf meinen Hinweis, daß die bisherigen österreichischen Bundespräsidenten nach Wahl und Amtsantritt ihre Parteimitgliedschaften zurückgelegt hätten, meinte Klestil, das sei auch für ihn selbstverständlich. Gegebenenfalls auch schon vor der Wahl.

Später erörterten wir dieses Thema nicht mehr, und ich verfolgte den Gedanken nicht weiter, weil ich es nicht für richtig und angemessen gehalten hätte, meiner Partei einen Kandidaten mit langjähriger ÖVP- und CV-Mitgliedschaft vorzuschlagen. Die sozialdemokratischen Funktionäre hätten – mir aus der Seele sprechend – sicherlich die Frage gestellt, ob denn in dieser großen Partei wirklich kein geeigneter Kandidat aufzutreiben sei. Als die SPÖ 1998 keinen Kandidaten nominierte, beklagten sich viele Parteigänger bei mir über die für sie erstmals entstandene Situation, nicht weltanschaulich wählen zu können. Ich konnte ihnen nur zustimmen.

Eine zweite Episode im Zusammenhang mit der Präsidentschaftskandidatur für 1992 war der Besuch von Nationalratspräsident Anton Benya in meinem Büro am Ballhausplatz. Benya und mich hatte stets ein herzliches Verhältnis verbunden. In dementsprechend liebenswürdigem Ton trug er auch den Anlaß seiner Vorsprache vor, wohl wissend, so behaupte ich, daß er mit seiner Botschaft bei mir nicht gut ankommen werde. Er hat auch in den Jahren danach nie wieder eine Silbe davon wiederholt.

Benya wollte mich »im Namen von Freunden« – er nannte keinen und ich wollte keinen wissen – dazu gewinnen, als Präsidentschaftskandidat anzutreten. Erstens beurteilten er und seine »Freunde« meine Chance, die Wahl zu gewinnen, als vielversprechend, zweitens würde es für künftige Regierungsbildungen gut sein, wieder einen Vertreter der Sozialdemokratie im Leopoldinischen Trakt der Hofburg, dem Sitz des österreichischen Staatsoberhaupts, zu wissen. Der erste Punkt ehrte mich und war wegen der mich betreffenden Umfragedaten nicht sofort von der Hand zu weisen. Gegen den zweiten war prinzipiell nicht zu argumentieren. Trotzdem wollte ich dem Ansinnen unter keinen Umständen nähertreten. Wir hatten im Jahr 1990 gut gewählt, verfügten mit der Volkspartei im Nationalrat über die Zweidrittelmehrheit und hatten den Großteil unserer Aufmerksamkeit und unserer Kapazität auf die Verhandlungen zum Beitritt zu den Europäischen Gemeinschaften zu konzentrieren. Wirklich große Aufgaben standen auch in anderen Bereichen an. Die enorm ansteigende Belastung durch den Güterverkehr auf der Straße machte uns in Westösterreich zu schaffen. Sozialpolitisch war die große Innovation der Pflegeversicherung unter Dach und Fach zu bringen. Die Verstaatlichte Industrie unternahm die ersten Börsengänge, und die Ereignisse am Balkan waren auch nicht eben geeignet, uns ruhig schlafen zu lassen, um nur die auffälligsten Eintragungen im Regierungspflichtenbuch zu nennen. Alles in allem hatte ich nicht den Eindruck, in diesem politischen Umfeld von Bord gehen zu können. Das sagte ich Anton Benya, und ich stellte außerdem die Frage, wer denn nach seiner und der »Freunde« Auffassung nach mir Bundeskanzler werden sollte. »Rudolf Streicher«, meinte er. Und wer Parteivorsitzender? Darauf hatte er keine Antwort parat. Damit war der Besuch zu Ende.

Nach einer längeren Nachdenkphase und etlichen Sondierungen bei und mit meinen Stellvertretern in der Parteiführung entschloß ich mich, Rudolf Streicher als Kandidaten für das Präsidentenamt zu gewinnen. Ich fühlte mich dabei sicher, weil ich vorher vom IFES (Institut für empirische Sozialforschung) eine breit angelegte Meinungsbefragung hatte durchführen lassen, die eine klare und eindeutige Präferenz der österreichischen Wähler für Rudolf Streicher gegenüber sämtlichen anderen denkbaren und tatsächlichen Kandidaten auswies. Um nur das wichtigste Detail aus dieser demoskopischen Untersuchung herauszugreifen: Gegenüber Thomas Klestil, der mittlerweile zum Kandidaten der Österreichischen Volkspartei nominiert worden war, hatte Streicher einen Vorsprung von sagenhaften zwölf Prozentpunkten. Andere Kandidaten waren noch weiter abgeschlagen.

Rudolf Streicher die Kandidatur nahezulegen, war für mich ein schwieriges Unterfangen. Mein Pro-Argument war gleichzeitig sein Contra-Argument. Ich führte ihm das objektiv belegbare Bild des erfolgreichen Ministers und kraftstrotzenden

Machers vor Augen, um damit seine Erfolgschancen zu untermauern. Er genoß das Macherbild, wollte aber gerade deswegen sein Ministeramt behalten. Wann immer er sich mit anderen beriet – es war unschwer zu erkennen, daß es »die Freunde« waren, die Benya zu mir geschickt hatten –, kam er mit neuen Gegenargumenten zu mir zurück.

Das Bundesparteipräsidium der SPÖ und der Bundesparteivorstand waren außerordentlich positiv zu meinem Vorschlag eingestellt. Ich kam im rund siebzigköpfigen Parteivorstand gar nicht dazu, über Streicher formell abstimmen zu lassen, allein die Nennung des Namens bewirkte eine überwältigende Zustimmung per Akklamation. Als er mitten in den Applaus hinein den Klubsitzungssaal im Parlament betrat, wollte die Begeisterung kein Ende nehmen. Kaum eine oder einer, die in dieser Stunden nicht sicher waren, diese Woge der Zustimmung und der Sympathie würde unseren Kandidaten in die Hofburg tragen.

Die reale Entwicklung verlief anders. Der zunächst unbekannte und als farbloser Diplomat eingestufte Gegenkandidat Klestil erwies sich als außerordentlich geschickter Wahlkämpfer und Fernsehdiskutant, der erkennen ließ, er wolle unbedingt Bundespräsident werden. Diesen sichtbaren Willen hatte er all seinen Mitbewerbern voraus. Seine Betreuer zogen ein außerordentlich gekonntes Wahlkampfmanagement auf, und er bewährte sich in öffentlichen Auftritten mit Diskussionsgeschick und fließender Rhetorik. Seine als intakt hingestellte Ehe und Familie spielten in der Wahlauseinandersetzung eine beachtliche und beachtete Rolle. Zumindest die funktionierende Ehe erwies sich als Fehlanzeige. Wie auch immer, Thomas Klestil wurde Bundespräsident mit 56,9 Prozent der abgegebenen Stimmen im zweiten Wahlgang; im ersten Wahlgang hatte Rudolf Streicher noch mit 40,7 Prozent eine knappe Mehrheit erzielt. Klestil war bei 37,2 Prozent gelandet, die Kandidatin der FPÖ, Heide Schmidt, bei 16,4 Prozent.

Streicher hatte schlecht abgeschnitten, weil Klestil offensichtlich das Publikum in natura und im Fernsehen besser für sich zu gewinnen verstand. Die Betreuung Klestils und sein Kampagnemanagement dürften tadellos gewesen sein, wogegen es zwischen Streicher und seinen Begleit- und Unterstützungsteams nicht spannungsfrei ablief. Ein weiteres Handicap Streichers bestand in der bekannt kritischen Einstellung der SPÖ zu den Freiheitlichen. Die Stimmen der FPÖ-Wähler wanderten im zweiten Wahlgang – also nach dem Ausscheiden der FP-Kandidatin Heide Schmidt – zu einem erheblichen Teil zu Klestil.

Wie immer nach Mißerfolgen in der Politik tauchten im Anschluß daran Meinungen auf, man habe das »immer schon gewußt«. Schuldzuweisungen ließen nicht auf sich warten. Selbstverständlich konnte ich mich von der Schlappe Streichers und damit der Schlappe der Sozialdemokratie nicht einfach distanzieren, war doch seine Kandidatur eindeutig mein Vorschlag. Allerdings waren der Vorschlag nicht falsch und die Siegeserwartung berechtigt gewesen. Die Trauer über die Niederlage wurde auch durch den Umstand nicht gemildert, daß der Wiener Bürgermeister Zilk nach der Nominierung Streichers öffentlich bekundet hatte, eigentlich sei diese Kandidatur seine Idee gewesen; nachher meinte er, die Erwartungen seien wegen des miserabel geführten Wahlkampfs nicht aufgegangen. Besonderen Tadel lud Bundesgeschäftsführer Cap auf sich, der am Wahltag beim Wiener Stadtmarathon mitlief.

Bei Mißerfolg läßt auch der Schmutzkübel nicht lang auf sich warten. So hörte ich die Version, ich hätte Streicher nur deshalb in den Präsidentschaftswahlkampf »gehetzt«, um mir einen Konkurrenten für das Amt des Bundeskanzlers vom Hals zu schaffen. Ich habe solches nie ernst genommen, nicht nur, weil Streicher mir wiederholt versicherte, dieses Amt nicht anzustreben. Ich habe sie nicht etwa deshalb nicht ernst genommen, weil ich aus verblendeter Machtvollkommenheit oder dumpfer Naivität heraus nicht hätte wahrnehmen wollen, daß exponierte politische Positionen keine Existenzversicherung bedeuten. Wäre wirklich die Frage der Fragen gestellt worden, hätte ich eben den Kampf aufgenommen und wahrscheinlich so schlecht nicht abgeschnitten.

Obwohl also die Bundespräsidentenwahl 1992 für die Sozialdemokraten mit einem Rückschlag ausging, halte ich dennoch eine bleibende Wirkung, so simpel sie erscheinen mag, für wichtig, nämlich die politische Präsenz. Politische Präsenz versteht sich aus meiner Sicht nicht bloß als Vorhandensein in den Medien, sondern als Möglichkeit für den Staatsbürger, seine demokratiepolitischen Erwartungen erfüllt zu sehen. Dies vollzieht sich in der Teilnahme an den Willensbildungen im Staat. Eine Partei, die bei einer solchen Willensbildung keine(n) Kandidaten anbietet, verweigert ihre politische Präsenz und begeht einen Fehler, selbst wenn die Erfolgsaussichten des eigenen Kandidaten hinter denen der Konkurrenten zurückbleiben sollten. 1998 verzichtete die Führung der SPÖ auf die Nominierung eines Präsidentschaftskandidaten und unterstützte den amtierenden Präsidenten, der neuerlich kandidierte. Sehr zum Mißfallen einer großen Zahl von Parteigängern, mich eingeschlossen. Diese Linie der Partei wurde unter anderem vom Parteivorsitzenden Klima, dem Wiener Bürgermeister Häupl und Bundesgeschäftsführer Rudas in der Öffentlichkeit vertreten. Daß Rudas sich in einem Gespräch mit der Zeitung *Die Presse* vernehmen ließ, »die Österreicher wollen keinen sozialdemokratischen Bundespräsidenten«, mag man nach Renner, Körner, Schärf, Jonas und dem von der SPÖ nominierten Rudolf Kirchschläger als zeithistorischen Wissenskrater abtun. Vollends danebengegangen ist die Entscheidung, niemanden zu nominieren, aber aus einem anderen Grund. Intern, aber gar nicht so unverhohlen, sprachen es etliche Mitglieder des Parteiestablishments aus: Ein gemeinsam mit der Volkspartei ins Rennen geschickter Bundespräsident sei doch der Garant dafür, daß die Große Koalition bestehen bleiben werde. Die Ereignisse von der Nationalratswahl 1999 bis zur Angelobung der schwarz-blauen Bundesregierung knallten diejenigen, die diese naiven Erwartungen gehegt hatten, auf den steinharten Boden der Realität.

Demokratie – Pluralismus – Partei

Nach meiner Angelobung als Bundeskanzler gehörte ich durch Kooptierung in das erweiterte Bundesparteipräsidium auch der SPÖ-Parteiführung im engsten Sinn an, während Sinowatz noch Parteivorsitzender war. Er bezog mich in alle auch nur einigermaßen wichtigen Angelegenheiten ein, und mit vereinten Kräften gelang es, die Befürchtung zu bannen, die personelle Trennung von Partei- und Regierungschef würde zu Spannungen führen und der Partei schaden.

Daß die Ämtertrennung zwischen Sinowatz und mir so gut funktionierte, halte ich allerdings für einen Ausnahmefall. Sinowatz hatte wohl, als er sein Amt als Bundeskanzler zurücklegte, schon das Ausscheiden aus dem Parteivorsitz im Sinn und keine Ambitionen für weitere politische Funktionen mehr. Um die Sache noch aus einer anderen Sicht zu beleuchten: Gerade wegen des guten Einvernehmens zwischen uns beiden bestand auch keinerlei Eile und keinerlei Veranlassung, den Wechsel an der Parteispitze überhastet zu vollziehen. Sinowatz hielt es für richtig, die Zeit noch eine Weile reifen zu lassen, ehe er mich als seinen Nachfolger an der Spitze der Partei vorschlug. Ein eindrucksvolles Votum am Bundesparteitag hatte ja schließlich seinen Wert, und ein Parteitag kann, wenn nicht die wichtigsten Themen im Vorfeld geklärt wurden, zu einer recht launenhaften Veranstaltung werden.

Losgelöst von der sehr spezifischen Idealkonstellation Sinowatz/Vranitzky, halte ich die Funktionstrennung zwischen Parteivorsitzendem und Regierungschef nicht für richtig. Die Argumente, die gelegentlich für die Zweierbesetzung ins Treffen geführt werden, sind nicht stichhaltig. In kritischen Phasen kann es zu Parteiungen für den einen oder anderen kommen. Die Medienwelt lauert auf jede Achtelnote, die vom Gleichklang der beiden abweicht, und diagnostiziert die Unstimmigkeit augenblicklich, auch wenn sie unabsichtlich zustande kam. Mühevolle Richtigstellungen sind die Folge. Werden sie mehrmals hintereinander notwendig, geht das zu Lasten der Glaubwürdigkeit.

Eines der gefährlichsten Trugbilder besteht in der Forderung, der Parteivorsitzende könne und solle die reine Lehre der Programmatik vertreten, wogegen der Regierungschef mit Koalitionspartnern Kompromisse schließen müsse. Weichen diese vom Parteiprogramm ab, dann müsse man halt das koalitionäre Gegenüber »schuldig werden lassen«. Man kann sich vorstellen, wie bald der aus der Regierungslogik heraus zu Kompromissen gezwungene Vormann der Regierung selber in die Linie der »Schuldigen« eingereiht wird. Fazit: Die beiden Funktionen gehören, wie gesagt von Ausnahmefällen abgesehen, in eine Hand.

Fred Sinowatz und ich hielten den Zustand der Ämtertrennung in bestem persönlichem Einvernehmen und in guter politischer Übereinstimmung noch bis ins Frühjahr 1988 aufrecht. Am 11. Mai 1988 trat ich auf seinen Vorschlag zur Wahl als Vorsitzender der SPÖ an und wurde mit 93,6 Prozent gewählt.

In seiner Abschiedsrede gab Sinowatz einen Einblick in – wie er sagte – eine »nostalgische Ecke« seiner Biographie. 43 Jahre zuvor, im Mai 1945, hatte er als Sechzehnjähriger erstmals an einer Bezirkskonferenz der SPÖ teilgenommen. Mit dem Pferdewagen war er zum Veranstaltungsort gekommen; Referent war Karl Waldbrunner. Sinowatz bezeichnete diese Erfahrung als großes Erlebnis und spannte den Bogen ins Jahr 1988, in dem »eine zwar simplifizierende, aber gar nicht so unwirksame neokonservative Welle« Österreich ergriffen habe: weniger Staat, mehr privat. Fred Sinowatz, der Historiker, der Politiker, der Kenner seines Landes und Europas, beschwor nochmals seine Partei, mit den immer deutlicher werdenden Veränderungen in der Gesellschaft fertig zu werden. Vollkommen realistisch und fern jeder ideologischen Schwärmerei wandte er sich gegen die »verbale Denkmalpflege«, wie sie in einer traditionsreichen Partei verständlich sein mag. Er machte kein Hehl daraus, daß Budgetkonsolidierung durchaus eine sozialistische Aufgabe ist, wenn man das Budget als Drehscheibe des modernen Sozialstaats betrachtet, und daß auch dieser Sozialstaat stets auf seine Funktionstüchtigkeit und Attraktivität überprüft werden muß.

Ohne Pathos und falschen Zungenschlag verließ Fred Sinowatz die politische Bühne. Die Klatschspalten, die sogenannten Gesellschaftsseiten, die Regenbogenpresse waren seine Auftrittsfelder nicht. Als er, der aus recht einfachen Verhältnissen Stammende, sagte, »ohne Partei sind wir nichts«, entsprang dieser Satz seiner durchaus zutreffenden Beurteilung des Umstands, daß es die Sozialdemokratie gewesen war, die den Nichtprivilegierten des Landes den Weg zu Bildung und Kultur eröffnet und ihnen dadurch ermöglicht hatte, in wichtige Positionen einzurücken. Wieder konnten sich die Gegner nicht genug ereifern, deuteten sie doch diese Worte als den Dank des Funktionärs für die Karrierehilfe durch die Partei. Eine wie ungerechtfertigte und unfaire Beschimpfung eines besonnenen und im Verlauf seiner Lebensjahre immer nachdenklicher gewordenen Menschen! Diese Diskreditierung gab aber auch den Blick frei auf die Hohlheit derer, die den schnellen modischen Sager erwarten und unter Politik den Gag verstehen, über den sie im Kreis der anderen Protagonisten des Seichten wochenlang lachen können.

Ich nutzte den ersten Tag als Parteivorsitzender, um mein immer wieder vertretenes Credo zu betonen: Ein Bekenntnis zur Demokratie müsse das Bekenntnis zu den politischen Parteien einschließen. Direktdemokratische Elemente mögen in unserem System ihren Stellenwert haben, doch mit direkter Demokratie allein oder auch nur überwiegend können komplexe Entscheidungen nicht getroffen werden. Politik als bloße Summe von Bürgerinitiativen halte ich für denkunmöglich.

Wirtschaftsgruppen, Interessenverbände, Medien: sie alle haben ihren Platz in der politischen Meinungsbildung, sie sind aber weder in Summe noch einzeln Alternativen zu den demokratisch gewählten Parteien. Einige im politischen Getriebe neu auftretende Gruppen legten Wert darauf, nicht als politische Parteien taxiert zu werden und wählten Bezeichnungen wie »Alternative«, »Bewegung« oder »Initiative«. Bei denen, die sich nicht dauerhaft in Szene setzen konnten, waren Bezeichnung und Charakter der Gruppierung gleichgültig; die Minderheit der überlebenden »Alternativen« wurde zu gewöhnlichen Parteien. Die Grünen sind ihr prominentestes Beispiel.

In meiner Antrittsrede sprach ich mich auch eindeutig für ein offenes Verhältnis zu den Kirchen aus, wie es von Bruno Kreisky begründet worden war, und gab der Hoffnung, eigentlich der Zuversicht, Raum, die Öffnung zur Sozialdemokratie werde trotz einiger traditionalistischer Bestrebungen in der Kirche, namentlich der römisch-katholischen, als unverrückbar angesehen. In der Amtszeit Kreiskys und Sinowatz' war der weltoffene Wiener Erzbischof Kardinal Franz König Leitfigur der römisch-katholischen Kirche. In den Jahren danach kamen Bischöfe in österreichischen Diözesen in ihre Ämter, die seinem Vorbild nicht ausgesprochen nacheiferten. Ich wollte trotzdem keine nachhaltige Änderung des offenen Verhältnisses zwischen Kirche und Sozialdemokratie zulassen und habe mich immer um Einvernehmen bemüht, füge aber hinzu, damit bei den Exponenten der österreichischen katholischen Kirche wie auch beim Nuntius des Vatikan immer auf kooperative Reaktionen gestoßen zu sein. Daß Sozialdemokraten mit Auffassungen einzelner Bischöfe nicht konform gehen konnten, etwa beim straffreien Schwangerschaftsabbruch, mindert nicht die Grundsätzlichkeit meiner Bewertung.

Niemand, der eine so umfassende und mit starkem emotionalem Inhalt erfüllte Aufgabe wie die des Parteivorsitzenden der SPÖ übernimmt, wird sie als einfach bezeichnen. Aber auch davon abgesehen hatte ich alle Hände voll zu tun. Die Erschütterungen, die die desaströsen Vorgänge in Teilen der Verstaatlichten Industrie, das Hainburg-Trauma und anderes in der Partei hervorgerufen hatten, waren noch als eine Art Nachbeben spürbar. Der Koalitionspartner ÖVP ließ keine Gelegenheit vorübergehen, sich lautstark in Szene zu setzen. Und angesichts der immer wieder erforderlichen Budgetdisziplin waren bei den Masseneinkommen keine großen Sprünge möglich. Weltpolitisch drang Gorbatschow in die Schlagzeilen und Fernsehspitzenmeldungen vor; mit all den im Westen sehr beklatschten Deregulierungs- und Liberalisierungsmaßnahmen für sein Land, aber auch mit einer gewissen Verunsicherung für einige, die das internationale Gleichgewicht mit gemischten Gefühlen labil werden sahen. Der deutsch-britische Politologe Ralf Dahrendorf fand in liberalen und konservativen Kreisen lebhafte Zustimmung mit der Behauptung, das sozialdemokratische Jahrhundert sei zu Ende, weil die Sozialdemokraten alle ihre Ziele erreicht und eigentlich keine Funktion mehr hätten. Ich lud Dahrendorf zu einem Gespräch über seine These ins Wiener Konferenzzentrum ein, wo wir vor ein paar hundert Zuhörern diskutierten. Ich widersprach ihm mit dem Hinweis, daß gerade die Kräfte des freien Markts errichtete Strukturen immer wieder bedrohen und als Folge dessen die in diesen Strukturen lebenden und von ihnen abhängigen Menschen in existentielle Gefahren kommen können. Hier hat die sozialdemokratische Politik zur Verfügung zu stehen; angesichts des rasanten technischen Fortschritts und der Internationalisierung umso mehr. An dieser Stelle könnte ich mich der seherischen Begabung rühmen, weil die angesprochenen Bedrohungen tatsächlich eingetreten sind; damals existierten weder die digitale Revolution noch die Globalisierung als Begriff oder faktisch.

Im Lauf der neunziger Jahre kam aber noch eine andere Facette dazu, die den Stellenwert sozialdemokratischer Politik in Zweifel zog. Vertreter der wissenschaftlichen Ökonomie und so manche ihrer Subabonnenten in Regierungsstuben trugen »angebotsorientierte Wirtschaftspolitik« als großartige Modernität vor sich her. Demzufolge waren Liberalisierung und Deregulierung angesagt. Wie so oft, wenn in der Dogmengeschichte etwas im Laufen war, mit recht wenig Bedachtnahme auf die soziale und humanitäre Dimension. Liberalisierung und Deregulierung paarten sich sehr bald mit Internationalisierung. Unter diesen Rahmenbedingungen wurde der nationalen Wirtschaftspolitik immer weniger Hebelwirkung zugetraut. Die (wirtschafts-) politischen Diskussionsbeiträge drehten sich im Kreis. Die meisten verkündeten euphorisch das Ende des verantwortungslosen Keynesianismus, den sie, ohne jemals Keynes gelesen zu haben, auf die Formel des Deficit spending, also vereinfacht ausgedrückt des Schuldenmachens der öffentlichen Haushalte, verkürzten. Der britische Ökonom John Maynard Keynes hingegen hatte für Haushaltsdefizite in Perioden der konjunkturellen Abkühlung plädiert und für Budgetüberschüsse im Konjunkturaufschwung, also für antizyklische Budgetpolitik. (Wer im übrigen die Budgetpolitik meines Finanzministers Ferdinand Lacina analysiert, wird diesen durchaus vernünftigen keynesianischen Ansatz in der praktischen Finanzpolitik nachvollziehen können. Wer wissen will, wie man es nicht macht, vertiefe sich in die Finanzpolitik der Regierung Schüssel nach ihrer Amtsübernahme im Februar 2000. Diese Regierung nahm während eines spürbaren Konjunktureinbruchs kräftige Steuererhöhungen vor, entzog dadurch dem Publikum Kaufkraft und verschärfte die Konjunkturschwäche. Eine immer wieder direkt oder indirekt aufgestellte Behauptung, Konjunkturpolitik im Wege der Haushaltspolitik funktioniere einfach nicht, mündete im konjunkturpolitischen Nichtstun.)

Mir war klar, daß die Partei und ich uns gegen diese generalisierenden Befunde auflehnen mußten. Erstens trafen sie nicht zu. Der gesellschaftliche Ausgleich, der Einsatz für die Unterprivilegierten, das Verständnis für die im teils irrational rasanten Wettbewerb Zurückbleibenden und der Kampf um Demokratie und Freiheit: all diese Ziele sind niemals endgültig erreicht.

Zweitens können sie auch immer wieder relativiert, verwässert werden. (Der politische Grundton in Österreich, wie er seit Februar 2000 angeschlagen wird, bestätigt die Richtigkeit solcher Warnungen.) Die Partei kann sich nicht mehr, so predigte ich, auf ihre seit etlichen Jahrzehnten ziemlich unverändert praktizierten Methoden stützen. Die überlieferten und überkommenen Organisationsformen schaffen zuwenig neues Leben. In Parteiversammlungen wurden die Standardformulierungen heruntergebetet, erwartet und deshalb akklamiert, bei ihrem Ausbleiben reklamiert, beim aufgeklärten Bürger jedoch kamen sie gar nicht an. Ich mußte diese große, traditionsreiche Partei zu mehr Pragmatismus gewinnen. Der Pragmatismus ist ja nicht Selbstzweck, er ist das Vehikel, um Ideen und Inhalte an ihr Ziel zu bringen. Schon erhoben sich die Wahrer der reinen Lehre. Ich entgegnete ihnen, Grundsätze müßten ins praktische Leben übersetzt werden. Die meisten verstanden und gingen mit. Die wenigen, die nicht mitgingen, gehen nie mit. Sie bleiben dort, wo sie immer schon waren. Als logische Konsequenz mußte ich die Partei überzeugen, ihre Positionen zu überprüfen, sich gegenüber Gedanken und Ideen zu öffnen, denen sie sich bis dahin nicht wirklich mit Engagement gewidmet hatte.

Wenn ich in meinen öffentlichen Auftritten den erforderlichen Modernisierungsschub einforderte, dann meinte ich nicht nur die technische Innovation der Wirtschaftsprozesse, sondern eben die Hinwendung der Partei von ihrer glorreichen Vergangenheit zur verheißungsvollen Zukunft. Es war mir bewußt, daß dies mit einem neuen Koalitionspartner schwieriger werden würde als in den Perioden zuvor, war doch dieser viel weniger an etlichen sozialdemokratischen Grundvorstellungen wie sozialer Sicherheit, Arbeitsplatzsicherheit, freiem Zugang zu den Bildungseinrichtungen, einem liberalen Rechtswesen mit Resozialisierungsvorkehrungen und so weiter orientiert als wir, oder sogar dagegen eingestellt. In der gemeinsamen Regierungspolitik – so war unschwer vorauszusehen – würde das Spannungen erzeugen und jeder Kompromiß den Vorwurf der Verwässerung hervorrufen. Mein Plädoyer für die notwendige Portion Pragmatismus, um politische Absichten auch in die Tat umsetzen zu können, wurde mir bisweilen als Abkehr von, jedenfalls aber als Relativierung der ideologischen Position der Partei ausgelegt und vorgehalten. Ich bin überzeugt, daß diese Auslegung in der Substanz ungerechtfertigt war. Ich habe mich immer zu den sozialdemokratischen Grundwerten bekannt und von der Partei dasselbe verlangt. Daß ich mich in Sprache und Methode auf die achtziger und neunziger Jahre konzentrieren und die vorherigen Jahrzehnte hinter mir lassen mußte, war für mich unbestritten. Mit einigen Ritualen der Funktionäre mochte ich nicht mitgehen.

Die Öffnung der Partei für Neues und für Anregungen von außen wurde von ihr nur höchst zögerlich und das bloß in Teilen akzeptiert. Junge Menschen, die sich für Parteiarbeit interessierten, schrieben sarkastische oder satirische Berichte, wie sie in Sektionsveranstaltungen aufgenommen wurden: nämlich so, daß sie nie mehr wiederkamen. Kaum jemanden störte das. Auch die SPÖ-Jugendorganisationen waren nicht viel erfolgreicher in der Aufgabe, junge Menschen anzusprechen und sie zur Mitarbeit oder wenigstens zur Stimmabgabe für uns zu gewinnen. Sie sahen ihre wesentliche innerparteiliche Aufgabe in der über alles geliebten kritischen Rolle gegenüber der Parteiführung. Die Hauptsache war das Kritisieren, wenn und weil der jeweilige Parteivorsitzende – das ging von Kreisky über Sinowatz bis zu mir – nicht bereit war, sich altlinkem Gedankengut anzuschließen.

Eine große, traditions- und erfolgreiche politische Bewegung aus eingefahrenen Geleisen herauszubringen, ist eine schwierige Aufgabe, die mit Ausdauer und Hartnäckigkeit auch gelingen kann. Heute ist ökologisches Wirtschaften in Mitteleuropa kein kontroversielles Thema mehr; als ich den Parteivorsitz übernahm, beschäftigten sich hingegen nur »ein paar Spinner« oder unverbesserliche Pioniere wie Franz Kreuzer und Kurt

Steyrer mit der Umweltfreundlichkeit im Industriestaat. Der Antagonismus schlechthin war mit der Formel »Arbeitsplätze oder Umweltschutz« allgemein verständlich umschrieben. Wenn ich auch »sichere Arbeitsplätze in einer gesunden Umwelt«, die Kapitalmarktfähigkeit der ehemaligen Verstaatlichten Industrie, eine investoren- und standortfreundliche Steuerpolitik, den offiziellen Zugang zur europäischen Integration zu Themen machen konnte, die diese Partei Schritt für Schritt als die ihren übernahm, so war mir doch bewußt, daß die nächsten aus Tradition und Gewohnheit gebauten Hürden genommen werden mußten.

Eine Rodel fährt in den Rillen aus Schnee und Eis dahin, schleift und kratzt hin und wieder auch im Erdreich und auf Steinen. Stellt man sie aus den Rillen heraus, gleitet sie viel besser. Strengt man sich aber nicht sehr an und paßt nicht auf, rutscht sie in die alten Rillen zurück. Und schleift und kratzt.

Turbulenzen in der Löwelstraße

Mit der Übernahme des Parteivorsitzes bestätigte ich Heinrich Keller und installierte ich Günther Sallaberger als Zentralsekretäre. Heinrich Keller war schon bei Fred Sinowatz als Zentralsekretär tätig gewesen, Günther Sallaberger übernahm sein neues Amt von Peter Schieder. Die beiden besaßen große Erfahrung in der politischen Arbeit, waren über die Grenzen der Partei hinaus angesehen und beeindruckten mich durch viel Engagement und gute Ideen. Heinrich Keller ist Rechtsanwalt, hatte beim früheren Justizminister Christian Broda und danach als Generalsekretär im ORF gearbeitet. Günther Sallaberger war vor seinem Wechsel in die Bundespartei Amtsführender Stadtrat für Stadtentwicklung, Stadtplanung und Personal im Wiener Gemeinderat und Landesparteisekretär der Wiener SPÖ gewesen. Beide Zentralsekretäre hatten ein Mandat im Nationalrat inne. Ich fühlte mich als Vorsitzender mit der Unterstützung der

Zentralsekretäre und mit der Art und Weise, wie sie die Bundes-
parteizentrale managten, außerordentlich wohl. Möglicherweise war das allerdings nicht Gesamtziel der Partei, denn
sowohl Sallaberger als auch Keller wurden nach relativ kurzer
Zeit in den Medien finanzielle Unregelmäßigkeiten vorgeworfen. Der da und dort geäußerten Vermutung, entsprechende
Mitteilungen an Journalisten seien aus der eigenen Partei, nämlich der Wiener Organisation, gekommen, bin ich nicht auf den
Grund gegangen. Sie wurde allerdings nie entkräftet.

Als bereits hörbare Unruhe in den Medien entstanden war,
teilten mir beide Mitarbeiter mit, aus ihren Ämtern scheiden zu
wollen. Die an ihre Adresse gerichteten Vorwürfe seien zwar
haltlos, sie bräuchten zur Beweisführung aber Zeit.

Später hatten sowohl Keller als auch Sallaberger keine
Schwierigkeit zu beweisen, daß sie keine schuldhaften Handlungen gesetzt hatten. Sie waren vollkommen rehabilitiert, aber
als Zentralsekretäre nicht mehr verfügbar. Im Dezember 1988
nominierte ich dann den Wiener Nationalratsabgeordneten
Josef Cap und im Jänner 1989 den niederösterreichischen Parlamentarier Peter Marizzi – Fritz Verzetnitsch machte mich auf
ihn aufmerksam – als ihre Nachfolger.

Nach dem empfindlichen Rückschlag bei der Nationalratswahl 1994 verließ Peter Marizzi die Parteizentrale in der Löwelstraße, in der er seit dem Jahr 1989 als Bundesgeschäftsführer
gearbeitet hatte, blieb jedoch Abgeordneter im Nationalrat. Ich
bereitete auch eine Ablöse des Bundesgeschäftsführers Josef
Cap, des eigentlichen Wahlkampfleiters, vor. Durch bis heute
nicht völlig geklärte Indiskretionen erfuhren die Medien von
meiner Absicht, ehe ich mit Cap ein persönliches Gespräch darüber führen konnte. Eine peinliche Situation. Ich wollte ein
neues Gesicht ins parteipolitische Leben bringen und nicht Cap
demontieren, der für einen solchen Schritt keinen Anlaß geliefert hatte. Am darauffolgenden Bundesparteitag im Oktober
1995 entstand als Konsequenz eine Stimmung pro Cap, die in
dieser Form vielen neu war.

In Caps Politikerkarriere hatte der Bundesparteitag im Oktober 1982 eine besondere Rolle gespielt. Damals hatte er sich als Delegierter der Sozialistischen Jugend zu Wort gemeldet, von Gewissenskonflikten gesprochen, die ihn plagten, und dann an den Landeshauptmann des Burgenlands, Theodor Kery, drei Fragen gestellt. Eine bezog sich auf das Einkommen Kerys, das angeblich höher sei als das des Bundeskanzlers, die zweite zielte auf den angeblichen Bezug verbilligten elektrischen Stroms durch den Landeshauptmann ab, und die dritte beschäftigte sich mit der Kery nachgesagten Begeisterung für Schußwaffen.

Parteitage sind die großen Schaufenster im Gebäude der Partei. Schaufenster sollen Schaulustige anlocken, nicht nur mit Ausstellungsstücken, sondern auch mit der schönen Ordnung, die in ihnen herrscht. Parteitagsdelegierte wünschen für ihre Auftritte, für die geplanten Abläufe diese Ordnung, daraus schöpfen sie Kraft und Zuversicht für die vor ihnen liegende politische Arbeit. Caps Intervention riß sie aus dieser Erwartung, sie waren irritiert. Und der Parteitag war gespalten. Kery mußte bei der Wahl in das Parteipräsidium relativ viele Streichungen hinnehmen, Cap wurde aus dem Parteivorstand hinausgewählt. Andererseits schienen Caps Fragen an Kery doch so viel Niederschlag in der Berichterstattung gefunden zu haben, daß es ihm gelang, in der darauffolgenden Nationalratswahl im Mai 1983 mehr als 62 000 Vorzugsstimmen zu erhalten und sich damit den Einzug in den Nationalrat zu sichern.

Ich fand die Fragen Caps an Kery nicht wahnsinnig originell. Daß ein Landespolitiker mehr Geld verdient als der Bundeskanzler, war so überraschend und geheim wie das Kursbuch der Bundesbahn und beileibe nicht auf das Burgenland beschränkt, sondern in allen Bundesländern so. Daß ein Landespolitiker über die damals in Landesbesitz befindlichen Elektrizitätsgesellschaften eine Tarifermäßigung genoß, wäre mit einem Federstrich abzuschaffen gewesen. Und um das Waffensammeln als Freizeitbeschäftigung, so es überhaupt Realität war, würde ich niemanden beneiden. Selbst wenn die drei Fragen als Vorwürfe zu verstehen waren – wie von Cap gedacht –, hätte man doch die Verdienste Kerys um sein Bundesland, um die von ihm geführte Landespartei und um seinen Beitrag zum Wiedererstarken Nachkriegsösterreichs in Betracht ziehen müssen, um eine gerechte Bilanz zu erstellen. So denkt die Politik freilich nicht. Nicht im allgemeinen und nicht in der Enge einer Parteitagsatmosphäre.

Wie auch immer, Josef Cap ging aus der Nationalratswahl 1983 mit einer Dreistern-Epaulette für aufrechtes Kämpfen gegen das Parteiestablishment hervor – und gehörte ein paar Jahre später selber zum Parteiestablishment. Manche beklagten sich bei mir darüber und waren über meine Gegenfrage erstaunt: »Soll er etwa gegen die Parteiführung agieren, die ihn als Bundesgeschäftsführer eingesetzt hat?« Cap hatte es in dieser Hinsicht nicht einfach und schuf sich Gegner. Am Parteitag 1995 tat er ihnen wieder leid, und ich hatte einiges an Argumentation zu investieren. Schließlich war die Sache erledigt.

Nach dem Abgang Caps schlug ich dem Parteitag Brigitte Ederer als nächste Bundesgeschäftsführerin vor. Sie hatte sich als Staatssekretärin für Europafragen im Bundeskanzleramt bestens bewährt, die Werbekampagne für die Volksabstimmung über den Beitritt Österreichs zur Europäischen Union umsichtig organisiert und sich dem Alleinvertretungsanspruch Mocks in europapolitischen Agenden nicht durch Jammern und Klagen, sondern durch solide Arbeit erfolgreich widersetzt. Sie hielt die Finanzen unter Kontrolle und managte, gut assistiert von Günter Wandl, den Wahlkampf 1995, bei dem die SPÖ an Stimmen und Mandaten gegenüber 1994 zulegte. Die Schlappe bei der vorhergehenden Wahl konnte nicht zur Gänze, aber doch sichtbar wiedergutgemacht werden. Und Schüssel wurde aus seinen Träumen gerissen, mit der ÖVP die Nummer eins in Österreich zu werden.

Bundespartei – Wiener Partei

Wollte man elegisch werden, könnte man sagen, das Verhältnis der Bundes-SPÖ zur Wiener SPÖ gleiche dem Verhältnis zweier unberechenbarer Liebender zueinander. Einmal relativiert sie, einmal relativiert er die Zuneigung; Kernsatz ist aber natürlich: Sie gehören zusammen. Jeder Bundesparteivorsitzende wäre mit Blindheit geschlagen, wollte er übersehen, daß es keine einzige andere sozialdemokratische Landespartei gibt, die auch nur annähernd die Mitgliederzahl, die Organisationsdichte und das politische Gewicht der Wiener SPÖ erreicht. Das hat Stolz der Wiener zur Folge, Einfluß- und Machtanspruch und distanzierte Neutralität, wenn diesen Ansprüchen durch die Bundespartei nicht Genüge getan wird. Abgesehen von dieser mehr strategisch-formalen Betrachtung blicke ich auf ein freundschaftliches, ein herzliches Beziehungsgeflecht mit den meisten Wiener Bezirksfunktionären zurück. In vielen Fällen blieb es auch etliche Jahre nach meiner aktiven Zeit ohne Einschränkung intakt. Warum sollte das mit einem in Favoriten geborenen und in Hernals aufgewachsenen Urwiener auch nicht so sein?

Freilich ist die kompetitive Brüderlichkeit nicht auf das Idiomatische oder das Folkloristische zu reduzieren. Im Kern der Sache geht es um die Klangwellen zwischen dem Ballhausplatz, sofern sozialdemokratisch besetzt, und dem Rathaus beziehungsweise zwischen dem zweiten (Bundespartei) und dem ersten Stock (Wiener Partei) in der Löwelstraße. Es geht um das Austarieren der Ansprüche, es geht um die Berücksichtigung zeitgebundener Verhaltensweisen, also in Wahlkampfzeiten, und es geht letztlich um die Beurteilung dessen, was der Gesamtpartei am besten nützt. In diesem konkreten Zusammenhang kommen dann natürlich auch die Interessen und die Verhaltensweisen der anderen Landesparteien ins Spiel. Glückt dieser Prozeß und schlägt sich dies in guten Wahlergebnissen nieder, kann es immer noch ein paar Bedenkenträger geben, die aber erst wieder zu Wort kommen, wenn sie bei einer anderen Gelegenheit neuerlich Bedenken anmelden. Glückt der Prozeß nur wenig oder gar nicht, endet das gelegentlich in gekränkter Zurückgezogenheit derer, die meinen, sie hätten den Rückschlag abgewehrt, wären sie nur auf sich allein gestellt gewesen und hätten sie nicht Unpopuläres der Bundespolitik mitvertreten müssen.

Nachdem Adolf Schärf 1957 den Parteivorsitz zurückgelegt hatte, um Bundespräsident zu werden, herrschte bei einigen exponierten Funktionären die ziemlich einhellige Meinung vor, wer die Nachfolge nicht antreten solle, nämlich Karl Waldbrunner. Wer hingegen nach Schärf in die Löwelstraße einziehen sollte, darüber war man sich nicht einig. Der Wiener Parteichef Felix Slavik unterstützte Bruno Kreisky in dem Ansinnen, den Vorsitz Franz Olah, dem Präsidenten des Österreichischen Gewerkschaftsbundes, anzuvertrauen; Anton Benya, Vorsitzender der Metallarbeitergewerkschaft, und Christian Broda forcierten dagegen Bruno Pittermann. Diese Gruppierung siegte. Pittermann wurde Bundesparteivorsitzender und Vizekanzler, Olah Innenminister in der VP/SP-Koalition. Das Verhältnis Pittermanns zu Olah war denkbar schlecht. Was es aber hier aufzuzeigen gilt: Der Wiener Parteivorsitzende Felix Slavik war in der entscheidenden Phase nicht auf der Seite des nachmaligen Bundesparteivorsitzenden Pittermann gewesen. Als Bruno Kreisky im Jahr 1967 gegen den niederösterreichischen Landeshauptmannstellvertreter Hans Czettel zur Wahl für den Parteivorsitz antrat, konnten sich wiederum große Teile der Wiener Organisation für ihn nicht erwärmen. Die Mehrheit der anderen Bundesländerparteien – also nicht Wien – hob Kreisky auf den Schild. Bloß der Wiener Vorsitzende Felix Slavik blieb bei seiner Treue zu Kreisky, wogegen Slavik Jahre später im Zwist des Kanzlers mit seinem Finanzminister kein Hehl aus seiner Sympathie für Androsch machte und diesen auch in der Öffentlichkeit unterstützte.

Leopold Gratz, Nachfolger Slaviks als Wiener Parteivorsitzender, hatte meiner Wahrnehmung nach keine wirklichen Probleme mit der Bundes-SP und deren Vorsitzenden, wenn es um das Verhältnis der Wiener zur Bundespartei ging, und er verursachte auch keine. Daß die persönliche Chemie zwischen dem Wiener Vorsitzenden und dem Bundesvorsitzenden Kreisky in dieser Zeit nicht ganz stimmte, hatte andere Ursachen, zum Beispiel das gemeinsam vorgetragene Ansinnen von Gratz und Androsch, Kreisky solle nach dem Tod von Bundespräsident Franz Jonas für das höchste Amt im Staat kandidieren. Der Kanzler interpretierte das als Wegloben aus dem Amt durch zwei jüngere Politiker, die im Medienzirkus damals als seine »Kronprinzen« gehandelt wurden.

Im September 1984 wechselte Gratz vom Amt des Wiener Bürgermeisters in die Bundesregierung; Sinowatz berief ihn zum Außenminister. Sein Nachfolger an der Spitze der Wiener Sozialdemokraten wurde im April 1988 der Wiener Vizebürgermeister und Finanzstadtrat Hans Mayr; der vormalige Unterrichtsminister Helmut Zilk war schon im September 1984 als Bürgermeister ins Wiener Rathaus eingezogen. Hans Mayr war ein selbstbewußter, streitbarer Parteivormann der Wiener Sozialdemokraten, der sein Potential als Parteivorsitzender geschickt und unter Verzicht auf die feine Klinge mit den Machtmöglichkeiten des Vizebürgermeisters und Finanzstadtrats verband. Da Bürgermeister Zilk in den wirtschafts- und finanzpolitischen Agenden Wiens Mayr freie Hand ließ, entwickelte das Duo eine wahrscheinlich kaum wiederholbare Effizienz in einer Konstellation, in der der Bürgermeister nicht der Parteivorsitzende war. (Bruno Marek und Felix Slavik bildeten 1965 bis 1970 ein analoges Gespann. Allerdings hat bisher niemand an die Kontaktfreudigkeit und Öffentlichkeitsdynamik Zilks herangereicht.)

Mit Parteiangelegenheiten im engeren Sinn hielt Zilk sich nicht lang auf, und in meiner Zeit als Bundeskanzler war er nicht unbedingt auf der Suche nach Kooperation. Ich dürfte nicht seine Kragenweite gewesen sein, verhehle aber nicht, daß auch ich vieles von dem, was er so trieb, aus argwöhnischer

Distanz beobachtete. Etliche seiner Auftritte hielt ich nicht für Politik, sondern eher für eine Art von Aktionismus, mit sicherem Gefühl für die Vox populi und einem verläßlich abgesicherten Zugang zu Dichands *Kronenzeitung*. Den Vorwurf der Inflexibilität kann Zilk niemand machen.

Gleichwohl ist es unbestritten, daß die Stadt Wien in ihrem Erscheinungsbild in seiner Ära an Attraktivität gewonnen, daß dieser Bürgermeister sich einem offenen Kunst- und Kulturklima verpflichtet und den guten Ruf der Stadt in der Welt substantiell vermehrt hat. Die körperlichen und seelischen Folgen der fürchterlichen Verstümmelung seiner linken Hand durch eine Briefbombe hat er mit respektgebietender Bravour gemeistert.

Insgesamt war also mein Verhältnis zu Zilk nicht unfreundlich, in manchen Angelegenheiten sogar von gegenseitiger Zustimmung getragen. Dies insbesondere dann, wenn es um die Verkürzung der unendlichen Rituale bei politischen Fragen ging, die den öffentlichen Dienst betrafen. In anderen Zusammenhängen, etwa bei persönlichen Popularitätswerten, machte er kein Hehl daraus, lieber vor als hinter mir zu sein. Nicht ganz unverständlich.

Mit seinem Vizebürgermeister Mayr führte ich unzählige Gespräche über Partei und Politik, die aber selten zu konkreten Aktivitäten führten. Dies nicht zuletzt deshalb, weil Mayr die Arbeit meiner Kabinettskollegen offensichtlich nicht hoch bewertete und weil er heute im Gespräch erwähnte Punkte morgen einfach vergaß. Vor seinem intensiven politischen Engagement hatte er in verantwortlicher Position in der Pensionsversicherung gearbeitet und von dort viel Fachwissen mitgebracht, das ihn in finanz- und sozialpolitischen Angelegenheiten mit einem spürbaren Selbstwertgefühl erfüllte. Dies gab seinen kritischen, ja überkritischen Einstellungen zur Politik der Bundesregierung immer wieder Nahrung.

Die Finanzpolitik hatte es ihm besonders angetan. Auf diesem Gebiet konnte er auch »liebenswürdig« überziehen, wenn er etwa meinte, die Stadt Wien sei nicht einmal von Dollfuß und Schuschnigg so schlecht behandelt worden wie von der von mir geführten Bundesregierung. Die markantesten Auseinandersetzungen gab es mit Finanzminister Lacina in allen Finanzfragen, mit Gesundheitsminister Steyrer wegen der Finanzierung der Krankenanstalten und mit Innenminister Löschnak im Zusammenhang mit Migrations- und Integrationspolitik. Das Bild wird dadurch vervollständigt, daß alle drei Minister Wiener sind und in ihren politischen Heimatbezirken – Wieden, Favoriten, Liesing – wenn schon nicht führende Funktionen innehatten, so doch hohen Stellenwert genossen.

Als es Zeit war, an die Nachfolge des Duos Mayr/Zilk zu denken, unternahm ich mit Mayr einen ausgedehnten Spaziergang im Wienerwald, bei dem er mir den Stadtrat für Umweltangelegenheiten, Michael Häupl, als Nachfolger in beiden Ämtern – Parteivorsitzender und Bürgermeister – nahelegte. Ich begrüßte zunächst die Idee, beide Funktionen wieder in einer Person zu vereinigen. Was den Personalvorschlag selbst betraf, so wies ich auf die Autonomie der Parteiorganisationen auf Landes- und Gemeindeebene hin, die jedoch zugleich auch Verantwortung für die Gesamtpartei bedeute. Dies war mehr als ein trockener Hinweis. Ich wußte, daß sich die Vertreter einiger Wiener Bezirke einen anderen Kandidaten als Häupl wünschten, nämlich Innenminister Franz Löschnak. Für ihn sprach vieles: langjährige angesehene Beamtentätigkeit im Wiener Rathaus, langjährige Tätigkeit als Staatssekretär im Bundeskanzleramt und später Kanzleramtsminister – dabei immer mit dem öffentlichen Dienst und Grundfragen des Bundesstaats und der Bundesverfassung betraut – und schließlich Innenminister. Auch der Name des bürgermeisterunwilligen Ferdinand Lacina fiel. Im Endeffekt konnte sich Häupl auf eine breite Zustimmung der Bezirksfunktionäre stützen; im April 1993 wurde er mit 83,1 Prozent der abgegebenen Stimmen zum Vorsitzenden der Wiener Sozialdemokraten und im November 1994 mit 61 von 99 Stimmen im Wiener Gemeinderat zum Bürgermeister gewählt.

Im Oktober 1996 war für Häupl die erste Wiener Gemeinderatswahl zu schlagen; am selben Tag fand in Österreich die erste
Wahl zum Europäischen Parlament statt. Ein von vornherein
erfolgversprechender sozialdemokratischer Spitzenkandidat hatte
sich nicht aufgedrängt. Vom Wiener Planungsstadtrat Hannes
Swoboda war ein gewisses Interesse für diese Kandidatur
bekannt, ebenso wie sein Hang zum Einzelgängertum in der
Wiener Stadtpolitik. Folglich unterstützten die sozialdemokratischen Rathauspolitiker, die einen Abgang Swobodas als nicht
besonders schmerzlich empfanden, die Kandidatur. Ich war
damit einverstanden. Schlechte Erfahrungen hatte ich mit Swoboda nicht gemacht, seine Intelligenz und seine gute Ausbildung, insbesondere in wirtschaftspolitischen Angelegenheiten,
sprachen sehr für ihn.

Allerdings sind an dieser Stelle einige zusätzliche Anmerkungen zu machen. Im großen und ganzen stellen sich im
Inland erfolgreiche und anerkannte Politiker für eine Kandidatur für das Europäische Parlament nicht zur Verfügung; umgekehrt wollen die Verantwortlichen auf Länder- oder Städte-
ebene ihnen wertvoll erscheinende Mitarbeiter nicht für das
Europaparlament »freigeben«. Von wenigen Ausnahmen abgesehen trifft diese Beobachtung für die meisten Mitgliedstaaten
der EU zu. Gleichzeitig machen die Vertreter im Europaparlament jedoch ausgezeichnete Figur und genießen dort hohes
Ansehen, werden in verschiedenen außenpolitischen Angelegenheiten der Union eingesetzt und leisten wichtige Vorarbeit
zu der künftig erforderlichen Aufwertung des Parlaments. Ohne
andere Mandatare zurückreihen zu wollen, seien hier Hannes
Swoboda, der Vorarlberger Herbert Bösch sowie Maria Berger,
Harald Ettl, Christa Prets und Karin Scheele genannt.

Es stellte sich die Frage, ob die beiden Wahlgänge – Wiener
Wahl und Europawahl – an zwei verschiedenen oder an einem
Tag stattfinden sollten. Kaum jemand in der Bundespartei,
unter den politisch Interessierten innerhalb und außerhalb der
SPÖ, der nicht mit mir übereinstimmte, die Zusammenlegung

sei zwei getrennten Terminen vorzuziehen. Dafür sprach einmal das Kostenargument; zum anderen würden die politischen Chancen der Wiener Partei durch die ohnehin viel weniger beachtete Europawahl wohl nicht beeinträchtigt werden. Die Wiener Landesparteiführung war offenkundig nicht dieser Auffassung und wollte ihren eigenen Wahltermin. Nach längerer Diskussion intern und in der Öffentlichkeit ließ Häupl schließlich seinen Widerstand gegen die Zusammenlegung fallen. Die Europawahl fand im Wahlkampf der Wiener Sozialdemokraten so gut wie keine Erwähnung, aber auch in den anderen Bundesländern blieb Spitzenkandidat Swoboda das Erfolgserlebnis versagt. Zum ersten Mal seit 1970 erreichte die SPÖ in einer bundesweit abgehaltenen Wahl nicht den ersten Rang. Für die ÖVP war Ursula Stenzel, Moderatorin im ORF, angetreten, sträflich unterschätzt von der Mehrheit der SPÖ. Es gelang ihr, den Spitzenplatz zu erringen.

Nach dem schlechten Wahlausgang vom 9. Oktober 1996 meinten einige, mir die Schuld zuschieben zu können. Dazu gehörte ein von anderen ins Feuer geschickter subalterner Sekretär der Privatangestelltengewerkschaft, der gern als Gralshüter der reinen Lehre auftretende Simmeringer Bezirksvorsitzende Hatzl und zum ärgerlichen Erstaunen vieler der wahrlich nicht glänzende Europakandidat Swoboda. Häupl selber hielt sich bedeckt. Aus einer Reihe von Wahrnehmungen, teils hingeworfenen Halbsätzen zu Journalisten, teils aus seiner unmittelbaren Umgebung kolportierten Bemerkungen war leicht erkennbar, daß er mir nicht unbedingt eine Stütze war. Als ich im Jänner 1997 meine Ämter an Viktor Klima übergab, verbarg Häupl seine Zufriedenheit darüber nicht. Es fielen Sätze wie jener von der Rückkehr der Wärme in der Partei oder daß man sich auch mit Ideen Haiders auseinandersetzen müsse, wozu nach meinem Abgang der Weg nun frei sei. Viele meiner Freunde wandten sich empört an mich, und Journalisten verhehlten nicht ihre Verwunderung über den Wiener Bürgermeister. Ich beruhigte alle mit dem Hinweis, erst einmal Zeit verstreichen zu lassen. Ich sollte recht behalten. Häupl verdünnte erwartungsgemäß bald die traute Zweisamkeit mit Klima und wiederholte die Ansicht nicht mehr, sich mit Haiders Ideen beschäftigen zu müssen. Insbesondere dann nicht, als die Wiener Gemeinderatwahl 2001 ins Blickfeld rückte und Haider selber, allen voran aber sein Wiener Vasall Kabas, unter Beweis stellte, was meine Meinung schon immer war: Es verbietet sich von selbst, sich mit Derartigem auseinanderzusetzen. Ich meine außerdem, daß der Ältere dem Jüngeren in der Politik nicht Schulmeister sein soll. Daher bezeichne ich mein heutiges Verhältnis zu Häupl als unkompliziert.

Frauenpolitik

Österreichs Politik seit dem Ende des Zweiten Weltkriegs war Männerpolitik. Einige wenige Frauen in höheren politischen Positionen änderten daran ebenso nichts wie der Umstand, daß es in den politischen Parteien Frauenorganisationen gab. Diesen Bann brach Kreisky. Zunächst berief er die Vorsitzende der sozialistischen Frauenorganisation, Herta Firnberg, als Wissenschaftsministerin in sein Kabinett; ihre hervorragende Reputation reichte weit über ihre Amtszeit hinaus. Zum anderen errichtete er im Bundeskanzleramt ein Staatssekretariat für Frauenangelegenheiten; es sollte der politischen Zielsetzung der Gleichbehandlung in Staat und Gesellschaft sichtbar Nachdruck verleihen. Mit diesem Amt wurde die junge Johanna Dohnal betraut, die es mit Schwung, Energie und Beharrlichkeit ausfüllte. Als Ministerin gehörte Dohnal mehrere Jahre hindurch auch meinem Kabinett an. Wenn ich vorher von Politik als Männerpolitik sprach, so traf das ungemindert auch auf die SPÖ zu. Kaum jemand stellte sich offen gegen frauenpolitische Anliegen, in der praktischen Umsetzung beschlossener Maßnahmen hätte man sich aber bei vielen mehr Elan vorstellen können. Die Lern- und Umstellungsprozesse nahmen etliche

Jahre in Anspruch, gelangen aber dann doch Schritt für Schritt, wenn auch das Bild nicht endgültig befriedigend ausfiel.

Johanna Dohnal vertrat ihr frauenpolitisches Credo mit großer Überzeugung und wenig Kompromißbereitschaft. Sie tat recht daran, weil sie ohnehin nicht damit rechnen konnte, immer alles zu erreichen, was ihr vorschwebte. Weil sie mit dieser Kompromißbereitschaft sparsam umging, war sie vielen in der Partei, noch mehr außerhalb, zu radikal. Damit konnte sie mit ihren festen Überzeugungen und ihrer kämpferischen Grundeinstellung leben. Zu einer weichen Gangart war ihr Naturell nicht geeignet. Das war auch gut so, denn in der Partei mußte sie sich durchsetzen, und die ÖVP-Kollegen standen ihren politischen Vorstellungen ohnehin pauschal ablehnend gegenüber. Zwischen diesen Eckpunkten mußte ich austarieren, um zu politischen Lösungen zu gelangen, die gelegentlich auch von Frauen nicht voll mitgetragen wurden. Als Beispiel sei die positive Diskriminierung von Frauen bei Postenbesetzungen im öffentlichen Dienst erwähnt. Nicht selten lehnten Ehefrauen dies barsch ab, wenn ihre Männer davon betroffen wurden.

In allgemein politischen Angelegenheiten war mir Johanna Dohnal eine wirkliche Stütze, weil sie nicht nur Frauenpolitikerin, sondern Sozialdemokratin war, für die es in Grundsatzfragen – Solidarität, Rechtsstaat, Antifaschismus – keinen Spielraum gab.

Sozialdemokratie – europäisch und international

Mein in der Bundesregierung gesteuerter europapolitischer und internationaler Kurs sollte auch in der parteipolitischen Ausrichtung seine Entsprechung finden. Drei Arbeitsfelder sind in diesem Zusammenhang hervorzuheben: die Sozialistische Internationale (SI), die Sozialdemokratische Partei Europas (SPE) und die Pflege der bilateralen Beziehungen zu den sozialdemokratischen Parteien der verschiedenen Länder. Als Vorsitzender

der SPÖ wurde ich im Juni 1989 zum Vizepräsidenten der SI gewählt; Präsident war Willy Brandt. Die Vizepräsidentschaft an sich hat nicht viel zu sagen: in meiner Amtszeit gab es 26 Vizepräsidenten. Der Wert und die Bedeutung der SI liegen in ihrer weltumspannenden Präsenz. Brandt legte während seiner Amtszeit als Präsident besondere Betonung darauf, die in Schwellen- und Entwicklungsländern entstandenen sozialdemokratischen Parteien zu unterstützen, indem er ihre Vertreter an die weltweite Gemeinschaft der Sozialdemokraten heranführte. Sie sollten Kontakte knüpfen können, Bekanntheit erlangen und auf diese Weise auch in ihren Ländern zu Geltung kommen. Nach dem Tod Willy Brandts wurde der frühere französische Premierminister Pierre Mauroy zum Vorsitzenden der Sozialistischen Internationale gewählt. Er verstärkte die Hinwendung zu den jungen Parteien in der Dritten Welt und damit die latenten Vorbehalte der Vertreter von Industriestaaten gegen diese Schwerpunktpolitik. Ihnen wäre es lieber gewesen, gemeinsame, grenzüberschreitende sozialdemokratische Positionen zu erarbeiten und in der praktischen Politik auch zu vertreten. Ich erinnere daran, daß in den achtziger und neunziger Jahren in Deutschland und in Großbritannien viele Jahre lang konservative Regierungen tätig waren. Dies und der in dieser Periode ebenfalls spürbar aufkeimende Neoliberalismus ließ bei den europäischen Sozialdemokraten die Forderung reifen, man müsse sich in Meinungsbildung und Vorgangsweise besser koordinieren, um öffentlich geeint auftreten zu können. Wim Kok, Ingvar Carlsson, Gro Harlem Brundtland, Paavo Lipponen, Felipe Gonzales und ich selber setzten uns immer wieder dafür ein. Trotz etlicher Anläufe gelang das nicht zu unserer Zufriedenheit.

Mauroys Amtszeit als SI-Präsident ging 1999 zu Ende. Von seinem Nachfolger, dem portugiesischen Regierungschef Antonio Guterres, erwarte ich in dieser Hinsicht mehr Verständnis und Aktivität als von der Ära Mauroy. Die institutionellen Voraussetzungen sind durchaus gegeben.

An der Spitze der sozialdemokratischen Europaformation

ging es zeitweilig nicht ohne Turbulenzen zu. Als ich in das Führungsgremium eintrat, hieß der Vorsitzende Guy Spitals, ein flämischer Sozialdemokrat. 1989 legte er den Vorsitz zurück, da er sich wegen ihm vorgeworfener finanzieller Unregelmäßigkeiten vor einem Gericht seines Landes zu verantworten hatte. Zu seinem Nachfolger wählten wir Willy Claes, den Obmann der belgischen Sozialdemokraten, damals Außenminister seines Landes, der seine Funktion als Vorsitzender der SPE mit viel Engagement und großer Umsicht wahrnahm. Als Claes 1994 NATO-Generalsekretär wurde, mußten wir erneut einen Parteivorsitzenden der europäischen Sozialdemokraten küren. Keiner der Parteivorsitzenden, die gleichzeitig auch Regierungschefs waren, erklärte sich bereit, dieses Amt zu übernehmen. Etliche der Kollegen hatten vor, mich vorzuschlagen, doch ich mußte aus Rücksicht auf die Fülle der Aufgaben, die ich ohnehin schon wahrzunehmen hatte, ablehnen. Wir entschieden uns für den Vorsitzenden der damals oppositionellen Sozialdemokratischen Partei Deutschlands, Rudolf Scharping.

Die SPE entfaltete etliche wichtige Aktivitäten, die sukzessive Eingang in die europäische Politik fanden. An prominenter Stelle steht die Aufnahme beschäftigungspolitischer Grundausrichtungen der gemeinsamen europäischen Politik. Ich brachte dieses Thema als erster in die interne Diskussion der SPE ein. Meine Mitarbeiter Susanne Lackner und Peter Zöllner hatten dazu ein sehr brauchbares Grundsatzpapier verfaßt. Eine danach eingesetzte Arbeitsgruppe der SPE vertiefte das Thema programmatisch. Die Initiative fand in weiterer Folge auch die besondere Zustimmung des Kommissionspräsidenten Jacques Delors, der ebenso wie im Lauf der Zeit die Kommissionsmitglieder Karel van Miert und Monika Wulf-Mathies unseren SPE-internen Beratungen regelmäßig beiwohnte. Es dauerte allerdings einige Jahre, bis sich auch die konservativen Regierungschefs und Finanzminister in der Europäischen Gemeinschaft für Überlegungen zu einer gemeinsamen Beschäftigungspolitik erwärmen konnten. Lange Zeit hatten sie Derartiges strikt abgelehnt und mit Keynesianismus und Deficit spending gleichgesetzt, was methodisch und dogmengeschichtlich ohnehin falsch ist. Uns ging es nicht darum, sondern um Standortqualität und eine diese fördernde Steuerpolitik, um Investitionen in die Infrastruktur und um Ausbildungs- und Forschungsinitiativen. Und außerdem war es uns prinzipiell wichtig, der Bevölkerung zu signalisieren, daß die EU eben nicht die rein kapitalistische Veranstaltung ist, als die sie viele argwöhnisch betrachten, sondern daß sie sich mit Nachdruck auch um die Sicherung der Arbeitsplätze kümmert.

Jahre bevor die Erweiterung der Europäischen Union ein Programmpunkt ihrer Agenda wurde, baute die SPE ein Informations- und Kommunikationsnetz mit den sozialdemokratischen Parteien Mittel- und Osteuropas auf. Kaum einer der Parteivorsitzenden in den zentral- und nordeuropäischen EU-Ländern, der sich diesem Thema nicht mit Interesse und aktivem Zutun widmete. Heinz Fischer, schon in der Amtszeit von Willy Claes zum stellvertretenden Vorsitzenden der SPE gewählt, übernahm das Mandat, sich der Ost- und Südosteuropabeziehungen federführend anzunehmen, und brachte im Lauf der Jahre zusammen mit anderen ein tragfähiges Miteinander zustande.

Gelegentlich hört man die Meinung, der Fortschritt der Integration in Europa, die zahlreichen multilateralen Organisationen – OSZE, Europarat, Unterorganisationen der Vereinten Nationen – würden die zweiseitigen Beziehungen von Staat zu Staat, von Regierung zu Regierung überflüssig machen oder doch weitgehend marginalisieren. Das ist falsch. Gerade eine gute Kultur des Bilateralismus bewirkt, daß die multilateralen Organe funktionieren können. Außerdem decken Integration und Multilateralismus bei weitem nicht alles ab, was für zwei Staaten essentiell sein kann. Man denke nur an den kulturellen Austausch oder an konkrete zweiseitige Freundschaftsbeziehungen, die für Dritt- oder Viertstaaten bedeutungslos sind. Ich habe deshalb immer auf eine rege aktive und passive Besuchsdiplomatie Wert gelegt, auf Regierungs- wie auf Parteiebene.

Bei großen Sitzungen und Konferenzen mit einem umfangreichen Programm, die in ein bis zwei Tagen über die Bühne gebracht werden müssen, kann man mit dem Gegenüber aus einem anderen Staat Anliegen oder Probleme lange nicht so ausführlich erörtern wie im Rahmen eines bilateralen Besuchs. Ganz abgesehen davon, daß Integration und Multilateralismus für die Beziehungen zu außereuropäischen Staaten nicht oder nur sehr bedingt ins Treffen geführt werden können.

Ein Ende nach mehr als hundert Jahren

Die *Arbeiter-Zeitung*, zuletzt unter dem Titel *AZ*, war von 1889 bis 1989 eine Parteizeitung der SPÖ, die meiste Zeit hindurch deren Zentralorgan. Die letzten zwei Jahre ihrer Existenz versuchte sie sich als unabhängige, sozialliberale Tages-, am Schluß als Wochenzeitung. Am 31. Oktober 1991 erschien sie zum letzten Mal. Die Einstellung der Parteizeitung nach mehr als hundert Jahren ihres Bestehens kann sich der Vorsitzende einer Partei nicht gerade wünschen. Freilich war ich nicht in der Situation, mir etwas wünschen zu können, sondern mit der nackten Tatsache konfrontiert, die Partei vor einem durch die Zeitung ausgelösten finanziellen Kollaps zu bewahren.

Peter Pelinka, der letzte Chefredakteur des Blattes, schildert in einem Beitrag »So starb eine Zeitung« im »Österreichischen Jahrbuch für Politik« 1991 ausführlich die Geschichte und das Ende der *AZ*. Aus den vielen zutreffenden Analysen und Zitaten seien zunächst zwei Feststellungen hervorgehoben, die die Geschichte wie rote Fäden durchziehen. Einmal die Kombination aus schlechtem Management und politischer Intervention. Anregungen und Vorschläge, die die Redaktion der Parteiführung unterbreitete, fanden offenbar kein Gehör. Der andere wichtige Aspekt war das nicht nur in Österreich stattfindende Vordringen der Boulevardpresse zu Lasten der seriösen Zeitungen im allgemeinen und der Parteizeitungen im besonderen.

1989 gab *AZ*-Herausgeber Hubert Peterschelka beim Salzburger Ordinarius für Publizistik Hans Heinz Fabris ein Gutachten in Auftrag, das Probleme und Perspektiven der Zeitung definieren sollte, nicht zuletzt angesichts wachsender Konzentrationstendenzen. Seit 1987 hatte sich die *Westdeutsche Allgemeine Zeitung* an der *Kronenzeitung*, seit 1988 am *Kurier* beteiligt; außerdem war der *Standard* neu in der österreichischen Zeitungslandschaft aufgetaucht, an dem der deutsche Springer Verlag eine Beteiligung von fünfzig Prozent hielt. Fabris lieferte ein ungeschminktes Bild. Unter anderem führte er aus:»Gerade angesichts der jüngsten Entwicklung am österreichischen Zeitungsmarkt müssen die Zukunftsaussichten für eine Parteizeitung traditionellen Typs als ausgesprochen schlecht eingeschätzt werden. Parteipresse ist nur noch eines unter den vielen Instrumenten politischer Meinungsbildung, ja sie wird auf Grund ihrer relativ geringen Reichweite selbst von den Parteifunktionären weniger bevorzugt denn benachteiligt.« Chancen bestünden für eine Zweitzeitung, neben einem Boulevardblatt oder einer sogenannten Qualitätszeitung.

Vor diesem Eintritt in eine neue Zeitungsphilosophie war die *AZ* bereits einige Male am Rand des Abgrunds gestanden, am spektakulärsten vielleicht im Jahr 1985, als der damalige Zentralsekretär Peter Schieder in einer Fernsehdiskussion davon sprach, die Eigentümer – die Bundespartei, die Wiener und die niederösterreichische Landespartei und die Fraktion sozialistischer Gewerkschafter jeweils zu 25 Prozent – könnten sich die Weiterführung des Blatts nicht mehr leisten. Die pro Tag verkaufte Auflage war auf 35 000 Exemplare gesunken, das Jahresdefizit wurde mit fünfzig Millionen Schilling angegeben. Durch eine Reihe von Maßnahmen wurde die Einstellung noch einmal abgewendet, was aber sicher blieb, waren unterschiedliche Auffassungen der vier Gesellschafter. Insbesondere die Gewerkschafter – sie waren in der Vergangenheit schon öfter als Retter in der Not zur Kasse gebeten worden – und die Wiener Landespartei erfüllten ihre Gesellschafterfunktionen mit ziemlich mäßiger Begeisterung. In der ersten Jahreshälfte 1989 versuchte Peterschelka ein Management-Buyout-Verfahren zu realisieren (die Führungskräfte und die Angestellten kaufen ihr Unternehmen). Es kam nicht zustande, ebensowenig eine Lösung mit einer österreichischen Bank. Schließlich erwarb Hans Schmid, Mehrheitsgesellschafter der größten österreichischen Werbeagentur GGK, über eine ihm gehörende Gesellschaft neunzig Prozent der *AZ*. Sie war ab sofort keine Parteizeitung mehr, kein Zentralorgan, was so viele schon längst wollten und für richtig hielten. Die Solidargemeinschaft sozialdemokratischer Führungskräfte reagierte prompt: Die Zentralsparkasse der Gemeinde Wien und der Konsum stornierten sofort alle Inserate.

Die Ära Schmid begann trotzdem mit Schwung. Der bekannte Fernsehmoderator Robert Hochner folgte als Chefredakteur Manfred Scheuch nach, der über viele Jahre mit Aufopferung und Loyalität seine Arbeit getan hatte. Redaktionelle und technische Neuordnungen wurden vorgenommen und führten zu Erfolgen; die Auflage stieg. Leider traten auch weniger begrüßenswerte Entwicklungen ein. Es kam – wie Pelinka berichtet – zu einer Frontbildung zwischen Redakteuren, die über all die Jahre bei der Stange gewesen waren und die Umstellung der Zeitung mitentwickelt hatten, und anderen, die der Boulevardisierung des Blatts das Wort redeten. Zudem dürfte die Neugestaltung einen Teil der Stammleserschaft vergrämt haben. Der neue Motor kam im wesentlichen aus zwei Gründen ins Stottern. Erstens hielt es Robert Hochner nicht lang bei der *AZ*. Die Jobbeschreibung des Chefredakteurs einer Zeitung, die viel Teamarbeit beinhaltet, dürfte ohnehin nicht auf ihn gepaßt haben; zudem war er bereits schwer krank. Zweitens kam ein Bankkredit nicht zustande, der für den Eintritt Schmids in die *AZ*-Eigentümerschaft Bedingung gewesen war. Die Vorverhandlungen über die Kreditgewährung waren gut gediehen. Unmittelbar vor der Vertragsunterzeichnung scherte ein Institut, nämlich die Zentralsparkasse der Gemeinde Wien, aus und brachte somit das konsortiale Gebäude zum Einsturz. Es war danach viel die Rede davon, daß der Finanzstadtrat, Vizebürgermeister und Parteivorsitzende der Wiener SP, Mayr, sein Veto eingelegt habe. Wirklich dementiert hat das bisher niemand. Bewundernswerte Aktivitäten Schmids, der Redaktion und vieler Leser, deren Namen im öffentlichen Leben Gewicht haben – Rechtsanwalt Hannes Pflaum als einer von mehreren –, bewirkten ab Herbst 1990 noch den Zufluß nicht geringer Geldmittel. Allein, zum Überleben reichte alles nicht. Peter Pelinka schreibt im Schlußsatz seiner Darstellung: »Was noch bleibt, waren lobende Nachrufe in fast allen österreichischen Zeitungen. Und höhnische von ›Staberl‹. Aber das gerät der *AZ* wohl auch zur Ehre.«

Ich habe über die *Arbeiter-Zeitung* und ihr Ende mit Sinowatz und anderen Freunden ausführlich diskutiert. Daß der Versuch, ein Zentralorgan alten Stils beizubehalten, unsinnig gewesen wäre, bestreitet niemand. Mit zwei Fragen muß man sich allerdings auseinandersetzen. Hätten die Überlegungen und Konzepte zu Ende der achtziger und zu Beginn der neunziger Jahre, wäre ihnen früher Beachtung geschenkt und Raum gegeben worden, das Überleben der Zeitung – selbstverständlich mit einem anderen Erscheinungsbild – ermöglicht? Ich denke ja. Allerdings hätte sich diese Zeitung genauso im Markt zu behaupten gehabt wie alle anderen Blätter, die nicht dem Boulevard zugerechnet werden (wollen). Träumereien von Sozialdemokraten – »wir müssen wieder unsere Zeitung haben« oder »wir hätten unsere *AZ* nicht sterben lassen dürfen« – sind, so bin ich sicher, zu Beginn des 21. Jahrhunderts ausgeträumt.

Noch einmal sei Fred Sinowatz bemüht, der überzeugt ist, das Sterben der Zeitung habe schon in den siebziger Jahren begonnen, eben wegen der bekannten Aufwärtsentwicklung der Massenzeitungen. Im politischen Alltagsgeschehen fühlte sich der damalige Parteivorsitzende Kreisky zu den Journalisten der Massenzeitungen mehr hingezogen als zu den *AZ*-Redakteuren, was wiederum deren Hingezogenheit zur Partei nicht förderlich war. In zwölf Jahren absoluter Mehrheit kam die Anzahl der

Abonnements auf gerade ein Zehntel der Zahl der Parteimitglieder. Dem hinzuzufügen und nicht wegzuleugnen ist allerdings, daß man entgegen den Empfehlungen und Warnrufen aus der Redaktion zu lange keine wirksamen Änderungen am Grundkonzept der Zeitung vornahm. Nahezu alle Zeitungen vergleichbaren Zuschnitts im Inland und im damals nicht kommunistischen Ausland ereilte das gleiche Schicksal. So geriet die *AZ* von Jahr zu Jahr politisch und wirtschaftlich in eine schwierigere Situation. Ein Parteiorgan mit sinkenden Verkaufszahlen kann nicht als politisch erfolgreich angesehen werden.

Heimat Parlamentsklub – Arena Parteivorstand

Der sozialdemokratische Parlamentsklub, also das Gremium der Abgeordneten und Bundesräte, ist mit einem Musikinstrument vergleichbar. Kümmert sich der Solist, mit anderen Worten der Parteivorsitzende, um die Pflege, um die Gestimmtheit des Instruments, wird er sich auf dessen harmonischen Klang verlassen können. Unterläßt oder vernachlässigt er die Zuwendung, werden Verstimmtheit und Zurückhaltung das Resultat sein. Ich habe mich all die Jahre hindurch um ein gutes Verhältnis zu den Abgeordneten zum Nationalrat und den Bundesräten meiner Partei bemüht. Im großen und ganzen – Ausnahmen gibt es immer – war das von Erfolg gekrönt, in zahlreichen Fällen ist es zu dauerhaften und herzlichen Freundschaften gereift.

Als Bundesparteivorsitzender und Bundeskanzler hat man immer davon auszugehen, daß die Parlamentarier Bundespolitiker sind. In ihrer verfassungsrechtlichen Stellung sind sie Bundesgesetzgeber und stehen damit in der Hierarchie der republikanischen Organe an oberster Stelle, einzig dem Bundespräsidenten nachgereiht. Im Innenleben der SPÖ hatte ich gelegentlich Spannungen zwischen dem Parlamentsklub und einzelnen Landesparteivorsitzenden auszugleichen, und zwar immer dann, wenn Landeschefs versuchten, die aus ihren

Bundesländern stammenden Abgeordneten zu einem Abstimmungsverhalten im Parlamentsklub zu bewegen, das einer bestimmten Absicht der Landespartei Rechnung tragen sollte und nicht der von der Bundesregierung angetragenen Politik. Mir ist kein einziger Fall in Erinnerung, in dem die Abgeordneten dem Ruf ihrer Landespartei gefolgt wären und sich damit gegen meine Linie gestellt hätten. Ich führe diese politische und persönliche Loyalität der Parlamentsfraktion auf meinen engen Kontakt mit der Klubführung zurück, namentlich mit den jeweiligen Klubobmännern Heinz Fischer, Willi Fuhrmann und Peter Kostelka, aber auch darauf, daß ich es mir immer wieder angelegen sein ließ, den einzelnen Abgeordneten zu persönlichen Gesprächen zur Verfügung zu stehen. Die oft bis Mitternacht oder darüber hinaus dauernden Parlamentsabende/ -nächte boten dazu ausreichend Zeit. Wichtig war es mir außerdem, Sitzungen des Parlamentsklubs – meist am Tag vor Plenarveranstaltungen des Hohen Hauses – beizuwohnen und mich an der Diskussion ausführlich zu beteiligen. Nur wirklich schwerwiegende Gründe hinderten mich an dieser Praxis.

Ein in der interessierten Öffentlichkeit und in den Medien negativ besetzter Begriff ist der des sogenannten Klubzwangs. Das heißt, daß der Abgeordnete von seiner Partei zu einem ihr genehmen Abstimmungsverhalten verpflichtet wird, möglicherweise gegen seine eigene Ansicht oder Überzeugung. Ließe man diese Beschreibung so im Raum stehen, wäre die Vorgangsweise tatsächlich zu kritisieren. Mir geht es nicht um Beschönigung, aber nach meiner eigenen Erfahrung und Erinnerung trachtet die Klubführung, trachtet der Parteivorsitzende in Fällen, in denen sich ein Fraktionsmitglied oder mehrere schwertun, eine vorgeschlagene Linie zu vertreten, sie für ein gemeinsames Verhalten zu gewinnen, und zwar durch Diskussion und Argumentation. Ein einheitliches Erscheinungsbild in der Öffentlichkeit des Plenarsaals ist selbstverständlich ein politischer Wert an sich, ganz abgesehen vom Risiko einer Abstimmungsniederlage. Daß jemand mit irgendwelchen Repressalien bedrängt worden wäre, weil er gegen eine Maßnahme seine Stimme im Klub erhob, ist mir weder untergekommen noch wäre das bei der Transparenz politischer Entscheidungsabläufe denkbar. In einigen wenigen Fällen, in denen die oder der betreffende Abgeordnete nicht für einen bestimmten Abstimmungsgegenstand gewonnen werden konnte, fand man den Ausweg, daß sich sie oder er während der Abstimmung nicht im Plenarsaal aufhielt. Die Abgeordnete Gabrielle Traxler ist mir diesbezüglich in einem Fall in Erinnerung.

Im übrigen ist das Ungetüm Klubzwang eines der Themen, bei denen dieselben Personen, die sich publizistisch um die offene Demokratie und das freie Mandat so besorgt geben, sofort aufschreien würden, die Klubführung habe den Klub nicht im Griff, sollten ein oder mehrere Abgeordnete anders als die Mehrheit der Fraktion stimmen. Vielleicht können manche Kritiker des politischen Lebens es nicht glauben, aber die Abgeordneten, die an der Richtigkeit von Maßnahmen zweifeln, welche die Klubführung oder der Parteivorsitzende vorgeben, verabschieden sich auch in diesen konkreten Fällen nicht von der Mehrheit ihrer Kollegen, die eben anders denkt. Und daß im (internen) Abstimmungsprozeß Unterlegene die Mehrheitsmeinung akzeptieren, sieht die Demokratie vor. Für mich als Bundespolitiker war der Parlamentsklub jedenfalls immer eine wertvolle Stütze, weil ein wichtiges Feld gelebter gegenseitiger Loyalität.

Der Bundesparteivorstand, ebenfalls aus Funktionären aus allen Bundesländern zusammengesetzt, besitzt als reines Parteiorgan nicht die gleiche Nähe zum laufenden Regierungs- und Koalitionsgeschehen. In den Parteivorstandssitzungen kommen grundsätzliche ideologisch-inhaltliche Themen sowie die jeweils erforderliche Justierung der Parteilinie im Zusammenhang mit wichtigen koalitionsbezogenen Angelegenheiten zur Sprache. Die Diskussion ist breit gestreut, weil neben den Vertretern der Bundesländerparteien auch die Frauenorganisation, die Gewerkschaftsfraktion, die Jugend- und die Vorfeldorganisationen am großen Tisch des Bundesparteivorstands Platz nehmen und zuweilen lebendig, heftig und kontroversiell mit dem Parteivorsitzenden, genauso intensiv aber auch untereinander diskutieren. Der jeweilige Vorsitzende der Sozialistischen Jugend wird in den Parteivorstand kooptiert und nimmt daher an den Vorstandssitzungen stimmberechtigt teil. 1984 bis 1990 hieß dieser Vorsitzende Alfred Gusenbauer. Es verging kaum eine Sitzung, in der er sich nicht nach meinem Einleitungsreferat als einer der ersten zu Wort meldete und von mir mehr Sozialismus in meiner Politik einforderte. Der in meiner unmittelbaren Nähe sitzende Anton Benya schäumte regelmäßig über diese Wortmeldungen und flüsterte mir zu, ich solle »dem Bengel« gehörig meine Meinung sagen. Doch ich war nie ein Befürworter des »Drüberfahrens« und verstand meine Rolle als Parteivorsitzender als Integrationsfigur. Als ich einmal als Referent an einer Jahreshauptversammlung der dortigen Bezirksorganisation in Ybbs teilnahm, meldete sich nach meiner Grundsatzrede der im Bezirk beheimatete Gusenbauer zu Wort und pries meine Ausführungen in den höchsten Tönen als geradezu idealsozialistisch. Ich glaubte zunächst, mich in der Person geirrt zu haben, und fragte den mit mir am Podium sitzenden Bezirksparteivorsitzenden Karl Pospischil, wie denn der junge Mann heiße. »Das ist der Gusenbauer«, kam es zurück. Ich erzählte Pospischil von den ganz anders gearteten Redebeiträgen Gusenbauers im Parteivorstand. Darauf Pospischil trocken: »Du wirst doch nicht glauben, daß er sich bei uns im Bezirk so aufführen kann wie bei euch.«

In wichtigen Entscheidungsfragen ging es natürlich nicht nur um Diskussion, sondern um Beschlüsse. Nie ist der Bundesparteivorstand während meiner Amtszeit mehrheitlich gegen von mir – meist namens der Regierungsfraktion – eingebrachte Vorschläge oder Anträge aufgetreten, nie hat er gegen mich entschieden. Zu knappen Entscheidungen kam es lediglich zweimal, jedesmal in Angelegenheiten der Budgetpolitik. Ausgabenkürzungen und Eindämmung von überbordenden Zahlungen im Bereich des Sozialministeriums waren eben nicht nach dem Geschmack einiger Vorstandsmitglieder, vor allem der Vertreter des ÖGB und der Wiener Organisation. Bei einer Entscheidung des Parteivorstands oder des erweiterten Parteipräsidiums gegen eine von mir unterstützte Maßnahme hätte ich sofort meinen Rücktritt erklärt. Man mag einwenden, auch der Vorsitzende habe sich demokratisch zustande gekommenen Beschlüssen zu fügen. Dieser Einwand verblaßt aber rapide unter dem Eindruck des medialen Prüfstands, auf dem er steht (»Hat er die Partei noch im Griff?«), und des nachfolgenden vivisezierenden Spiels der Kommentatoren. Außerdem könnte sich der Partei- und Regierungsvorsitzende in einer konkreten Koalitionskonstellation eine Abstimmungsniederlage in der eigenen Partei nicht erlauben, ohne gegenüber dem Koalitionspartner, der ja politischer Gegner ist, massiv an Boden zu verlieren. Von solchen Überlegungen abgesehen, ist ein Vorsitzender grundsätzlich gefordert, sich in seiner eigenen Partei in wichtigen Angelegenheiten durchzusetzen – unwichtige haben seine Sache nicht zu sein. (Schweden wäre heute in der Euro-Zone, hätte Vorsitzender Göran Persson in dieser wichtigen Angelegenheit seine Partei hinter sich zu scharen vermocht.)

Es bleibt immer etwas haften: Konsum

In den dreißiger Jahren des frühen 19. Jahrhunderts entstanden die ersten Selbsthilfeeinrichtungen des Industrieproletariats. Die »redlichen Pioniere von Rochdale«, einem nahe Manchester gelegenen Ort, gelten gemeinhin als die Schöpfer des ersten Konsumvereins. Auch in Österreich reicht die Gründung ähnlicher Institutionen tief in das 19. Jahrhundert zurück. Daß sie sich mit der Arbeiterbewegung – politisch und gewerkschaftlich gesehen – in enger Affinität entwickelten, liegt auf der Hand; sie waren älter als die Sozialdemokratische Partei, die ja erst am Einigungsparteitag im niederösterreichischen Hainfeld

1889 begründet wurde. An der Wende vom 19. zum 20. Jahrhundert und in der Zeit danach wurden sie nach und nach ausgebaut und unternehmensrechtlich formiert. Im Juli 1901 gründeten Vertreter von zwanzig Konsumgenossenschaften in Wien den Konsumverband; mit seiner Hilfe schufen die Genossenschaften im Jahr 1905 die »Großeinkaufsgesellschaft österreichischer Consumvereine – GÖC«. Im Jahr 1920 galt Wien als das Zentrum der weltweit größten Konsumgenossenschaften.

Bis zu den 1990er Jahren stieg die Anzahl der Mitglieder auf mehrere hunderttausend an, der jährliche Einzelhandelsumsatz auf beträchtlich mehr als dreißig Milliarden Schilling. Im Lauf der Jahre wurde der Konsum mehrmals umstrukturiert. So entstand durch die Fusion der meisten Konsumgenossenschaften und der Zentrale 1978 der »Konsum Österreich«. Nur wenige Genossenschaften schlossen sich der Fusion nicht an. Der Konsum Österreich steigerte nicht nur seinen Umsatz, sondern baute auch ein weitverzweigtes Netz der unterschiedlichsten Erzeugungsstätten im Nahrungsmittelbereich auf, engagierte sich im Möbelhandel, im Kaufhausgeschäft – die Forum-Kaufhäuser und die Gerngroß-Gruppe – und unterhielt Kapitalbeteiligungen, so bei der Bank für Arbeit und Wirtschaft und der Oesterreichischen Nationalbank. Die führenden Funktionäre des Konsum Österreich, allen voran die Generaldirektoren – zuerst Manfred Kadits, später Hermann Gerharter –, nahmen am sozialdemokratischen Parteileben aktiv teil. Sie waren im Parteivorstand kooptiert und zu den jeweiligen Bundesparteitagen delegiert.

Nicht lange nachdem ich den Parteivorsitz übernommen hatte, erhielt ich von besorgten Bankenvertretern Hinweise, die wirtschaftliche Lage des Konsum sei bedenklich, die Verlustgebarung und damit die Zunahme der Verschuldung alarmierend. Mir kam in den Sinn, daß Andreas Korp, der vor Jahren nicht nur Vizepräsident der Nationalbank, sondern hauptberuflich auch Generaldirektor der GÖC gewesen war, mir gelegentlich angedeutet hatte, der Konsum sei nicht gut geführt. Das dürfte auch eine der Ursachen für sein gestörtes persönliches Verhältnis zum damaligen Generaldirektor des Konsum Wien, Otto Sagmeister, gewesen sein, der ebenfalls dem Generalrat der Notenbank angehörte. Die desolate Beziehung zwischen den beiden war für jeden, der wie ich am Otto-Wagner-Platz in der Nähe des Generalrats arbeitete, erkennbar. Diese anekdotische Erinnerung an die sechziger Jahre hatte mit der Katastrophe zwei Jahrzehnte später freilich kaum etwas zu tun.

Nachdem man mir die Hiobsbotschaften hinterbracht hatte, lud ich die Unternehmensleitung des Konsum sofort zu einer Aussprache ein und befragte sie zu diesen Alarmmeldungen. Die Antworten wurden bei dieser und späteren Konfrontationen immer nach dem gleichen Muster gegeben. Ja, es stimme, daß man im abgelaufenen Geschäftsjahr mit Problemen zu kämpfen gehabt habe, in der Zwischenzeit aber habe man alles wieder im Griff; ich solle mir keine Sorgen machen. Besonders Gerharter war ein Meister im Vorbringen solcher Versionen. Außerdem werde die Gebarung laufend und ordnungsgemäß von den zuständigen Organen geprüft.

Die wirtschaftliche Lage des Konsum verschlechterte sich trotzdem mehr und mehr. Das bittere Ende trat im Jänner 1996 ein, als der Ausgleich angemeldet werden mußte. Der Ausgleich ist die glimpflichere Insolvenzvariante als der Konkurs, in diesem konkreten Fall in besonderem Maß, denn bei einem Konkurs wären die Genossenschafter gemäß Genossenschaftsgesetz mit dem Doppelten ihrer Einlage zur persönlichen Haftung herangezogen worden. Das hätte den an sich schon gewaltigen politischen Schaden erheblich potenziert. Angesichts einer solchen Insolvenz im Superlativ ist einem die maximale öffentliche Aufmerksamkeit sicher. Die durch den Zusammenbruch offenkundig gewordene Vermögensvernichtung, der Verlust von Arbeitsplätzen und selbstverständlich die Verschuldensfrage sowohl in der Bewertung des kaufmännischen Risikos als auch in allenfalls strafrechtlicher Hinsicht bildeten die eine Seite der ruhmlosen Medaille. Im konkreten Fall Konsum bot freilich auch die andere, die parteipolitische Seite reichlich Material für Diskussion, Kritik und Häme. Schließlich hatte diese Selbsthilfeorganisation ein rundes Jahrhundert lang die österreichische Arbeitnehmerbewegung unterstützt und geziert und manches Katastrophenszenario der Politik und des Staates heil überstanden.

Im Jänner 1996 war es damit zu Ende. Wieder einmal hatte ich als Parteivorsitzender Rede und Antwort zu stehen, obwohl ich keinerlei Kontrollfunktion besaß und für die Partei dem Gesetz entsprechend keinerlei Einfluß, nicht einmal Einschaumöglichkeiten, vorgesehen waren. Daß der zum Abwickler bestellte Manager Hans Jörg Tengg die Versilberung der Aktiva des Konsum vollkommen selbständig erledigte, gehörte genauso zum System. Daß die Insolvenz unumgänglich war, erscheint mir nicht hundertprozentig gesichert. Möglicherweise hätte die Auswechslung des Generaldirektors den Weg in eine bessere Zukunft geebnet. Aber so war es eben nicht, weil die Entscheidungsstrukturen für den Koloß unzureichend waren.

Der Genossenschaftsanteil wurde zuletzt mit zweitausend Schilling verrechnet. Die Genossenschafter hatten beim Eintritt unmittelbar keine Zahlungen zu leisten; am Jahresende erhielten sie eine Rückvergütung in der Höhe von zweieinhalb Prozent ihrer Einkäufe, von der die Hälfte zur Abzahlung ihres Genossenschaftsanteils einbehalten wurde. Die Gesamtorganisation kaufte ihre Ware in großen Mengen ein, erzielte dadurch Rabatte und gab diese Preisvorteile an die Genossenschaftsmitglieder weiter. Die im Vergleich zu anderen Anbietern niedrigen Preise und die Jahresrückvergütungen machten es über Jahrzehnte für Arbeitnehmerhaushalte attraktiv, im Konsum einzukaufen. Für sozialdemokratisch orientierte Familien – aber nicht nur für diese – und gewerkschaftlich organisierte Berufstätige war das Einkaufen im Konsum ein vielleicht nicht bestimmender, aber ein nicht unwesentlicher Teil ihres politischen Bewußtseins. In den siebziger, spätestens in den achtziger Jahren jedoch drängten klug kalkulierende und streng rechnende

Lebensmitteleinzelhandelsketten teils heimischen, teils ausländischen Ursprungs auf den österreichischen Markt und festigten dort von Jahr zu Jahr ihr Position. Auch sie sicherten sich durch den Einkauf großer Mengen erhebliche Preisvorteile und durch ein umfassendes Netz an Filialen Marktanteile. Die zwei wesentlichen Existenzargumente des Konsum, nämlich preiswerter als andere und in ganz Österreich zur Verfügung zu sein, untergruben die Neuen schrittweise und konsequent. In Design, Erscheinungsbild und Attraktivität der Werbung brauchten sie nicht lange, um ihn zu übertreffen. Die betriebswirtschaftliche Führung des Konsum kann freilich nicht besonders überzeugend gewesen sein. Bei einem Betriebsbesuch in Salzburg klagte man mir gegenüber in einem Forum-Kaufhaus, Warenauswahl und Schaufenstergestaltung würden von der Wiener Zentrale aus disponiert; auf den spezifischen Geschmack des Publikums in der Stadt Salzburg nehme man dabei keine Rücksicht. Im Gegensatz zu den erfolgreichen Handelsketten hielt die Konsum-Führung trotz erheblicher Verluste an der Eigenfabrikation im Fleisch-, Mehl- und Brotsektor fest. Überdies lag das eigene Lohn- und Gehaltsniveau über dem Branchendurchschnitt.

Nun fand das Drama Konsum ja nicht in einem Setzkasten statt, in dem sich die Buchstaben von selbst zu irgendwelchen Ausdrücken zusammenfügen; sehr wohl handelten dort in Gewerkschaft, Partei und Öffentlichkeit bekannte und angesehene Personen. Für Anton Benya, den langjährigen Aufsichtsratsvorsitzenden des Konsum, war jede kritische oder auch nur warnende und hinterfragende Anmerkung zum Konsum ein Sakrileg. Anläßlich einer Aussprache in der Oesterreichischen Nationalbank in den späten achtziger Jahren wollten wohlmeinende Notenbankfunktionäre Benya auf die prekäre Wirtschaftslage des Konsum aufmerksam machen, indem sie auf unterdurchschnittliche Umsätze pro Einheit Verkaufsfläche und pro Mitarbeiter und auf den überdurchschnittlichen Anteil eigener Erzeugnisse und die hohe Zahl freigestellter Betriebsräte hinwiesen. Sie erhielten die Antwort, sie sollten sich nicht die

267

diffamierenden Worte der politischen Gegner zu eigen machen. Das Gespräch fand sein Ende unter der Kategorie »unverrichtete Dinge«.

Genossenschaften werden der österreichischen Rechtslage entsprechend von Revisionsverbänden auf ordnungsgemäße Rechnungslegung und Buchführung kontrolliert. Daraus ergibt sich ein Urteil über die wirtschaftliche und finanzielle Lage, in der sich die jeweilige Genossenschaft befindet. Die Tätigkeit der Revisionsverbände hatte über viele Jahre gut funktioniert, da sich die vielen kleinen und mittleren Genossenschaften gegenseitig kontrollierten. Als jedoch der Konsum Österreich geschaffen wurde, hatte der Revisionsverband praktisch nur noch ein Mitglied. Der Generaldirektor dieses Mitglieds, Manfred Kadits, wurde gleichzeitig zum Obmann des Konsumverbands gewählt, und so ergab sich die ungute Situation der Selbstkontrolle. Spiegelbildlich verlief die Kür Anton Rauters, des Direktors des Konsumverbands, zum Mitglied des Vorstands von Konsum Österreich. Der Aufsichtsrat des im Jahr 1978 durch die erwähnten Fusionen entstandenen Konsum Österreich setzte sich aus vierzig bis fünfzig Mitgliedern zusammen. Die Mitgliederkonstellation sollte eine Analogie zu allen österreichischen Konsumgenossenschaften sein. Als Vertreter beziehungsweise Vertreterinnen der Filialen fungierten die Kunden. Daraus entstand – etwas überheblich, aber in Details nicht unzutreffend – das Schlagwort vom Hausfrauenaufsichtsrat, womit auch Zweifel an der Professionalität dieses Aufsichtsrats als Kontrollorgan artikuliert wurden. Diese Zweifel werden ihre Berechtigung gehabt haben. Ich bin allerdings davon nur marginal beeindruckt, weil ich zu viele Aufsichtsräte österreichischer und internationaler Unternehmungen kenne, in denen wirkliche oder selbsternannte Wirtschaftskapazitäten ihren Sitz hatten und denen der Kursabsturz der Aktie ihres Unternehmens oder gar der Gang zum Insolvenzrichter ebenfalls nicht erspart blieb.

Thomas Lachs, der dem Vorstand des Konsum Österreich nach seinem Ausscheiden als Volkswirtschaftlicher Referent des

ÖGB von 1975 bis 1982 angehört hatte, ein ausgezeichneter Kenner der österreichischen Wirtschaft und ihrer verschiedenen Wirkungsmechanismen, schlug nun dem Aufsichtsratsvorsitzenden Benya vor, professionelle Wirtschaftsprüfer zu bestellen und die Bilanzen der einzelnen Konsumgenossenschaften und ihrer Tochtergesellschaften, in die sie Verluste auslagerten, zu konsolidieren. Er fand bei Benya Gehör, Kadits und Gerharter jedoch sprachen sich mit dem Hinweis, Wirtschaftsprüfer und Konsolidierung der Bilanzen kämen zu teuer, dagegen aus. Damit war die Idee gestorben. Als der sozialdemokratische Wiener Abgeordnete zum Nationalrat Hans Hobl – bis dahin stellvertretender Aufsichtsratsvorsitzender – Anton Benya an der Spitze des Gremiums ablöste, änderte sich an der prekären Situation bei der Kontrolle nichts; Gewerkschaftsfunktionäre verweisen darauf, die Schönfärberei Gerharters sei bei Hobl mindestens so gut aufgehoben gewesen wie bei Benya.

Wie verfahren der Karren Konsum Anfang der neunziger Jahre schon war, zeigen zwei Beispiele. Das eine bezieht sich auf die richtige Absicht der Konsum-Führung, das Gebäude in der Wiener Kärntnerstraße, in dem das vom Konsum gekaufte, aber weiterhin unrentable Kaufhaus Steffl untergebracht war, zu veräußern. Das gelang nicht. Der erzielbare Erlös hätte dem Konsum gutgetan. Das zweite Beispiel ist der Einstieg der Schweizer Einzelhandelskette Migros beim Konsum, der für keinen der beiden Partner zur Stärkung ihrer Wettbewerbsfähigkeit führte, so daß sie die Kooperation nach ziemlich kurzer Zeit wieder beendeten.

Welches Fazit ziehe ich als der Parteivorsitzende der SPÖ, in dessen Amtszeit die Insolvenz des Konsum fiel, aus dieser – zusätzlich zum wirtschaftlichen Aspekt – parteipolitisch niederschmetternden Katastrophe? Die juristische Seite des Themas ist offenkundig. Kein Gremium der Partei – nicht Vorstand, nicht Präsidium – war gesellschaftsrechtlich/genossenschaftsrechtlich für die Geschäfte des Konsum zuständig oder verantwortlich. Der Konsum war kein Unternehmen der Partei. Das gilt ebenso für den Gewerkschaftsbund. Auch wenn Funktionäre des Konsum Wien Anton Benya dafür gewannen, den Aufsichtsratsvorsitz im Konsum zu übernehmen, war der Konsum kein Unternehmen des ÖGB. Benya legte darauf immer großen Wert und ließ keinerlei organisatorische oder unternehmenspolitische Verbindung zustande kommen. Sein Nachfolger an der Spitze des ÖGB, Fritz Verzetnitsch, zog es folgerichtig gar nicht in Erwägung, eine Funktion im Konsum anzunehmen.

Auch wenn diese juristische Argumentation unangreifbar ist, bleibt der Fall des Konsum in der politischen Optik, im Urteil vieler Staatsbürger und aus dem Blickwinkel einer bestimmten Abteilung der Realverfassung an der SPÖ und am ÖGB haften. Die Selbsthilfeorganisation wird mit der sozialdemokratischen Arbeiterbewegung assoziiert. Darüber helfen substantielle Krisen und Existenzkatastrophen im Bereich des bäuerlichen Genossenschaftswesens nicht hinweg. Das ist zwar subjektiv ungerecht, aber real. Ein Unternehmenskomplex in der Größe des Konsum sollte tunlichst nicht als Genossenschaft organisiert sein, sondern als Kapitalgesellschaft mit klar definierten Aufgaben und Verantwortungen von Geschäftsführung, Aufsichtsgremium und unabhängigem Pflichtprüfer. Die eigentliche bittere Lehre besteht darin, daß die SPÖ angesichts der rasanten Entwicklung der Großformen des Einzelhandels ihre faktische Nähe zum Konsum hätte verringern und letztlich zu einem Ende bringen sollen. Ohne große ideelle Anstrengung wäre die Lösung des historischen Bandes nicht vor sich gegangen, man hätte mir und der Partei sicherlich Verrat an den Inhalten vorgeworfen. Doch das wäre weniger schädlich gewesen als das letztendlich eingetretene Ergebnis. Heute, wo ich diese Zeilen zu Papier bringe, räume ich ein, nicht zur rechten Zeit diese Erkenntnis gehabt zu haben.

Demokratie und Solidarität

Die Verantwortung für die zwei Grundfesten einer humanen und egalitären Gesellschaft, Demokratie und Solidarität, sowie ihre Pflege und jeweilige Aktualisierung sollten Dauerbegleiter eines sozialdemokratischen Politikers sein. In meiner Zeit als Minister und Bundeskanzler gab es in bezug auf Demokratie und ihre Interpretation zumindest zwei neue Herausforderungen. Zum einen das Spannungsfeld repräsentative und direkte Demokratie. Seit Mitte der siebziger Jahre trat das Instrument des Volksbegehrens immer mehr in den Vordergrund. Politische Parteien, aber auch andere Gruppierungen sowie auflagenstarke Zeitungen versuchten damit, die Aufmerksamkeit des Publikums für bestimmte Themen zu gewinnen. Den verschiedenen Initiativen war recht gemischter Erfolg beschieden, und per saldo bestätigen diese Erfahrungen meine Auffassung von der Überlegenheit parlamentarisch-demokratischer Entscheidungsfindung gegenüber den Formen der direkten Demokratie.

Andererseits ist der Fortschritt der europäischen Integration anzuführen, der von Anfang an der Verdacht des Demokratiedefizits anhaftete. Er hat sich bis heute nicht verflüchtigt, hinkt doch das durch die Unionsbürger gewählte Europäische Parlament in der Wertigkeitsskala dem Europäischen Rat und der Europäischen Kommission nach. Von vielen Staatsbürgern wird das weniger rational so beurteilt als vielmehr intuitiv empfunden und führt dann zu den bekannten verallgemeinernden Unmutsäußerungen über »die dort« in Brüssel. Im Jahr 2003 sollte die Basis für die nächste, eine modernisierte Form des politischen und demokratischen Zusammenlebens in der Union gelegt worden sein. Es ist äußerst wichtig, daß dieses Vorhaben gelingt, damit die Unionsvölker wieder mehr Vertrauen in die Demokratiefähigkeit der Union schöpfen. Überdies würde das die Überlegenheit der repräsentativen, der parlamentarischen Demokratie über die plebiszitären Formen bedeuten. Wenn in allen Bereichen menschlicher Tätigkeit Professionalität eingefordert wird, dann spricht nichts dafür, in der Politik davon abzuweichen. Das halte ich aufrecht, auch wenn die Parlamentarier im beinharten Tagesgeschäft oft nur Zweitklassigkeit bestätigt bekommen. Diejenigen, die solche Urteile fällen, tun dies meist aus sicherem Hafen, in dem sie sich nicht annähernd so exponieren wie die gewählten Abgeordneten, die sich ja regelmäßig einer Volkswahl stellen müssen.

Die Solidarität wiederum findet sich in der Sozialpolitik, in der Sozialdemokratie im besonderen darin, daß sie ihre sozialpolitische Kompetenz wahrnimmt, das sorgsam gehütete und sorgsam zu behütende Wesensmerkmal unserer Partei. Unter maßgeblicher Federführung der Sozialdemokraten und als Ergebnis ihrer konsistenten Politik konnte Österreich in den Aufbaujahren nach dem Zweiten Weltkrieg im Bereich sozialer Errungenschaften ein Niveau erreichen, das zu den höchsten in Europa zählt. Ein Meilenstein dabei war die Pflegeversicherung, ein langgehegter Wunsch der Sozialdemokraten, die wir 1993 unter der Federführung Sozialminister Josef Hesouns in die Tat umsetzten. Auch der Koalitionspartner ÖVP war dafür zu gewinnen, in der Endphase der Vorbereitung drängte er sogar auf rasche Umsetzung. Wir schlugen damit unsere deutschen Nachbarn – die Regierung Kohl –, die mit der Realisierung ihres Pflegeversicherungsvorhabens nicht und nicht zu Rande kamen, um Längen. Die Verwirklichung des Projekts Pflegeversicherung vollendete das sozialstaatliche Gesamtwerk, zu dem seit Jahrzehnten bereits die Alters-, Kranken- und Arbeitslosenversicherung gehörten.

Der österreichische Sozialstaat wurde jedoch Schritt für Schritt kritisch hinterfragt, als seine budgetären Auswirkungen thematisiert und zum politischen Zankapfel wurden. Die Fronten verliefen quer durch die politische Landschaft, doch meist waren es Stimmen aus dem konservativen oder dem einfach arbeitnehmerfeindlichen Lager, denen das System der Arbeitslosenversicherung mißfiel und die finanziellen Leistungen an die Arbeitslosen zu hoch waren. Nicht selten setzte man einfach arbeitslos mit arbeitsunwillig gleich. Den Vogel schoß ein Mann namens Otto Mitterer ab, in der ÖVP-Alleinregierung von 1968 bis 1970 Handelsminister, später Präsident der Wiener Handelskammer und Abgeordneter zum Nationalrat: Er bereicherte die parlamentarische Debatte mit dem Hinweis darauf, daß ein Mindestsockel an Arbeitslosen als Disziplinierungsmaßnahme der Arbeitnehmer dienen könne. Zumindest nach außen hin hat sich keiner seiner VP-Kollegen dieser These angeschlossen.

Neben den hitzigen Auseinandersetzungen mit den politischen Gegnern, denen so manche Leistung aus dem Sozialversicherungssystem zu großzügig erschien, da sie, ihrer Auffassung nach, die Arbeitsmoral untergrabe, gab es auch innerhalb der Sozialdemokratie auf den verschiedensten Ebenen sehr intensive Debatten, wenn auch aus anderen Gründen. Meist waren es der Finanzminister und ich, die mit dem Sozialminister zu diskutieren hatten, auf welche Weise man die Kosten des Sozialstaats begrenzen könne, um seine Weiterexistenz zu sichern (nicht wie das Duo Kanzler Schüssel und Finanzminister Grasser im Jahr 2003, die die Pensionisten zur Kasse bitten, um damit eine Steuersenkung zu finanzieren). Partei- und Gewerkschaftsfunktionäre hatten für unsere Reformschritte nur wenig, manche gar kein Verständnis. Viele Funktionäre hatten sich in den langen Jahren der Ära Kreisky die Ansicht zu eigen gemacht, in Fragen der Ausstattung des Sozialstaats habe sich die Regierung, ebenso wie in der Arbeitsmarktpolitik, nicht um die Kosten zu kümmern. In der drastischen Ausprägung meinten sie, alles andere sei unsozial, nicht sozialistisch und grenze an Verrat. Daß Kreiskys Finanzminister Androsch bereits in der zweiten Hälfte der siebziger Jahre in einer ausführlichen brieflichen Darstellung die Kosten des Sozialstaats problematisiert hatte, tat nichts zur Sache. Sein Warnruf verhallte ungehört.

Die Debatte wurde im Lauf der Zeit auch insofern verschärft, als manche Staatsbürger die Empfänger von Sozialversicherungsleistungen als Arbeitsunwillige denunzierten. Die Sozialschmarotzerdebatte war geboren, und bestimmte Massenmedien fanden ein willkommenes Feld für Schlagzeilen und sogenannte Spezialberichte in Fortsetzungsform. Ich wurde in diesem Zusammenhang häufiger mit Interventionen, Klagen und Vorwürfen konfrontiert, als ich es erwartet hätte. In den neunziger Jahren meldeten sich immer mehr Menschen bei mir zu Wort, die den Eindruck vermittelten, jeder kenne zumindest einen Fall gravierenden Sozialschmarotzertums. Verblüffend waren Erlebnisse bei öffentlichen Auftritten. Bei Wahlkampfreisen oder sonstigen Begegnungen mit der Bevölkerung wird man oft mit kleinen oder größeren Interventionen, Bitten um Überprüfungen oder Postengesuchen konfrontiert. Ich nahm dann meist ein Schriftstück des Hilfesuchenden entgegen, ließ die Angelegenheit prüfen und beantwortete mit persönlichem oder Kabinettsbrief die offene Frage. Nicht selten wurde mir etwa eine Pensionsabrechnung, eine Steuervorschreibung oder eine Arbeitslosengeldverrechnung mitgegeben. Nun erlebte ich allerdings Neues: Ab und zu verlangte jemand nicht die Überprüfung seiner Arbeitslosenabrechnung, sondern der seines Nachbarn; der bekäme angeblich einen zu hohen Betrag ausbezahlt. Wenn dann noch hinzugefügt wurde, der Mann gehe drei Tage in der Woche einer Schwarzarbeit nach, dann paßte das genau ins Bild der »neuen Solidarität«. Ich hatte zu solchen Tatarenmeldungen im jeweiligen Moment keine Gegenbeweise parat, weil ich einfach nicht wissen konnte, ob der Anwurf den Tatsachen entsprach oder nicht. Prinzipiell hielt ich mich daran, das System zu verteidigen, weil sein Nutzen und sein Stellenwert durch Einzelfälle ja nicht in Frage gestellt werden dürfe und offensichtlich auch die Kontrollen nicht alle erfassen könnten. Daß manche dieser Intervenierer sich kopfschüttelnd abwandten, weil sie die Ankündigung vielleicht sogar einer Polizeirazzia erhofft hatten, und etwas über »dann halt Haider wählen« murmelten, ergänzt diese Erfahrungen. Im übrigen wollten Arbeitslose, die von Kontrolloren bei illegaler Arbeit ertappt wurden, ebenfalls »dann halt Haider wählen«.

Ich bleibe bei meiner grundsätzlichen Auffassung, daß man ein gewachsenes, wohldurchdachtes und über Jahrzehnte politisch erkämpftes System nicht deshalb in Frage stellen darf, weil es einige mißbrauchen. Gegen Gesetzes- und Regelverstöße gehen die Behörden ohnehin vor. Das tiefersitzende Problem besteht nicht im Mißbrauch, sondern im virtuosen Ausnützen der Sozial- und Wohlfahrtseinrichtungen, indem man erlaubte, gerade noch erlaubte und eventuell bereits verbotene Praktiken virtuos kombiniert. Kommt dann noch der vollmundige Wortschwall am Wirtshaustisch dazu: »Blöd ist der, der sich nicht holt, was ihm zusteht«, dann hat die berühmte Gemütlichkeit derer ein Ende, die ganz normal ihrer Arbeit nachgehen, in der Freizeit nicht »pfuschen« und den Kuraufenthalt dann in Anspruch nehmen, wenn es ihre Gesundheit erfordert, und nicht, weil sie schon zwei Jahre nicht mehr auf Kur waren. Sozialdemokraten, die zu solchen Praktiken auf Distanz gehen und sie unterbinden, sind deswegen nicht weniger sozialdemokratisch.

Viele sozialpolitisch engagierte Menschen befällt bei der Nennung von Alfred Dallingers Namen, Sozialminister von 1980 bis 1989, ein wohlig-wehmütiger Erinnerungsschub: »Der hat halt noch Sozialpolitik gemacht.« Der große zeitliche Abstand scheint vergessen zu lassen, daß wir während Dallingers Funktionsperiode die erste große einschneidende Reform des österreichischen Pensionsrechts vorgenommen haben, die eine Verminderung des Staatsbeitrags zu den Pensionen um sechzehn Milliarden Schilling pro Jahr zur Folge hatte.

In öffentlichen Auftritten, bei den Veranstaltungen der Gewerkschaft der Privatangestellten, deren Vorsitzender er war, und bei anderen Gelegenheiten gab sich Dallinger als recht kämpferischer Vertreter der unselbständig Erwerbstätigen. Manche Unternehmer erblickten in ihm den Leibhaftigen. In der praktischen Politik jedoch war er weit weniger »schreckenerregend«. Vor allem war er ein überzeugter Anhänger der Sozialpartnerschaft und damit auch jemand, der Probleme im Einvernehmen mit der Wirtschaftskammer lösen wollte und konnte. Aus dieser Logik heraus führte für ihn kein Weg zu den Freiheitlichen. Als er einmal, noch während der SPÖ/FPÖ-Koalition, an einem endlosen Parlamentstag viele Stunden neben mir auf der Regierungsbank saß und wir mit gemischten Gefühlen in die Abgeordnetenbänke hineinschauten, flüsterte er mir zur, wie froh er wäre, könnten wir wieder mit »den Schwarzen« zusammen sein, die wenigstens den Standpunkt des Partners verstünden und des Verhandelns mächtig seien. Mit diesen Blauen hingegen sei ja gar nichts anzufangen. Dieses kurze Gespräch war nicht bloß eine Episode, sondern für mich Ausdruck dessen, wie schwer große Tankschiffe ihren Kurs wechseln. Sozialpartnerschaftlich zu verhandeln, Gewerkschaft und Bundeskammer auf einen Nenner zu bringen, mit diesem Kompromiß zum nächsten zu schreiten, das war das politische Grundverständnis der Generation Dallingers.

Seit geraumer Zeit wurde die Beseitigung der arbeits- und sozialrechtlichen Unterschiede zwischen Angestellten und Arbeitern diskutiert. Dallinger und sein Vorgänger an der Spitze der Gewerkschaft der Privatangestellten, Rudolf Häuser, waren dafür nicht wirklich zu haben; überdies hielt sich Dallingers Bewunderung einiger seiner Kollegen aus den Arbeitergewerkschaften in Grenzen. Außerdem ärgerte es ihn, wenn Benya mit mir Vereinbarungen schloß, die den ÖGB betrafen, der Präsident aber erst im nachhinein die Zustimmung seines Gewerkschaftsgremiums dazu einholte. »Die Herren waren heut' früh wieder beisammen«, hörte ich dann Dallinger in der nachmittägigen Ministerratsvorbesprechung ätzend anmerken.

Im Zusammenhang mit den jeweiligen Sozialministern erlebte ich übrigens eine bemerkenswerte dramaturgische Facette im Verhältnis zur sozialdemokratischen Fraktion im ÖGB. Aus der Vorzeit war eine Art von Vorschlagsrecht der ÖGB-Fraktion für das Amt des Sozialministers überliefert. Kreisky hatte sich daran gehalten. Als ich das Amt des Bundeskanzlers übernahm, war Alfred Dallinger als Sozialminister tätig; gleichzeitig war er Vizepräsident des ÖGB und Vorsitzender der Gewerkschaft der Privatangestellten. Die Logensitzer rings um die politische Arena lauerten mit erwartungsvoller Spannung, wie der »linke« Dallinger und der »Banker« wohl miteinander zu Rande kommen würden. Die Antwort ist: sehr gut. Sicherlich hörte ich so manche Kommentare zur Person Dallingers und wurde mir die eine oder andere Botschaft zugetragen, der von mir bevorzugte Weg sei nicht der seine. Schon während der Amtsperiode von Fred Sinowatz hatte man mir vertraulich berichtet, Dallinger, Salcher und Lanc wollten die Partei »in ihre Hände bekommen«. Andere bestätigten das Gerücht, meinten aber, Salcher habe nichts damit zu tun. Überdies hatte sich Kreisky im Mai 1988 vernehmen lassen, Sinowatz habe seine Nachfolge schlecht geregelt, Dallinger wäre ein besserer Parteivorsitzender als ich. In den meisten derartigen und ähnlichen Fällen beschloß ich, dem nur geringe Aufmerksamkeit zu schenken und ansonsten meiner Wege zu gehen. In der Politik sind des Herumgeredes liebste Kinder nun einmal die Personalangelegenheiten beziehungsweise personenbezogene Spekulationen und Kombinationen. Meist von Unzuständigen.

In meiner Zeit als Finanzminister hatte ich mich gut mit Dallinger verstanden. Daß die Kosten des Sozialwesens im allgemeinen und der Pensionsversicherung im besonderen eingedämmt werden müßten, war zwischen uns abgemacht. Dallinger bereitete dann auch die erste Etappe einer Pensionsreform vor, und zwar einer solchen, die diesen Namen verdiente. Anstatt der Pensionsberechnung vom Letztbezug wurden Durchrechnungszeiträume eingeführt und die Arbeitslosen in der Formel für die jährliche Pensionserhöhung berücksichtigt. Das führte zu einer Entlastung des Bundeszuschusses zur Pensionsversicherung in der Höhe der erwähnten sechzehn Milliarden Schilling. Das ist erstens an die Adresse jener in ÖVP und FPÖ zu richten, die im Jahr 2003 behaupteten, vor ihnen habe keine Regierung eine nachhaltige Pensionsneuordnung durchgeführt. Zweitens aber war Dallingers Geschick zu bewundern, eine so bemerkenswerte Maßnahme zu setzen, ohne seine beachtliche Reputation als Sozialpolitiker zu gefährden. Ich habe große Partei- und Gewerkschaftsversammlungen miterlebt, in denen er nach der von ihm entworfenen restriktiven Pensionsreform so stürmisch gefeiert und umjubelt wurde wie vor ihr.

Nach Dallingers Unfalltod – eine Maschine der Rheintal-Fluggesellschaft mit dem Minister an Bord war am 23. Februar 1989 aus nicht geklärter Ursache in den Bodensee gestürzt – schlug mir ÖGB-Präsident Fritz Verzetnitsch für das Amt des Sozialministers Walter Geppert vor, den Generaldirektor des Hauptverbandes der Sozialversicherungsträger. Dieser trat sein Ministeramt am 10. März 1989 an und versah es bis zur Regierungsneubildung nach der Nationalratswahl 1990. Verzetnitsch brachte ihn danach neuerlich ins Gespräch; ich hatte mich allerdings für eine andere Besetzung entschlossen. Geppert hatte sich als Ressortchef nicht aus seiner Affinität zur Gewerkschaftsfraktion lösen und daher kein so eigenständiges Profil entwickeln können, wie ich es von einem Mitglied der Bundesregierung erwartete.

Verzetnitsch reagierte verblüfft. Etliche Tage herrschte Funkstille. Dann berief ich Josef Hesoun in das Amt, nicht eben Wunschkandidat des Gewerkschaftsbundes; allerdings konnte man gegen den renommierten Vorsitzenden der Bau- und Holzarbeitergewerkschaft, der sich als Präsident der niederösterreichischen Arbeiterkammer sozialpolitisch einen Namen gemacht hatte, nicht wirklich argumentieren. Leicht hatten sie es nicht miteinander. Hesoun vertrat das Regierungsprogramm, an dessen Erstellung er selber mitgearbeitet hatte; eine Selbstverständlichkeit für einen Minister. Er hatte zu den budgetrelevanten Aufgaben des Sozialministers einen pragmatischen Zugang, ohne den Ausbau des Sozialstaats zu vernachlässigen. Die Einführung der Pflegeversicherung – ein Markstein in der Geschichte der österreichischen Sozialpolitik – fiel in seine Verantwortung. Im Bemühen der Bundesregierung, die Kosten des Sozialsystems unter Kontrolle zu halten, steht der Sozialminister gemeinsam mit dem Finanzminister an vorderster Front. Nimmt ein Sozialminister diese Aufgaben ernst, wie Hesoun das tat, dann ist er ein naheliegender Widerpart zu den Gewerkschaftern. (Dallinger hatte einmal in einem Vieraugengespräch erwähnt, welch großen Wert der Gewerkschaftsbund darauf lege, den Vorschlag für das Amt des Sozialministers zu unterbreiten. Sobald ihr Kandidat aber zum Zug gekommen sei, zögen die Gewerkschafter die von mir oft als Beispiel herangezogene Milchglasscheibe zwischen sich und ihrem Mann in der Regierung ein.) Hesoun unterzog sich seiner Ministeraufgabe mit immenser Hartnäckigkeit und Geduld. Nach seinem Abgang aus der Bundesregierung am 6. April 1995 entstanden seinem Nachfolger Franz Hums (ebenfalls fast ein Berufsleben lang Gewerkschafter, nämlich in der Gewerkschaft der Eisenbahner, deren Vorsitzender er von Juni 1989 bis Juni 1997 war) im großen und ganzen die gleichen Spannungen wie im Fall Hesouns.

In den Jahren, über die ich berichte, erfüllten die Sozialminister enorm wichtige Aufgaben als Wirtschaftspolitiker, in erster Linie, weil sie gemäß den Bestimmungen des Arbeitslosenversicherungsgesetzes für Unterstützungen und Restrukturierungen von in Bedrängnis geratenen Unternehmen zur Verfügung standen und entsprechend ihren Möglichkeiten finanzielle Zuschüsse gewährten. Hesoun ließ sich die Rettung bedrängter Firmen in besonderem Maß angelegen sein und verbuchte dabei zahlreiche Erfolge. Keine der Ministerinnen, keiner der Minister meines Kabinetts, die nicht weit über das Fachressort hinaus die gesamtpolitischen Zusammenhänge in ihre Arbeit einfließen ließen und mir dazu wertvolle Gesprächspartner waren. Auf Josef Hesoun trifft das in besonderem Maß zu.

Sowohl Hesoun wie Hums stellten übrigens im internen Kreis die Zusammenlegung von Sozialversicherungsanstalten zur Diskussion und führten dabei als Argumente besseres Kostenmanagement und Synergieeffekte ins Treffen. Größer hätte der Sturm der Entrüstung, heftiger hätte die Ablehnung durch die hohen Gewerkschaftsfunktionäre nicht sein können. Das Service würde verschlechtert werden, es werde zu einem Verlust an Bürgernähe kommen, und wirtschaftlicher würde das alles nicht sein: so zog man gegen die ohnehin vorsichtigen Vorstöße der beiden Minister ins Feld. Da diese den Streit nicht für wert befanden, verfolgte ich die Angelegenheit nicht weiter. Heute ärgere ich mich darüber, denn die Beweisführung der Gewerkschafter hätte genauer Überprüfung nicht standgehalten. Wie sonst wäre es zu verstehen, daß im Jahr 2001 der freiheitliche Sozialminister Haupt und der ÖVP-Wirtschaftsminister Bartenstein die Zusammenlegung der Pensionsversicherungsanstalten der Arbeiter und der Angestellten einfach verkünden, die erforderlichen gesetzlichen Änderungen im Parlament herbeiführen – und die Gewerkschafter, auch die sozialdemokratischen, kein Sterbenswörtchen dagegen sagen? In meiner Kanzlerzeit haben aufgebrachte SPÖ-Gewerkschafter bloß wegen der Äußerung solcher Ideen den Rücktritt von Franz Hums zur Diskussion gestellt.

Österreich – ein Land
der Autoindustrie?

Während seiner Amtszeit als Bundeskanzler verfolgte Kreisky die Idee, die österreichische Industrielandschaft um die Produktion von Personenkraftwagen zu erweitern. Die Lastkraftwagen- und Autobussparte war durch Steyr-Daimler-Puch (SDP) und Österreichische Automobilfabriken (ÖAF), später MAN, abgedeckt; eine eigene österreichische Pkw-Produktion gab es so gut wie nicht. Mithilfe der Beratung des kundigen Automobilfachmanns Ernst Fuhrmann, der lange Zeit die Firma Porsche in Stuttgart leitete und von 1980 bis 1988 Aufsichtsratsvorsitzender der VOEST-Alpine war, verfolgte Kreisky sehr konkret den Plan, eine solche Produktion in Österreich aufzubauen; dieser Plan sollte im Rahmen der ÖIAG in die Tat umgesetzt werden.

Das Vorhaben wurde nie Wirklichkeit, in erster Linie deshalb, weil man die Frage des Vertriebs eines solchen Autos – das den populären Namen »Austro-Porsche« trug – nicht erfolgversprechend beantworten konnte. Man hätte das Auto gemeinsam mit einer international etablierten Marke vermarkten müssen, die Prognosen lieferten dafür jedoch ein zu unsicheres Bild. Also ließ man das Projekt fallen. Kreisky sicherlich schweren Herzens, war er doch mit den in Österreich immer reichlich vertretenen Zeitgenossen konfrontiert, die zuallererst wissen, was alles nicht funktionieren wird. Trotzdem war er auf dem Gebiet Automobilindustrie alles andere als erfolglos. In seiner Amtszeit wurden die Motoren- und Getriebewerke von General Motors (Opel) und BMW in Aspern bei Wien respektive im oberösterreichischen Steyr errichtet; ohne seine Beharrlichkeit und ohne die vom Bund bereitgestellten Förderungen wären diese Projekte nicht zustande gekommen; BMW-Steyr auch nicht ohne tatkräftiges Zutun der Creditanstalt.

Mehrere Jahre später, während meiner eigenen Amtszeit, hatte ich zwei folgenschwere Begegnungen, wobei das Wort folgenschwer in diesem Zusammenhang als ausgesprochen positiv zu bewerten ist. Im Rahmen meiner zahlreichen Reisen in andere Länder lernte ich immer wieder Österreicher kennen, die als Manager und Unternehmer außerordentlich erfolgreich waren. Ich faßte den Entschluß, regelmäßig mit diesen Spitzenmanagern zusammenzutreffen und aus ihrer Erfahrung und ihrer Einschätzung industrieller Trends und der weltwirtschaftlichen Entwicklungen für meine eigene Tätigkeit zusätzliche Einsichten zu gewinnen. Als organisatorischer Rahmen diente ab 1991 ein Advisory Council aus im Ausland wirkenden Unternehmensleitern mit österreichischen Wurzeln. Curtis Hoxter, Inhaber einer Public-Relations-Firma in New York, steuerte dafür so manche Kontakte und Terminvereinbarungen bei.

Die Resonanz der Angesprochenen war beeindruckend: Kein einziger entzog sich meiner Einladung. (Das Wort Einladung ist insofern eine Phrase, als alle auf ihre Kosten anreisten und in Wien Logis nahmen.) Der Advisory Council trat zweimal im Jahr zusammen. Untertags fanden Beratungen mit dem Finanzminister, der Nationalbankleitung, den österreichischen Wirtschaftsforschern und anderen statt, am Abend gab es dann eine große zusammenfassende und höchst informative Aussprache in den Räumen des Bundeskanzleramts. Im Lauf meiner Regierungsjahre gehörten Friedrich Boehm, Peter Brabeck-Letmathé, Robert Büchlhofer, Hans-Hubert Friedl, Carl H. Hahn, F.B. Humer, Eric Roll, John H. Lichtblau, Alex J. Mandl, Ferdinand Piëch, Leo Schenker, Heinz Schimmelbusch, Helmut Sihler, Hans Singer, Helmut Sohmen und Frank Stronach dem Council an.

Frank Stronach war die erste der »folgenschweren« Begegnungen. Der aus der Oststeiermark stammende Werkzeugmacher hatte nach einigen Tiefen und vielen Höhen in Kanada ein Unternehmen namens Magna gegründet, das sich mit technisch recht ausgeklügelten Kraftfahrzeugteilen Schritt für Schritt als Zulieferer der nordamerikanischen Automobilindustrie einen festen Platz sicherte und mit großem Erfolg die europäischen und asiatischen Märkte belieferte. Als ich Stronach kennenlernte, betrieb Magna bereits ein Werk in der Oststeiermark. Der Firmengründer war nicht abgeneigt, über weitere Industrieansiedlungen in seiner alten Heimat nachzudenken. Keine Frage, daß ich ihn dazu sehr ermunterte und, wo ich konnte, unterstützte. So kam es zur Errichtung der Magna-Europazentrale in Oberwaltersdorf in Niederösterreich und zur Werkserweiterung auf einem Teil des Geländes von Steyr-Daimler-Puch in Graz-Thondorf. Nach dem Ende meiner Amtszeit erwarb Magna ohne mein Zutun die von der Creditanstalt gehaltenen Aktien der Steyr-Daimler-Puch AG.

Magna forcierte ein expansives Investitionsprogramm an mehreren Standorten in der Steiermark und in Niederösterreich. Dadurch und durch den Erwerb der Aktienmehrheit an Steyr-Daimler-Puch entstand ein Industriecluster, an dessen Zustandekommen Jahre zuvor niemand in Österreich geglaubt hätte. Ich erinnere an die anzüglichen und abwertenden Kommentare über Kreiskys Idee des »Austro-Porsche«.

Seit dem Beginn seiner immer intensiver gewordenen industriellen Aktivitäten in Österreich beschäftigte Frank Stronach auch in anderer Hinsicht das Interesse eines breiteren Publikums in unserem Land. Zunächst machte er durch die Investitionen des Magna-Konzerns und die dadurch bewirkte Schaffung neuer Arbeitsplätze auf sich aufmerksam. Das selbstverständlich in positiver Hinsicht. Doch an seinem Unternehmenskonzept, das im Gegensatz zu den in Österreich üblichen Gepflogenheiten keine Betriebsräte, sondern Vertrauenspersonen vorsieht, schieden sich die Geister. Eine äußerst kontroversielle TV-Debatte zwischen Stronach und dem Vorsitzenden der Gewerkschaft Metall – Bergbau – Energie, Rudolf Nürnberger, machte den Stehsatz publik: »Stronach ist gegen Betriebsräte und Gewerkschaften.« Aus etlichen Gesprächen mit Stronach wußte ich, daß diese Zuspitzung nicht ganz den Realitäten entsprach; doch wer den Hang zur Vereinfachung in politischen Diskussionen kennt, weiß, daß ein Thema geboren war, das sich nicht so leicht vom Tisch wischen ließ. Ebensowenig ließ sich Stronach mundtot machen. Mit der Übernahme von Steyr-Daimler-Puch durch Magna erledigte sich einiges von selber, weil die Belegschaften dieser Betriebe in hohem Maß gewerkschaftlich organisiert sind. Obendrein trat die Debatte schon deshalb schrittweise in den Hintergrund, weil die ausgeprägte Investitions- und Expansionsstrategie des Magna-Konzerns in Österreich niemandem verborgen bleiben konnte.

Frank Stronach etablierte sich und Magna auch im österreichischen Fußballsport, errichtete im niederösterreichischen Ebreichsdorf ein Pferdesportzentrum internationaler Dimension und engagierte sich in Bildungs- und Kunstförderung. Diese Aktivitäten stoßen nicht bei jedem auf Zustimmung. Stronachs Persönlichkeit verleitet offenbar so manche Leute zu Zustimmung oder Ablehnung, zu Respekt oder herablassender Mißachtung. Sozialtaktiken, um Angriffe auf seine Ideen, Absichten und Projekte erst gar nicht aufkommen zu lassen, wendet er nicht an. Er ist sich seiner Sache sicher. Das führt dazu, daß um ihn herum niemals Langeweile aufkommt; daß er, dem Jünglingsalter längst entwachsen, sich nicht aufs Altenteil zurückzieht; daß ihn andere wegen seiner Taten kritisieren, ohne in ihrem Leben selber eine wirkliche Tat gesetzt zu haben. Die Führungskräfte in seinem Industriebereich wählt Stronach sorgfältig aus. Siegfried Wolf schreibt die industrielle Erfolgsgeschichte Österreichs zu Beginn des 21. Jahrhunderts schlechthin.

Meine zweite für die Zukunft der österreichischen Automobilindustrie entscheidende Begegnung war jene mit Lee Iacocca, der sich mit der Verwandlung des Automobilkonzerns Chrysler von einer insolvenzgefährdeten in eine blühende, profitable

Unternehmung einen legendären Ruf erworben hatte. Damals bereisten Abgesandte Iacoccas Europa, darunter Österreich, um Ausschau nach Investitions- und Kooperationsmöglichkeiten zu halten. Gerhard Hirczi und Gerhard Praschak zogen die Chrysler-Leute »an Land«, betreuten sie und gewannen sie dafür, ein Engagement in Österreich für attraktiv zu halten. Die Chrysler-Experten überzeugten den großen Boß Iacocca, nach Österreich zu reisen, wo er mich im Bundeskanzleramt besuchte. Natürlich brachte ich die Rede auf eine allfällige Investition seines Hauses in Österreich. Es war bald klar, daß ich mich darum sehr bemühen mußte, sollte es nicht bei einer zwar hochinteressanten, im Endeffekt aber akademischen Debatte bleiben. Wie in solchen Fällen üblich, ließ ich Iacocca mit allem nur denkbaren Informationsmaterial ausstatten, das über finanzielle Förderungen, Standortvorteile, gut ausgebildetes Fachpersonal und so weiter Aufschluß gab. Ich spürte, daß Iacocca nicht gänzlich abgeneigt war, »anzubeißen«, von einer definitiven Verpflichtung aber noch weit entfernt war.

Mein Gesprächspartner erwähnte ab und zu seine familiären Wurzeln in unserem südlichen Nachbarland und eine gewisse Affinität zum kulturellen Erbe. Gespräche dieses Inhalts brachten uns weit weg von der Ansiedlung einer amerikanischen Autofabrik in Österreich, aber persönlich schienen wir uns näher und näher zu kommen. Also lud ich ihn zu einer gemeinsamen Besichtigung des Barockstifts Melk ein. Der Abt persönlich führte uns durch die Räume. In der Stiftsbibliothek verschlug es dem amerikanischen Gast zwar nicht gerade den Atem, er war aber ziemlich nahe daran. In einem der gastronomischen Aushängeschilder Österreichs, bei Liesl Wagner-Bacher in Mautern, ging der Tag kulinarisch perfekt zu Ende. Die Strategiekombination Barock – Wein – Küche wird manchen vielleicht als zu typisch österreichisch erscheinen, und sie werden die Nase rümpfen; allein, sie war nicht erfolglos. Kurze Zeit später rief mich der Chrysler-Chef aus den USA an, um mir seine positive Entscheidung über die Investition in Österreich mitzuteilen.

Die nun folgenden Verhandlungen und Vorarbeiten brauchten ihre Zeit. Am 13. März 1990 war es soweit: Der Grundstein für die Chrysler-Fabrik in Graz – sie erhielt den Namen Eurostarwerk – wurde gelegt. Die Zustimmung war – wie in Österreich fast immer – nicht einhellig. Umweltbewegte Wortmelder hielten eine Fabrik im allgemeinen und eine Automobilfabrik im besonderen für schädlich und demonstrierten vor dem Werksgelände. Von steirischen Behörden war noch der eine oder andere Bescheid ausständig; ich ließ mich aber nicht mehr aufhalten und vollzog mit dem neuerlich angereisten Iacocca die Grundsteinlegung, an der der Landeshauptmann der Steiermark, Josef Krainer, und der Grazer Bürgermeister Alfred Stingl mit sichtlicher Begeisterung teilnahmen.

Angesichts der Tatsache, daß ein Großteil der Automobilindustrie neue Investitionen nicht in den Hochlohnländern Europas vornimmt, sondern vielfach in den Niedriglohngebieten Osteuropas und der Dritten Welt, ist den handelnden Personen in den verschiedenen Betrieben eine großartige Leistung gelungen, in Österreich doch Kapazitäten zu errichten, die im Jahr 2003 in den beiden Bundesländern Steiermark und Niederösterreich insgesamt 12 000 Arbeitskräfte beschäftigen. Die Aufwärtsentwicklung ist noch nicht zu Ende. Die Namen Stronach und Iacocca sind aus dieser Erfolgsgeschichte nicht wegzudenken, auch wenn sich Chrysler im Jahr 2002 aus Österreich zurückgezogen hat. Magna übernahm das Grazer Werk und baute es weiter aus.

Auch mir haben etliche Wortmelder den Rat gegeben, der Arbeitskostenvorteil anderswo sei nicht zu kompensieren, eine Autozulieferindustrie hierzulande habe keinen Sinn. Es erfüllt mich mit Befriedigung, daß ich mich nicht daran gehalten und einen wesentlichen Anstoß zum Gelingen dieses großen industriellen Projekts gegeben habe.

Krise und neuer Weg

Die österreichische Verstaatlichte Industrie, unter dem Dach der Österreichischen Industrieverwaltungsaktiengesellschaft (ÖIAG) zusammengefaßt, beschäftigte zu Beginn des Jahres 1986 102 160 Arbeiter und Angestellte; das entsprach 18,13 Prozent der in der Industrie Beschäftigten (563 587) und 3,69 Prozent der gesamten unselbständig Erwerbstätigen (2 771 100) in Österreich. An diesem beachtlichen Beschäftigungspotential und der hohen Exportintensität ist der Stellenwert der »Verstaatlichten« in der Gesamtwirtschaft ablesbar.

Ob gut beschäftigt oder schlecht beschäftigt, ob im Export erfolgreich oder nicht erfolgreich, innenpolitisch gehörten die Unternehmen jedenfalls zu den Zankäpfeln, besonders dann, wenn sie Probleme hatten. Die Höhepunkte der Querelen und Krisen gab es Mitte der achtziger Jahre, als die VOEST-Alpine und ihr Tochterunternehmen, die Handelsgesellschaft Intertrading, schwere Verluste hinnehmen mußten. Die österreichische Öffentlichkeit war so sehr mit dem Intertrading-Debakel beschäftigt, daß die gleichzeitig stattfindende schwere weltweite Stahlkrise fast ganz ohne Beachtung blieb. Als international tätiges Unternehmen konnte sich die VOEST-Alpine selbstverständlich nicht davon abkoppeln. Der Konzern litt zudem darunter, daß der Standort Linz von den viel besorgniserregenderen Entwicklungen der steirischen Betriebe in Mitleidenschaft gezogen wurde. Wie mir aus verschiedenen Quellen bekannt war, steuerten die europäischen Regierungen zur Stützung ihrer Stahlindustrien Subventionen im Gesamtgegenwert von achthundert Milliarden Schilling bei. Der große Kreis jener Personen aus Politik und Medien, der sich an den Problemen der österreichischen Verstaatlichten Industrie delektierte, war für solche Fakten allerdings einfach nicht zugänglich. VP-Politiker – nicht in Opposition, sondern in Regierungsämtern – zogen gegen sie vom Leder. So weit, so schlecht. Das Frappierende: Viele Journalisten stellten sich auf ihre Seite. Der politische Wirbel war groß, und die üblichen Vorbehalte gegen die Verstaatlichte Industrie (»Der Staat kann nicht wirtschaften«) hielten sich mit Schuldzuweisungen an die SPÖ die Waage.

Schon während meiner Zeit als Finanzminister, mehr noch nach Übernahme der Kanzlerschaft war mir klar, daß dieser Teil der österreichischen Industrie grundlegend verändert werden mußte, und zwar, indem man seine Eigentümerstruktur neu ordnete. Platitüden wie »Industriemuseum Obersteiermark« (Busek) oder »Zusperren« (Haider) war natürlich nichts abzugewinnen. Man mußte aber sicherlich berücksichtigen, daß die meisten der zur ÖIAG gehörenden Unternehmungen im intensiven internationalen Wettbewerb standen und daß ihnen dort der Umstand der Vollverstaatlichung alles andere als dienlich war. Wir mußten ferner die seit langer Zeit üblich gewordene Praxis beenden, daß die Verluste ganz selbstverständlich aus dem Bundesbudget abgedeckt wurden. Das galt selbst in Anbetracht dessen, daß es auch Gewinnjahre beziehungsweise Unternehmen gab, die über weite Strecken überhaupt eine positive Bilanz aufwiesen. Und wir mußten schließlich durch offene gesellschaftsrechtliche Gegebenheiten die Möglichkeit schaffen, mit strategischen Partnern zusammenzugehen. Auch diese Überlegungen fielen unter das Wahlkampfmotto 1986, »Modernisierungsschub«.

Nach der Wahl im November 1986 und der Regierungsbildung begann Anfang des Jahres 1987 die außerordentlich langwierige und politisch mühevolle Arbeit zur Gesundung der Verstaatlichten Industrie. Noch einmal mußte öffentliches Geld investiert werden, um die Unternehmen für Börsengänge fit und für private Investoren überhaupt interessant zu machen. Die Führungskräfte stellten sich dieser Aufgabe im großen und ganzen recht offen und engagiert. Einfach war es trotzdem nicht, ging es doch nicht nur um die Vorbereitung von Börsengängen, sondern auch darum, in der Zeit der Restrukturierung und der Übergänge das Entstehen von Industrieruinen und Industriefriedhöfen zu vermeiden. Gegenüber den Gewerkschaften, den Belegschaften in den Betrieben und den lokalen Parteifunktionären war unendliche Überzeugungsarbeit zu leisten. (In vielen Fällen handelte es sich um dieselben Personen.) Ich besuchte unzählige Betriebsversammlungen und stattete zahlreiche Fabriksbesuche ab. Die Erwartungen an den Bundeskanzler waren groß, die Enttäuschung spürbar, wenn ich keine Zusagen abgeben oder Versprechungen machen konnte.

Mir war das Milieu nicht fremd, weil ich ja als Student des öfteren in den Ferien mit Arbeit in einer Fabrik Geld verdient hatte. Der Unterschied zwischen der politischen Verhandlung über ein Industrieproblem und der unmittelbaren Konfrontation mit konkreten Arbeiteranliegen, vielfach Arbeiterschicksalen, ist jedenfalls ein besonderes Stück Lebenserfahrung. In einer Halle der VOEST in Linz, in der Kraftwerksteile produziert werden, sagt man mir einmal beim Besuch der Abendschicht, in zwei Monaten werde hier niemand mehr arbeiten, weil es angesichts der weltweiten Kraftwerksflaute keine Aufträge mehr gebe. Ein Blick zum begleitenden Direktor: Seine Körpersprache suggeriert Bestätigung. Da stehe ich mitten unter ihnen, ich im Straßenanzug, sie mit ihren Schlosseranzügen und gelben Helmen. Es ist still, sie warten auf die rettende Antwort. Ich habe keine. Einer erinnert an die schlaflosen Nächte Kreiskys. Diese Textpassage aus einer Rede des früheren Bundeskanzlers haben Tausende verinnerlicht und zu einer Art Heilslehre verklärt. Es hat keinen Sinn, an diesem Abend in der Fabrikhalle darzulegen, daß diese Mechanik in der zunehmend offenen Wettbewerbswirtschaft gar nicht funktionieren kann und daß das Risiko darin besteht, am Ende beides zu haben, Arbeitslosigkeit und Schulden. Da ich aber nie etwas unversucht, nie etwas auf sich beruhen lasse, verbürgte ich mich, daß alles getan werde, um Ersatzarbeitsplätze aufzutreiben, über Kurzarbeit Zeit zu gewinnen, die soziale Abfederung vorzubereiten und so manche andere Vorkehrungen zu prüfen. Es gab keine Feindseligkeit. Vielleicht dachte sich der eine oder andere, zaubern kann der auch nicht. »Hergekommen ist er wenigstens«, hörte ich später. »Andere, die laut geschrien haben, sind schon jahrelang nicht aufgetaucht.« Es blieb still, als ich mich mit meiner Begleitung zur Verabschiedung anschickte.

In einer ebenfalls in den achtziger Jahren im Speisesaal der Chemie Linz abgehaltenen Betriebsversammlung meldete sich nach meinem einführenden Referat ein Arbeiter zu Wort. Er sei Kriegsteilnehmer im Zweiten Weltkrieg und danach Kriegsgefangener gewesen. Die Nazis habe er gehaßt und den Entschluß gefaßt, nach der Wiederherstellung der Republik Österreich seine Arbeitskraft einem Unternehmen zur Verfügung zu stellen, das dieser Republik gehöre. Und nun sei er damit konfrontiert, daß der Staat, sein Staat, dieses Unternehmen und damit offenkundig auch seine Arbeitskraft nicht mehr brauche. Er sprach ohne Pathos, aber mit klarer innerer Überzeugung. Die Zustimmung im Saal war ihm gewiß. Ich habe mich immer bemüht, Fragen und Anmerkungen aus der Zuhörerschaft ausführlich, keinesfalls belehrend zu beantworten (daß man sich gegen persönliche Attacken wehren muß, steht außer Frage, aber auch auf einem anderen Blatt). Ich versuchte den Mann daher zu überzeugen, daß auch unter geänderten Bedingungen seine Arbeitskraft einem gesamtösterreichischen Interesse dienen werde. Auch diese Debatte schloß keineswegs feindselig. Es lag aber auf der Hand, daß die Belegschaften in der Verstaatlichten Industrie nicht von heute auf morgen ignorieren und vergessen wollten, was sie jahrelang, jahrzehntelang von ihren politischen Funktionären gehört und woran sie auch geglaubt hatten: Die Arbeitsplätze in ihren Betrieben seien sicher, dafür sorge der Staat, er sei der Eigentümer und habe dafür die Verantwortung. Gewinne zu erzielen sei nicht wichtig, der Staat sehe darin keine Priorität. Volkswirtschaftliche Ziele – Absicherung der regionalen Beschäftigung, soziale Aufgaben – seien wichtiger als rein betriebswirtschaftliche.

Der neue Stellenwert der Verstaatlichten Industrie, den es der Sozialdemokratischen Partei und ihren Wählern nahezubringen galt, war das eigentliche politische Element der notwendigen Erneuerungsmaßnahmen, die nicht mehr und nicht weniger bezweckten, als durch Wettbewerbsstärkung die Abhängigkeit der Betriebe von öffentlichen Geldern zuerst zu reduzieren und schließlich zu beseitigen und auf diese Weise echte, nicht subventionierte Sicherheit herzustellen. Einige, bei weitem nicht den Großteil der SP-Funktionäre aus den Standorten der Verstaatlichten Industrie konnte ich schon 1986 für meine Linie gewinnen. Es waren vor allem diejenigen, die schon im Präsidentschaftswahlkampf unter den für Kurt Steyrer affichierten Plakaten gelitten hatten, auf denen unserem Kandidaten Arbeitsplatzgarantien in den Mund gelegt worden waren. Die Glaubwürdigkeit solcher Ansagen war geringer als mäßig, das Abschneiden Steyrers bei der Wahl in den betreffenden Regionen dementsprechend.

Die vielen strukturverbessernden Maßnahmen, die im Lauf der Zeit unternommen wurden, haben tatsächlich zur Wettbewerbsstärkung, zum »Modernisierungsschub« geführt und schrittweise eine Verbesserung der Atmosphäre bewirkt. Allerdings nicht Zug um Zug; es gab lange Anpassungsperioden, die – je nach Einzelfall – bis in die neunziger Jahre reichten. Ehe es aber soweit war, hatten meine Parteifreunde und ich eine politische Durststrecke hinter uns zu bringen, allen voran Ferdinand Lacina, später Rudolf Streicher als die zuständigen Ressortchefs. Und selbstverständlich hatte die gesamte Partei, jedenfalls in den betroffenen Bundesländern Steiermark, Oberösterreich und Niederösterreich, harte Lasten zu tragen. Bei der Nationalratswahl 1986 verloren wir in den traditionellen Regionen der Verstaatlichten Industrie massiv. Auch in den Jahren danach war die Partei in einer klassischen Klemme. Viele der Parteigänger und Wähler in den genannten Bundesländern versagten ihr die Gefolgschaft, weil ich angesichts der VOEST-Krise klargestellt hatte, wir müßten neue Wege gehen, die die gewohnte Verlustabdeckung nicht mehr vorsahen.

Eine andere Gruppe potentieller SPÖ-Wähler – vornehmlich aus den Bundesländern ohne Verstaatlichten-Standorte – wandte sich wegen der Riesenverluste ab, die das Debakel der Intertrading verursacht hatte. Obwohl die sozialdemokratischen Regierungsmitglieder und die Mitglieder des Parteipräsidiums mit der eingeschlagenen Linie mitgingen (ich sage nicht, von ihr begeistert waren), weil es im Grunde ja auch keine Alternative dazu gab, waren viele Partei- und sozialdemokratische Gewerkschaftsfunktionäre im höchsten Grad verunsichert und der Parteiführung gegenüber kritisch eingestellt.

Im Oktober 1987 fand der 30. Ordentliche Bundesparteitag im Austria Center statt. Bei dieser Konferenz ging es mir darum, die aus meiner Sicht erforderliche Politik zu erläutern und Gelegenheit zur Diskussion zu geben. Als ich am Konferenzort eintraf, empfing mich ein Spalier von VOEST-Arbeitern. Sie waren in ihrer Arbeitskleidung erschienen und trugen Transparente mit besorgten und fordernden Aufschriften. Die eigentliche Botschaft aber hielten sie in den Händen: rote Nelken mit geknickten Stielen und nach unten hängenden Köpfen. Ein stiller Protest, Traurigkeit, die für einen Sozialdemokraten aussagekräftiger nicht hätte sein können. Achtlos vorbeigehen an ihnen konnte, wollte ich nicht. Einige kurze Gespräche entstanden. »Du mußt uns verstehen«, sagten die Arbeiter. »Ich verstehe euch ja«, war meine Antwort, »aber niemand nimmt es uns ab, die neuen Wege zu gehen, die einfach notwendig sind. Wenn wir alles so lassen, wie es ist, führt uns das nirgendwo hin.« Begeistern konnte ich sie selbstverständlich nicht, auch nicht trösten. Trotzdem machten sie in diesen schweren Stunden keine Anstalten, an mir zu zweifeln oder die politische Seite zu wechseln.

Die Gefühle, die mich auf dem Weg zum Rednerpult begleiteten, waren gemischt. Nach einiger Zeit jedoch konnte ich aufatmen. Das Vorhaben war gelungen. Wir, die Vertrauenspersonen der Partei, gingen zumindest mit Verständnis für die Lage und mit Sympathie füreinander an unsere Wirkungsstätten zurück. Nach der Versammlung war der an Händeschütteln und Schulterklopfen abzulesende Eindruck insgesamt positiv.

In der Volkspartei war man wegen der Probleme der Verstaatlichten aus parteipolitischer Sicht nicht wirklich unzufrieden. Trotzdem waren die über das VOEST-Debakel und seine Folgen nach außen hin schnaubende ÖVP im allgemeinen und Parteiobmann Mock im besonderen für mich gegenüber der Öffentlichkeit und der SPÖ hilfreich. Unfreiwillig. Meine These war eindeutig: Wir müssen mit der Verstaatlichten Industrie neue Wege gehen. Die Automatik der Verlustabdeckung aus dem Bundesbudget beenden. Die Privatisierung über den Kapitalmarkt vorbereiten. Die Einflußnahme auf die Besetzung des Führungspersonals zurücknehmen und mehr in den Vordergrund stellen, daß wir Sozialdemokraten es waren, die zwecks Beendigung der gesetzlich verankerten Proporzregeln erfolgreich initiativ waren. Als unabdingbare Voraussetzung zur Verwirklichung dieser Strategie aber mußten die Unternehmen noch ein letztes Mal Kapital aus staatlichen Quellen erhalten, um die Verluste halbwegs abzudecken, damit ihr Überleben zu retten und für private Investoren offen zu sein. Es gab genug Hinweise darauf, daß das österreichische Publikum diese Vorgangsweise größtenteils für richtig hielt. Der Beitrag zu dieser Strategie indes, wie er durch ÖVP-Mandatare, insbesondere in Parlamentsdebatten, aber auch auf anderen Foren der Öffentlichkeit eingebracht wurde, war eine beispiellose Rufschädigung für die Verstaatlichtengruppe. Immerhin war die Republik Eigentümerin und diese Wortmelder – etwa in ihrer Eigenschaft als Regierungsmitglieder oder Parlamentarier – Repräsentanten der Eigentümerin. In jedem Land mit einem Minimum an Industrie- und Unternehmenskultur hätte ein solches Verhalten zu schweren innenpolitischen Krisen geführt. In Österreich, einem Land, dem Unternehmens- und Kapitalmarktkultur nicht einfach zugänglich ist, ist die öffentliche Verunglimpfung eines Marktteilnehmers durch Politiker nichts Ungewöhnliches, dient allenfalls als Anreiz für Empörung oder Belustigung. (Daß diese Politikerunsitte nicht nur für eine zeitgeschichtliche Anmerkung gut ist, sondern ohne besonderes Aufsehen ins beginnende 21. Jahrhundert hineinreicht, bewies der seit Februar 2000 amtierende Finanzminister Grasser. Als Beispiel dienen die Austrian Airlines, deren Aktien im Staatsbesitz von der ÖIAG gehalten werden. Als Ressortzuständiger setzte er einen neuen Aufsichtsrat der ÖIAG ein. Zum Vorsitzenden dieses Gremiums wurde ein in der Papierindustrie tätiger Manager namens Alfred Heinzel gewählt, der sich öffentlich vernehmen ließ, die Austrian Airlines bereiteten ihm schlaflose Nächte. Die AUA-Aktie erlitt daraufhin maßgebliche Kurseinbrüche; Heinzel blieb unbehelligt. Im angloamerikanischen Bereich hätte ihm das erhebliche Schwierigkeiten mit den Aufsichtsbehörden und Aktionärsvertretern eingetragen. Die österreichische Kapitalmarktaufsicht und der Minister blieben von diesen Äußerungen und ihren Folgen unbeeindruckt. Die Düpierten waren die Anleger, die AUA-Aktien mit Heinzel-Malus in Händen oder in ihren Depots hatten.)

Nach der Regierungsbildung Anfang 1987 wurde also ein letztes Mal ein Paket zur Finanzhilfe für die ÖIAG geschnürt. Parteiobmann Mock beharrte mehrere Wochen hindurch auf einem bestimmten Betrag, der von allen Experten als zu niedrig empfunden wurde, und rückte von seinem starren, die Betriebswirtschaft ignorierenden Standpunkt erst ab, als ich den langjährig einschlägig befaßten früheren Obmann der Volkspartei, Josef Taus, um Vermittlung bat.

Im Jahr 1973, unter der Ägide Bundeskanzler Kreiskys, waren die Stahlunternehmen VOEST und Alpine-Montan zur VOEST-Alpine verschmolzen worden. Hauptquartier und vornehmlicher Produktionsstandort der VOEST war und ist Linz; die Alpine Montan verteilte ihre Aktivitäten auf mehrere Standorte in der Obersteiermark. Der steirische Erzberg und die Industriestadt Donawitz waren Angelpunkte einer traditionsreichen Industrielandschaft, zu der – ohne Anspruch auf Vollständigkeit – Standorte wie Mürzzuschlag, Hönigsberg, Krieglach, Kindberg, Bruck, Kapfenberg, Leoben, Judenburg, Knittelfeld, Fohnsdorf, Spielberg und andere gehörten. Im Auf und Ab der industriellen Dynamik hatte der Standort Donawitz eine lange Durststrecke zu durchlaufen, da die Konzernleitung den Hochofenbetrieb mit allen dazugehörigen Nebeneinrichtungen nicht mehr aufrechterhalten wollte. Die Innenpolitik des Bundeslandes Steiermark, an erster Stelle die Sozialdemokraten und die Belegschaftsvertretungen, prägten für diese Situation die Kampfparole:»Wir dürfen uns die Flüssigphase nicht wegnehmen lassen.« Unzählige Male sprachen die steirischen VOEST-Alpine-Interessierten bei mir vor, und ich stattete Donawitz so manchen Besuch ab, um alle Möglichkeiten auszuloten, die Flüssigphase und damit den Standort Leoben/Donawitz am Leben zu erhalten. Bei diesen Gelegenheiten wiederholte sich ein typisches Verhalten des VP-Landeshauptmanns Josef Krainer. Er forderte lautstark die Aufrechterhaltung der Industriestandorte in seinem Bundesland, die von ihm geführte Landesregierung brachte aber selber in kaum einem Fall eine nennenswerte Leistung dazu ein.

Das Beispiel »Flüssigphase« in Donawitz war aus mehreren Gründen von besonderer Bedeutung. Die Regionalpolitiker und Gewerkschaftsvertreter erwarteten von mir Unterstützung, die ich überall dort geben konnte, wo für Investitionsvorhaben staatliche Förderungsleistungen vorgesehen waren – wie im übrigen für jedes andere Unternehmen auch, dessen Investitionsabsicht den Förderungskriterien entsprach. Darüber hinausgehende finanzielle Zuwendungen gab es nicht mehr. Die von mir geführte Regierung hatte dies zum Grundsatz erhoben. Wiewohl ich mit der Spitze der VOEST-Alpine im regelmäßigen Kontakt stand, um mich über dieses Industriethema – wohl eines der wichtigsten in Österreich zu dieser Zeit – informiert zu halten, versagte ich mir jeden Versuch, auf die Unternehmens-

leitung Einfluß zu nehmen. Er wäre erstens schon deshalb un-
wirksam geblieben, weil ich sie immer wieder ihrer nur den
gesellschaftsrechtlichen Organen verpflichteten Autonomie versicherte; zweitens aber war es mir besonders wichtig, in einer so
essentiellen Angelegenheit Vertrauen zu geben und zu erhalten.
Die Rechnung ging auf: Die VOEST-Verantwortlichen Peter
Strahammer und Franz Strutzl setzten im Rahmen ihrer Möglichkeiten alles daran, durch einen geeigneten Mix aus Entwicklung und Investition den Standort Donawitz nicht nur zu erhalten, sondern auch auszubauen. Heute, also etliche Jahre danach,
hat das Donawitzer Langprodukt, die Eisenbahnschiene, Welt-
geltung. Die VOEST ist längst darangegangen, mit strategischen
Partnern Allianzen zu schließen und mit diesem Expansionskurs ein weiteres Stück Erfolgsgeschichte des Unternehmens
und der österreichischen Industrie zu schreiben. Der Erfolg im
Ringen um das Überleben der »Flüssigphase« mag heute von
vielen schon vergessen sein. Als Grundstein für die Schienen-
macht VOEST-Alpine hat er seinen bleibenden Stellenwert.

Das Beispiel Schienen und Weichen ist anschaulich, dokumentiert es doch Erfolg bei der Neustrukturierung und Privatisierung der Verstaatlichten Industrie. Es liegt in der Natur der
Sache, daß wir nicht in allen Bereichen dieses Sektors so erfolgreich waren. In etlichen Fällen waren Werkschließungen unver-
meidlich und die Erhaltung von Arbeitsplätzen nicht möglich.
Die Sozialdemokratische Partei hat für die notwendigen neuen
Wege von der Stammwählerschaft so manchen Denkzettel erhalten, wenn sie es ablehnen mußte, gegen die wirtschaftliche
Vernunft zu entscheiden. Und sie hat auch dort kurzfristig wenig
Beifall erhalten, wo die neuen Wege letztendlich zu sehr weit in
die Zukunft reichenden Perspektiven führten. Mittelfristig war
die Zustimmung dann schon wieder gegeben. Ich will kein La-
mento anstimmen, aber nüchtern betrachtet hat sich außer
meiner Partei, meinen Ministern und mir selber keine andere
politische Gruppierung den gewaltigen Strukturproblemen der
österreichischen Industrie gestellt. Kritiker werden an dieser

Stelle einwenden: Die Sozialdemokraten waren auch die einzigen, die immer für die Verstaatlichte Industrie und dieses Konzept eingetreten sind. Historisch ist das zutreffend, und angesichts der desolaten materiellen Nachkriegssituation war es auch notwendig. Im Wirkungszeitraum Sinowatz – Lacina – Vranitzky (1984 bis 1986) mußte allerdings für jeden Beobachter erkennbar sein, daß das alte politische Konzept nicht mehr vertretbar war und daher von uns auch nicht mehr vertreten wurde. Eine neue Zeit erforderte einen neuen Zugang zu einer gegebenen Aufgabenkonstellation.

In der Reflexion über die politische Auseinandersetzung um die Verstaatlichte Industrie ist den Freiheitlichen kein Vorwurf zu machen. Sie waren auf Distanz zum Modell staatlichen Eigentums und hatten für diesen Sektor der Industrie nie politische Verantwortung getragen. Die Grünen konzentrierten sich darauf, ob der Verkauf militärischer Güter – sofern vorgesehen – legal war. Die ÖVP jedoch verkörperte mit ihrer Kritik die personifizierte Unglaubwürdigkeit. Anläßlich der notwendigen Neustrukturierungen ließ sie kein gutes Haar am Bisherigen, zeigte wenig Einfühlungsvermögen für bestehende Probleme und tat so, als wäre sie nicht über Jahrzehnte gleichgewichtig und gleichberechtigt in Vorständen und Aufsichtsräten vertreten gewesen. Die Regierungs- beziehungsweise Kanzlerverantwortung von 1945 bis 1970 kann ich ebenfalls nicht einfach übergehen. Tatsache ist außerdem, daß in den schwierigen Zeiten der Neuordnung und der Privatisierung in Streitgesprächen, Diskussionen und anderen Auseinandersetzungen mit betroffenen und besorgten Arbeitnehmern und deren Vertretern ÖVP-Politiker gar nicht vorkamen.

In dem Maß, in dem die sozialdemokratischen Führungskräfte und ich selber mit unseren Vorstellungen über die neue Industriepolitik bei den Belegschaftsvertretern, bei den Gewerkschafts- und Lokalfunktionären, nicht zuletzt auch in den Medien durchdrangen, gelang es auch Schritt für Schritt, das Vertrauen vieler Betroffener in unser Vorhaben wiederherzustellen. Anfang 1989 berief ich eine Vertrauenspersonenkonferenz der SPÖ ins Wiener Austria Center ein. Fünftausend Menschen aus allen Teilen Österreichs reisten an. Wieder nahmen mich Arbeiter der Verstaatlichten Industrie am Eingang in das Konferenzzentrum in Empfang. Wieder hielten sie rote Nelken in den Händen. Doch die Stiele der Blumen waren gerade, und die Köpfe standen aufrecht. Der Worte wurden nicht viele gewechselt. Der Druck der Hände und der Austausch der frohen Blicke sagten ohnehin viel mehr.

Ich habe bisher hauptsächlich auf die VOEST-Alpine Bezug genommen. Obwohl dieses Unternehmen das Flaggschiff nicht nur der Verstaatlichten, sondern der gesamten österreichischen Industrie ist, soll der im oberösterreichischen Ranshofen ansässige Aluminiumkonzern AMAG (Austria Metall AG) nicht unerwähnt bleiben. Das Unternehmen hatte sich über Jahre und Jahrzehnte im Land und international einen guten Ruf erworben. Die jeweiligen Geschäftsleitungen galten als dynamisch und expansionsorientiert. Das Werk in Ranshofen stützte sich bei der Herstellung von Aluminium stark auf die Sekundärschmelze, also die Schmelze von Aluminiumschrott. Durch etliche Jahre hindurch plädierten die Vorstände für die Errichtung einer Elektrolyseanlage in Ranshofen zur Erschmelzung von industriell verarbeitbarem Aluminium im Primärverfahren (also nicht auf der Basis von Aluminiumschrott, sondern auf der Basis von Tonerde), im konkreten Fall vor allem für die Preß- und Walzwerke. Die allen Autofahrern wohlbekannte Alufelge etwa läßt sich nur aus im Primärverfahren hergestelltem Aluminium erzeugen.

Die geplante Errichtung einer Elektrolyseanlage in Ranshofen zog eine langwierige innenpolitische Diskussion nach sich, weil damit die Forderung nach einem eigens für diesen Zweck ermäßigten Strompreis verbunden war. Vorstand und Aufsichtsrat der AMAG argumentierten betriebswirtschaftlich und wettbewerbspolitisch korrekt. Sie untermauerten ihr Begehren nach niedrigen Stromkosten mit dem Hinweis auf derartige Regelungen für Konkurrenzbetriebe in anderen Ländern, mit der Sicherung des Unternehmensstandorts in einer Krisenregion (was auf Braunau/Ranshofen durchaus zutraf) und mit dem Argument, daß dadurch die Umweltbelastung um neunzig Prozent verringert werden könne.

Im Jahr der Entscheidung, 1987, formierten sich die Gegner einer begünstigten Strompreisgestaltung für ein Projekt der Verstaatlichten Industrie sehr rasch. Zunächst trat die Bundeswirtschaftskammer heftig dagegen auf, indem sie die Diskriminierung aller anderen Strombezieher ins Treffen führte. Ein außergewöhnlich vordergründiger und populistischer Zugang zu einem wirklich großen und wichtigen industriellen Projekt. Für ihr Pflichtmitglied, das die AMAG selbstverständlich auch war, fand die sogenannte Interessenvertretung kein einziges verständnisvolles Wort. Es bestätigte sich der in Wien geläufige Satz, wenn es um Fragen der Großindustrie gehe, erweise sich die Bundeswirtschaftskammer als Greißlerverein. Eine drastische Formulierung, aber offenbar doch dem »Volk aufs Maul geschaut«. Der für Energiewirtschaft zuständige, ansonsten liebenswürdige und aufgeschlossene Wirtschaftsminister Robert Graf, vor seiner Ministerschaft selbst aktiver Funktionär des ÖVP-Wirtschaftsbunds und der Wirtschaftskammer, hielt einen Sonderstrompreis für die AMAG-Elektrolyse für schlechthin unmöglich; etwas anderes als die Einheitlichkeit der Meinungen von Wirtschaftskammer und Wirtschaftsministerium war in seinem Weltbild einfach nicht vorgesehen. Was hätte der »Onkel Sallinger« sonst dazu gesagt?

Auch der Generaldirektor der Verbundgesellschaft, Walter Fremuth, exponierte sich gegen einen Stromsondertarif für die AMAG. Er nahm dabei wohl die Interessen seines Hauses wahr, doch wird die Sache schon weniger plausibel, wenn das Stichwort Innkraftwerke fällt. In der NS-Zeit, als das Aluminiumwerk Ranshofen errichtet wurde, entstand auch ein Wasserkraftwerk in unmittelbarer Nachbarschaft, in Simbach am Inn, welches das Werk Ranshofen mit Strom beliefern sollte. Nach dem Ende des Zweiten Weltkriegs übernahm das österreichische Finanzministerium das Kraftwerk treuhändig und übertrug es später der Verbundgesellschaft. Verkehrs- und Verstaatlichtenminister Streicher strebte eine Rückführung des Innkraftwerks an die AMAG an; eine industriell und politisch plausible und einfache Lösung. Fremuth argumentierte dagegen und hatte offenbar die juristische Interpretation auf seiner Seite.

Um das Maß vollzumachen, stellte sich das Österreichische Institut für Wirtschaftsforschung mit einem Gutachten ein, das die Verwirklichung des industriellen Elektrolyseverfahrens in Ranshofen ablehnte, gegen die Pläne des AMAG-Vorstands, des zuständigen Ministers und in der Endabrechnung gegen meine Grundvorstellung. Vor allem die konservativen Journalisten schlossen sich dieser Analyse begeistert an.

Als der Vorstandsvorsitzende der AMAG, Robert Ehrlich, und seine Vorstandskollegen erkannten, daß aus politischen Gründen ein Stromsondertarif nicht zu bekommen war, ließen sie das Projekt Elektrolyse fallen, da es zu dem bisher verrechneten Strompreis wirtschaftlich nicht vertretbar gewesen wäre. Rudolf Streicher war in einer schwierigen Situation. Er hatte seit Anfang 1974 dem AMAG-Vorstand angehört und von 1980 bis 1985 dort die Funktion des Vorstandsvorsitzenden ausgeübt. Die Erwartungen der Ranshofener Belegschaft und der lokalen politischen Funktionäre im Land Oberösterreich und speziell im Bezirk Braunau gegenüber dem langjährigen Generaldirektor, der in der entscheidenden Phase der zuständige Minister war, waren hoch. Angesichts der Phalanx Graf – Bundeswirtschaftskammer – Fremuth – Wirtschaftsforschungsinstitut und Medien konnte er sie nicht erfüllen und mußte das auch noch der enttäuschten Ranshofener Belegschaft erklären; als Dank erhielt er bei einer Demonstration am Wiener Ballhausplatz einen Tritt ans Schienbein.

Ehrlich fuhr danach seinen Expansionskurs der AMAG weiter, verließ allerdings später das Unternehmen Hals über Kopf mit der von heute auf morgen gefundenen Begründung, mit der Konzernmutter ÖIAG in grundsätzlichen Fragen nicht zu Rande zu kommen. Es entstand eine schwierige Situation. Horrende Verlustzahlen wurden kolportiert, doch konnte ihre Höhe nie bestätigt werden. Später gelang dem damals amtierenden Vorstandsvorsitzenden Klaus Hammerer ein Management-Buyout; die AMAG schied aus dem Verband der Verstaatlichten Industrie aus. Dies war im übrigen auch dem sozialistischen Vorsitzenden des Angestelltenbetriebsrats, Ludwig Hoffmann, sehr sympathisch. Hoffmann, bis dahin von der Notwendigkeit der Verstaatlichung überzeugt, befand es nach dem Management-Buyout für »gut, daß der Staat sich nicht mehr einmischt«.

Verkehrs- und Verstaatlichtenminister Rudolf Streicher agierte in der Zeit von 1986 bis 1992 als überaus engagierter und kundiger Ressortchef. Nicht zuletzt sein beruflicher und auch sein akademischer Werdegang waren es, die ihn über den Vorstandsvorsitz in der AMAG und bei Steyr-Daimler-Puch ins Ministeramt geführt hatten. Während Streichers Amtszeit ging der Vorstandsvorsitzende Hugo Michael Sekyra daran, die ÖIAG als einen international tätigen Konzern mit branchenübergreifenden Beteiligungen zu formen und die Börsenfähigkeit herzustellen. Auch wenn im weiteren Ablauf dieses Konzept eines börsengängigen Gesamtkonzerns aus mehreren Gründen nicht im gewünschten Maß verwirklicht werden konnte, war etwas anderes, absolut Begrüßenswertes damit verbunden. Etliche bedeutsame Unternehmen der Verstaatlichten Industrie wurden schon unter dieser Führung umstrukturiert und modernisiert. Streicher, der im Kabinett viele emotional zugespitzte Debatten mit ÖVP-Kollegen bestritt und gewann, widerlegte damit die undifferenzierte Attacke: »Der Staat kann nicht wirtschaften.« Wären die Börsengänge nicht in der Zeit der Vollverstaatlichung vorbereitet worden und gelungen, wann hätte dies dann geschehen sollen?

Es wird niemanden, der die österreichische Innen- und

Wirtschaftspolitik verfolgt hat, überraschen, daß die hier geschilderte Thematik auch im Bundesparteivorstand der SPÖ immer wieder abgehandelt wurde. Es war Streichers Handschrift, auf die ich mich bei all den erforderlichen industriepolitischen Neuordnungen und Vorbereitungen auf die Privatisierung verlassen konnte, ebenso wie er meine vorbehaltlose Unterstützung dabei hatte. Sinngemäß und auf die jeweiligen konkreten Aufgaben umgelegt, gilt das auch für Streichers Nachfolger Viktor Klima. Wenn sich die Garnitur Prinzhorn/ Grasser nach dem Februar 2000 immer wieder mit forschen Privatisierungssprüchen zu Wort meldete und gegen die frühere Regierung vom Leder zog, übersah sie, daß sie sich nur mehr mit Restbeständen zu befassen hatte; die hauptsächliche Arbeit war während meiner Kanzlerschaft und unter der Ressortführung Lacinas, Streichers und Klimas längst getan worden.

An dieser Stelle sei mit dem weitverbreiteten Vorurteil aufgeräumt, die Betriebsräte der Verstaatlichten Industrie hätten die Modernisierung ihrer Unternehmungen allesamt blockiert. Selbstverständlich agierten sie nicht als Claqueure der Rationalisierung, aber in den Kernfragen standen sie zur Zukunftsorientierung ihrer Betriebe. Wann immer ich der VOEST in Linz einen Besuch abstattete, empfing mich der Zentralbetriebsratsobmann beim Haupteingang des Werksgeländes. Es hatte sich insofern eine Art von Ritual entwickelt, als ich ihn bei der Begrüßung nach dem gerade aktuellen hauptsächlichen Anliegen befragte. Die Antwort bezog sich meist auf ein bestimmtes Geschäftsfeld oder eine Produktionsstätte. Anläßlich eines Besuchs im Jahr 1995 fragte ich an der Pforte des Werksgeländes Zentralbetriebsratsobmann Erhard Koppler nach dem wichtigsten Anliegen dieser Zeit. Seine Antwort war: »Das Gelingen des Börsengangs.«

Fazit dieses partiellen Streifzugs durch die zeitgeschichtliche Entwicklung der Verstaatlichten Industrie: Aus den ehemals als unsinkbare Schiffe betrachteten Firmen im staatlichen Eigentum sind unter Wegfall der nicht lebensfähigen Einheiten und unter Wegfall jener, deren Management die Herausforderung der Zeit nicht bewältigt hat, international wettbewerbsfähige Unternehmen geworden. Abgesehen von dem Angebot an private Aktionäre, sich zu beteiligen – seien es nun Paketkäufer, sei es das Anlegerpublikum –, habe ich strikt darauf geachtet, Einflußnahmen der Politik, wie sie bis in die frühen achtziger Jahre vorkamen, auszuschließen. Dies um so manchen politischen Preis, den ich als Parteivorsitzender bezahlt habe. Nichts davon tut mir leid.

Die von Freiheitlichen und Volkspartei im Februar 2000 gebildete Bundesregierung wird nicht müde, von den Segnungen des privaten Unternehmertums und der notwendigen Beendigung des Proporzes beim Führungspersonal zu reden. Die Vorstände der ehemals Verstaatlichten Industrie agieren allerdings seit Jahren wie die Vorstände jeder anderen Kapitalgesellschaft auch. Man hat mir nie nachweisen können, ich hätte auf unternehmerische Entscheidungen Einfluß genommen. Der Personalproporz wurde in meiner Regierungszeit gesetzlich und faktisch abgeschafft; der eine oder andere unangenehme Rückfall nach meiner Regierungszeit, wie die Bestellung des Duos Streicher/Ditz zu Vorstandsmitgliedern der ÖIAG vor der Nationalratswahl 1999, widerlegt das nicht grundsätzlich. (Abgesehen davon fiel diese Entscheidung unter tatkräftiger Mitwirkung des ÖVP-Manns Schüssel, der vorher und nachher so beredt gegen den Proporz auftrat.) Mit dem Amtsantritt der Regierung Schüssel/Riess-Passer Anfang 2000 kehrten die parteipolitisch arrangierten Personalbesetzungen in öffentlichen und halböffentlichen Institutionen, auch in der ÖIAG, in die innenpolitische Realität zurück.

Kreiskys letzte Monate

Ab dem Jahr 1989 kam ich immer öfter in die Wiener Arm-brustergasse, um mit Bruno Kreisky Gespräche zu führen. Es war deutlich zu erkennen, daß seine körperlichen Kräfte abnahmen. Die zu seinem persönlichen Schutz anwesenden Sicherheitsbeamten erfüllten nicht nur ihre berufliche Funktion, sondern vermittelten dem kranken und rasch alternden Kanzler auch Zuwendung und menschliche Wärme. Seine langjährige Sekretariatsleiterin Margit Schmidt war allgegenwärtig und betreute ihn rührend. Keine verordnete Medizin, keine Mühsal der körperlichen Bewegung konnte ihn davon abhalten, über Politik zu sprechen. Weit ausholend, führte das Gespräch immer wieder in die ferne Vergangenheit zurück und fand von dort zu seinen Anliegen und Hoffnungen, Erfolgen und Enttäuschungen. Die Sätze waren reich gespickt mit Bezugnahmen auf handelnde Personen, Freunde und Gegner. Sympathien und Aversionen traten zutage, bis hin zu vernichtenden Urteilen.

Wenn wir unsere Meinungen über Faschismus und Faschismusbekämpfung austauschten, wurde aus so mancher Unterredung die Prägung des jungen Kreisky in der Zwischenkriegszeit besonders deutlich. In der Ständestaatsdiktatur war er wegen politischer Aktivitäten inhaftiert worden und auch sonst mit den Behörden und gewissen politischen Funktionsträgern nicht auf gutem Fuß. Trotz all dieser Behinderungen schloß er 1938 sein Jusstudium ab. An der Feier seiner Promotion teilzunehmen war ihm allerdings verwehrt, weil er abermals hinter Gittern saß, diesmal von den Nationalsozialisten eingesperrt. Sie entließen ihn im August 1938 mit der Auflage, das Land zu verlassen. Da der Führer der schwedischen Jungsozialisten und spätere Außenminister Torsten Nilsson eine Einladung an Kreisky aussprach, landete er im September 1938 nach gefährlichen Umwegen in Schweden. Sein Kollege Paul Scheffenegger, der wie Kreisky zum Doktor der Rechte promoviert wurde, nahm die Promotionsurkunden Bruno Kreiskys und des ebenfalls inhaftierten Stefan Wirlandner stellvertretend in Empfang.

Die Erlebnisse des jungen Studenten in der Zeit vor 1938 führten bei Kreisky zu tiefsitzenden Aversionen gegenüber den Christlichsozialen. Der Volkspartei attestierte er, während der Zeit ihrer Alleinregierung von 1966 bis 1970 keine Reminiszenzen an die dreißiger Jahre hervorgerufen zu haben; Mißtöne aus der Zeit Luegers seien in der ÖVP erst in der langen Periode sozialdemokratischen Regierens wieder zum Leben erwacht. Als Kreisky einmal den damaligen VP-Obmann Mock diesbezüglich zur Rede stellte, erhielt er zur Antwort, die VP sei so viele Jahre von der Macht ferngehalten worden, nun müsse man für eine gewisse Demagogie unter den Jüngeren in der Partei Verständnis haben. Kreisky hatte es nicht. Im Lauf dieser langen Gespräche in der Armbrustergasse fiel dann auch als eine Art von Fazit seiner Lebensbetrachtungen der Satz, daß ihm ein paar ehrliche Nazis weniger suspekt seien als so manche Christlichsoziale.

Immer wieder kam Kreisky, der am Ende seines Lebens Stehende, auf dieselben Weggefährten zurück, die in seiner Erinnerung Spuren hinterlassen hatten. Nie unterließ er es, Franz Olah zu erwähnen, in dem er eine begabte Führungspersönlichkeit sah. Mit dem ehemaligen KZ-Insassen, so meinte er, hätte man nicht so umgehen dürfen, wie manche in Gewerkschaft und Partei das getan hatten. Mit der Niederschlagung des kommunistischen Putschversuchs zu Beginn der fünfziger Jahre habe sich der Gewerkschafter und spätere Innenminister außerdem historische Verdienste erworben. Olah war überdies maßgeblich dafür verantwortlich, daß anläßlich der Koalitionsverhandlungen des Jahres 1962 – die Partei hatte bei der Natio-

nalratswahl nicht besonders gut abgeschnitten – das Außenministerium für die SPÖ und damit für Kreisky gerettet wurde.

Nicht zu Rande gekommen war Kreisky mit Karl Waldbrunner und Otto Probst. Wiewohl er Waldbrunners Grundeinstellung in bezug auf die Verstaatlichte Industrie und das Energiewesen für richtig hielt, waren Differenzen und Rivalitäten
zwischen den beiden, die bis in die Tage zurückgingen, in denen
sie in verschiedenen Zweigen der sozialdemokratischen Jugend-
bewegung tätig waren, zählebig bis ans Ende ihrer Tage.

Das Verhältnis Kreiskys zum renommierten Justizpolitiker
und Rechtsreformer Christian Broda wiederum litt durch das
Verhalten Brodas in der Rechtsangelegenheit Franz Olahs.
Broda war schon in der Großen Koalition, bis 1966, Justizminister gewesen und in der historischen Auseinandersetzung um
die Spitze des Österreichischen Gewerkschaftsbunds eindeutig
auf der Seite Anton Benyas und damit gegen Olah gestanden.
Kreiskys Verbitterung über Broda saß tief, war doch das Verhältnis der beiden zueinander vor dem Jahr 1960 gut gewesen.
Er hatte das gestörte Verhältnis etwa dadurch zum Ausdruck
gebracht, daß er bei der parlamentarischen Abstimmung über
die von Broda ausgearbeitete große Strafrechtsreform im Jahr
1974 im Sitzungssaal des Nationalrats zwar anwesend war, aber
seinen Abgeordnetensitz nicht einnahm. Nach dem parlamentarischen Usus hatte er auf diese Art und Weise seine Zustimmung nicht eindeutig signalisiert.

Haider hat ab und zu etwas von der Übernahme eines Ver-
mächtnisses von Kreisky phantasiert. Dies ist ein reines Luft-
schloß; keinerlei Aufzeichnungen Kreiskys oder Beobachtungen von Mitarbeitern bestätigen diese Anmaßung. Und auch
der gelegentlich von Haider behauptete Besuch am Totenbett
Kreiskys hat nie stattgefunden.

Jeder von Kreiskys Wanderwegen in die Vergangenheit endete
bei Androsch. Die Enttäuschung und Verbitterung war in diesem Fall absolut und grenzenlos, während er sich Waldbrunner

und Broda gegenüber noch einen Restposten an Respekt erhalten hatte. Mit seinen weit ausladenden Ausführungen über den »größten Irrtum meines Lebens« hegte Kreisky mir gegenüber wohl auch die Absicht, ich würde seine tiefe Abneigung dem Betroffenen übermitteln. Das habe ich nicht getan.

Der Konflikt zwischen Kreisky und Androsch ist Gegenstand zahlreicher Veröffentlichungen, sogar einige als wissenschaftlich eingestufte Studien nahmen sich seiner an. Norbert Steger meinte einmal, ein Buch darüber sei so aktuell wie ein neues Schriftwerk über den Dreißigjährigen Krieg. Ich sehe keine Veranlassung, in meinen Aufzeichnungen eine weitere Darlegung dieses Themas zu unternehmen. Was mein eigenes Verhältnis zu Androsch nach meinem Wechsel vom Finanzministerium in die Creditanstalt betrifft, reichen einige kurze Anmerkungen aus. Die Kürze entspricht der Bedeutung, die dieses Thema für mich besitzt. Nur »qui tacet consentire videtur« ist der Grund, nicht überhaupt sofort zu anderen Angelegenheiten überzugehen.

Wer Androsch so gut kennt wie ich, weiß, daß der Einzug eines ehemaligen Mitarbeiters in das von ihm über so viele Jahre befehligte Winterpalais des Prinzen Eugen nicht als der Inbegriff seiner Wunschvorstellungen gelten konnte. Daß dieser Mitarbeiter später auch noch Androschs eigenes Lebensziel, nämlich Bundeskanzler der Republik zu werden, erreichte, mußte die allenfalls noch vorhandenen Sympathien für mich zusätzlich erheblich schwächen. Aber Androsch hat die zu Beginn seiner Ministerkarriere intakten Chancen, die Nummer eins im Palais am Ballhausplatz zu werden, zu einem Gutteil selber verspielt. Wie etlichen seiner Äußerungen zu entnehmen, gesteht er das nicht ein und verneint die Kanzlerambitionen, die er vor Jahren hatte. Soll von ihm so gesagt sein, es trifft nur eben nicht zu.

Dispositionen in seinem privaten Bereich brachten Androsch in prekären Kontakt mit der Finanzbehörde. Jahrelange Prozeduren führten schließlich zu einer rechtskräftigen Verurteilung.

Schuld oder Mitschuld daran habe der Finanzminister und spätere Bundeskanzler Franz Vranitzky, der – wie ein Androsch-Intimus mich einmal wissen ließ – in der Sache doch »etwas machen« hätte sollen. »Dann wärst du halt drei Wochen in der Zeitung gestanden und dann wär's vorbei gewesen.« Selbst wenn ich einer solch absurden Idee gegenüber zugänglich gewesen wäre, hätte ich Androsch nie helfen können. Nicht nur wäre die mediale Reaktion auf dem Fuß gefolgt und hätte das unzulässige Vorgehen zu Fall gebracht – mit allen schädlichen politischen Auswirkungen für ihn, für mich, für die Partei –, es wäre auch jedermann offengestanden, sofort wieder (anonyme) Anzeige einzubringen und die für Androsch unangenehme Entwicklung erneut zu starten.

Ich hatte während der über mehrere Jahre sich hinziehenden gerichtlichen Abwicklung der »Causa Androsch« mit ihm nur mehr wenig Kontakt. Sein Anwalt Herbert Schachter sandte mir allerdings jede von ihm verfaßte Eingabe, an welche Behörde auch immer, in Kopie zu. Um nur ja Androsch nicht den Eindruck zu vermitteln, sein Anliegen genieße nicht höchste Priorität, schaltete ich jeweils sofort Finanzminister Lacina ein und bat ihn, sich die Eingaben genau anzusehen. Ich mußte auf gesetzeskonformes Verhalten meiner selber und jedes anderen Regierungsmitglieds achten, denn bei korrekter Beurteilung haben weder Finanzminister noch Bundeskanzler mit Angelegenheiten dieser Art unmittelbar zu tun beziehungsweise aufgrund der gesetzlich formulierten Kompetenzen etwas zu tun zu haben. Es muß an dieser Stelle ausdrücklich festgehalten werden, daß die Verfahren auf der Ebene der Abgabenbehörden und später auf gerichtlicher Ebene selbständig liefen und das Finanzministerium keine eigenständigen Beweisaufnahmen, Beweiswürdigungen und Sachverhaltsermittlungen durchführte. Diese Anmerkung kontrastiert mit den wiederholten Vorwürfen Androschs an das Ministerium beziehungsweise an den jeweiligen Finanzminister – in der zeitlichen Reihenfolge Salcher, Vranitzky, Lacina –, er werde nicht fair behandelt. In Lebens-

lagen wie solchen wird vom Betroffenen niemand Emotions-
losigkeit verlangen, doch seine Behauptungen, in Ministerien,
den Behörden und Gerichten würde eine Art von Koalition ihm
feindlich gesinnter Kräfte agieren, entbehrten selbstverständlich
jeder Grundlage und hielten daher auch keiner nüchternen
Prüfung stand.

Die Gerichtsverfahren zogen sich über weite Strecken der
achtziger Jahre bis zum Mai 1993 hin. Androsch hatte beim
Verwaltungsgerichtshof gegen einen Bescheid der Finanz-
landesdirektion für Wien, Niederösterreich und Burgenland Beschwerde erhoben. In einer Verlautbarung Mitte Juni 1993
teilte der Gerichtshof mit, der Bescheid hinsichtlich der Einkommensteuer für einige Jahre sei aufgehoben; was die Um-
satz- und Vermögenssteuer betraf, blieb die Beschwerde erfolglos. Die Vorwürfe Androschs seinen Nachfolgern in der Himmelpfortgasse und mir gegenüber lösten sich im Erkenntnis des
Höchstgerichts endgültig in Luft auf.

Bereits Jahre zuvor hatten die endlosen Querelen zwischen
Kreisky und Androsch zum Ausscheiden des Finanzministers
aus der Bundesregierung geführt. Ab 1. Februar 1981 nahm er
meinen Platz als Generaldirektor-Stellvertreter in der Creditanstalt ein, mit Juli desselben Jahres rückte er zum Vorstandsvorsitzenden und Generaldirektor des Instituts auf. 1988 mußte er
die Bank auf Verlangen der Mehrheit des Aufsichtsrats wieder
verlassen; das Aufsichtsorgan war wegen einer gerichtlichen
Verurteilung Androschs zu dieser Auffassung gelangt. Zum Ver-
hängnis wurde ihm eine falsche Zeugenaussage in einem parlamentarischen Untersuchungsausschuß, der aufklärungsbedürf-
tige Umstände bei der Finanzierung des Wiener Allgemeinen
Krankenhauses untersuchte. Der Aufsichtsrat der Creditanstalt
traf mit Androsch eine Regelung: Die einvernehmliche Lösung
seines Vorstandsvertrags ermöglichte seinen Austritt unter
voller Wahrung seiner vertraglichen Rechte, also Abfertigungs-
und Pensionsanspruch. Von dritter Seite oder – wie man in
Wien sagt – »über sieben Ecken« trug man mir, damals schon

Parteivorsitzender und Bundeskanzler, zu, Androsch hätte auch in dieser seiner persönlichen Angelegenheit von mir erwartet, seine Entfernung von der CA-Spitze von ihm abzuwenden. Wie ich das hätte tun sollen, ohne alle einschlägigen Gesetzesbestimmungen zu verletzen, noch dazu ohne Erfolgsgarantie (die Aufsichtsräte waren mir selbstverständlich nicht weisungsgebunden), blieb offen. Das wäre ja dann schließlich meine Sache gewesen. Und wieder – wie bei seinem Finanzstrafverfahren – tischte er eine sinistre Verschwörungslegende auf: Ich hätte mich mit Mock in einer »Nebenvereinbarung« geeinigt, ihn aus der Creditanstalt wegzubringen. In der Tat hatte ich Mock in einem Koalitionsgespräch zugesagt, bei einer nächsten Neubesetzung im Aufsichtsrat der Creditanstalt einen der SPÖ nahestehenden Aufsichtsrat durch einen von ihm nominierten Kollegen zu ersetzen. Das war selbstverständlich nicht gegen Androsch gerichtet, sondern entsprang der Koalitionslogik, die eben eine andere war als die Logik einer SPÖ-Alleinregierung. Hätte Androsch sich Jahre vorher das Problem der falschen Zeugenaussage nicht selber geschaffen und sich eine gerichtliche Verurteilung eingehandelt, wäre es ja nicht zur vorzeitigen Auflösung seines Vertragsverhältnisses gekommen. Oder hätte gar eine absolute Mehrheit sozialdemokratisch eingestellter Aufsichtsräte ein Schutzwall gegen jedes Bedenken sein sollen? Das hätte im übrigen im konkreten Fall nicht im Sinn Androschs funktioniert, weil es auch »rote« Aufsichtsräte gab, die seinen Verbleib im Vorstand der Bank nach der Verurteilung durch ein Gericht nicht mehr unterstützen wollten.

Über all diese komplexen Angelegenheiten führte ich mit Androsch nie ein Gespräch, weil die Basis dazu während meiner Kanzlerzeit immer schmäler, immer dünner wurde und schließlich zu bestehen aufhörte. Steht man, wie eben ein Parteivorsitzender und Bundeskanzler, mitten im politischen Geschehen und Getriebe, dann ist es unmöglich, nicht ununterbrochen mit Informationen, Meinungen, Stimmungen, Vertrauensbeweisen, Fehlmeldungen, Anschwärzungen und so weiter gefüttert zu werden. Bleibt diese Fütterung aus, dann sollte man sich allmählich seine für die Pension geltenden Dienstjahre ausrechnen lassen. So wußte ich also immer ziemlich genau, daß Androsch in zunehmendem Maß an meiner Person, an der von mir vertretenen Politik, an Person und Politik einzelner Kabinettsmitglieder (allen voran Lacina) kein gutes Haar ließ. Dies natürlich nicht in offener Diskussion mit einem von uns, sondern stets nur über Dritte oder in Form von Zeitungsartikeln und -interviews oder in Buchform. Vermittlungsversuche gemeinsamer Freunde fruchteten nichts; sie waren wenig erfolgversprechend. Auch ich unternahm keine Versuche der Normalisierung. Warum nicht? Weil ich in der ganzen Bandbreite meiner Erfahrungen (so ließ er sich etwa in Thomas Chorherrs »Die roten Bürger« vernehmen, Vranitzky habe sich »mit seiner Familie Allüren geleistet wie ein zentralafrikanischer Potentat«) keine auch nur irgendwie nachvollziehbare Rationalität, sondern immer wieder nur einen dumpfen Verschwörungskomplex vorfand. Daher versagte ich mir selber den negativen Luxus, mich mit Thema und Person weiter zu beschäftigen.

Europa wird zur Innenpolitik

Ein Erfolg in Moskau

Vor den Verhandlungen über Österreichs Beitritt zu den Europäischen Gemeinschaften mußte wegen des politischen Charakters der EG im allgemeinen und wegen des im Staatsvertrag verankerten Anschlußverbots an Deutschland im besonderen auch die Reaktion der Signatarstaaten des Staatsvertrags von 1955 bedacht werden. Bei den westlichen Staatsvertragspartnern war unsere Beitrittsabsicht kein politisches Thema; in Moskau allerdings – so vernahm ich zunächst inoffiziell – werde die Sache so unkompliziert nicht gesehen.

Im Oktober 1988 unternahm ich auf Einladung von Ministerpräsident Nikolai Ryschkow eine offizielle Reise in die Sowjetunion. Eine große Delegation österreichischer Industrie- und Handelsfirmenvertreter begleitete mich. Schon während des Flugs von Wien nach Moskau befürchteten die Industriellen, allen voran der Generaldirektor der VOEST-Alpine, Heribert Apfalter, die russische Seite werde das EG-Thema ansprechen, unwirsch reagieren und damit ihre Bereitschaft einschränken, neue Großgeschäfte abzuschließen. Ich konnte bloß dazu raten, die Gesprächsentwicklung abzuwarten und Schlußfolgerungen erst danach zu ziehen, ließ aber keinen Zweifel daran, unbeirrbar den Weg in die europäische Integration gehen zu wollen.

Der Empfang am Moskauer Flughafen Scheremetjewo war perfekt organisiert. Die Gastgeber ließen es hinsichtlich perfektem Protokoll und untadeliger Aufmerksamkeit für den Gast und seine Begleitung an nichts mangeln. Ehrenformation der Roten Armee, gestochenes Abspielen der Hymnen und ausgeklügelte

Auswahl der hohen Vertreter der Ministerien, die auf der Roll-
bahn Aufstellung genommen hatten, vermittelten sicherlich
eine gute Portion Routine, aber auch, wie selbstverständlich der
Kleinstaat durch die Großmacht akzeptiert wurde. In Österreich
gibt es so manche, die derartigen Ritualen nichts abgewinnen
können und sie für überholt halten. Möglicherweise wird es sie
in einigen Jahren nicht mehr geben; in der aufgeregten Zeit der
achtziger und neunziger Jahre dienten sie jedenfalls als Sym-
bole für die hohe Wertschätzung der bilateralen Beziehungen
zwischen Staaten und ihren Regierungen, auch wenn der weltpolitische Stellenwert der beiden höchst unterschiedlich war.

Wir wurden in großer »Motorcade« in die Moskauer Innenstadt gebracht; nach der eiligen Einquartierung im offiziellen
Gästehaus der Regierung fand schon die erste Begegnung mit
Ministerpräsident Ryschkow im Kreml statt. Seine Minister, Berater und Beamten füllten zusammen mit meiner Mannschaft
und mitgereisten österreichischen Unternehmensvertretern die
Plätze an dem gut fünfzig Personen fassenden Verhandlungstisch mit Leichtigkeit aus. Die Begrüßung war höflich, nicht
unherzlich; Russen verstehen sich darauf. Ich meine das nicht
anzüglich. Im Grunde ihres Wesens sind sie harmonieorientiert.
Ich habe hinsichtlich ihrer Handschlagqualität keine Vorbehalte;
Ausnahmen gibt es in aller Herren Länder.

Kaum hatten wir Platz genommen und die üblichen
Begrüßungsformeln ausgetauscht, begann Ryschkow, er habe
gehört, Österreich wolle der EG beitreten. Das sei nach der Meinung der UdSSR nicht möglich, verstoße es doch gegen die von
Österreich im Staatsvertrag von 1955 eingegangenen Verpflichtungen. Insbesondere sprach Ryschkow die »im Staatsvertrag
verankerte Neutralität Österreichs« an. Ich spürte förmlich, wie
das Stimmungsbarometer der mitreisenden Wirtschaftsvertreter
auf Null sank. Die Situation war alles andere als erfreulich.
Doch Ryschkow hatte einen einigermaßen verbreiteten, mir
hilfreichen Fehler begangen: Die österreichische Neutralität ist
nicht Bestandteil des Staatsvertrags von 1955, sie kommt in

diesem Vertragswerk mit keinem Wort vor. An dieser Tatsache ändert auch der Umstand nichts, daß sie seinerzeit das wichtigste Zusatzprodukt zu den erfolgreichen Staatsvertragsverhandlungen war. Was Ryschkow unabsichtlich oder aus Gründen der Verhandlungstaktik bewußt übersah: Die österreichische Neutralität basiert auf einem Gesetz im Verfassungsrang, das der österreichische Gesetzgeber unabhängig und eigenständig beschlossen hatte. Aus der Warte des Interesses Österreichs war es ein wichtiger Punkt, sich 1955 nicht auf eine Neutralitätsgarantie der Signatarmächte eingelassen zu haben; damit ließen die österreichischen Verhandler ein durchaus mögliches Abhängigkeitsverhältnis unseres Landes von den Alliierten von allem Anfang an nicht entstehen.

Die Gespräche der Unternehmensvertreter nahmen ihren Lauf, und das im Interesse Österreichs gar nicht so schlecht. Trotzdem wollte ich die Vorbehalte des Ministerpräsidenten nicht einfach ignorieren, auch wenn ich ihm gegenüber immer wieder darauf bestand, die Entscheidung über den EG-Beitritt könne nur in Österreich getroffen werden und sonst nirgends. Ich wollte keinesfalls mit einem Njet der Sowjets zu unseren Europaabsichten nach Wien zurückfliegen. Erstens hätten die Medien das Thema bereitwillig aufgenommen und weitergespielt, und den langwierigen Erklärungs- und Gegenargumentationsaufwand hätte ich zu bestreiten gehabt, gar nicht zu reden von den Wortspenden so mancher österreichischer Politiker. Zweitens wußte ich, daß diese offizielle Visite in Moskau beim Beharren Ryschkows auf seinem Standpunkt ein außenpolitischer Mißerfolg gewesen wäre. Noch so gute Abschlüsse der Wirtschaftsdelegation – sie waren im übrigen wirklich gut – hätten das außenpolitische Dilemma nicht annähernd wettgemacht.

Was war zu tun? Es galt noch mindestens zehn andere Termine zu absolvieren, ehe ich wieder mit Ryschkow zusammenkam. Bei einem feierlichen Abendessen im großen Kreis im St. Georgssaal des Kreml widmete ich mich im Tischgespräch ausschließlich meinem Gegenüber im Amt. Meine wichtigsten Argumente lauteten, kein Mensch in Österreich denke daran, sich den Verpflichtungen des Staatsvertrags zu entziehen. Wir seien froh, daß wir ihn bekommen hätten. Es gebe auch keinerlei Beschlüsse in Österreich, den Status der Neutralität aufzugeben. Unsere außenwirtschaftliche Verflechtung mit den Staaten der EG sei mit einem Umfang von gut zwei Drittel unseres Außenhandelsvolumens so bedeutend, daß wir, auch ohne Mitglied zu sein, schon zu den Völkern Europas gehörten, die mit den Zwölf am stärksten integriert seien. Angesichts dieser Verflechtung hätten Entscheidungen, die auf der Ebene der EG getroffen würden, Bedeutung für Österreich, ohne daß allerdings unsere Vertreter Einfluß darauf hätten. Um Mitsprache und Mitbestimmung gehe es also, sagte ich Ryschkow immer wieder. Wer über einen wesentlichen Teil seiner eigenen Angelegenheiten nicht mitreden und mitbestimmen könne, sei de facto diskriminiert. Diskriminiert seien wir auch deshalb, weil die Grundregeln, auf die die Mitgliedsländer selbstverständlich bauen könnten, für uns keine Geltung hätten.

Ryschkow lauschte meinen Ausführungen mit viel weniger sichtbarer Skepsis als beim ersten Zusammentreffen am Tag zuvor und stellte einige sehr sachliche Fragen. Der Widerspruchsgeist war nicht mehr so dominierend.

Am Vormittag desselben Tages hatte ich Staatspräsident Michail Gorbatschow besucht und das Gespräch mit gemischten Gefühlen begonnen. Gorbatschow hatte sich bis dahin zu den österreichischen Absichten, der EG beizutreten, nicht wirklich geäußert. Von Besuchen in Moskau aus früheren Jahren war ich auf die völlige Einförmigkeit der politischen Meinungen und der Beurteilungen durch die Führungsgarnitur eingestellt. Diesmal sollte es anders sein.

Gorbatschow führte Gespräche gerne launig und witzig, ohne daß die politische Ernsthaftigkeit deswegen auf der Strecke blieb. Zu seinem Stil gehörte es, dem Gesprächspartner häufig ins Wort zu fallen; es machte ihm auch nichts aus, wenn der andere das ebenfalls tat. Die Unterredungen gerieten aus diesem Grund mitunter recht lebhaft, nicht auf unangenehme Art. Gorbatschow hörte sich meinen Sermon über unser europapolitisches Vorhaben mit einigen Einwürfen an, widersprach aber nicht wirklich. Er fragte mich allerdings, ob ich Margaret Thatcher kenne. »Selbstverständlich kenne ich sie«, war meine Antwort. »Sehr gut oder nur gut?« bohrte er weiter.

»Sehr gut«, antwortete ich.

»Und trotzdem willst du in die EG?«

Herzlich lachend begleitete er mich zur Tür.

Am dritten Besuchstag legten mir Mitarbeiter eine Stellungnahme Ryschkows gegenüber der amtlichen sowjetischen Nachrichtenagentur TASS vor. Die Sowjetunion, ließ sich Ryschkow dort vernehmen, habe vom in Moskau weilenden österreichischen Bundeskanzler erfahren, sein Land beabsichtige den Beitritt zur EG. Die Regierung der Sowjetunion nehme das zur Kenntnis und gehe davon aus, daß Österreich sämtliche seiner gegenüber anderen Staaten geltenden vertraglichen Verpflichtungen einhalten werde.

Ein wichtiger Durchbruch war gelungen, der Besuch hatte seinen hauptsächlichen Zweck erfüllt.

Die Zielgerade

Nachdem wir im Juni 1989 den Antrag um Aufnahme in die Europäische Gemeinschaft abgegeben hatten, dauerte es noch ein knappes Jahrfünft, ehe alle Vorarbeiten und politischen Prozesse abgeschlossen waren und die Mitgliedschaft Realität wurde. Drei markante Daten des Jahres 1994 bleiben unvergeßlich: In den letzten Märztagen schlossen wir die Beitrittsverhandlungen in Brüssel erfolgreich ab, am 12. Juni 1994 bekräftigten die österreichischen Wähler in einer Volksabstimmung mit Zweidrittelmehrheit die vorangegangenen Gesetzesbeschlüsse des Parlaments und am 24. Juni wurde auf der griechischen Insel Korfu der Beitrittsvertrag feierlich unterzeichnet.

Die EU-Beitrittsverhandlungen wurden von einer Delegation unter der Leitung von Außenminister Mock geführt; ihr gehörten Ferdinand Lacina, Viktor Klima, Brigitte Ederer, Franz Fischler, Wolfgang Schüssel und die Präsidenten der sozialpartnerschaftlichen Interessenvertretungen an. Mock war in schlechter gesundheitlicher Verfassung und konnte daher etlichen Strecken der Verhandlungen nicht beiwohnen, weil er zur Erholung in sein Hotelzimmer gebracht werden mußte. Recht häufig hatte Lacina einzuspringen. Es war mit Mock, den anderen Ministern und Ederer vereinbart, daß ich während der Verhandlungen in Brüssel die Stellung in Wien halten und jederzeit für Rücksprachen zur Verfügung stehen würde. Aus meinem Kabinett war Susanne Lackner mit der Delegation gereist und berichtete mir regelmäßig, während bestimmter, besonders spannungsgeladener Phasen stündlich. Es stellte sich heraus, daß diese Doppelpräsenz den Verhandlungen außerordentlich dienlich war. Wann immer es die in Brüssel verhandelnden Kollegen für erforderlich hielten, berieten sie mit mir die weitere Vorgangsweise. Ich besprach mich dann nötigenfalls mit Regierungschefs von EG-Mitgliedsländern, die entweder von der Materie, in der es gerade stockte, betroffen waren oder die ich aufgrund einer guten gemeinsamen Gesprächsbasis kontaktieren konnte, wodurch der allenfalls festgefahrene Karren wieder in Bewegung kam. Da in Brüssel mehr oder weniger rund um die Uhr verhandelt wurde, verließ auch ich meinen Telefonapparat im Bundeskanzleramt nicht.

Ein Thema, bei dem es besonders »klemmte«, war der Alpentransit, auf den die französischen Verhandler ihr besonderes Augenmerk gerichtet hatten. Für österreichische Sonderwünsche zeigten sie kaum Verständnis. Alarmiert berichteten die Kollegen aus Brüssel, worauf ich zunächst mit dem französischen Premierminister Édouard Balladur und danach mit Präsident François Mitterrand Verbindung aufnahm.

»Wenn die Schweiz schon den Alpenraum für den Verkehr blockiert, kann Österreich nicht auch das gleiche tun, überhaupt wenn es in die EG will«, ließ sich Mitterand etwas polternd vernehmen.

Ich erklärte ihm, daß der »Schweizer Riegel« unser beider Problem sei, weil er zur Ableitung des Nord-Süd-Güterverkehrs in unsere beiden Länder führe – im Westen der Schweiz nach Frankreich, im Osten der Schweiz nach Österreich. Eine gute Lösung innerhalb der EG sei also in unser beider Interesse. Nach längeren telefonischen Erörterungen zu nächtlicher Stunde schloß sich Mitterrand meinen Argumenten an; er gab seinen Leuten die erforderliche Direktive, und die Verhandlungen konnten zu Ende gebracht werden.

Viktor Klima verhandelte die Verkehrsangelegenheiten, in erster Linie den Transitvertrag. Er konnte ihn nicht in seiner ursprünglichen Fassung, trotzdem aber sehr wirksam nach Hause bringen. Selbst die wenig gravierende Abänderung bereitete ihm aber große persönliche Schwierigkeiten, wollte er doch nicht hinter Rudolf Streicher, der den bestehenden Vertrag entworfen und ausgehandelt hatte, zurückstehen. Seine Enttäuschung war so groß, daß er mir telefonisch die Abreise aus Brüssel avisierte und seine Amtsniederlegung nicht ausschließen wollte. Ich nahm das selbstverständlich nicht zur Kenntnis und konnte ihn mit dem ohnehin auf der Hand liegenden Hinweis beruhigen, der Alpentransit sei, wie alle wüßten, ein mehr als schwerer Verhandlungsbrocken. »Vertragsvater« Streicher brachte einige hingeknurrte Unzufriedenheitsanmerkungen ein.

Der erfolgreiche Abschluß der Beitrittsverhandlungen in Brüssel löste bei uns allen in der Bundesregierung, bei den Abgeordneten der beiden Regierungsparteien und vielen anderen Parlamentariern, bei den Interessenvertretungen und sicher auch bei den Bürgern, die sich im Lauf der zurückliegenden Monate intensiv für das Vorhaben interessiert hatten, große Zufriedenheit und Freude aus. Ich hatte das Gefühl, ja den sicheren Eindruck, für eine gewisse – leider kurze – Zeit lege sich das politische Leben ein ungewohntes, ein atypisches Erscheinungsbild zu. Dieses politische Leben, das vom Wettbewerb der Gruppen und der Personen so gnadenlos durchdrungen ist, in dem fast jeder Schritt aus Angst vor Fallen übervorsichtig, manchmal gar nicht gesetzt wird, in dem Aggression, Zynismus und Schadenfreude andere Regungen dominieren, war plötzlich zu einer gesamtösterreichischen Party geworden, deren Teilnehmer allesamt Geburtstag hatten. Legendär wurden eine Umarmung und ein Kuß. Zwar nicht von Gustav Klimt, aber von Alois Mock. Für Brigitte Ederer.

Das erfreuliche Ergebnis der Verhandlungen in Brüssel setzte die Bundesregierung und das Parlament sofort unter großen Zeit- und Arbeitsdruck, da der Beitrittsvertrag und vieles, was damit noch zu tun hatte, sofort in die Form eines österreichischen Gesetzeswerks gegossen werden mußten. Da dieses Gesetzeswerk, um es vereinfacht zu sagen, in gewissem Umfang einen Souveränitätstransfer von der österreichischen Ebene auf die Ebene der Europäischen Union festschrieb, bedeutete es gleichzeitig eine Gesamtänderung unserer Bundesverfassung. Dies wiederum machte eine Volksabstimmung erforderlich.

Die Zeit war knapp. Wir schrieben Anfang April, die Unterzeichnung des Beitrittsvertrags war bereits für den Juni anberaumt. Es war also die Frage zu beantworten, ob wir die Volksabstimmung vor oder nach dem Unterschreiben des Vertragswerks ansetzen wollten, weil eben für beides, nämlich die umfassende und zeitaufwendige parlamentarische Behandlung sowie die Vorbereitung und Durchführung des Referendums, gerade noch etwas mehr als zweieinhalb Monate zur Verfügung standen. Ich entschied mich für das Durchziehen, weil ich die österreichische Wählerschaft nicht damit konfrontieren wollte, über einen bereits unterschriebenen Pakt abstimmen zu müssen. Die drei anderen Beitrittskandidaten wählten diesen Weg nicht; dort wurde erst im Herbst 1994 abgestimmt. Die schwedische und die finnische Regierung erhielten zu ihrer Beitrittsabsicht eine geringere Zustimmung als meine in Österreich, die Regierung Norwegens fiel bei ihren Wählern überhaupt durch.

Die EU-Mitgliedschaft wird Realität

Die Volksabstimmung war geschlagen. Zwei Drittel der österreichischen Wähler hatten für den Beitritt votiert. Sozialdemokraten und Volkspartei konnten zu Recht einen historischen Erfolg für sich reklamieren, ebenso die Sozialpartner. Die feierliche Unterzeichnung des Beitrittsvertrags, die das Vorsitzland Griechenland auf der Insel Korfu für den 24. Juni 1994 vorbereitet hatte, stand vor der Tür. Wir hätten uns also nur, wie es vor Zeiten hieß, unsere Sonntagsanzüge anziehen, nach Korfu fliegen und in schöner Eintracht die Früchte unserer Arbeit und unseres Einsatzes durch Unterschrift in einem wunderschön gebundenen Buch besiegeln müssen.

Hätten. Denn es kam anders. »War net Wien, wann net durt, wo ka Gfrett is, ans wurdt«, wie bei Josef Weinheber nachzulesen. Die koalitionäre Eintracht und die europapolitische Harmonie mit dem kurzen galanten Ausrutscher Alois Mocks waren spätestens dann zu Ende, als es darum ging, wer in Korfu für die Republik Österreich den Beitrittsvertrag unterschreiben sollte. Der Regierungschef und der Außenminister sowie zwei weitere Repräsentanten des Beitrittslands waren dafür vorgesehen. Mock hatte mich schon früher um mein Einverständnis ersucht, der langjährige österreichische Botschafter bei den Europäischen Gemeinschaften in Brüssel, Manfred Scheich, möge einer der Unterzeichner sein. Ich stimmte dem Vorschlag zu; Scheich war ein verdienstvoller Diplomat auf unserem Weg in die europäische Integration. Ich wiederum nominierte Staatssekretärin Brigitte Ederer; ihr Einsatz für das Europaprojekt und letztendlich das Ergebnis der Volksabstimmung waren im ganzen Land so bekannt und unumstritten, wie man sich das in vielen anderen Angelegenheiten nur wünschen kann. Zu meiner größten Verblüffung sprach sich Mock brüsk gegen diese Nominierung aus und kündigte einen ablehnenden Antrag im Ministerrat an. Der Hintergrund dieser grotesken Reaktion wurde sehr bald klar. Seit Anfang April 1992, als ich Brigitte Ederer als Staatssekretärin ins Bundeskanzleramt berufen und unter anderem mit der Koordinierung der europapolitischen Agenden betraut hatte, führte Mock eine beharrliche Kampagne dagegen, daß Ederer in der Öffentlichkeit als Europastaatssekretärin gelten oder genannt werden könnte. Damit sollte immer wieder dokumentiert werden, das Außenministerium habe die alleinige europapolitische Zuständigkeit in der Bundesregierung.

Dahin war der »Konsens von Brüssel«, vergessen waren die gemeinsam so erfolgreich gefochtenen Kämpfe um die Zustimmung der Bürger zum EG-Beitritt. Die Medien schnappten das Unterschriftenscharmützel selbstverständlich begierig auf. Ein neues Single Issue war geboren, fast schien es manchen wichtiger als der Beitrittsvertrag selber. In weniger als einem Tag setzte die immer wiederkehrende mediale Automatik ein. Der Auslöser – in diesem Fall Alois Mock – trat in den Hintergrund, und sofort war die Koalition beziehungsweise ihre »Lösungskapazität« gefordert. Ich war sehr verärgert, weil ich die Haltung der ÖVP-Fraktion in der Bundesregierung – sie stand natürlich sofort hinter Mock, manche wider besseres Wissen, wie sie erkennen ließen – nicht nur für politisch unverständlich und überflüssig, sondern auch für eine barsche Unhöflichkeit gegenüber der noch vor kurzem geherzten Staatssekretärin Ederer hielt. Daß die starre Einstellung Mocks und der ÖVP in diesem konkreten Fall auch die Frauenpolitikerinnen – nicht nur die sozialdemokratischen – auf den Plan rief, war zu erwarten gewesen. Schon tönte es allerdings aus dem Blätterwald: Wollt ihr etwa wegen dieser läppischen Angelegenheit den Beitrittsvertrag nicht unterschreiben, euch vor dem Ausland blamieren in einer Jahrhundertsituation? Nachdem ich Ulrich Stacher, Sektionschef im Bundeskanzleramt, nominiert hatte, war das Problem an der Oberfläche bereinigt, doch viele, ich an erster Stelle, hatten ein ungutes Gefühl gegenüber Brigitte Ederer. Und die Stimmung zwischen den Koalitionsparteien war schlecht.

In seinem Präsidentschaftswahlkampf hatte Thomas Klestil immer wieder betont, ein aktiver, ein starker Bundespräsident sein zu wollen. »Macht braucht Kontrolle« war sein – von den Freiheitlichen abgeschauter – Wahlslogan. Nach seinem Amtsantritt schlug sich dieser Vorsatz unter anderem darin nieder, daß er die durch die Bundesverfassung gedeckte Formel: »Der Bundespräsident vertritt die Republik nach außen« so interpretierte, daß er an EU-Gipfeltreffen teilnehmen sollte. Im konkreten Fall wünschte Klestil, der Zeremonie der Vertragsunterzeichnung beizuwohnen. Mock und die VP-Fraktion der Bundesregierung unterstützten diesen Wunsch, hing doch in der damaligen personellen Konstellation der Haussegen zwischen Volkspartei und Klestil noch gerade. (Zu Zeiten der Obmannschaft Schüssels, spätestens im Jahr 2000, sollte sich das ändern.)

Ich hielt aufgrund meiner, von vielen anderen geteilten Rechtsmeinung über die integrationspolitische Kompetenz des Bundespräsidenten seine Anwesenheit in Korfu nicht für erforderlich, setzte ihr aber keinen Widerstand entgegen. Die Streitereien um Ederer waren mir widerlich genug gewesen. Außerdem gab es ja noch die Kategorie Höflichkeit gegenüber dem Staatsoberhaupt. Einige Zeit vor dem Abflug nach Korfu erfuhren meine Mitarbeiter, daß das Außenministerium für Mock und seinen Stab ein Flugzeug angemietet habe und daß auch der Bundespräsident damit zum Tagungsort reisen werde. Ein immer wiederkehrendes Merkmal der Mockschen Ressortführung: eine Mischung aus Geheimnistuerei, gespielter Überraschung, wenn jemand seinen skurrilen Alleinvertretungsanspruch hinterfragte, und Schaffung vollendeter Tatsachen, »gewürzt« mit fraktionellen Alleingängen. Das alles in der Illusion, die ausländischen Gegenüber würden es nicht bemerken. Sie bemerkten es und rümpften die Nase. Wolfgang Schüssel

322

beendete später als Außenminister wenigstens dieses von seinem Vorgänger Mock kultivierte Amtsverständnis.

Der Unterzeichnungsakt der vier Beitrittswerber Österreich, Finnland, Norwegen und Schweden war eingebettet in die regelmäßige Halbjahressitzung des Europäischen Rats, also der Zusammenkunft der Staats- und Regierungschefs der zwölf EG-Mitgliedstaaten. Das Vorsitz- und Gastgeberland Griechenland hatte eine essentielle Aufgabe zu bewältigen, nämlich die Vorbereitung und Durchführung der Wahl des nächsten Kommissionspräsidenten. Diese Wahl war notwendig, weil die zweite fünfjährige Funktionsperiode des Franzosen Jacques Delors Anfang 1995 auslief. Außerdem hatten die Griechen eine Zusammenkunft der Staats- und Regierungschefs mit dem russischen Präsidenten Boris Jelzin vorbereitet. Im Rahmen eines gemeinsamen Abendessens der sechzehn Regierungschefs war ein Vortrag Jelzins über seine Reformpolitik in Rußland mit anschließender Diskussion darüber vorgesehen. Ein ansprechendes Programm also, das allerdings noch von Turbulenzen begleitet werden sollte. Es gab eine kleinere, unwichtige Turbulenz, von Österreich ausgelöst, und eine erhebliche Turbulenz, für die unsere Farben nicht verantwortlich waren. Sie sollte nachhaltige europapolitische Auswirkungen haben.

Zur unwichtigeren Turbulenz ist anzumerken, daß dem Verständnis der Griechen und auch des Kommissionspräsidiums gemäß die Anwesenheit Bundespräsident Klestils zwar höflich zur Kenntnis genommen wurde, seine Mitwirkung am eigentlichen integrationspolitischen Geschehen aber nicht vorgesehen war. Er nutzte seine Anwesenheit in Korfu dazu, mit den Politikern der anderen Delegationen Gespräche zu führen und Meinungsaustausch zu pflegen. Die griechischen Gastgeber hatten zum Abendessen mit Rußlands Präsidenten Jelzin pro angereister Delegation je einen Vertreter eingeladen. Wie man mir mitteilte, wolle man sich nicht mit dem Klestilschen Stehsatz, er vertrete die Republik nach außen, auseinandersetzen. Kurzum, die Einladung erging selbstverständlich an den Bundeskanzler.

Das Erstaunen war nicht gering, als wenige Augenblicke nach meinem Eintreffen Bundespräsident Klestil ebenfalls erschien. Der griechische Europaminister Theodoros Pangalos, für die verschiedenen organisatorischen Abläufe verantwortlich, herrschte einen Mitarbeiter entsetzt an, wie es zu dieser unangenehmen Situation habe kommen können. Die Szene entwickelte sich dann zweisprachig weiter: verlegen-höflich auf englisch, cholerisch-wütend, wie auch für den der Sprache nicht Mächtigen leicht erkennbar, auf griechisch. Natürlich konnte die griechische Regierung dem Staatsoberhaupt eines befreundeten Landes nicht die Tür weisen; der Skurrilität entbehrte das Geschehen trotzdem nicht. An die feierlich gedeckte Tafel wurde ein zusätzlicher Sessel herangeschoben, der aus Platzgründen nicht so breit sein konnte wie die bereits vorher aufgestellten imperialen Sitzgelegenheiten im ehemaligen Palast der Kaiserin Elisabeth.

Die Schuldzuweisung durch den österreichischen Außenminister erfolgte prompt, ungeniert und ungerecht: Sehr bald nach der Ratssitzung in Korfu wurde der österreichische Botschafter in Athen, Georg Caliche, abberufen und später mit dem Botschafterposten in Albanien »entschädigt«.

Nach der Bewältigung des durch Österreich induzierten Turbulenzchens ging es zu Tisch mit Boris Jelzin. Ich hatte ihn nicht nur bei bilateralen Aussprachen, sondern auch bei der Umweltkonferenz der Vereinten Nationen in Rio de Janeiro im Juni 1992 als Tischnachbar erlebt. Jedesmal, so auch in Korfu, erschien er als kraftstrotzende, seine Reformvorhaben mit lauter Stimme und großem Selbstbewußtsein artikulierende Boßfigur. Wie Michail Gorbatschow klagte auch er über die Unbeweglichkeit und Unwilligkeit der russischen Beamten und Parteiapparate, Reformen umzusetzen, im Gegensatz zu seinem Vorgänger ließ er jedoch keinen Zweifel offen, »mit denen schon fertig zu werden«. Und dies bei jeder Zusammenkunft über all die Jahre. Seine Dinner-Keynotes in Korfu wichen von diesem Muster nicht ab. Er fügte allerdings seine Enttäuschung über und seine Unzufriedenheit mit den Westeuropäern hinzu, die ihm immer mit schönen Worten begegneten, konkrete wirtschaftliche Kooperationen, im besonderen Investitionen, jedoch unterließen. Im Anschluß an Jelzins ausführlich geratene Tischrede lud der griechische Regierungschef und Gastgeber Andreas Papandreou zur Diskussion ein. Sogleich meldete sich ein Kollege zu Wort, um Jelzin seiner Unterstützung bei Effizienzsteigerung und Korruptionsbekämpfung im öffentlichen Bereich Rußlands zu versichern. Es war Italiens Regierungschef Silvio Berlusconi. Ob Jelzin Erfahrung mit Berlusconis Landsleuten hatte, weiß ich nicht; seine Reaktion auf diese erste Wortmeldung war jedenfalls unwirsch.

Im Rückblick waren also die Weltumweltkonferenz von Rio de Janeiro 1992 und die für Österreich schicksalhafte Vertragsunterzeichnung von Korfu 1994 für mich einmal mehr Stationen, die Entwicklung Rußlands und die Aktivitäten Boris Jelzins als Zeitzeuge mitzuerleben. Die russische Erfolgskurve wies in diesen Jahren nicht nach oben, und Jelzin selbst mußte zahlreiche persönliche, gesundheitliche und politische Rückschläge einstecken. Der Westen hielt zu ihm, bis er 1999 von der Weltbühne abtrat, krank, vielleicht auch mit schon verbrauchtem Urteilsvermögen über die Fährnisse der Zeit, wie mir russische Freunde berichteten. Wie auch immer, ich betrachte ihn bis heute als eine gewiß schillernde, im Kern allerdings repräsentative Erscheinung des Rätsels Rußland.

In Rio de Janeiro ergab es sich übrigens, daß ich bei einem Mittagessen an einem Tisch mit Margaret Thatcher, dem venezolanischen Präsidenten Carlos Andres Peres und eben Boris Jelzin zusammenkam. Jelzin führte das große Wort, was in Anwesenheit Frau Thatchers etwas heißen will. Er schilderte ohne Unterbrechung und im Brustton der Überzeugung seine Reformvorhaben, von den Kindergärten bis zum Verwaltungsumbau. In einer seiner wenigen, zum Luftholen bestimmten Pausen fragte ich, welche ideologische Grundausrichtung denn seine Reformpolitik leite. Beschwörend hob er die Hände.

»Siebzig Jahre waren wir durch Ideologie gefangen und ge-
knechtet«, rief er mir zu. »Jetzt muß damit doch endlich Schluß
sein!« Glanz trat in Thatchers Augen.

Ich ließ nicht locker. »Gerade bei Kindergärten, Schulen,
Sozialsystem, Industriepolitik und so weiter werden Sie doch
eine ideologisch geprägte Grundlinie verfolgen.«

»Ach so«, sagte er, »jetzt verstehe ich erst, was Sie überhaupt
meinen. Na gut. Von dieser Warte aus gesehen bin ich wahrscheinlich Sozialdemokrat.«

Zurück nach Korfu. Die wirkliche Turbulenz löste in diesen
Junitagen des Jahres 1994 die Debatte um die Nachfolge von
Jacques Delors aus. Gemäß allen Auskünften der griechischen
Präsidentschaft und gemäß den in den Couloirs und in der
Beamtenschaft zirkulierenden Informationen war es unter den
zwölf Mitgliedsländern vereinbart, den niederländischen Regierungschef Ruud Lubbers zu wählen. Mit diesem Informations-
stand begab ich mich in die Beratungen des Rats. Den Tagesordnungspunkt »Wahl des Präsidenten« eröffnete der Vorsitzende,
Ministerpräsident Andreas Papandreou, erwartungsgemäß mit
dem Vorschlag, Lubbers für die nächsten fünf Jahre zum Präsidenten zu küren. Zu meiner Verblüffung und zur Verblüffung
so mancher anderer Teilnehmer, wie ich umgehend erfuhr, erhob der deutsche Kanzler Helmut Kohl sofort Einspruch. Er
begründete das mit mangelnder vorhergehender Abstimmung
mit ihm und zieh damit natürlich die griechische Präsidentschaft indirekt der mangelhaften Vorbereitung dieses wichtigen
Tagesordnungspunkts. Bei weiteren Versuchen, die ablehnende
Haltung Kohls gegenüber Lubbers – immerhin eines Partei-
freunds auf europäischer Ebene – zu erkunden, hörte man,
Lubbers habe sich nicht erfreut über die deutsche Einigung
geäußert und damit Kohls Groll hervorgerufen. Kohl selber hat
diese Interpretation öffentlich selbstverständlich nicht bestätigt.

Die Ablehnung eines Premierministers durch den immerhin
der gleichen parteipolitischen Richtung verpflichteten deutschen Bundeskanzler bewirkte schlagartig eine beklemmende

Mischung aus Konfusion und Ratlosigkeit. Papandreou blickte hilfesuchend um sich, irgend jemand proponierte plötzlich den belgischen Regierungschef Jean-Luc Dehaene, und Papandreou meinte, ehe er das Geschehen wieder unter Kontrolle bekam, man sollte Jacques Delors nochmals in Erwägung ziehen, ein Ansinnen, das dieser sogleich zurückwies. Großbritanniens Premier John Major machte sich gegen Jean-Luc Dehaene stark, brachte in recht insistenter Art seinen Landsmann, EU-Kommissar Leon Brittan, zum Vorschlag und blieb mit diesem postwendend auf der Strecke.

Der Karren war vollkommen verfahren. Man übersprang den Tagesordnungspunkt, wandte sich anderen Materien zu und beschloß, sich nach dem Abendessen desselben Tages wieder mit dem Personalthema zu befassen. Wer solche Situationen in der Politik kennt, weiß, daß die Delegationen und die zahlreich anwesenden Journalisten den ganzen Tag lang über kaum etwas anderes sprachen beziehungsweise Auskunft haben wollten als über die Präsidentenfrage. Spekulationen hatten Hochkonjunktur.

Nach der unter den EU-Mitgliedern ungeschrieben geltenden Farbenlehre sollte dem Sozialisten Delors ein Christdemokrat nachfolgen. Der Sozialist Papandreou hatte einen solchen vorgeschlagen, nämlich Lubbers. Darüber in die Haare geraten waren sich die Konservativen. Und die anderen danach ins Spiel Gebrachten, Dehaene und Brittan – ebenfalls Konservative –, fanden wiederum keinen Gefallen bei anderen Konservativen. Alte Ressentiments der Niederlande gegenüber Deutschland wurden in den Couloirs hörbar, und Mitterrand, wenn auch als Sozialist amüsiert passiv, ließ immerhin erkennen, für ihn wäre keine Lösung denkbar, die Kohls Beifall nicht hätte. Die Ratstagung in Korfu ging zu Ende, ein Nachfolger von Jacques Delors als Präsident der Europäischen Kommission konnte nicht gefunden und daher auch nicht gewählt werden.

Immer häufiger fiel der Name Jacques Santers, Premierminister Luxemburgs, als Kompromißvariante. Die Ausbeute des spätnächtlichen Sitzungsmarathons bestand darin, daß man in vier Wochen wieder zusammenkommen wollte, um die Präsidentenfrage zu klären. Schließlich erzielte man eine Einigung über Jacques Santer, und mit Wirkung vom 1. Jänner 1995 übernahm er für fünf Jahre die Präsidentschaft der Europäischen Kommission.

Santer war mir aus zahlreichen früheren Begegnungen gut bekannt. Er war und ist ein zum europäischen Projekt sehr positiv eingestellter Politiker, offen und umgänglich. Vielleicht zu umgänglich. Es dauerte nicht allzu lange, und Helmut Kohl und der mittlerweile als Präsident Frankreichs an die Stelle Mitterrands gerückte Jacques Chirac begannen, an der Kommissionsführung Santers Anstoß zu nehmen. Das bezog sich zunächst auf die Kostenentwicklung der Kommission und auf die politische Vorgangsweise einzelner Kommissare, etwa beim Wettbewerbsrecht. Als der Verdacht aufkam, das eine oder andere Kommissionsmitglied habe sich gewisse Unregelmäßigkeiten zuschulden kommen lassen, entstand eine schwere Krise, die nicht nur die Europäische Kommission betraf, sondern auch das Verhältnis der Kommission zu den Regierungen der Mitgliedsländer und letztlich das Europaprojekt an sich. Obwohl die französische Kommissarin Edith Cresson im Mittelpunkt der Vorwürfe stand, trennten einige Politiker in den nationalen Regierungen und im Europäischen Parlament nicht zwischen Kommissaren, gegen die überhaupt keine Vorbehalte bestanden, und solchen, die mit peinlichen Fragen konfrontiert waren. Santer kam bei diesen Turbulenzen nicht gut weg, vielmehr selber in das Fadenkreuz jener, die seine Führungsschwäche für eine wesentliche Ursache der entstandenen Kalamitäten hielten. In selten erlebter Einhelligkeit von Regierungen und Europäischem Parlament kam es zu dem Beschluß, die Kommission müsse als Ganzes aus dem Amt scheiden. Dieses Urteil war unsachlich und ungerecht, weil es sämtliche Kommissare in einen Topf warf und damit Kommissionsmitglieder anschwärzte, gegen die keinerlei Vorbehalte erhoben worden waren. Jacques

Santer konnte diese (Fehl-) Entwicklung nicht nur nicht aufhalten, er wurde mit den anderen zu ihrem Opfer.

Ich kritisiere nicht nur die Unsachlichkeit und Ungerechtigkeit dieser Maßnahme, sondern auch ihre europapolitische Schädlichkeit, aus mehreren Gründen. Erstens erhielten die bekannt integrationskritischen Boulevardblätter quer über den Kontinent die Möglichkeit, das Unzulängliche in der Kommission und der Brüsseler Bürokratie zu generalisieren; ihre Leser mußten den Eindruck erhalten, alles dort sei schlimm und korrupt. Ein willkommenes neues Monster war gefunden. Als zweiten Schaden für das Integrationsprojekt werte ich den Umstand, daß die Funktion des Kommissionspräsidenten ein halbes Jahr lang verwaist blieb. Santer trat am 16. März 1999 zurück und sein Nachfolger, der frühere Ministerpräsident Italiens, Romano Prodi, das Amt erst im September 1999 an. Auch wenn man dem deutschen Kanzler Gerhard Schröder – er versah das Amt des Ratspräsidenten – rasches Handeln attestierte, ist eine Vakanz von sechs Monaten und damit die Lahmlegung des operativen Integrations-Herzstücks nicht wegzudiskutieren.

Der dritte Rückschlag wird von einigen nicht als solcher gesehen. Ich verfolgte die damit in Zusammenhang stehenden Konsequenzen dennoch mit etlichem Vorbehalt, zumal aus der Sicht eines kleinen Mitgliedstaats. Was war geschehen? Nach dem Abgang des energischen, unbestrittenen und stets mit fundierten integrationspolitischen Argumenten aufwartenden Jacques Delors und dem Wahlfiasko von Korfu machte sich unter den Staats- und Regierungschefs, insbesondere der größeren Länder, eine Stimmung breit, die integrationspolitische Weiterentwicklung künftig mehr in die eigenen Hände zu nehmen, die Kommission in den Hintergrund zu drängen und dies in der Öffentlichkeit auch deutlich zu demonstrieren. Ich bin sicher, Delors hätte sich das nicht gefallen lassen und Mittel und Wege gefunden, es zu verhindern. Der »Notnagel« Santer nicht. Der Jargon der EU nennt die hervorgehobene Rolle der Regierungschefs und ihrer informellen und formellen Zusammenkünfte

Intergouvernementalismus (im Gegensatz zur Vergemeinschaftung beziehungsweise zur Gemeinschaftsmethode). Ich halte vom Intergouvernementalismus als dominierendes Wesenselement des Integrationsfortschritts deshalb weniger als von der Abstützung auf das organische Zusammenwirken der Institutionen, weil er die Vorherrschaft der großen Mitgliedstaaten gegenüber den mittleren und kleineren begünstigt. In den zur Regel gewordenen sogenannten informellen Treffen der Regierungschefs und auch in der ohnehin einmal pro Halbjahr, also während der Präsidentschaft eines Landes, stattfindenden Sitzungen des Europäischen Rats werden unter äußerster Zeitknappheit Beschlüsse gefaßt, die weniger auf kontinuierlicher Vorarbeit auf Experten- und Politikerebene beruhen als vielmehr auf oft innenpolitisch motivierten Ad-hoc-Aussagen von Regierungschefs. Nicht selten ergeben die Beratungen dann den kleinsten gemeinsamen Nenner.

Ich will keineswegs andeuten, ich hätte als Zeuge des Debakels um Ruud Lubbers in Korfu schon die Kalamitäten der Kommission Santer vorausgesehen. Etliches Wasser wurde allerdings bereits dort in meinen Wein gegossen. Offenbar hatte ich idealistischer- und somit fälschlicherweise angenommen, auf dieser hohen Ebene werde man von der in Österreich gängigen Praxis des Negierens von Vorvereinbarungen, der Sitzungsunterbrechungen und -verschiebungen und der fraktionellen Geschäfte und Gegengeschäfte zwar nicht ganz frei sein, aber doch etwas gelöster und großzügiger an Probleme herangehen.

Trotz solcher Erfahrungen haben sich meine Bejahung der Europäischen Union und mein ungebrochenes Bekenntnis zur Grundidee der europäischen Integration nicht abgeschwächt. Je länger ich das politische Amt bekleidete, desto mehr wurde mir die Notwendigkeit bewußt, für das Integrationswerk einzustehen, zu werben, zu überzeugen und dabei immer wieder den Primat der Politik hervorzuheben. Die Gründerväter der fünfziger Jahre des 20. Jahrhunderts gingen eindeutig von der

Schaffung einer politischen Union aus. Sicherlich war ihr Grundgedanke der, einen dritten Weltkrieg zu verhindern, vor allem durch die Zusammenführung Deutschlands und Frankreichs und durch die gemeinsame Regulierung der Kohle- und Stahl-, also der Rüstungsindustrie. Aus der Sicht des beginnenden 21. Jahrhunderts, im Rückblick auf mehr als fünfzig Jahre Frieden unter den Fünfzehn, ist die Utopie der Gründer für diesen Teil Europas Wirklichkeit geworden. Allerdings schwindet dort das Bewußtsein, wo man keine Gefahr mehr verspürt. Der politische Sinn der Union muß also stets neu belebt werden, um dieses großartige Werk europäischer Geschichte und europäischer Kultur nicht in eine bloße Wirtschaftsgemeinschaft absinken und im Bewußtsein der Bürger in Verdrossenheit über die Brüsseler Bürokratie verkommen zu lassen. Wie bei jedem gesellschaftlich wichtigen Projekt, bei jeder politischen Idee, bei jedem Unternehmensziel ist Weiterentwicklung unerläßlich, um Errungenes abzusichern und die Wege für Zukünftiges zu ebnen. Wenn die Verantwortlichen dem Publikum den Eindruck vermitteln, sie würden in ihrem europapolitischen Engagement nachlassen, machen sich umgehend die Kritiker stärker und erfolgreicher bemerkbar. Sonderbare Austrittsbewegungen melden sich zu Wort, »würzen« ihre prinzipielle EU-Aversion da und dort mit absurden Verschwörungstheorien, Anleihen bei Rassismus und düsteren Untergangsprognosen. Daß sie sich auch immer wieder finanzieren können, ist klar erkennbar, wie sie es tun, nicht.

Ernster zu nehmen sind politische Parteien und sie unterstützende Medienleute, die ausländische Feindbilder als innenpolitische Argumentationshilfe einsetzen. Seit etlichen Jahren bedient sich die FPÖ unter der Ägide Haiders dieser Methode und kombiniert nicht selten Vorwürfe und Schuldzuweisungen an die EU mit dem Schüren von Aversionen gegen Ausländer. Ob die Schuldzuweisungen begründet sind oder nicht – in der Mehrzahl der Fälle sind sie es nicht –, spielt keine Rolle. Es ist überhaupt ein Merkmal der Freiheitlichen, sich von Fakten und

Wahrheiten in ihrer politischen Propaganda nicht beirren zu lassen und wenn es ins Konzept paßt, beliebig die Richtung zu ändern. Diese Flexibilität ist nicht personengebunden. Freilich ist Haider der Bannerträger dieses oft treuherzig verbrämten Zickzacks, bei dem am Schluß, wenn die Logik schon völlig verlorengegangen ist, eben der sprichwörtliche Kleine Mann herhalten muß, um den man sich angeblich kümmert.

Generell gesprochen ist die österreichische Europapolitik ein Feld der für Haider verlorenen Schlachten. Zunächst, als Oppositioneller in den siebziger Jahren, war er ein eifriger Verfechter des Beitritts Österreichs zur Europäischen Wirtschaftsgemeinschaft. Noch in den achtziger Jahren, als ich bereits Kanzler war, forderte er mich öffentlich auf, den Antrag um die Aufnahme Österreichs doch zu beschleunigen. Der Oppositionsgeist konnte jedoch seine eigene Spur nicht halten, als die SPÖ-ÖVP-Bundesregierung den gemeinsamen Weg in ein größeres Europa beschloß und absolvierte. Nachhaltig dafür zu sein konnte Haiders Wesen nicht ertragen. Den Gipfel der Blamage erreichte er, als er in einer Fernsehkonfrontation mit Erhard Busek und mir behauptete, die EU-Mitgliedschaft würde unter anderem bewirken, daß spanische Schildläuse in österreichisches Joghurt verpflanzt würden. Des Auslachens war kein Ende. Die Volksabstimmung mit ihrer Zweidrittelmehrheit für den Beitritt Österreichs war dann eine veritable Niederlage Haiders und überdies eines der wichtigsten zeitgeschichtlichen Beweisstücke gegen seine oft größenwahnsinnigen Behauptungen, in den wirklich wichtigen Dingen setze er die eigentlichen politischen Akzente im Land.

Ich verkenne nicht die Rückschläge, die das europäische Integrationsmodell im Lauf der Jahre und Jahrzehnte erlitten hat. Ich verkenne auch nicht die verschiedenen Unzulänglichkeiten, die bei vielen Bürgern – auch wohlmeinenden – Unmut bis hin zur Ablehnung auslösen. Und ich bin mir dessen sehr bewußt, daß der offen gewordene Wirtschaftsraum in so manchen Fällen durch Wettbewerbsverschärfung und gestiegene

Qualitätsansprüche manche Menschen an den gesellschaftlichen und Betriebe an den ökonomischen Rand gedrängt hat. Zu diesen Folgen der Integration kommt noch eine der rasantesten Revolutionen der Menschheitsgeschichte, die Informationsrevolution. Nicht alle Mitglieder eines Gemeinwesens, nicht alle Bürger eines Staats können sich in diesem Umfeld in gleicher Weise zurechtfinden und, wie es oft oberflächlich heißt, die sich ihnen bietenden Chancen zu ihrem Vorteil, zur Sicherung ihrer und ihrer Familien Zukunft nutzen. Die politische Alltagssprache ist hart und oft unbedacht, wenn sie diese Menschen Modernisierungsverlierer nennt und ihnen damit auch noch die Würde aberkennt. Sie sind in unserer mitteleuropäischen Gesellschaft natürlich nicht in der Mehrheit, man darf sie aber keinesfalls einfach ignorieren. Oder belächeln, weil sie »die Zeichen der Zeit nicht erkannt« haben und deshalb mit anderen nicht mithalten können. Und schon gar nicht dürfen sie als »Faulenzer« bezeichnet werden. Erstens weil dieser Befund nicht stimmen muß, zweitens weil Politik nicht von sich aus Gegensätze dieser Art in die Bevölkerung hineintragen darf.

Das Spannungsfeld zwischen dem prinzipiellen und vorbehaltlosen Bekenntnis zum europäischen Einigungswerk und der Erkenntnis, daß es nicht schon von sich aus, gleichsam per System, allen Menschen Vorteile bringt, stärkt meine Grundeinstellung zum Vorrang der Politik. Selbstverständlich gilt dieser Vorrang per definitionem für alle Politikbereiche. Was die Innenpolitik betrifft, hebe ich ihn überhaupt nur deshalb hervor, weil von Zeit zu Zeit der sogenannte unabhängige Fachmann für politische Ämter gefordert wird. Flechte ich an dieser Stelle die Frage ein: »Unabhängig wovon?« oder: »Unabhängig von wem?«, dann ernte ich erstaunte Blicke. »Na, unabhängig von einer politischen Partei«, ist die Antwort, die der Gesprächspartner für so plausibel wie meine Frage für unverständlich hält.

Jeder in einer politischen Funktion tätige Mensch trägt politische Verantwortung. Hat er für seine Funktion bei einer Wahl kandidiert, dann liegt die Verantwortung seinen Wählern gegenüber auf der Hand. Wird er von einem Regierungschef als Fachminister eingesetzt, dann trägt er erst recht politische Verantwortung, weil er zum Politiker geworden ist. Tut er das nicht selber, dann kann sich ihr jedenfalls der Regierungschef, der ihn eingesetzt hat, nicht entziehen. Entweder er identifiziert sich mit der Tätigkeit seines »Experten«-Ministers, oder er kann das nicht und entläßt ihn wieder aus dem Amt. Das heißt, der »unabhängige« Experte bedarf der Haltegriffe.

Im integrierten Europa nimmt der Primat der Politik an Bedeutung und Komplexität zu. Zunächst gilt es den Stimmen entgegenzutreten, die ungezügelten Marktkräfte allein könnten Wohlstand und soziale Sicherheit herstellen. Es ist gesicherte Erkenntnis, daß solches nicht eintritt. Hier ist die Politik gefordert.

Eine andere, in der Europapolitik da und dort anzutreffende Fehlinterpretation besteht in der Annahme, die Einführung der gemeinsamen Währung, des Euro, sei Resultat allein einer finanz- und währungspolitischen Weichenstellung. Das Gegenteil ist der Fall. Zuerst gab es die politische Entscheidung, den Binnenmarkt in der EU durch die Schaffung einer gemeinsamen Währung überhaupt erst zu verwirklichen. Die Euro-Fähigkeit einzelner Währungen wird widergespiegelt in der Erfüllung der Maastricht-Kriterien. An der Erstellung dieser Kriterien wurde zuweilen kritisiert, daß sie strengen wirtschaftswissenschaftlichen Prüfungen nicht standhalten würden und außerdem aus der punktuellen Sicht des Jahres 1992 definiert wurden. Diese Einwände mögen eine gewisse Berechtigung haben. Allerdings war eben der politische Beschluß gewichtig, ein einheitliches europäisches Währungssystem zu errichten; durch zusätzliche ausgeklügelte makroökonomische Analysen und darauf basierende Formeln wollte und konnte man sich in Maastricht nicht davon abhalten lassen.

Mit den Entscheidungen in Maastricht ist dem Primat des Politischen Rechnung getragen worden, weil, wie schon erwähnt, der Binnenmarkt erst mit einer gemeinsamen Währung ein solcher wird. Darüber hinaus aber gibt es noch zwei weitere, äußerst wichtige Gründe. Erstens verpflichteten sich die Mitgliedsländer, sofern sie dem System der Euro-Währung beizutreten wünschten, die politischen Voraussetzungen zur Erfüllung der Maastricht-Kriterien zu schaffen und die erforderlichen staatsfinanziellen Maßnahmen zu treffen. In Österreich war dies in der zweiten Hälfte der neunziger Jahre eines der wichtigsten innenpolitischen Themen. Zweitens war mit der Schaffung der gemeinsamen europäischen Währung die Entwicklung einer Europäischen Zentralbank zwingend verbunden. Auch das klingt zunächst technokratisch, ist aber politisch zu beurteilen, verändert doch die Existenz einer Zentralbank auf EU-Niveau die Rolle und den Stellenwert der nationalen Banken, in unserem Fall der Oesterreichischen Nationalbank, erheblich. In anderen Worten: Es findet ein Transfer währungspolitischer Souveränität von der nationalen österreichischen auf die europäische Ebene statt. In der Geschichte der Staaten war die Geldhoheit der jeweiligen Herrscherhäuser, später der demokratisch legitimierten Regierungen, Jahrhunderte hindurch ein Souveränitätsmerkmal, an dem zu rütteln kaum jemand in den Sinn gekommen wäre. Fügt man noch hinzu, daß in den europäischen Ländern das Aufbauwerk nach dem Zweiten Weltkrieg im Bewußtsein der Bürger mit dem Erstarken und der Härte der eigenen Währung eng verknüpft war, dann tritt klar zutage, welche politische Schwerarbeit die betroffenen Regierungen zu leisten hatten, als das »gute eigene Geld« durch ein neues, vielen Bürgern nicht geläufiges Zahlungsmittel zu ersetzen war.

Zur Einhaltung der Maastricht-Kriterien – auch Konvergenzkriterien genannt – haben sich die Euro-Länder in einem Wachstums- und Stabilitätspakt verpflichtet. In den Jahren 2002 und 2003 gelang die Einhaltung nicht allen: insbesondere Frankreich und Deutschland überschritten die zulässigen Budgetdefizitobergrenzen. Überaus kontroversiell geführte politische Debatten in weiten Bereichen der EU waren die Folge. Wieder ist Politik gefordert, diese zweifellos schwierige Situation zu bewältigen. Eine Überprüfung der Konvergenzkriterien und konsequenterweise des Wachstums- und Stabilitätspakts, deren Parameter in einer vollkommen anderen wirtschaftlichen Situation festgelegt wurden, sollte genau überlegt und politisch diskutiert werden. Aus den Erfahrungen seit der Konferenz von Maastricht 1992 sollten alle lernen und, sofern brauchbare Erkenntnisse gewonnen werden können, diese in ein angepaßtes Regelwerk einbringen.

Im dritten Drittel meiner Amtszeit reifte das Projekt, weitere Mitgliedsländer in die Europäische Union aufzunehmen. Der Grundgedanke und die Zielsetzung lagen auf der Hand: Es gab keinen Anlaß dafür, die ost- und südosteuropäischen Länder von der Friedens-, Stabilitäts- und Wohlstandszone Europas fernzuhalten. Das ist die Logik des Solidaritätsgedankens. Ein gewisses, nicht wenig ausgeprägtes Eigeninteresse möchte ich allerdings gar nicht unterschlagen: Ein wirtschaftlich und politisch stabiles »Erbeuropa« des ehemals kommunistischen Ostblocks liegt objektiv im Interesse des heute reichen Westens, es sei denn, man verrennt sich im Denken einer törichten Minderheit: »keep them down and poor«. Um solchen Denk- und Charakterdefiziten entgegenzuwirken, braucht es die Übereinstimmung von Politik und Moral. Soll man sich zu Prioritäten bekennen, dann halte ich die Erweiterung der Union für die wichtigste europapolitische Aufgabe des beginnenden 21. Jahrhunderts. Sie ist eine weltpolitische Herausforderung, wenn auch nicht die einzige. Der politische Wille der fünfzehn Mitgliedsregierungen dazu ist eindeutig positiv.

Ich hatte die neuen Mitgliedschaften schon in einem sehr frühen Stadium ausdrücklich befürwortet, zu einer Zeit, als es zwar in den Kandidatenländern Willensbekundungen, aber noch keine formellen Beschlüsse für die Bewerbung gab und als es in den Mitgliedstaaten keineswegs ausgemachte Sache war, der Erweiterung der Union positiv gegenüberzustehen. Diese Einstellung, die von Mock und Schüssel in ihrer Zeit als Außenminister – von Busek sowieso – mitgetragen und unterstützt wurde, nahm man in den Nachbarstaaten naturgemäß sehr gut auf. Aus den zahlreichen Kontakten mit Regierungsvertretern und Parlamentariern vor allem in Warschau, Budapest und Laibach erwuchs großes Vertrauen in meine Regierung und in mich selber, daß wir die Anliegen der Beitrittswilligen in den Mitgliedsländern der EU mitvertreten würden. Das geschah in der Tat bei allen sich bietenden Gelegenheiten, sowohl auf Regierungsebene als auch bei Zusammenkünften mit Freunden aus den sozialdemokratischen Parteien.

Daß ich Tschechien und die Slowakei nicht in einem Atemzug mit Polen, Ungarn und Slowenien genannt habe, liegt an den Personen meiner Gegenüber als Regierungschefs. Der tschechische Ministerpräsident Václav Klaus machte es sich zwar ebenfalls zum Ziel, sein Land in die Europäische Union zu führen, begleitete dieses Vorhaben aber immer wieder mit sehr kritischen Anmerkungen über das Integrationsprojekt. Er überspitzte seine Aussagen häufig so sehr, daß das Bonmot entstand, Klaus wolle eigentlich nicht, daß Tschechien der Europäischen Union, sondern daß die Europäische Union der Tschechischen Republik beitrete. Jahre später bemerkte Klaus – er war schon Staatspräsident – in der Öffentlichkeit, lieber als Mitglied der EU wäre er Mitglied der USA. In einer öffentlichen Europadiskussion, die er und ich Mitte der neunziger Jahre in Prag bestritten, stellte er, da Begriffe wie europäische Währung, Europäischer Gerichtshof, europäische Agrarmarktordnung fielen, die spöttische Frage, ob es wohl auch europäische Nervenheilanstalten oder europäische Gefängnisse gebe. Diese Eigenheiten Klaus' widerlegten zwar nicht seine grundsätzliche Absicht, Tschechien in die Union zu bringen, schufen aber doch Stimmungsbilder, die sich von denen der Nachbarstaaten abhoben.

Außerhalb der Reihe stand in den achtziger und neunziger Jahren die Slowakei. Ministerpräsident Vladimír Mečiar führte sein Land mit eiserner Hand. Auf Fragen zur Medienfreiheit und zur Vorgangsweise seines Geheimdienstes und der slowakischen Polizei fand er nicht immer die Antworten, die den Prinzipien der Europäischen Union und anderer internationaler Konventionen entsprochen hätten. Mir tat das sehr leid, denn eine EU-Erweiterung ohne die Slowakei hätte einen recht unpassenden weißen Fleck auf der Integrationslandkarte hinterlassen, noch dazu vor unserer Haustür. Mečiar, viele Jahre hindurch ein politischer Publikumsliebling seines Landes – seine Betonung des »genuin Slowakischen« gefiel den Landsleuten gut –, konnte letztlich das Sinken seines Sterns in den neunziger Jahren nicht aufhalten. Zwar kämpften seine Nachfolger ebenfalls mit nicht geringen politischen und ökonomischen Anpassungsschwierigkeiten, sie konnten sie aber meistern und schafften es überzeugend, die Voraussetzungen für den Beitritt zu erfüllen.

Das glänzende Image Österreichs als ein Land, das offen und bereit war, seine eigenen Erfahrungen als Neomitglied der EU mit den Nachbarn zu teilen, bekam leider bald Sprünge. Schon in der ersten Hälfte der neunziger Jahre erhoben die Landeshauptleute Pröll und Stix ihre warnenden Stimmen: Sie befürchteten Wettbewerbsnachteile ihrer Regionalwirtschaften durch, wie sie meinten, zu rasche Aufnahme der Nachbarländer in die Union. Es war vor allem der ungarische Regierungschef Gyula Horn, der mich diesbezüglich sehr vergrämt ansprach und schwer zu besänftigen war. Dies gelang mir im Lauf der Zeit dann doch. Nachhaltiger wirkten die Vorbehalte der Bundesarbeitskammer. Sie wurde und wird nicht müde, das im Vergleich zu Österreich wesentlich niedrigere Einkommensniveau der unselbständig Erwerbstätigen in den neuen Mitgliedstaaten als Gefährdung des heimischen Arbeitsplatzangebots darzustellen und folglich Schutz- und Übergangsmaßnahmen zu fordern. Ich teile diese Befürchtungen nicht ganz. Die Entwicklungschancen der Neuen werden sich meiner Ansicht nach so verbessern, daß sich eine Abwanderung von Arbeitskräften im engen Rahmen halten wird. Nach der Aufnahme Spaniens, Portugals und Griechenlands in die Union sind die Investitionen dort stark angestiegen, die einheimischen Arbeiter und Angestellten haben die neuen, wesentlich verbesserten Arbeitsmöglichkeiten genützt, und die großen Wanderwellen nach Mittel- und Westeuropa sind ausgeblieben oder spürbar abgeebbt. Außerdem wird sich die Bevölkerungsentwicklung in Ost- und Südosteuropa den Gegebenheiten in Mittel- und Westeuropa anpassen; das ergeben alle einschlägigen demoskopischen Untersuchungen und Studien. Ein zunehmender Arbeitskräftemangel in Europa ist für die meisten Experten eher wahrscheinlich als ein Arbeitskräfteüberangebot; das betrifft jedenfalls gut ausgebildete Personen.

Der internationale Stellenwert Österreichs im allgemeinen und der europapolitische im besonderen hat nach der Bildung der FPÖ/ÖVP-Regierung im Februar 2000 abgenommen, weil die Hereinnahme der Haider-FP in die Bundesregierung einen Großteil der Freunde Österreichs auf Distanz gehen ließ. Die Vorgänge rund um Schüssels Regierungsbildung und in den ersten Monaten der neuen Koalition führten zu einer Schwächung Österreichs als europapolitischer Partner, nicht nur gegenüber den vierzehn anderen EU-Staaten, sondern infolge einer Art Sekundärwirkung auch gegenüber den Beitrittskandidaten in Ostmitteleuropa. Die verzweifelten Versuche Außenministerin Ferrero-Waldners, mit ihnen eine strategische Partnerschaft zu errichten, versandeten.

Der freiheitliche Koalitionspartner hatte aber noch eine andere »Medizin« parat, um im Beitrittsland Tschechien einen Beliebtheitsschub für uns zu bewirken. Sollten die Beneš-Dekrete bis zum Beitritt des nördlichen Nachbarn nicht rechtsunwirksam werden, würde die Partei in der Bundesregierung ein Veto gegen die Zustimmung Österreichs zur Aufnahme der Tschechen einlegen. Sinngemäß analog plädierten FP- und VP-Vertreter dafür, den Beitritt Tschechiens nicht zuzulassen, ehe das Atomkraftwerk Temelín nicht abgeschaltet sei. Und schließlich konnte sich sogar Kanzler Schüssel seine Zustimmung zur Erweiterung der Union dann nicht vorstellen, wenn eine Einigung mit der EU über den durch Österreich rollenden Lkw-Verkehr nicht zustande käme. Viele der Forderungen, Drohungen, Beteuerungen des Jahres 2002 sind der Kategorie Wahlkampfgetöse zuzurechnen und wurden danach erheblich eingeschränkt beziehungsweise überhaupt auf Eis gelegt. Die Freude der Neuen am Willkommen der Österreicher aber kann man sich vorstellen.

So wenig ich der Regierung Schüssel in bezug auf die Pflege des europapolitischen Stellenwerts Österreichs abgewinnen kann, so sehr trete ich für eine gründliche Diskussion über Wesen und Inhalt der oft zitierten europäischen Wertegemeinschaft ein. Solange es möglich ist, daß eine Regierung Berlusconi, die den demokratischen Rechtsstaat verformt, um die Privatinteressen des Regierungschefs zu schützen, dieser Wertegemeinschaft angehört, solange es möglich ist, daß eine Regierung Blair ohne allgemein akzeptierte Legitimierung einen Angriffskrieg führt, ist ein positiv besetzter Begriff Wertegemeinschaft auf die realen Gegebenheiten nicht anwendbar. Das ist ein unhaltbarer Zustand. Diese Unhaltbarkeit müssen wir beseitigen, damit der emotionale Ausruf »Unser Europa« nicht als ein bloßes Schlagwort unverstanden oder unbeachtet verhallt.

Der Blick nach außen

Seit den sechziger Jahren bewegte sich Österreich schrittweise und konsequent in Richtung Internationalisierung, insbesondere in der Wirtschaft. Konkret bedeutete das, Barrieren gegenüber anderen Ländern abzubauen und dies für unsere Zwecke zu nutzen. So konnte nach dem Wegfall der Beschränkungen der Nachkriegsjahre exportiert und importiert werden; so konnten Zahlungen und Kapitaltransfers zwar noch nicht ganz freizügig fließen, immerhin aber innerhalb bestimmter Grenzen; und so konnten sich Menschen von einem Ort zum anderen in der Welt bewegen, freier als im alten System der Reisebewilligungen. Diese neuen Paradigmen, aber auch die Waldheim-Zeit samt »Watchlist«-Turbulenzen, die teilweise verklärten und verklärenden Nachrufe auf Kreisky als Außenpolitiker und das im Licht der innenpolitischen Veränderungen unvermeidliche Hinüberwandern des Außenministeriums zum Obmann der ÖVP steckten im großen und ganzen das Feld ab, auf dem in meiner Regierungszeit österreichische Außenpolitik zu konzipieren war. Mit Beratern und Mitarbeitern war ich gut versorgt. Fred Sinowatz' Außenminister Leopold Gratz hatte immer eine besonnene Meinung parat. Peter Jankowitsch, zunächst Außenminister, dann Staatssekretär, danach Parlamentarier, brachte seine umfassende Erfahrung ein. Im Kabinett leisteten Eva Nowotny, danach Leopold Radauer und Karl Schramek wertvollste Arbeit, gegen Schluß meiner Amtszeit und während der Albanienmission Aurel Saupe. Wäre ich im politischen Kraftfeld in die Situation gekommen, mich zu entscheiden, wäre Eva Nowotny, derzeit Botschafterin in Washington, meine Wahl als Außenministerin gewesen.

An anderen Stellen dieses Buchs habe ich die Spannungsfelder zwischen Außenminister Mock und mir erwähnt. Auch wenn sein europapolitisch gelegentlich insistent angemeldeter Alleinvertretungsanspruch und die von meinen Auffassungen abweichenden Schwerpunkte beim Thema Jugoslawien zu manchem, selbstverständlich zivil ausgetragenen, Konflikt führen mußten, lag am Ende der Diskurse wenigstens eine klare (weil klar erstrittene) Linie vor. Daß der Parteiobmann Mock gelegentlich dicker auftrug als der Außenminister Mock, liegt in der Natur der Dinge. In den vielen anderen außenpolitischen Bereichen funktionierte die Abstimmung. Aus der Sicht Mocks war es klar, daß er zu den USA auf Totalkonfrontation und zu Israel auf Distanz ging, solange Kurt Waldheim Bundespräsident war.

Ich hatte mir ein ausgedehntes außenpolitisches Programm zurechtgelegt, das ich im wesentlichen auch erfüllte. Nach Tun-

341

lichkeit bezog ich Regierungskollegen und Vertreter der österreichischen Wirtschaft ein; Wirtschaftsangelegenheiten sind sicherlich nicht das einzige Feld der bilateralen Beziehungen, aber doch ein besonders wichtiges. Da die Besuchsdiplomatie eines Bundeskanzlers, auch wenn er sein Amt etliche Jahre hindurch ausübt, nicht die ganze Welt abdecken kann, bestimmte ich einige Schwerpunkte. Engste Kontakte mit den Staaten der Europäischen Gemeinschaft verstanden sich von selber, die Pflege der Beziehungen mit den ost- und südosteuropäischen Ländern standen dem nicht viel nach. Die Normalisierung unseres Verhältnisses zu Israel verlangte aus verständlichen Gründen auch eine hohe Aufmerksamkeit für die arabische Welt. Die Namen österreichischer Firmen hatten dort einen guten Klang und der offiziellen Delegation des Bundeskanzlers anzugehören, der Saudi-Arabien, Kuwait, Ägypten, Syrien Besuche abstattet, war Vertretern der österreichischen Wirtschaft wichtig.

Wirtschaftsinteressen waren es vor allem auch, die es nahelegten, die »Tigerstaaten« Südasiens sowie Hongkong, China und Japan aufzusuchen und an die jeweilige politische Führung Gegeneinladungen auszusprechen. Kontakte zu manchen dieser Staaten, an erster Stelle China, waren wegen der deutlichen Menschenrechtsverletzungen auch problematisch, wie es sich am auffälligsten beim Gegenbesuch des chinesischen Ministerpräsidenten Li Peng in Österreich zeigte. Zahlreiche Gegenstimmen und Protestaktionen begleiteten diese Visite in unserem Land. Ich sagte mir und den Kritikern: Wenn wir Leute wie Li Peng zu isolieren versuchen oder uns selber isolieren, werden wir auch nicht mit ihnen über Angelegenheiten streiten können, die uns mißfallen. Und wenn wir dieser Diskussion aus dem Weg gehen, werden eben andere, die unsere Bedenken nicht teilen, eiskalt ihre wirtschaftlichen Chancen wahrnehmen. Ob sich die Bürger- und Menschenrechtssituation in China inzwischen verbessert hat, halte ich für fraglich. Nicht fraglich scheint mir, daß die früher verbreitet anzutreffende

Sensibilität dafür schwindet. Die zwei Gesichter Chinas – kapitalistisch und repressiv – stören offenbar viel weniger als ehedem, weil das kapitalistische Gesicht so attraktiv geworden ist. Der frühere Staatspräsident Jiang Ze Min erzählte mir einmal während eines Besuchs in Peking, er bereite eine große Reise in die USA vor. »Seien Sie auf schwierige Gespräche über die Menschenrechtssituation in China gefaßt«, meinte ich. »Das bin ich auch«, sagte Ze Min, »aber kennen Sie sonst noch jemanden, der vierzig Boeings bestellt?«

In Mexiko, Brasilien, Argentinien und Chile – die letzteren leiden immer noch an den Wunden ihrer blutigen Militärdiktaturen – waren österreichische Regierungsfarben in früheren Zeiten nicht häufig vertreten. Ich bemühte mich, das zu ändern. Kreisky sagte mir einmal, Lateinamerika sei für uns nicht so wichtig. Unsere Hoffnungsgebiete lägen in Afrika.

Im Oktober 1991 reiste ich mit Wissenschaftsminister Busek und Verteidigungsminister Fasslabend nach Kasachstan. Im Kosmodrom Baikonur in der endlosen kasachischen Steppe sollte der Österreicher Franz Viehböck mit einem Russen und einem Kasachen zu einem Weltraumflug starten. Das Unternehmen gelang perfekt, zahlreiche wissenschaftliche Experimente konnten erfolgreich abgeschlossen werden, und Viehböck und Österreich waren in aller Munde. Der Staatspräsident Kasachstans, Nasarbajew, lud mich in die damalige Hauptstadt des Landes, Almati, ein. Ich kam dieser Einladung später nach und entwickelte in der Folge mehr Interesse für die südlichen Republiken der ehemaligen Sowjetunion, weil ihre ungeheuren (kaum entwickelten) wirtschaftlichen Potentiale verblüffend waren. So führten mich meine Wege außer nach Kasachstan auch nach Usbekistan und Turkmenistan. Gegenbesuche der Machthaber, Karimow und Nijasow, vertieften die Kontakte. Sie gaben mir Einblick nicht nur in die großteils ungehobenen wirtschaftlichen Schätze dieses Teils der Welt – vor allem im Energiebereich –, sondern auch über die komplexe politische Gemengelage, befinden sich diese Länder doch in unmittelbarer

Nachbarschaft Afghanistans und des Iran sowie Chinas. Berücksichtigt man noch ihre geopolitische Bedeutung, weil Rußland und die amerikanischen Gas- und Ölkonzerne der Region höchste Aufmerksamkeit widmen, erschließt sich einem eine wichtige Facette des Weltgeschehens in den vor uns liegenden Dekaden. Ob der unermeßliche Reichtum an Energieträgern einmal den Bewohnern zugute kommen wird, bleibt abzuwarten. Noch weichen die Demokratieformen von den in Europa gebräuchlichen ebenso deutlich ab wie die dort verbreitete (Fehl-) Interpretation des Rechtsstaats. Das sichert den Präsidenten lange Amtsperioden und den Völkern einen niedrigen Lebensstandard.

Anläßlich eines Besuchs in Wien in den frühen neunziger Jahren bat mich der turkmenische Staatschef Saparmurat Nijasow, der sich in seiner Heimat mit Vorliebe Turkmenbashi nennen läßt, ihm die österreichische Neutralität zu erklären. Ich gab ihm die grundlegenden Auskünfte und stattete seine Begleiter mit Unterlagen dazu aus. Bald darauf beschloß Turkmenistan, ein neutraler Staat zu werden. Das Ansehen, das ich mir dort erworben hatte, wurde mir erst bei einem Besuch nach meiner Amtsniederlegung richtig bewußt. Turkmenbashi überhäufte mich, gewissermaßen den Vater dieser zentralasiatischen Neutralität, in seinem Palast mit Dank und Lob, und die Universität von Ashgabad verlieh mir ohne vorherige Ankündigung ein Ehrendoktorat. Die Doktorwürde wird dortzulande nicht etwa in Form einer Kette symbolisiert; man legte mir einen schmalen, sehr fein gewebten turkmenischen Teppich um den Hals und überreichte mir die Doktoratsurkunde und einen von allen Fakultätsmitgliedern mit Unterschrift versehenen amerikanischen Basketball.

Ein Nachbar stirbt

Wie viele andere Österreicher auch hatte ich zum Nachbarland Jugoslawien zwar keine verwandtschaftliche, aber eine enge persönliche Beziehung. Seit früher Jugend hatte mich das Land für private Reisen, Urlaubsaufenthalte und Besichtigungen stets angezogen. Auch meine sportlichen Aktivitäten verschafften mir viele persönliche Kontakte, nicht nur wegen der häufig in Jugoslawien ausgetragenen Basketballwettspiele, sondern auch, weil nicht wenige Akteure bei österreichischen Klubs spielten und der eine oder andere Trainer bei uns arbeitete. In anderen Disziplinen, allen voran im Fußball, waren diese grenzüberschreitenden Wechselwirkungen noch viel stärker ausgeprägt als im Basketball, damals in Österreich eine Randsportart.

Für die Beziehungen zwischen Österreich und Jugoslawien viel bedeutsamer als der Sport war selbstverständlich die Eingliederung Tausender jugoslawischer Frauen und Männer in den österreichischen Arbeitsprozeß. Das begann in den sechziger Jahren und vollzog sich in einer für uns Österreicher nicht untypischen Atmosphäre: Man rief die Nachbarn, weil man sie brauchte, begegnete ihnen aber mit dem rauhen Charme dessen, der über das Fremde, das Andere stets die Nase rümpft, direkt oder indirekt die Überlegenheit des Einheimischen hervorkehrt und sich mit allerlei Spezialausdrücken in der Alltagssprache regelmäßig selber recht gibt. Von Zeit zu Zeit leistet man sich einen Korrektheitsschub. So geschehen, als wir uns vor Jahren zwangen, den Ausdruck Fremdarbeiter durch Gastarbeiter zu ersetzen. Dieser Schub setzte aber erst nach und nach ein und brauchte geraume Zeit, um in die Gehirne und den Sprachgebrauch der meisten einzudringen. Im großen und ganzen waren (und sind) die Zuwanderer aus Jugoslawien allerdings ziemlich unbeeindruckt davon, was die Repräsentanten des österreichischen Lebensstandards über sie denken und sagen. Sie kamen, bewährten sich auf ihren Arbeitsplätzen, erwiesen sich als leistungs- und integrationsfähig und leben in großer Zahl in zweiter und dritter Generation als »ganz normale« Österreicherinnen und Österreicher. Gegen die Infinitivkultur der Einheimischen – »Zu Magistrat du müssen auf Elterleinplatz gehen« – setzten sie sich oft mit weitaus besseren Kenntnissen der deutschen Grammatik zur Wehr.

Die Situation änderte sich, als nach dem Ausbruch des jugoslawischen Bürgerkriegs zu Beginn der neunziger Jahre ein Flüchtlingsstrom einsetzte. Österreich im allgemeinen, der Osten unseres Landes im besonderen und hier vor allem die Stadt Wien sahen sich recht abrupt vor vollkommen neue Herausforderungen der Betreuung und der Integration gestellt.

In seinem exzellenten Werk »Der Balkan« führt der britische Historiker Mark Mazower seine Leser in die gesellschaftlichen, politischen und religiösen Grundlagen einiger Jahrhunderte des Lebens auf der Balkanhalbinsel ein und stellt auch Bezüge zu den Mitteleuropäern her, die europapolitisch interessierte Menschen des 21. Jahrhunderts nicht ignorieren sollten. Mazower zitiert Eric Christiansen, der in den Kreuzzügen, den »Heiligen Kriegen des Mittelmeers«, im Grunde nur »eine traurige Verschwendung von Zeit, Geld und Leben« erblickt. »Obwohl es«, führt Mazower aus, »dem Christentum in zwei Jahrhunderten Kampf gegen die Sarazenen nicht gelang, Jerusalem wiederzugewinnen, verstärkten diese zweihundert Jahre im christlichen Europa doch im hohen Maße eine Tradition kriegerischer Intoleranz gegenüber Ketzern, Heiden und vor allem Muslimen. Während muslimische Staaten Nichtmuslime als Untertanen akzeptierten – Nichtmuslime hatten auf dem osmanischen Balkan stets die Mehrheit der Bevölkerung gebildet –, betrachteten christliche Staaten Muslime als Bedrohung und wiesen sie aus (und kontrollierten außerdem seit dem Mittelalter die Ansiedlung kleiner Gemeinschaften von Juden auf das strengste).« Von ebenfalls beachtlicher Relevanz waren die Spannungen zwischen dem griechisch-orthodoxen und dem römisch-katholischen Christentum. Spannungen, die, wie Mazower schreibt, mit der Eroberung des byzantinischen Konstantinopel durch die Kreuzfahrer 1204 feste Formen annahmen.

Im großen Osmanischen Reich bekannte sich das Herrschervolk zwar eindeutig zum Islam, entwickelte aber wenig missionarischen Eifer, Andersgläubige zu seiner Religion zu bekehren. Im osmanischen Europa blieb der größte Teil der Bevölkerung christlich. Außerdem – so Mazower – waren weder das Byzantinische noch das Osmanische Reich ethnisch gegründete Staatswesen. Jahrhundertelang hatten Konversion und Akkulturation Männern unterschiedlichster Herkunft den Weg zu einer Karriere in der Oberschicht gebahnt. In der Entstehungsgeschichte des Christentums in Südosteuropa fällt auf, daß bereits zu Beginn des zweiten Millenniums die slawische die griechische Sprache nach und nach verdrängte. Die Brüder Kyrillos und Methodios entwickelten ein Alphabet und eine Liturgie in Slawonisch und legten damit den Grundstein dafür, die bäuerliche Bevölkerung unter den Einfluß der Kirche zu bringen. Die orthodoxe Kirche opferte also die privilegierte Position der griechischen Sprache für die große Masse der Balkanvölker.»Viele Sprachen, eine Kirche« war die Losung innerhalb der byzantinischen Orthodoxie. Daraus ist das weitgehende Fehlen großer ethnischer Auseinandersetzungen über Jahrhunderte zu erklären.

Ich habe diesen – notwendigerweise kursorischen – Ausflug in die Vergangenheit unternommen, weil ich in der langjährigen Befassung mit »dem Balkan« auf unendlich viele Vorurteile, Ungerechtigkeiten und Überheblichkeiten in Österreich und westlich davon stieß und weil meine sorgfältige und – wie ich meine – besonnene Vorgangsweise von so manchem im Lande nicht verstanden oder als zu zögerlich kritisiert wurde. Es beruhigt mich freilich, an dieser Stelle anmerken zu können, daß die Zahl der Kritiker maßgeblich kleiner war als die Zahl der Staatsbürger, die sich bei mir bedankten, sie/uns nicht verantwortungslos in Abenteuer hineingetrieben zu haben, deren Ausgang verhängnisvoll hätte werden können.

Um in unsere Zeit überzuleiten, lasse ich noch einmal Mark Mazower zu Wort kommen: »Die politische Landkarte des modernen Balkans entstand im Verlauf des neunzehnten Jahrhunderts, das sich von der Französischen Revolution bis zum endgültigen Zusammenbruch des Osmanischen Reichs im Jahr 1923 erstreckte. Unabhängige, auf den Prinzipien der Nationalität gegründete Staaten ersetzten das fünfhundert Jahre alte Reich der selbst ernannten Nachfolger der Römer, ›Gottes Sklave und Sultan dieser Welt‹, des osmanischen Padischa. Der Sieg des Nationalismus war zum Teil den Bemühungen der Balkanvölker zuzuschreiben, die durch ihre Aufstände und ihren Widerstand dazu beigetragen hatten, die osmanische Herrschaft abzuschütteln. Aber ihre Bemühungen führten erst dann zum Ziel, als die europäischen Großmächte zu ihren Gunsten intervenierten. Der Erste Weltkrieg war der Höhepunkt dieser Verstrickung der Befreiungskämpfe auf dem Balkan mit dem europäischen Staatensystem.«

Nun argumentiere ich keineswegs, die osmanischen Herrscher hätten am Balkan bleiben sollen, und alles wäre gut und in Ordnung gewesen. Der britische Historiker zeigt allerdings auf, welche bleibende Schäden das von außen – zum Beispiel von Österreich-Ungarn und Rußland – hineingetragene nationalstaatliche Streben verursachte. Und er wendet sich zu Recht gegen das Stereotyp, die auf der Balkanhalbinsel lebenden Völker zeichne eine Art von überdurchschnittlicher kollektiver Grausamkeit aus: »Auf der Suche nach Beweisen für die Blutdürstigkeit des Balkans haben westliche Beobachter die von romantischen Nationalisten im neunzehnten Jahrhundert gesponnenen Mythen oft als ewige Wahrheit mißverstanden. Von Irland bis Polen träumten romantische Visionäre quer durch

Europa vom Wiedererwachen, von Opfern und Blut, das um der Zukunft der Nation willen vergossen wird.«

Auch wenn Typen wie Milošević, Karadžić, Mladić das nicht gerade nahelegen, erscheint mir die Frage dennoch berechtigt, ob in Auseinandersetzungen ausgelebte Grausamkeiten – von Tradition und Temperament abgesehen – ursächlich in der Mentalität eines Volkes zu finden sind oder nicht vielmehr in der Natur des Bürgerkriegs, die offensichtlich auch zu recht eigentümlichen Sichtweisen von außen führt. So kommentierte etwa die große Dame des deutschen Journalismus, Marion Dönhoff, die blutigen Auseinandersetzungen in Bosnien der frühen neunziger Jahre sinngemäß mit der Ansicht, wenn sie – die Streitparteien – zum Frieden nicht fähig seien, sollten sie sich doch gegenseitig die Schädel einschlagen. Eine nicht unähnliche Auffassung lernte ich bei Margaret Thatcher kennen. Im Lauf eines Gesprächs im Mai 1990 brachte ich meine Sorge über die Verschlechterung der Lage in Jugoslawien zum Ausdruck und erntete als Antwort: »You exaggerate so. We have lived with Ulster for so long, you will learn to live with it.«

Erfreulicherweise nicht. Die Republiken des ehemaligen Jugoslawien – abgesehen von Slowenien – haben zwar ihre politische Ordnung und die wirtschafts- und sozialpolitische Leistungskraft noch nicht soweit hergestellt, daß sie mit EU-Staaten vergleichbar wären, doch mit Hilfe der internationalen Gemeinschaft und unter ihrer Kontrolle konnte wenigstens der Wahnsinn der Gewalt beendet werden.

Die Einigungsfigur der Jugoslawen, Josip Broz Tito, war im Mai 1980 gestorben. Als Anführer der Partisanen-Widerstandsbewegung gegen die deutschen Truppen im Zweiten Weltkrieg genoß er Autorität im multiethnischen Staat, die er immer wieder durch Taktik und Rücksichtslosigkeit abzusichern verstand. Unter anderem wußte der Kroate Tito die Volksarmee auf seiner Seite zu halten, indem er hohen serbischen Offizieren eine privilegierte Stellung zugestand. Mit Moskau brach er schon im Jahr 1948; eine Mitgliedschaft Jugoslawiens im Warschauer

Pakt oder im Rat für gegenseitige Wirtschaftshilfe stand somit nicht zur Debatte. An der Allmacht der Kommunistischen Partei im Land änderte das jedoch nichts. 1961 trat Jugoslawien der Organisation der Blockfreien bei. Die offene Ablehnung der Bruderschaft mit dem Kreml und das Epitheton blockfrei nützten Jugoslawien im Westen, frei nach dem Motto: »kommunistisch, aber nicht so arg«.

Im Jahr 1979 nahmen die politischen und wirtschaftlichen Beziehungen zwischen Österreich und Jugoslawien für mich die Form konkreter Verantwortung an: Im November dieses Jahres traf Bundeskanzler Kreisky mit Ministerpräsident Veselin Djuranović in Klagenfurt zusammen und vereinbarte die gemeinsame Errichtung eines Tunnels durch die Karawanken, um eine wintersichere Hochleistungs-Straßenverbindung zwischen Kärnten und Slowenien und damit zwischen Mittel- und Westeuropa und Südosteuropa herzustellen. 1980 nahm Kreisky an den Begräbnisfeierlichkeiten für Tito in Belgrad teil, was einer offiziellen Visite gleichkam, und in den folgenden Jahren gab es noch mehrere Besuche österreichischer Regierungschefs und Minister in Jugolsawien und vice versa. Bei allen diesen Begegnungen war ich direkt oder indirekt mit vertreten, zunächst als Bankchef, dann als Finanzminister, schließlich als Bundeskanzler.

In meiner Eigenschaft als Generaldirektor der Österreichischen Länderbank reiste ich anläßlich der Jahresversammlung von Währungsfonds und Weltbank im Jahre 1979 in die jugoslawische Hauptstadt und nützte – wie bei solchen Versammlungen üblich – die Gelegenheit, um mit Spitzenvertretern der gastgebenden Geldinstitute zusammenzutreffen. Einer meiner Gesprächspartner, den ich in der Zentrale der Beogradska Banka aufsuchte, war der Generaldirektor des Instituts namens Slobodan Milošević, ein Mann, der später traurige Berühmtheit erlangen sollte.

Als Bundeskanzler hielt ich es für einen wichtigen Schwerpunkt der österreichischen Außenpolitik, die Kontaktdiplomatie meiner Vorgänger mit den Staaten Ost- und Südosteuropas fortzusetzen, wenn nicht zu intensivieren. Die Interessen der österreichischen Wirtschaft in diesem Raum waren enorm und mußten (außen-) politisch abgestützt werden. In den betreffenden Ländern herrschte bis 1989/90 die Planwirtschaft, und auch nach dem Umsturz saß das Denken in Kategorien der Staatswirtschaft noch recht tief. (Das eindrucksvollste Beispiel lieferte der russische Ministerpräsident Viktor Tschernomyrdin, mit dem ich im Rahmen seines mehrtägigen Österreich-Besuchs 1993 auf seinen Wunsch etliche zwischenstaatliche Handels- und Zahlungsabkommen abschloß. Aus keinem einzigen dieser Abkommen resultierte ein konkretes Geschäft. Von österreichischen Privatunternehmen in der gleichen Zeit ausgehandelte Lieferungen nach Rußland wurden hingegen finanziert und vertragsgerecht abgewickelt.)

Nachdem ich Regierungschef geworden war, stattete ich meinen ersten offiziellen Auslandsbesuch traditionsgemäß der Schweiz ab; der nächste, im Februar 1987, galt aber bereits Jugoslawien. Im Kurort Bled empfing mich Premierminister Branko Mikulić, Bosnier, ein in Jugoslawien und auch außerhalb sehr bekannter Mann, da er an der Spitze des Jugoslawischen Olympischen Komitees stand, als 1984 die Olympischen Winterspiele in Sarajevo abgehalten wurden. Im September 1988 kam er zu einem Gegenbesuch nach Österreich. In einem ausführlichen Gespräch in Dürnstein deutete der schon kränklich wirkende, vorsichtig argumentierende Mann Sorgen über die politische Zukunft Jugoslawiens an. Da er für sich selber keine großen Taten mehr anpeilte, hoffte er auf eine gute Hand seiner Nachfolger.

Die Pflege der Beziehungen zu anderen Ländern genießt bei vielen österreichischen Staatsbürgern keine besondere Bedeutung, es sei denn, es geht um Ein- oder Zuwanderung nach Österreich, insbesondere aus den Nachbarstaaten. Gibt man sich aber dennoch in friedlichen Zeiten mit Außen- und Außenwirtschaftspolitik ab, die mit den mittel- und südosteuropäischen

351

Nachbarn zu tun haben, dann interessieren in erster Linie Handels- und Verkehrsfragen: Vielleicht haben diese mit der Firma zu tun, in der man beschäftigt ist, oder mit Urlaubs- und Einkaufsreisen. Nicht selten werden Bemerkungen über die jahrhundertelange gemeinsame Geschichte eingeflochten, die bei den Nachbarn, je nach Temperament und Geschichtskenntnissen, allerdings auf geteilte Aufnahme stoßen.

Einige dieser Gedanken über die gemeinsame Geschichte beschäftigten mich nach dem Gespräch mit dem schwermütigen Mikulić zunächst sehr und rückten durch die Begegnung mit Ministerpräsident Ante Marković in Brdo im Juni 1989 erst recht in den Vordergrund. Zehn Jahre waren seit der Einigung Kreiskys mit Djuranović vergangen, den Karawankentunnel zu bauen; Marković und ich nahmen nun in feierlichem Rahmen am Durchstich teil. Bereits bei dieser Begegnung und noch eindringlicher bei einem inoffiziellen Treffen in Jennersdorf im März 1991 schilderte mir Marković seinen Kampf gegen eine unkoordinierte Auflösung der jugoslawischen Föderation. Bei unserer zweiten Zusammenkunft konnte der Regierungschef auch Gewaltanwendung der streitenden Völker nicht mehr ausschließen. Er sollte recht behalten. Lenins Satz »Der Marxismus ist unvereinbar mit dem Nationalismus« wurde in der real existierenden Welt der kommunistisch geführten Regime widerlegt. Die kommunistischen Machthaber verhielten sich gegenüber ethnischen Minderheiten nicht anders als ihre Vorgänger, und diese Minderheiten wurden immer kleiner. Im konkreten Fall Jugoslawien hatte Tito eine multinationale Regierung einer einzigen diktatorischen Partei etabliert. Seine Nachfolger konnten Titos aus der Partisanenzeit herrührende Autorität nicht annähernd ersetzen. Außerdem hatte er ihnen ein System der politischen Entscheidungsfindung und eine Organisation der Staatsführung hinterlassen, die den Keim der Auflösung von Anfang an in sich trug. Marković hatte also schon vom System her einen überaus schweren Stand. Seine Position wurde überdies dadurch geschwächt, daß er das Amt des Regierungschefs in einer Zeit bekleidete, in der in den Teilrepubliken die politische Grundstimmung in Richtung Selbständigkeit bereits eindeutig war. Hinzuzufügen ist, daß der Kroate Marković in Belgrad wenig Gewicht besaß und wegen seines Bemühens, Jugoslawien zusammenzuhalten, von »den Seinen« in Zagreb abgelehnt wurde.

Ein Schlüsselerlebnis hatte ich beim Treffen der Regierungschefs im Rahmen der Hexagonale (einer Plattform für regelmäßige Aussprachen über politische und wirtschaftspolitische Angelegenheiten, heute Zentraleuropäische Initiative, CEI) in Dubrovnik im Juli 1991. Am Vorabend der Konferenz wurden die Regierungschefs und die Außenminister vom Gastgeber Marković zu einem Essen eingeladen. Er hielt eine Begrüßungstischrede, in der er die jüngsten Entwicklungen in Jugoslawien kurz darlegte, seine eigenen Bemühungen unterstrich, seinen Staat in veränderter Form, aber geeint aufrechtzuerhalten, und ersuchte um internationale Unterstützung. Der Sinn seiner Tischrede war uns allen vollkommen klar, hatten doch wenige Wochen vorher Slowenien und Kroatien ihre Unabhängigkeitserklärungen abgegeben. Für die Teilnehmer völlig unerwartet und laut protokollarischer Planung nicht vorgesehen, erhob sich der anwesende Präsident Kroatiens, Franjo Tudjman, und gab ebenfalls eine Tischrede zum besten. Nicht Gäste Jugoslawiens seien wir, korrigierte er Marković, sondern Gäste Kroatiens. Schließlich befänden wir uns auf kroatischem Boden; im übrigen werde in anderen Teilen seines Landes gegen Kroatien Krieg geführt. Marković war desavouiert, die Gäste konnten ihr Betretensein nur schwer verbergen. Dieser Vorfall war für das Gesamtproblem Jugoslawien aus mehreren Gründen sehr bezeichnend: Sie ließ erkennen, wie gering der Stellenwert des Repräsentanten der Belgrader Zentralregierung geworden war, und zeigte gleichzeitig auf, daß bei etlichen Vertretern anderer Länder die Polarisierung zwischen Serben auf der einen, Slowenen und Kroaten auf der anderen Seite nicht ausreichend ernst- und wahrgenommen wurde.

Slobodan Milošević hatte sich bereits Mitte 1987 an die Spitze der serbischen KP gesetzt. Er war populär. Er nutzte den Verfall der Entscheidungs- und Handlungsfähigkeit der Bundesorgane geschickt aus, wodurch es ihm unter anderem gelang, die durch die Tito-Verfassung des Jahres 1974 verlorenen Kompetenzen in den beiden autonomen Gebieten Kosovo und Vojvodina für Serbien zurückzugewinnen. Slowenien und Kroatien hingegen verschrieben sich nicht einem zentralistischen Kurs wie Serbien, sondern trachteten, sich zu pluralistischen, westlichen Modellen hin zu entwickeln. Zwei unvereinbare Konzepte, deren Inkompatibilität durch die nationalistischen Einstellungen Miloševićs und Tudjmans noch verschärft wurde. Großserbien und Großkroatien waren die teils weniger, teils mehr zugegebenen, wenn nicht angepeilten Ziele. Letzten Endes führte das zu bewaffneten Auseinandersetzungen, die dann durch die Parteinahme der Jugoslawischen Volksarmee für die serbische Seite in die bekannten fürchterlichen Gemetzel ausarteten.

Die Kämpfe auf slowenischem Gebiet, die zum Teil auch unmittelbar an der österreichisch-jugoslawischen Grenze ausgetragen wurden, mußten selbstverständlich ein Handeln meiner Regierung auslösen. Das Bundesheer erhöhte seine Alarmbereitschaft, übte dabei aber Zurückhaltung. Außenminister Alois Mock und Innenminister Franz Löschnak drückten ihre Bestürzung über die Anwendung militärischer Gewalt aus und plädierten für friedliche Krisenbewältigung. Und schließlich verlangten wir von Jugoslawien eine Erklärung über die ungewöhnlichen militärischen Aktivitäten, was in der Folge den Anstoß zur Auslösung des Krisenmechanismus der KSZE gab. Die Kämpfe in Slowenien wurden durch das Abkommen von Brioni in kaum mehr als zehn Tagen beendet; das eigentlich schlimme Problem begannen nun die kriegerischen Auseinandersetzungen zwischen Kroaten und Serben zu werden.

Eine absurde Erfahrung machte ich, nachdem die kurze und relativ harmlose Slowenien-Krise beigelegt war: Ausgerechnet ich, der ich in all den Begegnungen mit Mikulić, Marković, Tudjman und anderen immer für das Ausschöpfen aller erdenklichen Mittel zur friedlichen Krisenbewältigung eingetreten war, bekam es mit einer jugoslawischen Demarche zu tun, in der man uns Einmischung, Unterstützung des Separatismus, Waffenlieferungen und Eintreten für ein Tätigwerden der UNO vorwarf. Selbstverständlich wurden diese Behauptungen zurückgewiesen. Dieser Selbstverständlichkeit ist allerdings eine bestimmte innerösterreichische Ambivalenz gegenüberzustellen, die vom unterschiedlichen Zugang von Außenminister Mock und mir herrührte. Wenn ich sagte, der Zerfall des alten Jugoslawien war nach dem Abtreten Titos nicht mehr aufzuhalten, dann war dies das Ergebnis meiner mehrjährigen Erfahrung im Umgang mit Balkanthemen. Für Mock war der Zerfall ein Wunsch, ein Ziel. Bewertete man die Greueltaten im kroatisch-serbischen Krieg und später im bosnischen Inferno, konnte man die Vorgangsweise der serbischen Befehls- und Machthaber nur verurteilen, und damit auch Milošević, der für alles Serbische die oberste und letzte Instanz war. Da es sich aber sehr bald herausstellte, daß die nichtserbische Seite, im wesentlichen also die Kroaten, später im Kosovo die Albaner, gegen serbische Minderheiten nicht weniger radikal und grausam vorging als die Serben im umgekehrten Fall, entschloß ich mich, mich der einseitigen Verurteilung und Verdammung zu enthalten, die generelle Einstellung des Wahnsinns zu verlangen und die politische Grundlinie der österreichischen Bundesregierung auch so zu definieren. Das war die Sprachregelung des Ministerrats. In individuellen Stellungnahmen als Parteichef – niemand unterschied aber den Obmann der Volkspartei vom österreichischen Außenminister – ging Mock einen anderen Weg. Sein einziger Ziel- und Angriffspunkt war Belgrad, für ihn Inbegriff des zu bekämpfenden Kommunismus. Diese Einstellung führte ihn immer näher an den wichtigsten Gegenspieler Belgrads heran, den kroatischen Präsidenten Franjo Tudjman, mit dem ihn ein enges Loyalitätsverhältnis verbinden sollte. Es störte den Kommunistenbekämpfer Mock dabei nicht, daß Tudjman früher selber hoher KP-Funktionär gewesen war.

Die verschiedenen Auffassungen von Alois Mock und mir, was die offizielle Anerkennung Sloweniens und Kroatiens betraf, fanden Widerhall im In- und Ausland. Mock und mit ihm die Volkspartei entwarfen eine seltsame These: Österreich sollte die beiden Länder im Alleingang staatlich anerkennen. Als eine Art Legitimation wurde unsere angeblich besondere Kenntnis der Verhältnisse auf der Balkanhalbinsel ins Treffen geführt – als wären andere Europäer vom Wissen über Geographie und politische Geschichte ausgeschlossen gewesen. Ohne Not bemühten einige wirkliche und so manche selbsternannte österreichische Balkankenner auch in diesem Zusammenhang wieder einmal die gemeinsame Geschichte. Die hätte auch gegen uns verwendet werden können.

Die österreichische Vorreiterrolle, wie die VP-Leute sie nannten, sollte zweierlei bewirken. Erstens sollten andere Staaten animiert werden, es uns gleichzutun; zweitens – es wurde noch verwegener – würde die Vorreiterrolle Österreichs und die Vorbildwirkung für andere europäische Regierungen den kriegerischen Auseinandersetzungen im zerfallenden Jugoslawien ein Ende bereiten. Es war für mich nicht schwierig, bei den Amtskollegen in Mittel- und Westeuropa auszuloten, wie beeindruckt sie von der österreichischen Vorreiterrolle sein würden. Erwartungsgemäß gar nicht. Selbst Helmut Kohl sagte mir, er wolle überhaupt nichts unternehmen, das nicht gemeinsame EG-Linie und gemeinsame EG-Vorgangsweise sei. Meine Gegenmeinung zur ÖVP war sehr einfach formuliert. Wenn jemand Vorreiter sein möchte, muß er Gewißheit haben, daß andere nachreiten. Wir hatten nicht nur keine Gewißheit, sondern kannten den klaren Willen der EG-Länder, also unserer künftigen Partner, nur gemeinsam vorzugehen, und das noch nicht zu dem frühen Zeitpunkt, in dem Mock seine Initiative setzen wollte. Es gab also absolut keine Veranlassung, uns außerhalb der Gemeinschaft zu stellen, der wir bald angehören wollten, zumal für den immer wieder als solchen apostrophierten »Europäer« Alois Mock.

Die Sitzung des österreichischen Nationalrats am 8. Juli 1991 wurde zu einer der wichtigsten meines politischen Lebens. Dies nicht nur wegen meiner Erklärung über die individuelle Schuld von Österreichern in der Zeit der nationalsozialistischen Gewaltherrschaft, sondern auch wegen meiner grundsätzlichen Stellungnahme zum Thema der vorauseilenden Anerkennung Sloweniens und Kroatiens. Außenminister Mock führte in dieser Sitzung aus:

»Zum einen entspräche eine Anerkennung dem demokratisch zum Ausdruck gebrachten Willen der Bevölkerung Kroatiens und Sloweniens. Zum anderen trüge ein solcher Schritt der realen Situation Rechnung. Gerade durch das Blutvergießen der letzten Monate und die dadurch neu aufgerissenen Gräben zwischen den Völkern Jugoslawiens hat der Prozeß der Desintegration des Landes eine solche Dynamik erreicht, daß er nicht mehr aufgehalten werden kann. Niemand nimmt heute mehr an, daß Jugoslawien in seiner derzeitigen oder einer ähnlichen Form aufrechterhalten werden kann. Das künftige Verhältnis zwischen den Völkern Jugoslawiens muß auf der Verwirklichung ihres Selbstbestimmungsrechts aufbauen. Je früher die internationale Gemeinschaft diesen Realitäten Rechnung trägt, desto eher kann dieser Prozeß beginnen. Weiters stellt die Anerkennung einen Hebel zur stärkeren Internationalisierung der Krise dar. Der Konflikt zwischen den Völkern Jugoslawiens kann nicht mehr als innerstaatliche Angelegenheit qualifiziert werden. Damit wären günstigere Voraussetzungen für die direkte Einschaltung weiterer internationaler Mechanismen des Krisenmanagements geschaffen.«

Ich ergriff daraufhin das Wort und sagte:

»Ich verkenne durchaus nicht die in erster Linie psychologische Wirkung, die eine solche Maßnahme für die Slowenen haben würde. Wir müssen uns aber auch darüber im klaren sein, daß wir es nach einem Anerkennungsschritt dann nicht mehr mit einer inneren Auseinandersetzung in Jugoslawien, sondern mit einem Konflikt zwischen zwei Staaten zu tun hätten, in dem Österreich als neutraler Staat zur striktesten Anwendung des Neutralitätsrechts und der Neutralitätspolitik verhalten wäre. Unser Handlungsspielraum wäre jedenfalls im Hinblick auf unsere Vermittlungsrolle ernsthaft zu bedenken, damit hier keine Unklarheiten oder Illusionen im Raum stehen bleiben. Man muß sich auch darüber im klaren sein, daß mit der Anerkennung durch Österreich allein weder die inneren Probleme noch die internationalen Probleme gelöst wären. (...) Wichtig ist es, eine politische Lösung zu finden, soweit als nur irgendwie möglich in einem europäischen Konsens zu agieren und damit die notwendigen Schritte zu erleichtern.«

Die Reaktionen in der Öffentlichkeit waren unterschiedlich. Die ÖVP-Kader gaben selbstverständlich mehrheitlich Mock recht, die sozialdemokratisch orientierten Leute mir und die »Weder/Noch«-Bürger mehrheitlich ebenfalls mir. Die Meinungen in den Medien fielen unterschiedlich aus. Kollegen aus dem Nationalrat berichteten mir, in manchen Bezirken gefielen sich da und dort Leute in ausgelassener Stimmung darin, den dümmlichen Kampfruf aus unseliger Weltkriegszeit »Serbien muß sterbien« zu skandieren. Briefe des Inhalts, an meinen Fingern klebe das Blut kroatischer Kinder, waren in meinem Briefkasten zwar nicht häufig, gelegentlich aber doch zu finden.

Wie komplex die Thematik war, kam deutlich auch darin zum Ausdruck, daß die Europäische Gemeinschaft praktisch die ganze zweite Jahreshälfte 1991 brauchte, um sich zu einer von allen zwölf Mitgliedern gemeinsam getragenen Anerkennung Sloweniens und Kroatiens aufzuraffen. Als es sich schon abzeichnete, daß die Entscheidung fallen werde, meldete sich Ende November die international wahrlich gewichtigste Einheit, nämlich die Konferenz der österreichischen Landeshauptmänner, mit einer Entschließung zu Wort, in der sie die sofortige (!) Anerkennung der beiden Länder forderte. In letzter Minute also, um den vor der Abfahrt stehenden Zug nicht zu verpassen.

Knapp vor Weihnachten einigten sich die Europäische Gemeinschaft und ihre Mitgliedstaaten, die Unabhängigkeit aller jener jugoslawischen Republiken anzuerkennen, welche die weltpolitisch gefragten Kriterien erfüllten: Anerkennung der Charta der Vereinten Nationen, der KSZE-Prinzipien einschließlich Menschenrechte, Minderheitenschutz, Unverletzlichkeit der Grenzen und der sonstigen Regeln der politischen Zivilisation. Die Gemeinschaft gab bekannt, diese Entscheidung per Mitte Jänner 1992 umsetzen zu wollen. Nun konnte ich in der Bundesregierung grünes Licht dafür geben, diesen europäischen Schritt zeitgleich mit den anderen zu setzen, wie ich es von Anfang an für richtig gehalten hatte. Nachdem die Staatengemeinschaft die Anerkennung vollzogen hatte, flauten die Kämpfe zwischen Kroatien und Serbien ab und kamen schon in den ersten Wochen des Jahres 1992 ganz zum Stillstand.

Nur die breite Anerkennung bewirkte diesen Vorgang; der »Vorreiter« Österreich allein hätte dieses Ergebnis nicht zuwege gebracht. Hans Dietrich Genscher, der deutsche Außenminister und Vizekanzler, erzählte mir Jahre danach recht farbig, daß er in der deutschen Innenpolitik analoge Angriffe abzuwehren hatte wie ich in Österreich. Auch er war von der deutschen Opposition, maßgeblich also von den Sozialdemokraten, immer wieder aufgefordert worden, Slowenien und Kroatien anzuerkennen, ohne auf die anderen EG-Staaten zu warten. Er blieb aber – wie ich – bei seiner und Kanzler Kohls Linie der Gemeinsamkeit. Diese und nicht zuletzt die im Endeffekt von allen getragene materielle Unterstützung ermöglichten dann die Einstellung der Kämpfe. Es gehört also zu den bunten Facetten der Politik, daß CDU/FDP und SPÖ in der Sache einig waren und SPD/Grüne und ÖVP gegenteiliger Meinung. Man könnte argumentieren, es hänge eben davon ab, ob eine Partei Regierungsverantwortung wahrnehme oder in Opposition sei, doch dem widerspricht das Verhalten der Österreichischen Volkspartei. Ist es zu erklären? Wenn überhaupt, dann nur daraus, daß politischer Eifer sich seine eigene Spezies von Logik schafft.

Nach dem Waffenstillstand bewegte sich Tudjman immer mehr nach rechts und mißachtete da und dort eindeutig die Regeln der Demokratie. Den eklatantesten Verstoß gegen den demokratischen Rechtsstaat leistete er sich im Jahr 1995, als er den Amtsantritt des frei gewählten Bürgermeisters der Hauptstadt Zagreb verhinderte, der als Gegenkandidat zu dem von Tudjmans HDZ nominierten Mandatar angetreten und aus der Wahl als Sieger hervorgegangen war. Nicht nur demokratiepolitisch, auch im Erscheinungsbild seiner Amtsführung glich Tudjman eher einem Illustrierten-Potentaten, ohne harmlos zu sein. Phantasievolle weiße Uniform, Großraumflugzeug für alle Zwecke und Empfänglichkeit für finanzielle Großzügigkeiten paßten ins Bild. Im Nationalismus stand Tudjman Milošević in nichts nach. Im übrigen ist die Ansicht mancher bis heute weder dementiert noch widerlegt, daß Tudjman und Milošević die Aufteilung Bosnien-Herzegowinas zwischen Kroatien und Serbien abgemacht hätten.

Ich warnte Mock und machte ihn darauf aufmerksam, in der Wahl seiner politischen Präferenzen doch vorsichtiger zu sein, wenn es sich um einen Mann wie Tudjman handle, zu dem das westliche Europa wegen seiner demokratiepolitisch bedenklichen Bilanz auf Abstand bedacht sei. Es nützte nichts, Mock war auf dem Tudjman-Trip und nahm eines Tages von ihm sogar eine hohe kroatische Auszeichnung an. Seine Präferenz für das Tudjman-Regime führte zu kritischen Medienkommentaren, Österreich verfolge zwei verschiedene Außenpolitiken. Leicht vorstellbar, daß die SPÖ-Politiker in Regierung und Nationalrat die extravaganten Äußerungen und Verhaltensweisen des Außenministers ebenso höchst befremdet vermerkten wie zahlreiche befreundete Politiker und Kommentatoren aus westlichen Nachbarländern. Und leicht vorstellbar, daß ich dank Mock wieder einmal besondere Anstrengungen unternehmen mußte, um den Koalitionsfrieden zu erhalten.

Die Tudjman nachfolgende Politikergeneration Kroatiens ist sich des Rufs ihres Landes in Europa sehr bewußt und unter-

nimmt engagierte Bemühungen, ein rechtsnationales Erscheinungsbild zu vermeiden und sich demokratisch und gesellschaftlich offen zu präsentieren. Politisch und diplomatisch sehr
geschickt und sympathisch formulierte das der kroatische
Außenminister Tonio Picula in einem Gespräch mit der österreichischen Zeitung *Die Presse* anläßlich eines Besuchs in Wien
im Februar 2003. Es ging um einen zukünftigen Eintritt Kroatiens in die Europäische Union, wozu Picula meinte: »Wir sind
uns bewußt, daß die Aufnahme zehn neuer Mitglieder für die
EU eine Riesenaufgabe ist. Wir gehen aber davon aus, daß die
Tür für weitere Bewerber offenbleibt. Kein Land der jetzigen
Beitrittskandidaten ist auf eine so mühevolle Weise dazu-
gekommen wie Kroatien. Keines von ihnen hatte Krieg auf
dem eigenen Territorium, Flüchtlingskrisen und mußte ein so
schwieriges Verhältnis zum UN-Tribunal in Den Haag bewältigen. Kroatien hat es geschafft, mit Gewichten an den Füßen
voran zu laufen.« Tatsächlich waren es Tudjman und Milošević,
die zwei nationalistischen, machtbesessenen Betonköpfe, die
ihren Ländern herkulische Lasten hinterlassen haben. Manche
werden an dieser Stelle argumentieren, die beiden dürften nicht
auf dieselbe Stufe gestellt werden. Das mag schon so sein. Mir
geht es gar nicht um Gleichstellung in der Schuld, sehr wohl
aber darum, daß sich keiner der beiden oder ihre Anhänger
hinter der Behauptung verstecken dürfen, bloß ihre Pflicht getan
zu haben. Im übrigen legen die Vertreter der HDZ, der Partei
Tudjmans, nach ihrem Wahlsieg 2003 Wert auf Distanz zum
ausgeprägt nationalistischen Kurs des ehemaligen Präsidenten.

Die Republik Bosnien-Herzegowina galt in ihrer ethnischen
Zusammensetzung und den daraus resultierenden Spannungen
als eine konzentrierte, kleinere Ausgabe Gesamtjugoslawiens.
Analog zu Slowenien und Kroatien hielt man auch hier, und
zwar Anfang 1992, eine Volksabstimmung über die Unabhängigkeit ab. 99 Prozent der abgegebenen Stimmen votierten
pro Selbständigkeit; allerdings gingen nur 63 Prozent der Wahl-
berechtigten zu den Urnen, was auf einen Wahlboykott des ser-

bischen Bevölkerungsteils zurückzuführen war. Obwohl der Großteil der Jugoslawien- und fast alle Bosnien-Kenner die Auffassung vertraten, die offizielle Anerkennung Bosnien-Herzegowinas würde zu einer neuen Welle der gefährlichsten bewaffneten Auseinandersetzungen führen, erfolgte sie doch. Genscher sagte mir, im wesentlichen auf Betreiben der USA. Wie auch immer, am 6. April 1992 anerkannten die Staaten der Europäischen Gemeinschaft Bosnien-Herzegowina, Österreich folgte am 7. April. Ein Beiseitestehen hätte die künftigen Partner befremdet und außerdem an den folgenden Entwicklungen kaum etwas geändert. Dies an die Adresse derer, die immer wieder eine Spezialrolle Österreichs in Balkanfragen reklamierten und sogar selber daran glaubten.

Die Bosnien-Katastrophe wurde zwangsläufig zu einem Dauerthema für die gesamte Bundesregierung. Die tägliche Berichterstattung des österreichischen Fernsehens und der Printmedien über die Kampfhandlungen und die unvorstellbaren Gewaltexzesse gegenüber der Zivilbevölkerung ließen immer wieder die Frage aufkommen, was unser Land zur Befriedung Bosniens unternehme. Und das war im Rahmen unserer Möglichkeiten gar nicht wenig. Außenminister Mock entfaltete eine rege Tätigkeit im Rahmen der KSZE, der UNO und der Zentraleuropäischen Initiative. Weil sowohl die jugoslawische Volksarmee wie auch die kroatische Armee massiv in die Kampfhandlungen eingriffen, oder deutlicher ausgedrückt, einen Krieg auf dem Boden Bosniens austrugen, um sich das Land aufzuteilen, wurden die bewaffneten Auseinandersetzungen von Tag zu Tag intensiver und verliehen der Krise internationale Dimension. Die österreichische Bundesregierung verlangte nach dem Ausbruch der Kämpfe um die Hauptstadt Sarajevo im April 1992 Konsultationen des Sicherheitsrats der Vereinten Nationen, die auch stattfanden, und löste gemeinsam mit Ungarn den politischen Krisenmechanismus der KSZE aus. Hinter den endlosen Debatten, Analysen, Expertisen und anderen Meinungsäußerungen tauchte immer wieder die Frage auf, ob es sinnvoll gewesen war, Bosnien-Herzegowina anzuerkennen. Freilich zu spät. Wir waren mittlerweile im April 1992, serbische Verbände rückten vor, und es ging darum, ob der neue Staat und seine muslimische Bevölkerung überhaupt überleben würden. Außenminister Mock schlug in einem Schreiben an den Vorsitzenden des Sicherheitsrats die dringende Einrichtung von Sicherheitszonen vor, in denen die Zivilbevölkerung ungeachtet ihrer ethnischen Zugehörigkeit Zuflucht finden sollte. Die hartnäckigen Aktivitäten Österreichs und die nimmermüden Vorstöße Mocks bei den internationalen Organisationen trugen insofern Früchte, als die dringende Notwendigkeit von Hilfsmaßnahmen in ein breiteres Bewußtsein gerückt wurde. Das alles führte zu großangelegten humanitären Aktionen.

Die Institutionen der internationalen Gemeinschaft verhielten sich zögerlich und schwerfällig. Schritt für Schritt, gemessen am Leid und der Hilfsbedürftigkeit der Gemarterten aber viel zu langsam, kam die friedensschaffende Maschinerie in Bewegung. Es entstand die United Nations Protection Force (UNPROFOR). Im Mai 1992 verlangte der Sicherheitsrat der Vereinten Nationen das Ende jeder Einmischung in Bosnien-Herzegowina von außen, den Rückzug der jugoslawischen Volksarmee und der kroatischen Armee sowie die Auflösung und Entwaffnung aller irregulären Verbände. Die serbische Seite kam diesem Verbot nicht nach, worauf der Sicherheitsrat ein umfassendes Paket von Sanktionen gegen Serbien und Montenegro verhängte.

Trotz aller Friedens- und Vermittlungsinitiativen wütete das Duo Karadžić und Mladić gegen alles Nichtserbische in Bosnien-Herzegowina weiter. Radovan Karadžić war Präsident der durch Teilung errichteten serbisch-bosnischen Republik (Republika Srpska) und Vorsitzender der Serbischen Demokratischen Partei, Ratko Mladić Kommandant der bosnisch-serbischen Armee. Nach einem besonders brutalen Angriff der serbischen Streitkräfte auf moslemische Zivilisten und dem Massenmord in der Stadt Srebrenica wandte ich mich mit einem persönlichen Schreiben an Karadžić, den Präsidenten und Arzt, sich angesichts des Todes mehrerer tausend Menschen einem Dialog zu stellen. Meine Appelle blieben wie die so vieler anderer erwartungsgemäß ohne Reaktion. Das Morden, Vergewaltigen, Brandschatzen und Vertreiben dauerte bis 1995. Im November dieses Jahres paraphierten die Präsidenten Bosnien-Herzegowinas, Kroatiens und Serbiens nach unzähligen internationalen Interventionen und langwierigen Verhandlungen in Dayton im amerikanischen Bundesstaat Ohio einen Friedensvertrag für Bosnien-Herzegowina.

Im August 1998 – ich hatte mein Amt bereits neunzehn Monate vorher niedergelegt – lud mich der Vorstandsvorsitzende der Volkswagen AG, Ferdinand Piëch, ein, an der feierlichen Eröffnung des neuen Skoda-Werks – Skoda gehört zum VW-Konzern – in Sarajevo teilzunehmen. Ich fand die bosnische Hauptstadt in einem vielgesichtigen Zustand vor. Das Bild der Stadt war ein Mixtum compositum aus der Tragik zerschossener Häuser und einem oft ins Grotesk-Traurige gehenden »Weiterleben in Ruinen«. Kaum eine Ecke, an der keine Soldaten der internationalen Friedenstruppen im Schatten ihrer armierten Lkw oder ihrer Panzer standen, Franzosen, Spanier, Italiener. Der österreichische Botschafter in Bosnien-Herzegowina, Valentin Inzko, stapfte tapfer mit mir, dem unbegrenzt Schau- und Wißbegierigen, durch die alte und schicksalsträchtige Stadt. Immer wieder wollte ich Antworten auf meine stets wiederholte Frage haben: »Was geschieht, wenn diese Soldaten morgen abziehen?« Immer die gleiche Antwort: »Dann geht es übermorgen wieder los.« Im übrigen: »Glauben Sie nicht, daß Sarajevo Bosnien ist. Keine fünfzehn Kilometer von hier, und Sie sehen eine andere Welt. Armselig, zurückgeblieben, hinterwäldlerisch.«

Szenenwechsel. Ein Kaffeehaus mit vielen Tischen im Freien. Musik, die ich von Ö3 kenne. Jeansmode dominierend. Frisuren und Aufmachung der Jugendlichen? Nicht anders als in Wien. Lachen, Scherzen, Fröhlichkeit. Ist das die gedankenlose, glückliche Unbekümmertheit der Jugend selbst nach schwierigster Zeit oder die ganz normale erste Etappe eines Wegs in die Zukunft? Ich neige zur zweiten Alternative, weil ich das auch hoffe. Der Beamte des Außenamts Wolfgang Petritsch, Hoher Repräsentant der EU für Bosnien-Herzegowina in den Jahren 1999 bis 2002, hatte Gelegenheit, den Weg in die Zukunft nicht nur zu beobachten, sondern auch mitzugestalten.

Alois Mock konnte Dayton nicht mehr als amtierender österreichischer Außenminister miterleben; sein Nachfolger Schüssel hatte ihn im Mai 1995 abgelöst. Auch wenn ich mir gelegentlich dachte, für meinen Außenminister Mock scheine die Welt nur mehr auf der Balkanhalbinsel zu liegen, auch wenn er fast jedes Thema vorwiegend der Logik der Kommunismusbekämpfung unterordnete, haben viele seiner Initiativen, vor allem auf der Ebene der internationalen Organisationen, dazu beigetragen, friedensschaffende und humanitäre Aktionen herbeizuführen.

Wer nach der Friedensvereinbarung von Dayton glaubte, die politischen, moralischen und menschlichen Verwerfungen auf der Balkanhalbinsel seien nun zu Ende, wurde nur wenig später eines anderen, eines Schlechteren belehrt. Der Problemfall Kosovo mußte einer anscheinend unentrinnbaren Logik zufolge ebenfalls mit Mord, Gewalt und Vertreibung »abgehandelt« werden. Sollte Winston Churchill mit seiner nicht unzynischen Bemerkung wirklich recht behalten: »The problem with the Balkans is that they have always produced more history than they can consume«? Oder ist eine andere Erkenntnis nicht zu übergehen? Trotz Charta der Vereinten Nationen, trotz Deklaration der Menschenrechte, trotz erfolgreichem Ergebnis des Helsinki-Prozesses sind Menschenrechte und Menschenleben nicht zu schützen, wenn anrüchige Charaktere wie Milošević, Tudjman, Karadžić, Mladić zu lange Zeit freie Hand haben.

Die Antwort, zu der ich gelangt bin, ist nicht sensationell, leider aber sehr real. Kein internationales Vertragswerk, keine multi- oder transnationale Organisation kann aus sich heraus stärker sein als der gemeinsame politische Wille der Staaten, die diese Organisationen tragen. Wenn es ein Versagen gibt, dann versagen nicht die Vereinten Nationen, der Währungsfonds oder die OSZE, sondern es versagen ihre Mitglieder, die auf dem Boden der gemeinsam beschlossenen Regeln nicht zu gemeinsamem Handeln finden können oder wollen. Warum sollten sie nicht wollen? Weil sie meinen, Absichten, Interessen und innenpolitische Tabus gingen einer übergreifenden Gemeinsamkeit vor. Das ist ein trister, allerdings leider zutreffender Befund.

Viele, allzu viele Themen gibt es, bei denen der regionale, der nationale Zungenschlag bemüht wird, weil er einfach »besser ankommt« als die Sprache der Integration, der Notwendigkeiten. Rechnet man diese Problematik von der Europa- auf die Weltebene hoch, verdichtet, verschärft sie sich. Die »Players« haben eben an mehreren Plätzen des Globus recht partikulare und daher zu anderen in Widerspruch stehende Interessen. Muß man das einfach zur Kenntnis nehmen oder zwingen nicht Engagement und über Tag und Grenzen hinweggehende Verantwortung zumindest dazu, seinen Mund aufzumachen?

Die »alte Heimat« tritt wieder ins Zentrum

Nach der Fusion von Zentralsparkasse-Commerzialbank AG und Österreichischer Länderbank im Jahr 1991 zur Bank Austria und der Verabschiedung einschlägiger Gesetze, um den Sparkassensektor für moderne Kooperations- und Beteiligungsformen zu öffnen, war die Privatisierung der Creditanstalt die große strukturpolitische und selbstverständlich auch politische Aufgabe in der österreichischen Kreditwirtschaft. Das Haus am Wiener Schottentor war immer das größte und bedeutendste österreichische Geldinstitut gewesen, mit einer langen Geschichte von Meriten. Zu Beginn der dreißiger Jahre des 20. Jahrhunderts schrieb es allerdings auch dramatische Wirtschafts- und Finanzgeschichte: Die damals eingetretene Zahlungsunfähigkeit galt gemeinhin als Auslöserin der Weltwirtschaftskrise; wahrscheinlich zuviel an »Reputation«. 1934 wurde die Creditanstalt mit dem Wiener Bankverein fusioniert und aufwendig saniert. Nach dem »Anschluß« verlor die Creditanstalt-Bankverein ihren selbständigen Status und wurde im Jahr 1942 zu einer Tochtergesellschaft der Deutschen Bank.

Gemäß der im Nachkriegsösterreich besonders strikt eingehaltenen politischen Farbenlehre wurden die Creditanstalt der ÖVP, die Österreichische Länderbank der SPÖ zugeordnet. Das bedeutete, daß der Aufsichtsratsvorsitzende und der Vorstandsvorsitzende im einen Institut von der ÖVP, im anderen von der SPÖ nominiert wurden. Als Folge solcher Konstellationen ergab es sich mehr oder weniger von selber, daß sich die politische Einfärbung des mittleren Managements und des Personals ähnlich orientierte. Dafür sorgte schon die Aufnahme-

und Personalpolitik in den beiden Instituten. In der Creditanstalt war man hier wesentlich konsequenter als in der Länderbank.

Entpolitisierung hin oder her, kaum jemand wird dagegen sein, es sei denn, sie wird konkret. Solche Prozesse entwickeln sich nur sehr langsam. Als die Privatisierung der Creditanstalt Konturen anzunehmen begann, war es dem Koalitionspartner ÖVP ein großes Anliegen, daß die Bank im bürgerlichen Lager bleibe. Vizekanzler Busek deponierte mehrere Male bei mir, wie sehr seine Partei die Durchsetzung dieses Anliegens von ihm erwarte.

Mir war die gesellschafts- und eigentumsrechtliche Neuordnung des Hauses am Schottentor kein Fraktionsanliegen. Mit der Zusammenführung von Zentralsparkasse und Österreichischer Länderbank zur Bank Austria war ein Großinstitut geschaffen worden, das man der sozialdemokratischen »Reichshälfte« zurechnete. Ein konservativ punzierter Interessent für die Mehrheit an der Creditanstalt war jedoch nicht in Sicht. Finanzminister Lacina, ressortverantwortlich für den Verkauf von Aktien der Creditanstalt, und ich waren uns einig, daß der Verkaufspreis allen Regeln der Bewertung und der Plausibilität Genüge tun müsse. Sonst gab es keine anderen Präferenzen als jene, den strukturpolitischen und strukturerneuernden Erfordernissen für die österreichische Kreditwirtschaft Rechnung zu tragen. Im Jahr 1991, also dem Jahr, in dem der Privatisierungsprozeß der Creditanstalt eingeleitet wurde, sagten uns alle Analysen, Österreich sei mit Bankstellen überreichlich ausgestattet, die Höhe der daraus resultierenden Kosten nicht vertretbar; die Gewinnmargen der österreichischen Geldinstitute seien zu gering, um damit eine annähernd ausreichende Risikoprämie zu verdienen.

Ferdinand Lacina stellte von allem Anfang an klar, alle Angebote für den Kauf der CA-Aktien im Staatsbesitz müßten jeder Bewertung und selbstverständlich auch der parlamentarischen Kontrolle standhalten. Diese Kriterien werden jedermann einleuchten. Es war aber trotzdem richtig, ausdrücklich auf ihrer Einhaltung zu bestehen, weil aus der sogenannten bürgerlichen Ecke des innenpolitischen Spektrums Töne zu hören waren, man möge beim Verkaufspreis nicht nur die betriebswirtschaftliche Bewertung, sondern auch die politische Balance berücksichtigen. Hätte sich Lacina auf so etwas eingelassen, wären nicht nur er, sondern die gesamte Bundesregierung in erhebliche Schwierigkeiten geraten.

Das Verhalten einiger Wortmelder aus der ÖVP zur Privatisierung der Creditanstalt war eine Kombination aus Peinlichkeiten und verständnislosem Umgang mit dem Aktienrecht. Ich hatte anläßlich einer Tagung in Baden bei Wien den Präsidenten des Verwaltungsrats der Schweizerischen Kreditanstalt, Rainer Gut, über unsere Privatisierungsabsichten informiert und offensichtlich auch interessiert. Als Gut einige Zeit später Wien besuchte, um über dieses Thema Sondierungsgespräche zu führen, bekam er von Vizekanzler Busek und der Präsidentin der Oesterreichischen Nationalbank, Schaumayer, zu hören, er und seine Bank seien in Österreich nicht willkommen. Dies nicht aufgrund einer bankwirtschaftlichen Analyse, sondern aus dem (ÖVP-) Bauch heraus. Einige österreichische Unternehmervertreter unter der Führung des Präsidenten der Bundeswirtschaftskammer, Maderthaner, sprachen bei mir vor und meinten, sie hielten nichts von einem Mehrheitsaktionär Schweizerische Kreditanstalt, sondern sie plädierten für die »Unabhängigkeit« der Bank, deren Kunden sie seien. Auf meine Anmerkung, die Aktiengesellschaft ohne Aktionäre sei noch nicht erfunden und daher jeder Vorstand von den Beschlüssen der Hauptversammlung, also der Aktionäre, im weitesten Sinn des Wortes »abhängig«, kam eine Andeutung, man wolle gemeinsam mit anderen selber einsteigen. Nach dem Motto: Österreichische Industrielle kaufen ihre Bank. In der Folge allerdings war von dieser Gruppe nichts mehr zu hören.

Nachdem sich die Schweizerische Kreditanstalt mehr als befremdet zurückgezogen hatte, gab es im großen und ganzen noch drei wesentliche Anläufe: durch die Gruppe Erste Allgemeine Generali, durch die Erste Bank und durch den Vorstandsvorsitzenden der Creditanstalt, Schmidt-Chiari, der für den Börsengang der von der Republik gehaltenen CA-Aktien eintrat. Ein Vorstoß der österreichischen Raiffeisenorganisation überlebte nur wenige Tage; er wurde ÖVP-intern sehr rasch zu seinem Ende gebracht. Die Angelegenheit hatte sich längst zu einer unendlichen Geschichte entwickelt und beschäftigte die Politik, das Institut und die Öffentlichkeit sechs Jahre hindurch. Im September 1995 erschien im *Wallstreet Journal* ein bissiger Artikel: »Wie man eine Bank nicht privatisiert«. Er war zwar von einer in der Sache ahnungslosen Journalistin geschrieben, erzielte aber trotzdem beachtliche negative Wirkung. Es spießte sich immer wieder an der Unzulänglichkeit der Angebote beziehungsweise an den nur sehr vagen Aussichten, zum gewünschten Erfolg zu gelangen. Dies betrifft insbesondere den ins Gespräch gebrachten Börsengang. Das eigentliche zentrale Hindernis für eine Lösung kristallisierte sich in einem einzigen Faktum: Kein den österreichischen Konservativen nahestehender Interessent hatte genug Geld, der Republik die CA abzukaufen. Die Idee, einen Kaufpreis unter dem Wert zu bezahlen und das politisch zu vereinbaren, mußte im Fach »unseriös« abgelegt werden. In der letzten Phase vermittelte auch der Vorstand der Erste Bank, namentlich Konrad Fuchs und Wolfgang Ulrich, nicht gerade brennenden Ehrgeiz, das ihm von seiner Partei auf die Schultern gelegte Projekt weiterzuverfolgen.

An einem Sommertag traf ich mich mit dem Vorstandsvorsitzenden der Bank Austria, Gerhard Randa, zum Mittagessen im Gasthaus Trabitsch in Schwechat. Unvermittelt sagte er: »Was hältst du davon, wenn die Bank Austria bei der Creditanstalt einsteigt?« Ich machte ihn auf die politische Brisanz eines solchen Schritts aufmerksam und darauf, daß selbstverständlich auch ein Offert der Bank Austria sorgfältig geprüft würde. Wir verordneten uns eine ausführliche Nachdenkphase. Ungefähr ein Jahr später hatte das Hin und Her über ein »bürgerliches«

Offert immer noch kein Ende genommen und mir war klar, daß man nun ernstlich Alternativen erwägen müsse, um Schaden von der Bank und Reputationsverlust von der Bundesregierung abzuwenden. Das mußte zwar zu Spannungen mit dem Koalitionspartner führen, im Interesse der Sache aber in Kauf genommen werden. Die Nachdenkphase war abgelaufen, Randa erneuerte sein Interesse. Ich verwies ihn an den Finanzminister. Es war Viktor Klima, also nach Lacina und Staribacher schon der dritte Ressortchef in der Himmelpfortgasse, der mit der Angelegenheit befaßt war und seine Überlegungen wie seine Vorgänger auf ein internationales Bewertungsgutachten stützte. An der VP-Spitze war Busek mittlerweile Schüssel gewichen. Klima nahm sich der Aufgabe mit viel Elan an, verfolgte dabei eine kluge Medienpolitik, so daß aus dem Blätterwald nur wenig Gegenwind wehte, und brachte die Sache zur Entscheidungsreife. Und die Entscheidung fiel ganz im Sinn der Vorbereitung.

VP-Obmann Schüssel konnte damit alles andere als Freude haben, bedeutete das doch nichts anderes als: In der Amtszeit des VP-Obmanns Wolfgang Schüssel geht die schwarze Ikone Creditanstalt in die Hände der roten Bank Austria.

Nachdem Klima alle vorbereitenden Verhandlungen erledigt hatte, verlangte Schüssel noch ein Gespräch mit mir. Zu nächtlicher Stunde fand er sich mit seinen Beratern in meinen Amtsräumen im Bundeskanzleramt ein. Finanzminister Klima erstattete Bericht. Die Stimmung in dieser Jännernacht 1997 war angespannt. Schüssel wußte, daß es mangels auch nur einer einzigen österreichischen Alternative keinen anderen Weg gab, als die CA-Aktien der Republik an die Bank Austria zu verkaufen. Er versuchte noch, durch eine Reihe von Zusatzvereinbarungen den Aufprall abzufedern. Da diese Forderungen auch einige von der Bank Austria zu übernehmende Verpflichtungen enthielten, wurde Generaldirektor Randa ad hoc in die nächtliche Sitzung eingeladen. Das beschleunigte nicht nur den Abschluß der Verhandlungen, sondern gab dem nüchternen Arbeitsgespräch auch eine feierlich-beschwingte Note: Randa kam direkt vom Ball der Bank Austria und tauchte daher im Smoking auf. Als er sich weit nach Mitternacht zum Ball zurückbegab, konnte er den dort tanzenden und feiernden Mitarbeitern die frohe Botschaft direkt überbringen.

Pietät

Im Jänner 1988 verließ Rudolf Scholten mein Kabinett. Er hatte von Unterrichtsministerin Hilde Hawlicek das Angebot bekommen, dem Bundestheaterverband als Generalsekretär vorzustehen und damit Robert Jungbluth nachzufolgen, der auf eigenen Wunsch als Kaufmännischer Direktor in das Theater in der Josefstadt wechselte. Ich riet ihm, das Angebot anzunehmen. Scholten war in meiner unmittelbaren Umgebung für Finanzpolitik und öffentliche Wirtschaft zuständig gewesen und hatte die ihm ebenfalls aufgetragene Mitarbeit und Beratung in Kunst- und Kulturangelegenheiten zu meiner großen Zufriedenheit versehen. Durch eigene Beobachtung und durch Mitteilungen meiner Mitarbeiter war schon früher mein Auge auf Gerhard Praschak gefallen, der damals bei Finanzminister Lacina in der Himmelpfortgasse arbeitete. Praschak nahm mein Angebot an, übersiedelte auf den Ballhausplatz und kümmerte sich um Finanz- und Industriepolitik; für das Arbeitsgebiet Kunst, Kultur und etliche andere Angelegenheiten zog der Beamte im Außenministerium Paul Andreas Mailath-Pokorny in mein Kabinett ein.

Gerhard Praschak entpuppte sich als ein besonders guter Griff, seine Arbeit kann durch den Ausdruck gediegen am besten charakterisiert werden. Eine Einschränkung muß ich an dieser Stelle allerdings anbringen: Die Zeitpläne und Tagesabläufe des Bundeskanzlers sind außerordentlich angespannt. Oft betrat ich um acht Uhr früh die Amtsräume, trug einen Zettel bei mir, was ich an diesem Tag »zwischendurch« erledigen wollte, und bemerkte um achtzehn oder neunzehn Uhr, daß ich den ersten Punkt auf meinem Zettel gerade »angeleiert« und die restlichen fünf oder sechs Punkte nicht einmal begonnen hatte. Selbst wenn jemand an dieser Stelle einwirft, das sei schlechte Organisation, halte ich dem entgegen, daß ich eben spontan und ad hoc auf mich zukommende Telefonate, Vorsprachen, Briefdiktate und so weiter nicht ignorieren und auf eine prompte Reaktion nicht verzichten wollte. Der Vorwurf, abgekapselt oder abgehoben zu sein, kommt ohnehin rascher, als man sich das vorstellt. Außerdem geraten straffe Zeitplanungen im politischen Amt schon auch deshalb so oft durcheinander, weil sich »haarige« Angelegenheiten, zum Beispiel ein Grenzzwischenfall, ebensowenig an sie halten wie der politische Gegner, der etwa mit einer dringlichen parlamentarischen Anfrage gut zwei Drittel der Termine über den Haufen wirft.

Das bedeutete, daß ich von der Konkurrenz unter meinen engsten Mitarbeitern und deren Profilierungsanstrengungen wenig mitbekam. Ich bemerkte deshalb auch nicht, welche tiefsitzende Empfindlichkeiten in die hohen Begabungen des Gerhard Praschak eingebettet waren. Begleitete er mich auf Reisen, war er immer ein besonders angenehmer, nie schlecht gelaunter Weggefährte mit nüchternem Kalkül über politische Zusammenhänge. Die Hackordnung im Kabinett und seine Positionierung darin dürften ihn mehr herausgefordert und bewegt haben, als ich wahrnahm.

Praschak arbeitete drei Jahre und sieben Monate (vom Februar 1988 bis Ende September 1991) in meinem Kabinett. Anläßlich der Pensionierung von Paul Castellez bewarb er sich für den Vorstand der Österreichischen Kontrollbank, reüssierte mit seiner Bewerbung und zog am 1. Oktober 1991 als Vorstandsmitglied in das Haus der österreichischen Exportfinanzierung und Exportkreditversicherung Am Hof ein.

Nach meinem Rückzug aus den politischen Ämtern bekam eine schon früher mehrfach gehegte Idee, Österreichische Kontrollbank und Investkredit Bank AG zusammenzulegen, unter der Ägide von Finanzminister Rudolf Edlinger neue Nahrung. Praschak wandte sich an mich, berichtete mir darüber und auch über seine Möglichkeiten, sich um den Vorstandsvorsitz der Investkredit Bank zu bewerben. Man habe ihm gute Chancen signalisiert, die Vorstandsspitze der neuen, doch erheblich größeren Bank zu erklimmen. Doch die Fusion kam nicht zustande; einzelne Mitglieder des Aufsichtsrats der Kontrollbank, unter anderem der Generaldirektor der BAWAG, Helmut Elsner, votierten dagegen. Für Praschak wurde der Weg in den Vorstand der Investkredit dadurch aber nicht verbaut, allerdings sah er sich plötzlich in der Situation, von der (größeren) Österreichischen Kontrollbank in die (kleinere) Investkredit Bank AG übersiedeln zu sollen. Er lehnte das ab und blieb im Vorstand der Österreichischen Kontrollbank. Er war in keiner Zwangssituation.

Nach dem Amtsantritt Viktor Klimas als Bundeskanzler kam es zu einer Umstellung in der sozialdemokratischen Riege der Bundesregierung. Nicht mehr dabei war auch Rudolf Scholten, zuletzt Bundesminister für Wissenschaft, Verkehr und Kunst. Scholten hatte vor dem Eintritt in seine verschiedenen politischen Tätigkeiten in der Österreichischen Kontrollbank gearbeitet und war von dieser karenziert worden. Damit ergab sich für ihn nach seinem Ausscheiden aus der Bundesregierung logisch die Rückkehr in das Haus Am Hof. Die vielfache Erfahrung, die er in mehr als zehn Jahren in verschiedenen Politikfeldern gesammelt hatte, und sein großer Bekanntheitsgrad als kompetenter Finanz- und Industrieexperte legten es für ihn nahe, sich in seinem angestammten Institut für eine Vorstandsfunktion zu bewerben. Der Aufsichtsrat der Österreichischen Kontrollbank bestellte ihn danach angesichts seiner glänzenden Voraussetzungen einstimmig. Allerdings verlief diese Bestellung nur bank- und aufsichtsratsintern so glatt, wie ich sie hier beschreibe. Die von außen, nämlich von der parlamentarischen Opposition angestimmten politischen Begleittöne waren alles andere als harmonisch, und die Medien nahmen die Disharmonien begierig auf. Es entstand wieder einmal eine Single-Issue-Situation, die eine in Österreich weit verbreitete Malaise aufzeigte: In Sonntagsreden wird immer wieder fromm gefordert, das berufliche Wechselspiel zwischen Politik und Wirtschaft zu fördern, und außerdem komme es doch auf die fachliche Eignung und Tüchtigkeit an und auf sonst nichts. Kaum jemand verschließt sich dieser Logik, es sei denn, ein solches Wechselspiel wird konkret. Vergessen sind dann die hehren Prinzipien und die aus Managementbüchern nachgeplapperten Sätze. Ein einziges Motto gaben die – meist der FPÖ zugehörigen – Oppositionellen aus: Exminister Scholten wird versorgt und das ist anstößig, noch dazu in einem Institut wie der staatlichen Kontrollbank. Daß die Kontrollbank nicht verstaatlicht ist, daß keine einzige öffentliche Stelle auch nur ein Promillepünktchen Anteil besitzt, daß die Kontrollbank den österreichischen Banken gehört, übersehen manche Politiker seit Jahrzehnten geflissentlich.

Nach der einstimmigen Bestellung Scholtens zum Vorstandsmitglied der Kontrollbank werkten nun in dem Institut drei Direktoren im Vorstandsrang: Johannes Attems, Gerhard Praschak und Rudolf Scholten. Der Aufsichtsrat argumentierte, die Anzahl sei aufgrund des Arbeitsanfalls vertretbar. Die Bestellung Scholtens wurde dann noch da und dort von Oppositionspolitikern und Zeitungskommentatoren diskutiert, doch nicht von denen, die als einzige dafür Verantwortung trugen, nämlich den Aktionären, den Banken. Insgesamt nahm das Interesse an dem Thema ab.

In den Tagen, in denen die soeben geschilderten Ereignisse abliefen, kamen mir einige Beobachtungen in den Sinn, die ich im Zusammenhang mit Praschaks Arbeit in der Kontrollbank gemacht hatte, und zwar lange Zeit vor der Rückkehr Scholtens. Praschak ging seiner Arbeit in dem Institut mit Ernsthaftigkeit und Engagement nach, zeigte aber dennoch im persönlichen Gespräch mit mir immer wieder Unzufriedenheit. Diese Unzufriedenheit gründete sich auf seine fachliche Grundeinstellung und reichte ins Politikfeld hinüber. Er war der Meinung, man dürfe keine Strukturpolitik mittels Exportfinanzierung machen. In anderen Worten heißt das, daß marode Unternehmen nicht mit der Staatshaftung für Exportförderungen über Wasser gehalten werden sollten. Eine Einstellung, über die man durchaus diskutieren kann, wenngleich sie in dieser Abstraktheit nicht zur allgemeingültigen politischen Richtschnur taugt. Zum anderen stammte seine Unzufriedenheit daher, daß in einem Zweiervorstand üblicherweise keines der beiden Vorstandsmitglieder mit Vorsitz- und Dirimierungsfunktion ausgestattet ist, er dies aber, so wie er seine eigenen Fähigkeiten einschätzte, als Mangel empfand. Der Aufsichtsrat bekundete allerdings keinerlei Absicht, eines der beiden gleichrangigen Vorstandsmitglieder, Attems oder Praschak, zur Nummer eins zu deklarieren. Auch als Scholten dann den Vorstand ergänzte, bestellten die Aufsichtsräte keinen der drei Direktoren zum Vorsitzenden. Ich erkundigte mich das eine oder andere Mal, wie die Zusammenarbeit des Dreiergespanns funktionierte. Sie funktioniert, war die Antwort der Vorstandsmitglieder. Sie funktioniert, war auch die Antwort der Aufsichtsräte, mit denen ich darüber sprach. Vergessen schien Praschaks Enttäuschung, vielleicht auch Frustration darüber, daß es nicht zur Fusion von Kontrollbank und Investkredit gekommen und auch darüber, daß er nicht der Generaldirektor der solcherart entstandenen, viel größeren und potenteren Bank geworden war.

Hatte sich also alles zum Besseren gewandelt? Zur Normalität des Vorstandslebens in einer österreichischen Bank?

Nein. Am Nachmittag des 26. April 1997 erschoß sich Gerhard Praschak in seinem Büro in der Kontrollbank.

In den letzten Tagen und Stunden seines Lebens hatte er etliche Anmerkungen zu Papier gebracht. Er lehnte sich in seinen Zeilen gegen ein System der Auswahl von Führungspersonal auf, das ihm offenbar widerstrebte. Er äußerte Zweifel am korrekten Verhalten von Funktionären der Aktionärsbanken, schlug eine Brücke zu Bilanzierungspraktiken, die hinterfragt werden müßten, und konnte im Endeffekt die Schlüssigkeit seiner Behauptungen doch nicht belegen.

Praschak sandte seine Niederschriften an etliche Leute, darunter Politiker der verschiedenen Parteien. Er hatte diese Anmerkungen, seinen Aufschrei, offenkundig mit Absicht für seine Nachwelt verfaßt. Und er hat sich damit, so fürchte ich sehr, kein ihm würdiges Denkmal gesetzt.

Über die konkreten Umstände habe ich berichtet. Weder die Nichtfusion der beiden Banken noch das Hinzutreten Scholtens haben seine Zuständigkeiten eingeschränkt, sein professionelles oder gesellschaftliches Standing beeinträchtigt. Selbst bei verständnisvoller und wohlwollender Betrachtung ist es mir, und ist es auch vielen anderen Zeitgenossen, mit denen ich sprach, schwergefallen, die Neuordnung im Vorstand der Kontrollbank als Grund für einen Selbstmord hinzunehmen. Indem ich diese Behauptung aufstelle, ist mir bewußt, daß ich andere Gründe für möglich halte, auch wenn mir solche im einzelnen nicht bekannt sind. Die Pietät verbot es, danach zu forschen.

War also Praschaks Freitod schon für seine private und berufliche Umgebung und last but not least für die Sozialdemokratische Partei, deren langjähriges Mitglied er war, eine Katastrophe, so ließen innenpolitische Widerwärtigkeiten nicht lang auf sich warten. Selbstverständlich zollten die nichtsozialdemokratischen Kräfte den »politisch testamentarischen« Aufzeichnungen Praschaks hundertprozentige Aufmerksamkeit. Von Hand beschrifteten Zetteln eines offenkundig verzweifelten Menschen, der beschlossen hatte, aus dem Leben zu scheiden, wurde Grundsatzcharakter attestiert. Der Mensch Gerhard Praschak schrumpfte zu dem, was er für die besessenen SP-Gegner immer gewesen war, nämlich zur Nebenerscheinung. Im Zentrum stand die Waffe, als die er herhalten mußte. Sogar neue gesetzliche Bestimmungen zur sogenannten Objektivierung von Personalbesetzungen wurden erlassen. Die wievielten eigentlich? Ich ärgerte mich, nicht mehr im Amt zu sein. Diese politisch-charakterliche Verwerfung hätte ich sicherlich nicht mitgemacht. Wenn aus keinem anderen Grund, dann aus Solidarität mit und Zuneigung zu meinem ehemaligen Mitarbeiter.

Der Entschluß

Wir schrieben die Jahreswende 1996/1997. Die Verhandlungen über ein so wichtiges Stück Banken- und Wirtschaftsgeschichte wie die Übernahme der Creditanstalt durch die Bank Austria waren beendet. Weltfremd, politikfremd wäre es gewesen, dies als einen bloß mechanistischen, technokratischen Vorgang abhaken und zur Tagesordnung übergehen zu wollen. In der Enge des österreichischen Zweilagerdenkens kam die Fusion einem Beben gleich, als hätte der Alpenhauptkamm den Donauraum verschüttet oder die Ostsee die Nordsee überschwemmt. Die stolze Gründung des Hochadels in den Fängen der kommunalen Sozialisten! Ein ÖVP-Diadem in die Kleiderkammer der Vorderen Zollamtsstraße! Die Finanzmärkte der Welt aber rechnen mit anderen Maßen und Gewichten. Na endlich, hieß es dort.

Sofern es die logische Semantik erlaubt, eine unendliche Geschichte zu beenden, hielt ich dies für die geeignete Gelegenheit, meinen für mich schon im Lauf des Jahres 1996 gefaßten Entschluß wahr zu machen und meine politischen Ämter einem Nachfolger zu übergeben. Ich hatte dafür – ebenfalls schon seit geraumer Zeit – Finanzminister Viktor Klima auserkoren. Die Partei war – in recht gegensätzlichen Gefühlsausbrüchen – mit dieser Wahl einverstanden, der Koalitionspartner ebenfalls. Bundespräsident Klestil nahm meine Entscheidung und den Nachfolgevorschlag zur Kenntnis. So wurde Ende Jänner/Anfang Februar 1997 der Wechsel vollzogen.

Im Vorfeld hatte ich mit den Landesparteivorsitzenden, mit meinen sonstigen Stellvertretern im Bundesparteivorstand sowie mit ÖGB-Präsident Verzetnitsch und dem Vorsitzenden der sozialdemokratischen Fraktion im ÖGB, Nürnberger, Einzelgespräche geführt, in der abschließenden Phase auch mit den sozialdemokratischen Kabinettsmitgliedern und mit Bundesgeschäftsführerin Ederer. Bei jedem dieser Vieraugen- (selten Sechsaugen-) Gespräche stellte ich die kategorische Forderung, meinen Entschluß als endgültig und unumstößlich zu betrachten und keine Überredungskünste aufzuwenden, ich möge doch noch weitermachen. Einige hielten sich dennoch nicht daran und wollten grundsätzlich keine Änderung, beziehungsweise »doch nicht gerade jetzt«. Die vorgeschlagene Nachfolgeregelung war auch nicht nach jedermanns Geschmack. Peter Schachner-Blazizek meinte in seiner sanft-spröden steirischen Direktheit schlicht: »Das geht so nicht.« Franz Hums wiederholte ununterbrochen das Wort »Fehlentscheidung«. Andere verstanden mich, wieder andere hielten den Wechsel ohnehin für richtig. Klima selber meinte während jeder Aussprache, in der ich ihn auf seine künftige Aufgabe vorbereitete, er wäre gern noch Finanzminister geblieben, schwärmte vom gemeinsamen Weg mit mir in die Präsidentschaft der EU und hin zur Verwirklichung des Projekts der gemeinsamen europäischen Währung. Ganz abgesehen davon, daß – wie er oft wiederholte – die Übernahme des Partei- und des Regierungsvorsitzes nicht Gegenstand seiner Lebensplanung sei. Es bedurfte eines gewissen Überzeugungsaufwands, ihn von diesen Positionen abzubringen. Groß mußte er nicht sein.

Das Einverständnis des Koalitionspartners ÖVP mit dem Wechsel von mir zu Klima war mir selbstverständlich wichtig. Eine allfällige Koalitionskrise hätte meinen Abgang, den ich so sorgfältig vorbereitete, zweifellos in Unordnung gebracht.

Der designierte Bundeskanzler Klima gewann den Wiener Finanz- und Wirtschaftsstadtrat Rudolf Edlinger als Finanzminister und bildete das Kabinett um. Die oberösterreichische Landesrätin Barbara Prammer löste Helga Konrad als Frauenministerin ab, Karl Schlögl, bisher Staatssekretär im Bundeskanzleramt, wurde Innenminister, sein Vorgänger Caspar Einem übersiedelte als Ressortchef in das Ministerium für Wissenschaft und Verkehr, aus dem Rudolf Scholten als Minister ausschied. Wolfgang Ruttenstorfer, Vorstandsmitglied der OMV, rückte als Staatssekretär ins Finanzministerium ein. Klima gliederte die Agenden Kunstpolitik aus dem Ministerium, das Scholten geleitet hatte, aus und ins Bundeskanzleramt ein und berief den Bürgermeister von Wiener Neustadt, Peter Wittmann, als Staatssekretär für diese Agenden. Helga Konrad bekam die Gelegenheit, für den Rest der Gesetzgebungsperiode ein Abgeordnetenmandat im Parlament auszuüben. Nach Ablauf dieser Periode, Ende 1999, versank sie im politischen und wirtschaftlichen Niemandsland. Die SPÖ, die Partei mit dem Grundwert Solidarität, hatte keine Verwendung mehr für ihre ehemalige Frauenvorsitzende und stellvertretende Parteivorsitzende. Im Kabinett Klima waren somit auf sozialdemokratischer Seite alle Minister- und Staatssekretärsposten anders besetzt als im Kabinett Vranitzky V.

Für einen Samstagnachmittag Ende Jänner 1997 berief ich das erweiterte Bundesparteipräsidium ein, um meine Amtsniederlegung und die Amtsübergabe durchzuführen. Die sehr kurzfristig anberaumte Präsidiumssitzung sprach sich wie ein Lauffeuer herum, und ich konnte mich der Journalistenanfragen schon am Vormittag kaum erwehren. Ich hielt zwar dicht, aber wer solche Situationen kennt, wird mir zustimmen, daß das überhaupt nichts nützt. Die Katze war aus dem Sack, ehe die Präsidiumsmitglieder in der Löwelstraße eintrafen. Da alle von mir schon vorbereitet waren, schuf die vorauseilende Indiskretion, von wem immer sie stammte, kein wirkliches Problem.

In einer Zusammenfassung legte ich noch einmal meine Beweggründe für den Rückzug dar. Mehr als ein Jahrzehnt an der Regierungsspitze, nicht viel weniger als ein Jahrzehnt an der Parteispitze hielt ich für eine ausreichend lange Zeit, um einen personellen Wechsel vorzunehmen. Dies umso mehr, als die starke Betonung des Persönlichen in der Politik auch diesbezüglich nach Neuem ruft. Der Zeitpunkt war günstig. Bis zur nächsten Nationalratswahl blieben dem Nachfolger zweidreiviertel Jahre zur Profilierung. Die führende Position der Partei war durch das gute Wahlergebnis des Jahres 1995 solide abgesichert. Die Präsidiumsmitglieder meldeten sich dann noch alle zu Wort. Wir vereinbarten, am 9. April in Linz einen Bundesparteitag abzuhalten, und Viktor Klima war als nächster Parteivorsitzender designiert.

Für die kurze Übergangszeit bis zum Parteitag benutzte ich mein Büro in der Parteizentrale in der Wiener Löwelstraße. Ein nüchtern, bescheiden eingerichteter Raum mit Schreibtisch und einem Stuhl, Besprechungstisch und mehreren Sesseln, Einbauschrank, Telefontisch. An der dem Schreibtisch gegenüberliegenden Wand die Konterfeis der Parteivorsitzenden nach 1945: Seitz, Schärf, Pittermann, Kreisky, Sinowatz, Vranitzky. Da Bundesgeschäftsführerin Brigitte Ederer dem Ruf Michael Häupls in die Wiener Stadtregierung als Finanz- und Wirtschaftsstadträtin folgte, mußte ihre Funktion in der Bundespartei neu besetzt werden. Klima bat mich, mit ihm ihre Nachfolge zu überlegen. Mein Eindruck war allerdings, er habe sich ohnehin schon entschieden. Deshalb stellte ich keine weiteren Überlegungen mehr an, sondern auf Klimas Ersuchen Andreas Rudas als neuen Geschäftsführer ein. In den letzten Phasen seiner Amtsperiode als Finanzminister war Klima in den Nachrichten- und politischen Sendungen des österreichischen Fernsehens zu attraktiven Sendezeiten recht häufig zum Zug gekommen. Der damalige Generalsekretär des ORF hieß Andreas Rudas.

In der Plenarsitzung des Nationalrats am 23. Jänner 1997 verabschiedete ich mich von den Abgeordneten. Ich mußte meine Sätze des Abschieds und des Danks in eine Wortmeldung zum gerade behandelten Tagesordnungspunkt einbauen, weil ÖVP und FPÖ mit einer bloßen Verabschiedung nicht einverstanden waren. Ich überging ihre »Höflichkeit«, weil es mir ohnehin niemand streitig machen konnte, mich zu Wort zu melden.

Etliche Jahre hindurch war mir von den politisch Andersdenkenden im Hohen Haus ein gestörtes Verhältnis zum Parlament vorgeworfen worden. Ich rückte das aus meiner Sicht zurecht.

»Viele von Ihnen haben mir im Lauf der Jahre zugerufen, ich hätte ein nicht gut geordnetes Verhältnis zum Parlament, zum Parlamentarismus, zu den Parlamentariern. Ich habe es wohl vernommen. Ich möchte Ihnen aber sagen: Auch wenn es oft so scheinen mochte – im Kern war es nicht so. Ich hatte hier den Standpunkt der Bundesregierung zu vertreten, ich hatte meinen eigenen Standpunkt zu vertreten und nicht den Standpunkt der Parlamentsparteien im allgemeinen und der Oppositionsparteien im besonderen. Es war also kein schlampiges Verhältnis zum Parlamentarismus, sondern es war das offensichtliche, aktive Ausleben des Aufeinanderprallens von Standpunkten. (…) Wir wären in der Demokratie schlecht dran, würden wir, nur um dieses Aufeinanderprallen zu vermeiden, die Standpunkte aufgeben. Ich bitte Sie, meine Wortmeldungen, meine Statements, mein Reagieren auf Zwischenrufe, vielleicht meine Körpersprache so zu verstehen: nicht parlamentarisch unfreundlich, aber auch nicht nachgeberisch, wo ich das Nachgeben nicht für richtig gehalten habe. (…)

Die Herausforderungen an die Politik, an die Gesellschaft, an die Technik, an die Wissenschaft, an die Kultur werden sicherlich nicht geringer werden. Damit werden auch die Spannungsfelder in der Politik, in der Wissenschaft und in der Verwaltung, zwischen der Regierung und Volksvertretung, zwischen den politischen Parteien und anderen Gruppen stärker werden. Ich habe viele meiner Bemühungen in all den Jahren hier darauf konzentriert, Spannungen zu überwinden, konträre Standpunkte, Polarisierungen auszugleichen und zu einem gemeinsamen Ende zu finden. Oft hat das Auffinden und Herbeiführen dieses gemeinsamen Endes länger gedauert, und oft hat man mir nachgesagt, mein Harmoniestreben sei zu stark ausgeprägt. Ich bitte Sie nur, in prekären Angelegenheiten die Alternative von gesellschaftlicher Harmonie mit einzukalkulieren. In wirklich wichtigen und prekären Angelegenheiten ist die Alternative zu gesellschaftlicher Harmonie die gesellschaftliche Disharmonie mit all ihren Folgen. Wir könnten das, angefangen von der Waldheim-Zeit bis hin zu anderen Dingen, durchargumentieren, durchdiskutieren, aber ich glaube, wir würden doch zu dem Urteil kommen, daß gesamtwirtschaftliche, gesamtstaatliche und gesamtpolitische Stabilität einen wichtigen Stellenwert in der Gesellschaft hat.«

Von den Klubobleuten Kostelka, Khol, Petrovic und Schmidt verabschiedete ich mich mit Handschlag spontan, vom freiheitlichen Klubchef Haider nach kurzem Zögern. Am Morgen desselben Tages hatte er eine Pressekonferenz abgehalten, in der er von sich gab: »Sozialrentner Vranitzky verlangt Pensionsaufbesserung. FPÖ-Obmann kritisiert Gesetzesbeugung.« Sofern seinen wie üblich wirren Ausführungen ein Sinn abzugewinnen war, beschuldigte er mich, ich hätte einen Antrag auf Gehaltsfortzahlung gestellt. Die Attacke war typisch wie in all den Jahren vorher und nachher. Es war, als wollte mir der FP-Obmann anläßlich meiner Amtsniederlegung noch einmal beweisen, wie recht ich gehabt hatte, mich nicht mit ihm einzulassen. Noch einmal produzierte er sein Politikverständnis, mit persönlichen Untergriffen Aufmerksamkeit auf sich zu ziehen und bedenkenlos Unwahrheiten zu verbreiten. Es war mir ein leichtes, den Unsinn zu parieren, weil er – wie jeder Unsinn – mit der Realität nicht das Geringste zu tun hatte. Gehaltsfortzahlungen für ausscheidende Politiker waren dann möglich, wenn der Betreffende unmittelbar keine berufliche Tätigkeit und daher kein Einkommen hatte beziehungsweise noch nicht pensionsberechtigt war. Ich war aufgrund meines Vorstandsvertrags als Generaldirektor der Österreichischen Länderbank pensionsberechtigt, es erübrigte sich daher jede Debatte um Gehaltsfortzahlung als Bundeskanzler. Dieses Thema war im Parlament schon mehrmals abgehandelt worden, alle kannten die Fakten, niemanden interessierte die Angelegenheit wirklich.

Der nächste und letzte Formalakt meines Rückzugs aus der Politik fand am 9. April 1997 beim Bundesparteitag der SPÖ in

Linz statt. In meiner Abschiedsadresse an die Delegierten nahm ich die Gelegenheit wahr, noch einmal auf einige Stationen des gemeinsamen Weges in neun Jahren, auf die immer wieder neu entstehenden Herausforderungen an die Politik, auf die Prüfungen, die sie zu bestehen hat, einzugehen und mein Vertrauen zum Bestand und zur Nachhaltigkeit unserer großartigen Idee zum Ausdruck zu bringen:

»Siebenundzwanzig Jahre ein und dieselbe Partei an der Spitze der Regierung eines Staats sei ein Unikum in Europa, schrieb vor kurzem eine österreichische Zeitung. Vielleicht ein Unikum, aber Unika haben ja auch ihre Begründung. Wenn es uns gelungen ist, immer wieder das Vertrauen so vieler Staatsbürger zu gewinnen, daß sie uns an die erste Stelle setzten, dann ist das immer auch ein neuer Auftrag gewesen. So müssen wir auch diesen heutigen Auftrag verstehen und ernst nehmen. Ernst nehmen will ich auch an diesem heutigen Tag mein wichtigstes Anliegen. Nämlich meiner Partei in Gestalt eines Bundesparteitags Dank zu sagen. Dank zu sagen für ein Jahrzehnt des gemeinsamen Weges, des gemeinsamen Kämpfens und der gebenden und nehmenden Freundschaft. Wenn es mir gegönnt war, Beiträge zu wichtigen Zielen zu erbringen, dann ist das letztlich auf der Grundlage unserer gemeinsam vertretenen Werte möglich gewesen und durch gegenseitiges Verstehen und Vertrauen. Wenn ich das hier heute so sage, dann klingt das recht glatt. Selbstverständlich war das nicht immer so. Es waren nicht nur rosige Zeiten. Es gab so manche Krise zu bewältigen, so manche Felsbrocken waren von der Straße wegzuräumen. Einige davon stammten aus dem hauseigenen Steinbruch. Aber wie auch immer, die Arbeit hat sich gelohnt. Vieles ist gelungen, worauf wir Sozialdemokraten für unsere Republik und im Interesse unserer Republik sowie für die hier lebenden Menschen stolz sein können. Und das wird uns in unserer weiteren Arbeit bestärken.«

Die Delegierten bereiteten mir einen überwältigenden und nicht endendwollenden Applaus. Ich weiß nicht, wie lang ich auf der Konferenzsaalbühne stand und für die Ovationen dankte. Schließlich ging ich durch die Reihen, schüttelte die dargebotenen Hände und hatte da und dort Mühe, meine Bewegung im Zaum zu halten.

Viktor Klima, laut Tagesordnung mein Nachredner, ging ans Rednerpult und begann mit seinen Grundsatzausführungen. Die Situation entbehrte nicht des Grotesken: hier die stehend applaudierenden Delegierten, dort der einsame Kämpfer dagegen am Rednerpult. Das ging Minute um Minute so weiter, bis der Beifall langsam abebbte und schließlich zu Ende ging. Niemand hatte von den ersten paar Seiten der Rede Klimas, die im übrigen inhaltlich trefflich war, etwas mitbekommen. Dem Wahlergebnis – fast 95 Prozent für den neuen Vorsitzenden – tat das freilich keinen Abbruch.

Klima selber und seine engere Umgebung waren sichtlich bemüht, personell, stilistisch und im Umgang mit dem Koalitionspartner Akzente zu setzen, die sich von mir, meiner Umgebung und der Art meiner Amtsführung deutlich abhoben. Ich pflegte zu politisch Andersdenkenden selbstverständlich keine persönlichen Feindschaften, legte aber doch Wert auf eine gewisse Distanz. Kollegialität und das Streben nach gemeinsamen Zielen gingen mir über amikal scheinende Fraternisierung. Mit dem Du-Wort war ich bei politischen Gegnern sparsam, wußte ich doch, daß Streitgespräche, Wahlkampfauseinandersetzungen und andere Kontroversen zur Realität in der Politik gehören und sich persönliche, ja freundschaftlich anmutende Beziehungsformen dabei recht sonderbar ausnehmen. Beim kritischen Publikum löst das Nebeneinander von scherzendem Schulterklopfen und beinharter Konfliktaustragung ohnehin Negativreaktionen aus (»Pack schlägt sich, Pack verträgt sich«).

Mein Nachfolger ging einen anderen Weg. Das Du-Wort wurde im Ministerrat herumgereicht, und es gelang ihm auch zunächst, eine offene, lockere Atmosphäre mit den Leuten der Volkspartei herzustellen. Die Zeiten des formellen, trockenen

Vranitzky seien vorbei, hörte ich. Rudas und Klimas Presse-
sprecher Josef Kalina gaben den Ton an, was das Erscheinungsbild ihres Chefs betraf, und prägten bald auch seine Ausdrucksweise in der Öffentlichkeit. Eine nach meinem Geschmack zu
merkbar mechanisierte, stereotype Wortwahl, die dem offenen
und durchaus dem Humor zugetanen Naturell Klimas nicht
gerecht wurde und im Lauf der Zeit seiner Politik und seinem
Wirken in der Öffentlichkeit nicht gerade half. Klima hätte die
Regiezurufe seiner engsten Mitarbeiter – der amerikanische Ausdruck Spin-Doktoren wurde ihnen zunächst nicht respektlos,
später eher spöttisch umgehängt – selbst beurteilen, abschätzen
und filtern sollen und damit seine Wirkung in der Öffentlichkeit
anders gestalten können.

Das alles soll nicht darüber hinwegtäuschen, daß die Regierung Klima im zweiten Halbjahr 1998 eine tadellose EU-Präsidentschaft hinlegte, insbesondere in Anbetracht mancher
Sticheleien aus Deutschland. So ließ Helmut Kohl sinngemäß
wissen, die Österreicher sollten nur machen, die großen Entscheidungen würden dann ohnehin unter deutscher Präsidentschaft getroffen (die unmittelbar nach der österreichischen
folgte). Auch die Vorbereitungen zur Einführung der gemeinsamen europäischen Währung gelangen tadellos.

Allerdings standen einige Aktionen der Jahre 1998 und 1999
unter keinem glücklichen Stern, weder für die Koalition noch
für die SPÖ. Die Grenzen sind in diesem Zusammenhang
fließend. Vizekanzler Schüssel hatte schon zu meiner Amtszeit
seine Vorliebe für eine NATO-Mitgliedschaft Österreichs erkennen lassen. Er drängte nicht auf einen Zeitpunkt, sondern
meinte, die beiden Regierungsparteien sollten die grundsätzliche Möglichkeit eines solchen Schritts vereinbaren, ohne sich
auf eine konkrete Vorgehensweise festzulegen. Er wußte sich
darin eines Sinnes mit einigen bürgerlichen Journalisten und
prinzipiell mit Bundespräsident Klestil. Ich ließ mich auf einen
solchen Deal mit Schüssel nie ein. Erstens war ich von der
staats- und sicherheitspolitischen Zweckmäßigkeit dieses Schritts

nicht überzeugt und zweitens lehnte ich ihn ab, weil ein Eingehen auf diese Option auch ohne Zeitplan eine nicht rückgängig zu machende Festlegung auf den NATO-Beitritt, also ein taktischer Elevenfehler, gewesen wäre.

Schüssel legte es nach meinem Ausscheiden aus dem Regierungsamt darauf an, dem Parlament und der Öffentlichkeit einen mit Klima vereinbarten »Optionenbericht« vorzulegen, in dem der Beitritt Österreichs zur NATO eine für die österreichische Bundesregierung geltende Option sein sollte. Der Bericht kam nicht zustande. Das trübte das Verhältnis der beiden Parteichefs zueinander ernstlich. Schüssel meinte von seinem Gegenüber gewisse Avancen erhalten zu haben, die die SPÖ-Gremien keinesfalls bestätigen wollten, Klima wiederum stellte eine solche Vereinbarung strikt in Abrede. Der Haussegen am Ballhausplatz hing schief. Ob der fehlgeschlagene Optionenbericht dafür die Ursache war oder nicht, war schwer auszumachen; jedenfalls schien es für die beiden Regierungsfraktionen immer schwieriger zu werden, Einvernehmen über Gesetzesvorlagen zu erzielen. Fast schon legendär wurden die jede Woche abgegebenen abendlichen Fernsehinterviews der Klubobleute Kostelka und Khol, man habe sich wieder nicht über ein neues Anlagerecht geeinigt. Selbstverständlich war das alles mit wechselseitigen Schuldzuweisungen gewürzt. Das Anlagerecht war dem überwiegenden Großteil des Fernsehpublikums sicher kein besonderes Anliegen, der bleibende Eindruck war allerdings der: Diese Koalition bringt nichts mehr zustande. Ein anderes Beispiel: Die Nominierung von Botschaftern in fremden Ländern ist den Österreichern beispiellos gleichgültig. Nur ein Promillesatz der Bevölkerung hat mit diesen Beamten jemals Kontakt oder registriert ihre Tätigkeit. Entnehmen die Leute allerdings den Tagesmeldungen, daß in zweiundzwanzig aufeinanderfolgenden Ministerratssitzungen – das ist bei einer Regierungssitzung pro Woche eine Dauer von mehr als fünf (!) Monaten – keine Einigung über die Nominierung von Botschaftern gefunden wird, dann erweckt das ebenfalls den Eindruck von Lähmung.

Das System der Großen Koalition wollte offensichtlich nicht mehr in Gang kommen. Der Hauptgrund dafür lag meiner Überzeugung nach darin, daß Klima und Schüssel sich persönlich völlig auseinandergelebt hatten. Schüssel witterte wieder einmal politische Morgenluft. Der Vorrat an gegenseitigem Respekt war aufgebraucht, die Du-Kultur versank in Unkultur, und Schüssel kümmerte alles andere mehr als eine gemeinsame Regierung mit der SPÖ Viktor Klimas. Dieser beklagte sich oft bei mir über unkollegiales und unkooperatives Vorgehen Schüssels. Ich hatte keinen Zweifel an der Richtigkeit dieser Beurteilung, doch in der Öffentlichkeit galt nur der Eindruck von Stillstand, und dieser Stillstand wurde mit der Großen Koalition gleichgesetzt. Ein seltsamer Versuch im Sommer 1999, also vor dem Wahltag am 3. Oktober, mit Zuwendungen an die Familien und einer Steuersenkung von diesem Stillstand abzulenken, mißlang. Die treibende Kraft hinter dieser fiskalpolitisch törichten Maßnahme – 32 Milliarden Schilling wurden geopfert – war die ÖVP. Klima stimmte zu. Finanzminister Rudolf Edlinger wehrte sich gegen den Unfug, tat aber aus Regierungs- und Parteidisziplin mit (vielleicht bereut er seine damalige Kooperationsbereitschaft heute). Edlingers Warnung war natürlich nur zu berechtigt, nicht nur wegen der Konzeptlosigkeit der Maßnahmen, sondern auch wegen ihrer politischen Sinnlosigkeit. Daß eine – für den einzelnen ohnehin kaum ins Gewicht fallende – Steuerreduktion und eine Aufbesserung der Familienförderung, die für den Steuerzahler erst ein paar Monate nach dem Wahltermin spürbar werden, das Wahlverhalten der Bürger so gut wie nicht beeinflußt, ist eine altbekannte Erfahrung. Beide Regierungsparteien, SPÖ und ÖVP, verloren, aber das Loch in den Staatsfinanzen war erheblich größer geworden.

Noch vor der Nationalratswahl im Oktober 1999, im Juni desselben Jahres, war die Wahl zum Europäischen Parlament zu schlagen, die zweite seit dem Beginn unserer Mitgliedschaft in der Europäischen Union. Die SPÖ-Parteiführung hielt es für richtig, den Spitzenkandidaten und damit die gesamte Kandida-

tenliste bis zum Parteirat, der die Nominierung beschließen
sollte, nicht zu verlautbaren. Bekannt wurde bloß, der bisherige
Listenführer Swoboda sollte das nicht mehr sein. Am Vorabend
des in Pinkafeld abgehaltenen Parteirats traf ich mit Heinz
Fischer und anderen Parteifreunden zusammen. Erleichtert,
weil die lange Suche nach einer Persönlichkeit, die die SP-Liste
anführen sollte, endlich gelungen war, nannten sie mir den
österreichischen Diplomaten Wolfgang Petritsch. Es hatte allerdings keinen Sinn, sich über Petritsch und seine Qualitäten als
Wahlkämpfer ein Bild zu machen, denn ehe ich mich am nächsten Morgen zur Fahrt nach Pinkafeld aufmachte, gab mir
Fischer telefonisch bekannt, Petritsch stehe als Kandidat nicht
zur Verfügung. Beim Parteirat wurde dann der parteifreie Journalist und Autor eines leichtgewichtigen Buchs mit dem Titel
»Die Globalisierungsfalle«, Hans-Peter Martin, auf den Schild
gehoben. Die Delegierten machten sympathisierende Miene
zum sonderbaren Spiel. Wahrscheinlich berührte sie die Europawahl nicht sonderlich. Eine Auseinandersetzung mit der
Parteiführung dürfte ihnen das Thema ebenfalls nicht wert
gewesen sein. Also ging die Nominierung über die Bühne: Martin war Spitzenkandidat, Swoboda Kandidat wie jeder andere.
Um meine eigene Wißbegier zu befriedigen, ging ich dem
Nominierungsvorgang nach. Petritsch behauptete, nie wirklich
zugesagt zu haben, Klima und Rudas hingegen erklärten, sie
seien von Petritsch über die Gewißheit seiner Kandidatur nicht
im Zweifel gelassen worden. Heraus kam der Kandidat Martin.
Ein eigenwilliger Wahlkämpfer, wie die Betreuer sagten, der
allerdings nicht schlecht abschnitt. Die SPÖ, die im Jahr 1996
hinter der Volkspartei gelandet war, belegte mit 31,7 Prozent
wieder den ersten Platz, gewann ein Mandat dazu und landete
mit sieben Sitzen im Europäischen Parlament. Den Knalleffekt
lieferte die Parteiführung am Abend des Wahlsonntags: Nicht
Spitzenkandidat Martin, sondern der frühere Listenerste Swoboda wurde als Sprecher der SPÖ-Fraktion im Europäischen
Parlament eingesetzt. Eine spürbare Welle der Entrüstung ging

durch die SP-Wählerschaft, insbesondere bei Angehörigen der jüngeren Generation. Die Vorgangsweise wurde als höchst unfair empfunden. Sie war sicher falsch, auch wenn Martin es in den Jahren danach im Europäischen Parlament an Solidarität mit den sozialdemokratischen Kollegen mangeln ließ. Hätte er aber nach dieser Behandlung durch die Parteiführung, der er angesichts des Hin und Her mit Petritsch aus einer Verlegenheit half, noch besonders kooperativ sein sollen? Die Partei wiederum hätte ihn, wenn sie ihm die Fraktionsführung nicht zutraute oder schlicht nicht übertragen wollte, nicht als Spitzenkandidat ins Wahlrennen schicken dürfen.

Der allgemeine Eindruck von Stillstand und Selbstblockierung machte SPÖ und ÖVP in der Vorbereitung auf die Nationalratswahl im Oktober 1999 sehr zu schaffen. Ihre Umfragewerte waren alles andere als hoffnungserweckend. Zu den Streitpunkten Optionenbericht und gemeinsame Gesetzesinitiativen kamen noch Platzhirschsyndrome während der Zeit der EU-Präsidentschaft Österreichs hinzu. Die Aversionen zwischen Klima und Schüssel traten immer offener zutage und wurden von immer mehr Staatsbürgern bemerkt und kritisch kommentiert.

Die sozialdemokratischen Strategen legten das Wahlkampfkonzept recht einförmig an. In Wahrheit wiederholten sie die Parolen und Zielformulierungen, die schon in der Kampagne für den Europawahlkampf verwendet worden waren, und konzentrierten sich vor allem auf die Schaffung von Arbeitsplätzen. »Jobs, Jobs, Jobs« war die Botschaft, die man von Klima am häufigsten hörte. Auch die Bewahrung der Neutralität stellten die sozialdemokratischen Wahlkämpfer stark in den Vordergrund. Gegen diese Themenauswahl ist nichts zu sagen; die Bekämpfung der Arbeitslosigkeit ist für Sozialdemokraten eine immerwährende Aufgabe. Dennoch kam der Wahlkampf nicht so richtig in Schwung. Möglicherweise wirkte in den Köpfen der Mitarbeiter eine frühere Aussage von Rudas nach, man werde sich in der Wahlbewegung nicht in erster Linie auf die

Funktionäre stützen, sondern über Medienkontakte werben. Das bedeutete naturgemäß nicht gerade einen Motivationsschub. Außerdem konnten so manche Sympathisanten mit den schablonenhaften Dauerwiederholungen der Wahlslogans durch Klima nicht allzuviel anfangen. Zahlreiche Künstler und Intellektuelle, die ich während meiner Amtszeit für die Sache der Sozialdemokratie gewinnen konnte, standen 1999 nicht zur Verfügung. Das Modell Klimas, »Kunst ist Chefsache«, hatte in dieser Beziehung außerdem nicht positiv zu Buch geschlagen.

Die Volkspartei erfreute sich ebenfalls keiner glänzenden Wahlaussichten. Den Meinungsumfragen zufolge drohte ihr sogar ein Absturz unter 25 Prozent. Schüssel trat angesichts dieser Perspektive die Flucht nach vorn an: Sollte seine Partei an dritter Stelle hinter Sozialdemokraten und Freiheitlichen landen, ließ er wissen, werde er sich mit ihr an keiner Bundesregierung beteiligen, sondern sie in die Opposition führen. Offensichtlich gewann er damit mehr Wähler, als dies nach den Umfragen zu erwarten war, denn trotz aller Stillstandsvorwürfe galt die Große Koalition immer noch als die bevorzugte Regierungskonstellation der Österreicher. Deshalb sollte Schüssel mit seiner Partei nicht ein Dasein in der Opposition fristen müssen.

Die Oktoberwahl des Jahres 1999 endete desaströs für SPÖ und ÖVP. Meine Partei behielt zwar mit 33,15 Prozent die erste Position, fuhr aber das schlechteste Ergebnis seit dem Ende des Zweiten Weltkriegs ein. Schüssels ÖVP erreichte 26,91 Prozent der Stimmen, schnitt besser ab, als die Demoskopen während des Wahlkampfs vorausgesagt hatten, beendete jedoch das Wahlrennen auf dem dritten Platz. Die Haider-FP erzielte mit 26,91 Prozent das beste Resultat dieser Partei überhaupt und lag um 415 Stimmen vor der Volkspartei auf dem zweiten Rang.

Die Miene des Präsidenten

Thomas Klestil hatte sein Präsidentenamt im Juli 1992 mit dem Schwung begonnen, den er aus dem Wahlkampf mitgebracht hatte. Sein Versprechen, ein »aktiver Bundespräsident« sein zu wollen, äußerte sich vor allem in seiner Interpretation des in der Bundesverfassung verankerten Grundsatzes: »Der Bundespräsident vertritt die Republik nach außen.« Daraus leitete er für sich eine Zuständigkeit ab, an Veranstaltungen oder Sitzungen etwa der EU oder der OSZE als Vertreter der Republik teilzunehmen. Klestil stützte sich dabei auf ein Gutachten des damals an der Universität Salzburg lehrenden, 1999 verstorbenen Professors für Verfassungsrecht, Friedrich Koja. Mir blieb es verborgen, ob die Präsidentschaftskanzlei das Gutachten bei Koja bestellte oder ob er es ihr andiente; beide Varianten wurden gehandelt. Es bedarf keiner besonderen Erwähnung, daß das Thema an die Öffentlichkeit gelangte und von den Medien mit Interesse aufgenommen und verarbeitet wurde. Auch Vertreter der Rechtswissenschaften meldeten sich zu Wort. Der Schwerpunkt der in der Öffentlichkeit geführten Debatte lag selbstverständlich im Politischen: Verwirklichte Klestil in der praktischen Amtsführung einen wesentlichen Inhalt seiner Wahlwerbung?

Von ÖVP-Seite gab es zwei Arten von Reaktionen. Die einen schwiegen wohlwollend oder desinteressiert, die anderen – Mock gehörte dazu – unterstützten so gut wie alles, was aus einer ÖVP-Ecke, in diesem Fall eben aus der Ecke Klestils, kam. Ich beteiligte mich so wenig wie möglich an der öffentlichen Diskussion, weil ich wußte, daß eine Auseinandersetzung zwischen dem Bundespräsidenten und mir sofort in ein kleinliches

Hickhack umgedichtet werden würde. Doch wie immer ich es drehte und wendete, das Interesse an dem Thema wollte nicht schwinden; ich konnte es nicht »wegschweigen«. Im SPÖ-Parteivorstand tauchte immer öfter die Frage auf: »Was soll das alles?«

Nachdem ich dem Treiben geraume Zeit zugeschaut hatte, meldete ich mich bei Präsident Klestil zum Vieraugengespräch an. Ich trug Verantwortung für ein Amt im Staat, das vor mir Männer wie Raab und Kreisky innegehabt hatten, hatte nicht die geringste Absicht und fühlte mich nicht dazu berechtigt, von diesem Amt auch nur den kleinsten Millimeter abtragen zu lassen. Sollte das weiter versucht werden, signalisierte ich dem Bundespräsidenten, sei mit meinem harten Widerstand zu rechnen. Noch dazu, wo ich die verfassungsrechtliche Interpretation auf meiner Seite hätte. Damit war das Thema erledigt, und der Präsident suchte seit damals mein Einverständnis zu seiner Teilnahme zumindest an gewissen international politisch relevanten Ereignissen.

Nach dieser Aussprache war mein Verhältnis zu Bundespräsident Klestil geordnet, friktionsfrei und in zunehmendem Maß persönlich. Allerdings ist an dieser Stelle die Präsidentschaftswahl 1998, also die zweite Kandidatur Klestils, zu erwähnen. Die SPÖ entschloß sich, keinen Kandidaten aufzustellen. Ich hielt diese Entscheidung für falsch und verbarg meine Meinung dem Präsidenten gegenüber nicht; sie war ja auch nicht gegen ihn gerichtet, sondern Ausdruck eines Vorbehalts gegenüber meiner eigenen Partei. Klestil jedoch schien über meine Beurteilung nicht sehr erfreut. Menschlich verständlich, empfindet man es doch immer als gut, wenn man die Zustimmung möglichst vieler hat, insbesondere auch die der Spitzenvertreter der führenden politischen Partei im Land. Zu diesem Zeitpunkt versah ich allerdings kein politisches Amt mehr, daher war meine Einstellung eine private, die allerdings von vielen Menschen geteilt wurde. Von der für jedermann sicht- und spürbaren Abkühlung des Verhältnisses Klestils zu seiner Stammpartei

ÖVP war ich weniger beeindruckt als meine Nachfolger an der SPÖ-Spitze. Zerwürfnisse in anderen Parteien schwächen diese, stärken einen selber aber nicht. Daher sollte man nicht darauf bauen.

Es bildeten sich Komitees für die Wiederwahl Thomas Klestils, denen bekannte Sozialdemokraten angehörten. Namentlich der frühere Wiener Bürgermeister Zilk und sein Nachfolger Häupl taten sich in der Unterstützung Klestils hervor. Man konnte von ihnen hören, der amtierende Bundespräsident habe seine Sache gut gemacht, ein Wechsel zu einer anderen Person biete sich daher nicht an. Außerdem meinten sie, mit Klestil in der Hofburg brauche man sich bei der Bildung der nächsten Bundesregierung insofern keine Sorgen zu machen, als die Fortsetzung der sozialdemokratischen Führungsrolle beim Staatsoberhaupt gut aufgehoben sei. Das stimmte insofern, als Klestil nach dem äußerst schlechten Abschneiden der SPÖ bei der Nationalratswahl 1999 keinen Zweifel daran ließ, trotz der beträchtlichen Stimmeneinbußen von SPÖ und ÖVP wieder eine aus diesen beiden Parteien zusammengesetzte Bundesregierung angeloben zu wollen. Ich bin allerdings der Auffassung, daß Klestil und meinem Nachfolger Klima damals ein folgenschwerer Irrtum unterlaufen ist. Allen Anzeichen nach favorisierte Klestil auch nach dem bestürzenden Mißerfolg der SPÖ Klima als Regierungschef für die kommende Periode. Diese Favorisierung mußte nicht auf persönlicher Sympathie beruhen, sondern entsprach der jahrzehntelang eingehaltenen Tradition, den Spitzenkandidaten der stimmenstärksten Partei mit der Bildung der nächsten Bundesregierung zu betrauen. Inkonsequenterweise jedoch sprach Klestil den Regierungsbildungsauftrag nicht aus; statt dessen ging Klima mit der Aufforderung des Bundespräsidenten aus der Hofburg weg, mit allen im Parlament vertretenen Parteien Sondierungsgespräche zu führen. Der Sinn dieser Vorgangsweise ist für mich bis heute nicht erkennbar. Vielleicht rührt sie aus der Zeit seines (späten) Eintretens in die politische Maschinerie her. Ich verstehe, daß er es schon in seinem ersten Wahlkampf im Jahr 1992 jedermann recht machen oder, mehr pragmatisch gesprochen, die freiheitlichen Stimmen gewinnen wollte. Auch »mein« Präsidentschaftskandidat Rudolf Streicher kämpfte mit diesem Problem (und mit mir). Klestil hatte sich den Satz zurechtgelegt, jede in Österreich demokratisch gewählte Partei sei regierungsfähig. Das ist insofern nicht sehr aussagekräftig, als es im österreichischen Parlament gar keine anderen Parteien als demokratisch gewählte gibt. Wie sonst sollten sie in den Nationalrat kommen als durch demokratische Wahl? Die Regierungsfähigkeit ist politisch-substantiell betrachtet allerdings eine vollkommen andere Kategorie und stellt den Bundespräsidenten vor ein außerordentlich schwierig zu lösendes Problem, mit dem er an der Spitze des Staats völlig allein steht. Kein System, kein Mechanismus kann ihn dabei unterstützen. Er muß entscheiden. Sieht er seine Aufgabe darin, eine Bundesregierung anzugeloben, die von einer gesicherten Mehrheit im Parlament getragen wird, oder nimmt er eine eigenständige politische Position ein und sagt zu einer bestimmten Koalitionskonstellation nein, wenn er begründete politische Argumente für sein Nein hat?

Der Sondierungsauftrag führte zu einem wochenlangen innenpolitischen Palaver mit den unausweichlichen medialen und parteipolitischen Zusatzorchestrierungen und Kakophonien. Letztlich bewirkte er nur die Schwächung dessen, den der Bundespräsident als Bundeskanzler haben wollte.

Klima hätte einen anderen Auftrag Klestils als den der Regierungsbildung niemals annehmen dürfen. Das ist keine späte Einsicht nach erlittenem Fehlschlag; ich habe vielmehr schon in den Herbsttagen 1999 Klima beschworen, sich von Klestil nicht abspeisen zu lassen, sondern nur den eindeutigen Auftrag anzunehmen, die nächste Bundesregierung zusammenzustellen. Vergebens. Klima ließ sich abspeisen und trug damit zur Umsetzung des Klestilschen Irrtums in die politische Realität bei. Sondierungen zu führen hieß, leere Kilometer mit Leuten und Parteien zurückzulegen, die ohnehin keine Gemeinsamkeit vorhatten. Für Klima müssen diese Übungen anstrengend, aufreibend, frustrierend gewesen sein. Immer wieder ließen sich Volksparteileute, angeführt von Klubobmann Khol, in der Öffentlichkeit höhnisch vernehmen, die Kontakte mit Klima hätten keine Fortschritte gebracht, weil er ja keinen Auftrag zur Regierungsbildung habe. Wie sich nachträglich herausstellte, waren sie an solchen auch kaum interessiert.

ÖVP-Obmann Schüssel, ein mittlerweile ausgewiesener Widersacher Klestils, saß derweil im sicheren Hort seiner Taktikküche und konnte nach Belieben seine Fäden spinnen. Zunächst machte er ernste Miene zu seiner Ankündigung, seine Partei in die Opposition zu führen, sollte sie bei der Nationalratswahl im Oktober 1999 nur den dritten Platz erreichen. Es gab Wähler, die diese »Drohung« beeindruckte und die deshalb Schüssels Volkspartei unterstützten; trotzdem landete sie hinter SPÖ und FPÖ nur auf dem dritten Platz. Wollte man dem Wort Schüssels also glauben, mußte man ihn und die anderen ÖVP-Mandatare demnächst auf den Bänken der Opposition im Nationalrat erwarten. Nicht so die Wirklichkeit. Schritt für Schritt ließ er sich »erweichen«, doch für eine Regierungsbeteiligung zur Verfügung zu stehen. Viele, die ihn dazu zu überreden versuchten, hatten allerdings eine Große Koalition im Sinn. Selbst die *Kronenzeitung* versuchte etliche Tage hindurch unter der Rubrik »Von besonderer Seite«, die Wiedererrichtung der rot-schwarzen Bundesregierung zu befördern. Vergeblich.

Nach einigen Wochen der unglückseligen Sondierungen erhielt Klima von Bundespräsident Klestil den formellen Auftrag zur Regierungsbildung. Zu spät, weil in einer innenpolitisch schon recht verfahrenen Situation, und weil Klima, so rechtschaffen er sich bemühte, nach den Sondierungsirrfahrten keinen strahlenden Ankermann einer künftigen Regierung mehr abgeben konnte. Die Verhandlungen der Sozialdemokraten und der Volkspartei erbrachten schlechthin kein Ergebnis mehr, das in beiden Hauptquartieren mit Überzeugung getragen werden konnte. Sofort nach diesem Scheitern anberaumte Koalitions-

gespräche der Volkspartei mit den Freiheitlichen resultierten in
sehr kurzer Zeit, nämlich in zwei Wochen, in einem Koalitions-
paket und einer Ministerliste. Daß diese Einigung so rasch
zustande kam, legt die Vermutung nahe, Volkspartei und Freiheitliche hätten schon während der Sondierungen Klimas verhandelt. Niemand dementierte das, niemand hätte auch etwas
anderes geglaubt.

Viktor Klima war in den Verhandlungen mit Schüssel bis
zum Äußersten dessen gegangen, was ein Sozialdemokrat seiner Partei an Kompromissen und Zugeständnissen zumuten
konnte, nur um den alles in allem genommen erfolgreichen
Weg mit der Volkspartei fortzusetzen und die Haider-FP von der
Bundesregierung fernzuhalten. Es war letztlich Schüssel, der
Klima keinen anderen Weg ließ, als dem Präsidium der SPÖ
Mitte Jänner 2000 den Zusammenbruch der Verhandlungen zu
verkünden und der Mehrheitspartei den Weg in die Opposition
nahezulegen. Die inhaltlichen Vorstellungen der Volkspartei,
die Klima um der Regierungsbildung willen mitgetragen hätte,
wären für die SPÖ außerordentlich schwierig zu vertreten
gewesen. Schüssel beließ es aber dabei nicht, sondern lizitierte
weiter. Die Weigerung des ÖGB-Vertreters im Verhandlungs-
team der SPÖ, Rudolf Nürnberger, dem Verhandlungsergebnis
durch seine Unterschrift die Zustimmung zu geben, war für den
Obmann der Volkspartei Grund, die Koalition nicht anzutreten.
In Wahrheit ein lächerlicher Grund, denn sein Verhandlungs-
gegenüber war Klima und nicht Nürnberger. Es zählte, daß
seine »Chemie« und sein Arbeitsverhältnis mit Klima schon ein
bis zwei Jahre lang nicht intakt gewesen und die Weigerung
Nürnbergers eine willkommene Gelegenheit war, sich hoch-
mütig, längst mit der FP-Koalitionsvariante im Sinn, zurück-
zuziehen. In der Schlußphase der de facto ohnehin schon aus-
sichts- und perspektivlos gewordenen Verhandlungen, die noch
von wilden Attacken der Volkspartei auf den sozialdemokratischen Finanzminister Rudolf Edlinger begleitet waren, verlangte Schüssel für das neue Kabinett die Nominierung eines

parteiungebundenen Finanzexperten für das Amt des Finanzministers. Klima lehnte das Ansinnen ab. Zu Recht. Sollte man das Schlüsselressort schlechthin mit einem partei- und politikfernen Menschen besetzen?

Die Volkspartei einigte sich also mit den Freiheitlichen auf eine neue Bundesregierung. Sie hielt sich viel darauf zugute, daß die verschiedenen beschlossenen Maßnahmen im großen und ganzen mit denen übereinstimmten, die sie auch mit den Sozialdemokraten akkordiert hatte. Daran kann einiges wahr sein. Hat also wirklich nur die Unterschrift Nürnbergers gefehlt? Als Finanzminister wurde für die künftige FP/VP-Regierung mit Karl Heinz Grasser, einem verflossenen Landeshauptmann-Stellvertreter aus Kärnten und späteren Angestellten der Firma Magna, ja kein Experte ausgewählt, schon gar nicht ein Finanzexperte. Noch weniger ein parteiungebundener; er gehörte der Freiheitlichen Partei an. Daß er ihr später, im Jahr 2002, den Rücken kehrte, füllt seine wirtschafts- und finanzpolitische Leere nicht mit Substanz aus. Zieht man die prinzipiell gewerkschaftsfeindliche Einstellung der Bundesregierung nach dem Februar 2000 in Betracht, dann erscheint die Anprangerung Nürnbergers ohnehin in einem eigenen Licht.

Insgesamt bleibt in der Zeitgeschichte also stehen: Bundespräsident Klestil hat Wolfgang Schüssel nicht mit der Bildung einer Bundesregierung betraut. Dem Dritten unter vieren einen solchen Auftrag zu geben, wäre für österreichische Erfahrungen und Verhältnisse auch mehr als ungewöhnlich gewesen. Schüssel allerdings kümmerte das nicht im Geringsten. Nach dem Scheitern der Verhandlungen mit Klima einigte er sich mit Haider und trug dem Bundespräsidenten seine Regierung an. Thomas Klestil war politisch, auch persönlich, unangenehm berührt. Das hatte einen recht triftigen Grund: Welcher Bundespräsident war je mit einer fix und fertigen Ministerliste, einem Regierungsübereinkommen und einem zur Übernahme des Bundeskanzleramts eindeutig entschlossenen politischen Taktierer konfrontiert, einem Besucher, der nun einmal im Haus

Platz genommen hatte und keine Anzeichen erkennen ließ, freiwillig wieder wegzugehen? Vor der Angelobung sandte Schüssel eine Liste des von ihm geplanten Kabinetts an den Bundespräsidenten. Klestil strich zwei Namen weg, nämlich Thomas Prinzhorn, vorgesehen als Bundesminister für Finanzen, und Hilmar Kabas, vorgesehen als Bundesminister für Landesverteidigung. Der designierte Bundeskanzler setzte statt Prinzhorn Karl Heinz Grasser, statt Kabas Herbert Scheibner ein. Ansonsten fügte sich Klestil in die Situation. Er machte kein Hehl aus seiner Abneigung gegen eine von Schüssel geführte FP/VP-Regierung, vollzog aber dennoch deren Angelobung auf die Bundesverfassung. Er tat das mit schwer verdrossener Miene. Ich nehme ihm seine Aversion gegen diese Regierung, gegen ihre Entstehungsgeschichte und gegen die Abwicklung der ganzen Aktion ab. Doch leider muß ich den Schluß ziehen: Ein Staatsoberhaupt, das die Regierung eines Nichtbeauftragten und ihn selber auf die Verfassung angelobt, läuft Gefahr, ein Präjudiz für alle kommenden Selbsternannten und Nichtbeauftragten zu setzen.

Immer wieder wird eingewendet: Die FP/VP-Regierung ist doch demokratisch gewählt. Dieser Einwand ist allerdings deshalb nur bedingt stichhaltig, weil in Österreich nicht Regierungen, sondern politische Parteien beziehungsweise deren Kandidaten für die Nationalratsmandate gewählt werden. Daß die solcherart gewählten politischen Parteien frei sind, nach ihrem Dafürhalten Koalitionen zu bilden, bestreite ich selbstverständlich nicht. Trotzdem steht ein politisches Korrektiv darüber, nämlich das Kalkül des Bundespräsidenten, eine bestimmte Koalition im Interesse des Staats für richtig zu halten oder nicht und daraus die Schlußfolgerung zu ziehen, ob er ein solches Kabinett auf die Verfassung angeloben will oder eben nicht. Vor einer solchen Entscheidung steht ein Bundespräsident insbesondere dann, wenn die ihm angediente Koalition nicht die einzige denkbare Regierungsvariante ist.

Die FP/VP-Regierung erntete Anfang Februar 2000 Reaktionen zwischen freudiger Zustimmung, herber Kritik und völliger Ablehnung. Tausende Österreicher kritisierten diese Konstellation und ihre Protagonisten harsch, es gab Straßendemonstrationen in einem Ausmaß, wie sie die Republik aus einem solchen Anlaß vorher kaum gekannt hatte. Es entstand die mehr als abenteuerliche und auch beschämende Situation, daß ein österreichischer Bundeskanzler sein Kabinett zur Angelobung durch den Bundespräsidenten auf unterirdischem Weg führen mußte, weil er den oberirdischen Gang über den Ballhausplatz für zu gefährlich hielt oder der Courage entbehrte, sich einer »haarigen« Situation zu stellen. Mundflinke Rhetorik korrespondierte eben nicht mit der Bereitschaft, den harten Fakten des Politikerdaseins Aug in Aug gegenüberzutreten.

Die Regierungen der vierzehn anderen EU-Staaten gingen auf deutliche Distanz zu ihren neuen österreichischen Kollegen, weil sie mit einer Regierung des Alpenlands nichts zu tun haben wollten, in der Haider nicht nur verankert war, sondern sogar den Ton angab. Die vierzehn Regierungschefs einigten sich auf eine bestimmte Verhaltensweise der klaren Distanz zum neuen österreichischen Bundeskanzler und seinen Regierungsmitgliedern. Sie lösten dadurch eine Einigungsbewegung eines beträchtlichen Teils der Österreicher und der meisten heimischen Medien zugunsten der neuen Regierung aus und belegten damit, daß es ihnen an politischer Beurteilungskraft mangelte. Im Endeffekt sprachen sich im Inland sogar Leute gegen diese Vorgangsweise der vierzehn Regierungschefs aus, die mit Blau/Schwarz nicht das Geringste zu tun haben wollten. Es trat der bekannte österreichische Reflex ein: Vom Ausland lassen wir uns nichts dreinreden. Findet eine solche Einmischung statt, sind wir für das, wogegen wir sind. Klestil wurde verdächtigt, sich die Distanzierungen des Auslands – bekannt unter der wehleidig-hochtrabenden Bezeichnung »Sanktionen« – bestellt zu haben. Klima warfen die Regierungsvertreter und die sie unterstützenden Medien – also die meisten – vor, die Maschinerie der Sozialistischen Internationale gegen die Koalition angeworfen zu haben. Absurde Vorwürfe. Wie hätte solches unter Mitwirkung konservativer Staats- oder Regierungschefs wie Chirac oder Aznar funktionieren sollen?

Sehr bald wurden alle Protestpapiere Makulatur. Eine internationale »Weisenkommission«, die von den Vierzehn nach Österreich geschickt wurde, verfaßte einen beschwichtigenden Bericht, auf dessen Grundlage die meisten Regierungschefs der EU-Staaten auf Umkehrkurs einschwenkten. Im Gedächtnis vieler blieb die verdrossene Miene des Bundespräsidenten bei der Angelobung der Regierung. Die prompte und eindeutige Beauftragung Klimas mit der Regierungsbildung hätte dem Präsidenten und der Republik die Irrwege des Winters 1999/2000 möglicherweise erspart. Sicher ist das nicht; man hätte sich aber auf bewährte Vorgangsweisen gestützt und das politische Risikopotential begrenzt.

Ich will Bundespräsident Klestil nicht in erster Linie kritisieren, sondern die Frage nach der Alternative aufwerfen, die er allenfalls gehabt hätte. Schüssel zurückzuweisen, der ihm über das Zustandekommen eines Kabinetts berichtete, welches von einer ausreichenden Mehrheit im Nationalrat gestützt würde, und Klima erneut ins Rennen zu schicken, hätte eine quälende innenpolitische Malaise bloß verlängert. Wahrscheinlich hätte Klima ein solches Mandat gar nicht angenommen. Verblieb als Alternative für den Präsidenten, dem von ihm unerwünschten Kabinett die Angelobung auf die Bundesverfassung zu verweigern. Zweifellos ein als sensationell empfundener Schritt angesichts der sicheren parlamentarischen Mehrheit für Schüssels Vorschlag. Allerdings ein prinzipieller und konsequenter Schritt, da der Präsident davon ausgehen konnte, er habe den als Dritten aus der Nationalratswahl Hervorgegangenen nicht mit der Regierungsbildung beauftragt. Entsprechend allen Regeln der politischen Abläufe hätte nach etlicher Zeit des Taktierens, Argumentierens und Protestierens die fraglos folgende innenpolitische Krise in einer baldigen neuerlichen Nationalratswahl geendet. Nicht von der Hand zu weisen ist die Vermutung, Freiheitliche und Volkspartei hätten dabei ihre gemeinsame parlamentarische Mehrheit behauptet, und der Präsident hätte schlecht ausgesehen. Sein Rücktritt vom Amt hätte wohl die reale Antwort auf die letztlich von ihm herbeigeführte kritische Situation sein müssen. Thomas Klestil hätte ein wichtiges Kapitel Geschichte geschrieben, um einen von ihm sicher als zu hoch empfundenen Preis. Daß er ihn nicht zahlen wollte, war seine Entscheidung. Niemand konnte sie ihm abnehmen.

OSZE konkret: Die Albanienmission

Die Organisation für Sicherheit und Zusammenarbeit in Europa (OSZE) ist das Ergebnis der Konferenz für Sicherheit und Zusammenarbeit in Europa (KSZE), die 1975 in Helsinki eröffnet wurde. Das Konferenzgeschehen, auch unter der Bezeichnung Helsinki-Prozeß bekannt, ging im Jahr 1990 in Paris mit der feierlichen Unterzeichnung des Grundsatzdokuments der KSZE durch die Staats- bzw. Regierungschefs der Mitgliedstaaten zu Ende. Die damit verwirklichte Grundidee besteht in der Verpflichtung der Unterzeichnerstaaten, Demokratie, Menschenrechte und den Rechtsstaat bei Gefährdung zu verteidigen und zwar nicht nur im eigenen Land, sondern auch in den anderen KSZE-Staaten. Die revolutionierende politische Neuerung sind also die völkerrechtlich festgeschriebene Legitimation und Aufgabe, sich in die Verhältnisse und Vorkommnisse anderer Mitgliedstaaten »einzumischen«, sofern das wegen der Verletzung von KSZE-Grundsätzen erforderlich ist.

Die Konferenz für Sicherheit und Zusammenarbeit in Europa entwickelte sich kontinuierlich weiter. Da sie bald über eine bloße Konferenz hinausgewachsen war, kam man überein, sie in »Organisation für Sicherheit und Zusammenarbeit in Europa« umzubenennen.

Die politische Gestion der OSZE-Angelegenheiten übernimmt ein Vorsitzland aus dem Kreis der Mitglieder, die konkrete Wahrnehmung des jeweils ein Jahr dauernden Vorsitzes obliegt dem Außenminister des Vorsitzlandes. 1997 war dies der dänische Außenminister Niels Helveg Petersen. Bald nachdem ich den Ballhausplatz verlassen hatte, im März 1997, erkundigte er sich bei mir, ob ich als sein persönlicher Repräsentant im

Zusammenhang mit dem Problemfall Albanien fungieren wolle. Ich überlegte einige Tage und sagte dann zu.

In Albanien waren schwere Unruhen ausgebrochen, es gab bewaffnete Auseinandersetzungen, und die Regierung des Präsidenten Sali Berisha, Chef der Demokratischen Partei, schien des Chaos nicht mehr Herr zu werden. Grund genug für den OSZE-Vorsitzenden, den Mechanismus in Gang zu setzen, der bei Risikosituationen in einem Mitgliedsland vorgesehen ist. Das heißt, den OSZE-Regeln entsprechend, daß man die politisch Verantwortlichen des Mitgliedslandes auf die Einhaltung demokratiepolitischer und rechtsstaatlicher Grundprinzipien verweist und nötigenfalls von außen eingreift, um die Wiederherstellung der politischen und staatlichen Ordnung zu bewirken.

Eine solche Situation war nun in Albanien eingetreten. Noch im Jahr 1992 hatte man einigermaßen hoffnungsvoll sein können: In diesem Jahr löste sich das Land mit dem Wahlsieg der Demokratischen Partei Berishas aus dem Würgegriff eines kommunistischen polizeistaatlichen Systems, das Albanien über Jahrzehnte in einem Käfig der absurdesten Abschottung gegenüber Ausland, Modernität und Entwicklung gehalten hatte. Das Land mit zauberhaften Adriastränden vor einer wild zerklüfteten Gebirgslandschaft litt und leidet immer noch an einem bitteren Defizit an Verkehrs-, Gesundheits- und Bildungsinfrastruktur. Die kommunistischen Befehlshaber an der Staatsspitze, zuerst Enver Hodscha, später Ramiz Alia, hatten ideologisch, wirtschaftlich und militärisch nicht beim großen Bruder in Moskau, sondern in Peking angedockt. Jede Art von Internationalität blieb dabei auf der Strecke. Ich fand noch Jahre nach dem Ende dieses Regimes einige seiner haarsträubenden Relikte vor. So überzogen die Hodscha-Leute das Land mit 700 000 in die Erde eingebunkerten steinernen Einmannunterständen, ausgestattet mit Schießscharten. Gegen ausländische Fallschirmspringer – gemeint waren die der NATO – dachte man sich durch in Hausmauern und Zäune einbetonierte, nach oben ragende Eisenspitzen zu schützen. Straßen an die Adriastrände durften nicht gebaut werden, um Invasoren vom Meer her keine Zugänge zum Landesinneren zu eröffnen. Beträchtliche Teile der Bevölkerung vegetierten in unbeschreiblichen Zuständen dahin. Viele Hoffnungen, die nach der Einführung der Demokratie wuchsen, blieben allerdings ohne Erfüllung. Der Mediziner Sali Berisha, im Jahr 1992 erster frei gewählter Präsident des Landes, paßte insofern in die Schablone vieler ehemaliger Ostblockpolitiker, als er selber als Leibarzt Hodschas aus dem Dunstkreis der früheren kommunistischen Machthaber hervorgegangen war. In den ersten Jahren seiner Präsidentschaft verkörperte er aber doch die Hoffnung, daß das Land sich nach außen öffnen und es allmählich zu einer pluralistischen, liberalen Gesellschaft kommen würde. Er nahm an den Zusammenkünften der internationalen Organisationen – unter anderem der OSZE – teil und besuchte mich im Wiener Kanzleramt. Die albanische Demokratische Partei wurde Mitglied der Europäischen Demokratischen Union (EDU), der Dachorganisation der europäischen Konservativen. Es war in erster Linie Berisha, der nicht ohne Erfolg und ohne Beachtung im westlichen Ausland für sein Land und die von ihm verantwortete Politik warb. Und es war Berisha, der seinen Landsleuten die vielversprechende Perspektive der Marktwirtschaften des freien Westens näherbrachte und als Ziel definierte, um die dringend notwendige Verbesserung ihres Lebensstandards zu bewerkstelligen.

In der zweiten Hälfte der neunziger Jahre kam die nach Freiheit und Wohlstand dürstende Bevölkerung Albaniens innerhalb kurzer Zeit in Berührung mit der himmelhochjauchzenden und mit der niederschmetternden Facette des primitiven Kapitalismus. Es bildeten sich Investmentgesellschaften, sogenannte Pyramidengesellschaften, die Bareinlagen hereinnahmen und Kredite gewährten. Für die überwiegende Mehrheit der Kunden dieser Gesellschaften bedeutete die Einzahlung eines Geldbetrags gleichzeitig dessen Verlust. In nicht wenigen Fällen verschwand das von den Gesellschaften verborgte Geld mit dem Kreditnehmer. Das Hauptproblem aber bestand darin, daß man zweistellige Zinsrenditen pro Monat versprochen hatte, Renditen, die die Investmentgesellschaften nicht einhalten konnten. Die Albaner hatten aber an der Idee des schnell und leicht verdienten Geldes so großen Gefallen gefunden, daß sie immer wieder Geld zusammenkratzten und es zu ihrer »Pyramide« trugen. Schritt für Schritt fielen diese Gesellschaften dann wie Kartenhäuser in sich zusammen, weil sie ihre übertriebenen Zinsversprechen nicht einlösen konnten. Der Schock für die Albaner kann nicht drastisch genug geschildert werden. Fünfzig Jahre hindurch waren sie von einer regelungsbesessenen Obrigkeit gelenkt und geleitet worden. Eigenverantwortung zu tragen war ihnen daher fremd. Also wies man die Schuld an den Verlusten weniger den Gesellschaften zu als der politischen Führung des Landes in Person des Präsidenten Berisha, der ja die Segnungen der freien Marktwirtschaft gepredigt hatte. Die Wut richtete sich auch gegen die Journalisten, von denen man rechtzeitige Warnungen erwartet hätte, war man doch Jahrzehnte hindurch gedrillt worden, alles Wichtige den gleichgeschalteten Medien zu entnehmen.

Berisha befand sich in einer gefährlichen Situation. Einrichtungen wie etwa eine Finanzmarktaufsicht gab es überhaupt nicht, eine Zurücknahme des nun schon eingeführten Marktwirtschaftssystems kam für den Präsidenten auch nicht in Frage. Nach der Auffassung vieler hatte das politische System sie wirtschaftlich umgebracht, und es mußte nach den traditionellen Regeln Rache genommen oder Vergeltung an den Übeltätern geübt werden. Und der erste Repräsentant der Übeltäter war eben Berisha. Zu dieser wahrlich nicht geringen kam eine weitere, politisch ebenfalls äußerst brisante Problematik hinzu. Berisha wurde von den Oppositionsparteien, allen voran den Sozialisten, zunehmend politisch bedrängt. Die Reaktion seines Systems ließ so manche Oppositionelle hinter Gittern verschwinden, darunter den sozialistischen Spitzenpolitiker Fatos Nano. Es regte sich zunehmend Unruhe wegen des brutalen und gesetzeswidrigen Vorgehens von Polizei und Geheimdienst.

Bei den Parlamentswahlen 1996 wurden die Regeln des Europarats und der OSZE verletzt, wie ein Bericht des OSZE-Vorsitzlandes Schweiz feststellte; Stimmbürgern wurde die Teilnahme an der Wahl gewaltsam verweigert, andere wieder wurden von bewaffneten Polizisten in die Zellen begleitet, die ihnen beim Wählen »über die Schulter schauten«.

Aus diesen Einzelheiten fügte sich das außerordentlich unruhige Gesamtbild Albaniens zu Beginn des Jahres 1997: eine wütende Bevölkerung, die den Verlust ihrer kargen Ersparnisse beklagte und ihre politische Obrigkeit dafür zur Verantwortung zog; Opposition und »normale« Staatsbürger, die unter Polizeiwillkür litten; eine politische Führung, zu der ausländische Regierungen zunehmend auf Distanz gingen. In fast allen Landesteilen, besonders im Süden, bildeten sich bewaffnete Selbsthilfegruppen, die sich Bürgerkomitees nannten, Bürgermeister absetzten oder zumindest die gewählten Organe mißachteten. Das latent vorhandene Bandenwesen breitete sich immer mehr aus. Viele Polizei- und Armeeangehörige hatten aus Zorn über ihre finanziellen Verluste ihre Dienststellen verlassen, Häftlinge entwichen aus den Gefängnissen, weil das Wachpersonal einfach verschwunden war.

Am 4. März 1997 übernahm ich formell das Mandat als persönlicher Repräsentant des amtierenden Vorsitzenden der OSZE. Meine Aufgabe war es, die Einhaltung der OSZE-Grundsätze im Mitgliedsland Albanien wiederherzustellen. Mit der nächstbesten Kursmaschine der Austrian Airlines flog ich nach Tirana, um die Lage an Ort und Stelle persönlich zu erkunden. Die ersten Wege führten mich zu Präsident Berisha und zu Ministerpräsident Bashkim Fino. Beide berichteten mir über die ausgebrochenen Unruhen, Fino besorgt, aber ruhig, Berisha voller Emotionen. Er wies den Sozialisten die Schuld an der Destabilisierung zu; die Bürgerkomitees bezeichnete er schlicht als Rebellen. Es zeigte sich für mich sehr bald, daß das Land in einer zweifachen Gefahr schwebte. Erstens drohten die Grenzen zwischen den bewaffneten Bürgerkomitees und kriminellen

Banden zu verschwimmen. Oft kam es zu Schießereien zwischen verschiedenen Gruppen, die aus nicht mehr als zehn bis fünfzehn Personen bestanden und die sich gar nicht vorwiegend aus politischen Motiven bekriegten, sondern Einbruch und Diebstahl auf ihre Tages- (oder Nacht-) Ordnung gesetzt hatten. Zweitens war eine prekäre Entwicklung insofern zu befürchten, als Berisha und seine Demokratische Partei über eine besonders im Norden des Landes beträchtliche und gut organisierte Anhängerschaft verfügten. Zusätzlich zu den verschiedenen parteipolitischen Affinitäten dürfte noch die inneralbanische Teilung in die im Norden lebenden Gegen und die den Süden bevölkernden Tosken ins Gewicht gefallen sein. Die Wiener Historikerin Henriette Riegler weist das in ihren geschichtswissenschaftlichen Studien ebenfalls nach. Das Risiko einer physischen Auseinandersetzung zwischen dem »Berisha-Norden« und dem eher sozialistischen Süden war also nicht von der Hand zu weisen.

Mein erster Kontakt mit Berisha in Tirana verlief mühsam, weil der Präsident wegen des kritischen Berichts des Vorsitzlandes Schweiz über die Parlamentswahlen 1996 nicht gut auf die OSZE zu sprechen war. Meine Absicht, auch die Bürgerkomitees anzuhören, wollte er überhaupt nicht verstehen und akzeptieren. Ich war zu Berisha allerdings auch nicht nur liebevoll, weil er sich vom Anfang bis zum Schluß meiner Mission nicht abgewöhnen konnte, im voraus Presseaussendungen zu plazieren, die entweder mit unseren Gesprächen nichts zu tun hatten oder überhaupt Gegenteiliges aussagten. Einer Meinung waren Berisha, Fino und ich jedoch über die höchst angespannte Sicherheitssituation im Land und darüber, daß militärische Hilfe von außen erforderlich sei. Der Präsident und der Ministerpräsident richteten daraufhin am 13. März 1997 ein Schreiben dieses Inhalts an die Westeuropäische Union, den militärischen Arm der Europäischen Union, beziehungsweise an den EU-Ratspräsidenten, den niederländischen Regierungschef Wim Kok.

Albaniens Probleme genossen in Mittel- und Westeuropa nicht eben Priorität. Nach Bosnien wollte man nicht schon wieder einen Problemfall am Balkan aufgehalst bekommen. Daß viele im übrigen im Albanien-Problem eine etwas kleinere Ausgabe der Bosnien-Krise sahen, erleichterte meine Aufgabe nicht. Als ich das Ersuchen der albanischen Führung nach militärischer Hilfe von außen öffentlich unterstützte, bekam ich etwa vom deutschen Verteidigungsminister Volker Rühe zu hören: »Die Neutralen glauben, wir können überall Truppen hinschicken, wo es ein Problem gibt.« (Wer weiß, was sich ein deutscher Verteidigungsminister sonst noch alles über »die Neutralen« denkt?)

Schon nach den ersten Erkundungen und Kontakten war mir klar, daß ich zwei Aufgaben zu erfüllen hatte: Ich mußte in Albanien eine Diskussion zwischen den rivalisierenden Gruppen in Gang bringen und zweitens die zurückhaltende und nach zusätzlichen Einsätzen am Balkan nicht gerade hungernde internationale Gemeinschaft informieren und zur Mitwirkung gewinnen. Die Analogie zu Bosnien war ein Trugschluß. Der Gegensatz zwischen Gegen und Tosken war keinesfalls mit dem von Serben und Kroaten in Bosnien verschuldeten Vernichtungskrieg auf eine Stufe zu stellen. Überdies gab es in Albanien keine Fernsteuerung von anderen Zentralen, wie im Fall Bosnien von Belgrad und Zagreb. Alle Streitparteien rekrutierten sich aus Albanern, einander feindlich gesinnte Religionsvertreter gab es nicht. Die albanischen Bürger sind überwiegend Moslems, die mit den Vertretern anderer Religionen ein unkompliziertes Verhältnis pflegen. In mehreren Gemeinden, die ich besuchte, präsentierte man mir die Dreieinigkeit aus Mullah, orthodoxem Popen und katholischem Priester als verläßliche Stütze der Stabilität. Auch das Gespenst Großalbanien, das manche westliche Wortmelder immer wieder zu strapazieren versuchen, besitzt in Albanien selbst so gut wie keine Attraktivität. Versteht man Großalbanien als eine staatliche Zusammenfassung all der Gebiete, in denen mehrheitlich oder ausschließlich Albaner leben, würde das den Staat Albanien, die ehemals jugoslawische autonome Provinz Kosovo und den westlichen und nordwestlichen Teil Mazedoniens betreffen. Die Albaner des Staates Albanien, die ein halbes Jahrhundert von den kommunistischen Diktatoren wie in einer politisch geschlossenen Anstalt gehalten wurden, hatten das »Privileg«, sich zum Armenhaus Europas zu »entwickeln«. Die im Kosovo und in Westmazedonien wohnenden Albaner im Jugoslawien Titos und danach waren bis zu ihrer Verfolgung in der Milošević-Ära ihren Brüdern zwischen Ochridsee, Adriaküste und nordgriechischer Grenze an Bildung und Lebensstandard so meilenweit voraus, daß sie mit ihnen nichts zu tun haben wollten. Das »Zusammenfinden« gab es also nicht. Die Albaner ihrerseits, traditionell mit ihrem Adrianachbarn Italien verbunden, suchten so gut wie keinen Anschluß an die UČK (Kosovo Befreiungsarmee) und damit an die komplizierten Auseinandersetzungen mit Belgrad. Die Topographie und die jämmerliche Verkehrsinfrastruktur leisten ein übriges: Auf dem Landweg kommt man im größten Teil des Nordens und im Nordosten aus Albanien fast nicht hinaus und aus der Nachbarschaft nach Albanien fast nicht hinein.

Nach dem Abschluß meiner ersten Fact-finding-Mission kehrte ich nach Wien zurück. Die OSZE hatte mir ein Büro und die nötige Infrastruktur zur Verfügung gestellt, damit ich meine weiteren Schritte planen konnte. Personell stützte ich mich auf den österreichischen Diplomaten Aurel Saupe, der auch schon meinem Kabinett im Bundeskanzleramt angehört hatte. Die Leiterin der OSZE-Abteilung im Wiener Außenministerium, Jutta Stefan-Bastl, war ebenso eine ausgezeichnete Beraterin, wie der Generalsekretär der OSZE, Giancarlo Aragona, ein unverzichtbarer Spiritus rector der organisatorischen Abläufe war. Die Botschaft der Vereinigten Staaten bei der OSZE in Wien stellte Elizabeth Bonkowsky zur Mitarbeit frei, und OSZE-Sprecherin Melissa Fleming sorgte für die komplexe mediale Abdeckung der langwierigen Operation. In Tirana unterstützte der

411

österreichische Botschafter Georg Caliche umsichtig meine schwierige Mission.

Eine österreichische Privatinvestition in Tirana kam mir während meiner zahlreichen Aufenthalte dort sehr zugute: das Hotel Europapark, errichtet vom Kärntner Baumeister Robert Rogner. Ich konnte dort wohnen und auch meine zahlreichen Gesprächs- und Verhandlungspartner treffen. In der von Schießereien, Demontage und Vandalismus mitgenommenen Stadt war dieses Hotel wahrscheinlich eines der wenigen, wenn nicht das einzige Gebäude, in dem der anstrengende Arbeitstag von zwölf bis vierzehn Stunden bewältigt werden konnte. Das österreichische Gendarmerieeinsatzkommando (GEK) unter der Führung von General Johannes Pechter sorgte nicht nur für meinen Personenschutz und den Schutz von Botschaftsgebäude und -personal während der schwierigen Zeit, sondern widmete sich auch noch der Ausbildung des albanischen Sicherheitspersonals, über welches es manche abenteuerliche Geschichte zu berichten wußte.

Nach der Rückkehr nach Wien, um mein Büro zu organisieren, wollte ich so rasch wie möglich wieder in die albanische Hauptstadt reisen, um Aussprachen mit den diversen gegnerischen Gruppen zu führen, vor allem aber, um Gespräche zwischen den Parteien in Gang zu bringen und mit den Bürgerkomitees des Südens zusammenzukommen. Letzteres sehr zum Mißvergnügen Berishas. Zwei Tage vor meiner geplanten Abreise von Wien nach Tirana entbrannten in der Hauptstadt und in Rina – dem Vorort, in dem der internationale Flughafen liegt – heftige Schießereien. Austrian Airlines und sämtliche anderen Fluggesellschaften, die Tirana regelmäßig anflogen, sagten ihre Kurse ab. Das erste große Hindernis meiner Mission? Eigentlich nicht. Aragona stellte eine Verbindung zu seiner Regierung in Rom her, und die schaltete schnell: Pünktlich zur geplanten Abflugzeit stand ein Flugzeug der italienischen Luftstreitkräfte bereit. Ein NATO-Flugzeug in Schwechat? In diesem Fall kein Problem. Die Italiener brachten meine Begleitung und mich nach Brindisi, ein Militärhubschrauber transportierte uns weiter. Wir landeten an Bord eines italienischen Helikopterträgers im Adriatischen Meer, nicht allzu weit von der albanischen Küste entfernt. Der italienische Botschafter in Tirana hatte mittlerweile die Anreise wichtiger Vertreter der Bürgerkomitees organisiert, die ebenfalls mit italienischen Hubschraubern auf den Helikopterträger befördert wurden. Bei ihrer Landung an Bord spielten sich einige unliebsame Szenen ab, weil die Komiteevertreter so lange nicht aus den Hubschraubern aussteigen wollten, als die italienischen Soldaten ihre in Anschlag gehaltenen automatischen Waffen nicht einzogen. Die unbewaffneten stolzen »Söhne der Adler« lehnten es ab, wie Verdächtige in Empfang genommen zu werden. Nach einigem Hin und Her fand man eine Lösung, und alle Gesprächsteilnehmer begaben sich unter Deck an den Verhandlungstisch.

Die viele Stunden dauernde Unterredung war von einigen Problemen begleitet. Sofern die Ankömmlinge überhaupt einer Fremdsprache mächtig waren, handelte es sich um Italienisch oder Griechisch. Kein einziges Mitglied meiner Delegation konnte Griechisch, und mein eigenes Italienisch wiederum war nicht erwähnenswert. Wir mußten also umständlich vom Albanischen ins Italienische und von dort ins Englische übersetzen und vice versa. Meine Sorge, die vorhandene Zeit würde für diesen Vorgang nicht reichen oder der Sinn der Argumentationen würde auf der Strecke bleiben, war berechtigt. Häufig mußten wir an den Beginn gesprochener Sätze zurückkehren, um den verlorengegangenen Verhandlungsfaden wieder aufzunehmen. Zum anderen – und das war das ernstere Problem – war die Suche nach Verständigung, nach gemeinsam zu erarbeitenden Lösungen, nach zukunftsfähigen Vereinbarungen zwischen den albanischen Konfliktgruppen für die Komiteeführer weder verständlich noch ihnen unmittelbar willkommen. Ihr Zorn auf Berisha und die ganze ihn umgebende politische Klasse – nicht nur DP-Leute – war so ausgeprägt, daß sie nichts anderes wollten, als diese Politoberschicht rasch loszuwerden.

In der Anwendung der Mittel zu diesem Zweck waren sie nicht wählerisch. Mein Plädoyer, das würde nur zusätzliches Chaos bewirken, nahm einige Stunden in Anspruch. Die sprichwörtlichen Engelszungen waren zu bemühen, ehe ich wenigstens einige der Wortführer zum Zuhören und zum Eingehen auf meine Vorschläge bewegen konnte. Bei anderen gelang das kaum. Große Durchbrüche konnte ich nach ein paar Stunden des Radebrechens von Menschen nicht verlangen, die auf einem schwankenden Schiff unter Deck von wildfremden Menschen umgeben waren und erstmals mit Ideen konfrontiert wurden, denen sie äußerst mißtrauisch gegenüberstanden. Vertrauen in meine Person und in meine Vorstellungen zu begründen war mein oberstes Anliegen in diesen ersten Stunden der Begegnung.

Manchmal im Leben kommt ein Zufall zu Hilfe. Diesmal war es ein Anruf der amerikanischen Außenministerin Madeleine Albright. Ich wurde an Deck gerufen und telefonierte dort mit Albright, die mir zu einigen wichtigen Aspekten der Albanien-Thematik ihre Auffassungen mitteilte und mir im übrigen Erfolg wünschte. Per Satellit im Gespräch mit dem State Department, wie ein Bürgerkrieg im Land der Skipetaren zu vermeiden sei; das alles auf dem Deck eines italienischen Kriegsschiffs in der sonnigen Adria. Die Zeit war zu kurz, um die skurrile Situation auskosten zu können. Die Bürgerkomitees warteten unter Deck. Die Gesichter einiger »Rebellen« hellten sich auf, als ich ihnen erzählte, sogar die amerikanische Außenministerin interessiere sich für uns und wünsche uns viel Glück.

Wir debattierten noch etliche Stunden. Meine grundsätzliche Botschaft, mit Waffengewalt sei – auch im Interesse der Bürgerkomitees – überhaupt nichts zu gewinnen, stieß auf zunehmend weniger Bedenken als zu Beginn des Diskurses. Wir vereinbarten, in Kontakt zu bleiben, und wurden zu unseren Ausgangsorten zurückgeflogen. Wie bedeutend dieses erste vertrauensbildende Abtasten auf hoher See war, erfuhr ich erst Monate später im südalbanischen Gjirokastra, nachdem die schlimmsten Streitigkeiten beigelegt waren. Ich traf dort Vertreter der Bürgerkomitees, und sie versicherten mir lachend und schulterklopfend, wie wichtig es gewesen sei, daß sie und ich bereits auf dem italienischen Kriegsschiff den Grundstein für eine friedliche Lösung gelegt hätten.

Davon war ich in diesen Märztagen des Jahres 1997 freilich noch weit entfernt. Ich mußte meine auf dem Reißbrett einigermaßen fertige Strategie mit politischem Leben erfüllen. Das hieß, im Inneren Albaniens Vertrauen bilden, Verhandlungskultur herstellen und gewaltsame Auseinandersetzungen ächten, im Ausland aktive Unterstützung dafür gewinnen. Zu diesem Zweck mußte ich bei den Regierungen dreier Staaten ansetzen, in erster Linie in den beiden Ländern, mit denen Albanien wirtschaftlich und traditionell auf das engste verbunden ist: Italien und Griechenland. Wichtig waren auch die Niederlande, die im ersten Halbjahr 1997 die EU-Präsidentschaft innehatten. Anfang April besprach ich in Rom mit Regierungschef Romano Prodi, Außenminister Lamberto Dini und Verteidigungsminister Beniamino Andreatta die Lage, ersuchte um militärisches und Sicherheitspersonal und bekam vorbehaltlose Unterstützung. Prodi sagte beim Abschied: »Wir geben dir militärische und sonstige Unterstützung. Schließlich muß Italien im Adriaraum für Ordnung sorgen.« Unmittelbar danach reiste ich nach Athen zu einer Aussprache mit Premierminister Kostas Simitis, dem albanischen Regierungschef Bashkim Fino und Hollands Außenminister Hans van Mierlo. Gemäß der Natur der Dinge waren die Gespräche extrem problembeladen, sie liefen aber doch recht gut ab, wahrscheinlich nicht zuletzt deshalb, weil ich allen noch kurz zuvor als österreichischer Bundeskanzler, also als einer der Ihren, gegenübergesessen war.

Die Aussprache mit van Mierlo war insofern von großer Bedeutung, als sie ein anderes im internationalen Getriebe immer wieder auftauchendes Syndrom bloßlegte, nämlich den eifersüchtigen Zuständigkeitswettbewerb der Institutionen. So meinte der Niederländer anfänglich recht diplomatisch höflich, aber deutlich genug, die politisch und wirtschaftlich mächtige

EU habe doch die weitaus besseren Voraussetzungen, sich des Albanienproblems anzunehmen, als die humanitär und demokratiepolitisch zwar großartige, aber doch irgendwie zahnlose OSZE. Außerdem machte er darauf aufmerksam, daß für die Wahrung der Prinzipien der Demokratie und des Parlamentarismus der Europarat zuständig sei und nicht die OSZE. Van Mierlo konnte oder wollte sich offenbar nicht den Vorwurf machen lassen, in einer wichtigen und ernsten europapolitischen Situation spiele die Präsidentschaft der EU keine angemessene Rolle. Ich drehte den Spieß um und argumentierte, daß der starke politische und ökonomische Rückhalt der EU, die Kompetenz des Europarats und überdies eben die Einhaltung der rechtsstaatlichen Grundprinzipien der OSZE für die Befriedung Albaniens nötig seien. Und da ich nun schon einmal das Mandat innehätte, würde ich eben für eine optimale Koordination sorgen. Simitis hielt das alles für gut, und van Mierlo erklärte sich im Endeffekt einverstanden und versprach, diese Linie zu vertreten. Damit waren auch die Niederlande gewonnen.

Blieb als letzte Hürde der Europarat. Am 5. Mai 1997 tagte der Außenministerrat dieser altehrwürdigen europäischen Institution in Straßburg. Unter tatkräftiger Mithilfe Aurel Saupes organisierte der Generalsekretär des Europarats, der Schwede Daniel Tarschys, in seiner Residenz ein informelles Treffen der Außenminister, bei dem ich meine bisher gesammelten persönlichen Eindrücke von der Lage in Albanien darstellen sollte. Ich deponierte meine Überzeugung, ohne die Unterstützung ausländischer Sicherheitskräfte könne weder eine innere Stabilisierung Albaniens gelingen noch sei an eine zukunftsfähige Neuordnung zu denken. Die anwesenden Minister stellten interessierte Fragen, eine durchgehende Meinung wollte sich aber nicht so recht herausbilden. Nach einigen Diskussionen sagte einer mit ruhiger und fester Stimme: »Wenn wir den Bürgerkrieg in Albanien vermeiden und das Chaos der Gewalt beenden wollen, kommen wir doch gar nicht darum herum, den Vorschlägen Vranitzkys zu folgen und seine Bemühungen zur

Koordinierung der multilateralen Aktivitäten zu unterstützen.« Der Bann war gebrochen, alle stimmten zu. Der das Wort ergriffen hatte, war ein Nestor in der Politik seines Landes und im internationalen Geschehen. Jewgenij Primakow, Außenminister Rußlands.

Die Mitwirkung des Europarats sollte meinen Plänen zur Abhaltung allgemeiner Wahlen noch sehr zustatten kommen. Zuvor hatte ich aber ausgiebig Knochenarbeit in Albanien zu leisten. Meine Arbeit in Tirana vollzog sich über die Wochen und Monate von März bis Sommer 1997 nach einem recht gleichförmigen Ablaufmuster: Landung am Flughafen Rina, zunächst noch per Gerät der italienischen Luftstreitkräfte, nach Beruhigung der Lage im Frühsommer wieder mit Austrian Airlines. Im Autokonvoi mit vielen (nervösen) albanischen und (souveränen) österreichischen Sicherheitsbeamten auf einer von unzähligen Autowracks, meist Marke Mercedes, gesäumten, stellenweise eingebrochenen Asphaltstraße in die Stadt. Über automobilgefährdende Schlaglöcher und fehlende Kanaldeckel in das Hotel Europapark. In den Monaten März, April und Mai gingen bei meinem Eintreffen im Hotel in der näheren Umgebung ohrenbetäubende Gewehrsalven unsichtbarer Schützen los. Ich hatte beschlossen, mich nicht zu fürchten, mußte diesen Beschluß aber jedes Mal wieder fassen, bis man mir nach Wochen sagte, die Schützen (vermutlich Berisha-Anhänger) zielten in die Luft. Der Zweck der Übung war einfach der, mich ihre Anwesenheit spüren zu lassen. Erstaunlich, wie rasch man gegen solches abstumpft (solange einem nichts passiert).

Der erste Besuch galt jedesmal Präsident Berisha, der zweite dem stoischen Ministerpräsidenten Fino. Berisha beschuldigte fast ganz Albanien und die halbe Welt, die von ihm als aufsässig angesehene OSZE im besonderen, die Probleme Albaniens herbeigeführt zu haben. Fino beschuldigte nur Berisha und dessen Demokratische Partei. Ich lud die Vertreter der Parteien zu klärenden Aussprachen über die Beurteilung der Lage und über künftige Strategien ein. Bei stundenlangen Unterredungen am

417

gemeinsamen Tisch berichteten die versammelten Politiker zwar jederzeit bereitwillig, welcher Illoyalitäten und Gemeinheiten die jeweils anderen Gruppierungen fähig seien, wollten jedoch den Verhandlungsraum sofort verlassen, wenn die rivalisierenden Vertreter am Wort waren. Sie anzuhören kam ihnen gar nicht in den Sinn. Ich hinderte sie daran und legte damit (ohne daß mir das gleich bewußt war) den Grundstein für etwas in Tirana sehr Ungebräuchliches, nämlich Mehrparteiengespräche. Offenbar hatten meine Unterredungspartner vorher hauptsächlich Diktate kennengelernt und Abscheu dagegen aufgebaut. Meine Bemühungen, ein Minimum an Verhandlungskultur einzuüben, waren wiederum die Voraussetzung dafür, daß später bindende politische Vereinbarungen getroffen werden konnten.

Worin bestand das innenpolitische Hauptproblem? Zehn politische Parteien hatten nach dem Ausbruch der Unruhen am 9. März 1997 eine Koalition gebildet, die sie »Regierung der nationalen Versöhnung« nannten. Im Einigungsdokument beschlossen sie die Abhaltung von Parlamentswahlen vor Ende Juni. Aus meinen Verhandlungen war sehr bald erkennbar, daß diese Zehnparteienregierung zu einer nationalen Versöhnung nicht fähig war. Die Abhaltung einer Wahl war allerdings ein richtiger Gedanke, schon deshalb, weil nach all den Turbulenzen um Pyramidengesellschaften, Polizeidiktatur und Bürgerkomitees niemand wußte, welche Stärke die politischen Kräfte nun wirklich besaßen. Es bestand auch insofern ein Teufelskreis, als die in der Konzentrationsregierung vertretenen politischen Parteien virtuos gegeneinander arbeiteten und sich nicht einmal auf ein Wahlgesetz einigen konnten. Ohne internationalen Schutz war die Durchführung der Wahl undenkbar, ohne inneralbanische Einigung über die Abhaltung der Wahl aber hatte ich kein Druckmittel auf die »Internationalen« zur Verfügung.

Da ich immer wieder in den verschiedenen europäischen Hauptstädten internationale Unterstützung absichern mußte, vereinbarte ich mit Petersen und van Mierlo, einen Vertreter für mich in Tirana zu etablieren. Damit war die Präsenz der OSZE auch während meiner Abwesenheit eindeutig klargestellt. Ich gewann den seit kurzer Zeit pensionierten österreichischen Diplomaten Herbert Grubmayr, unter anderem ehemaliger österreichischer Botschafter in Moskau, für diese Aufgabe. Mit dem Titel »Resident Deputy« ausgestattet, richtete er sich nicht ohne erhebliche Behinderungen durch das »Gastgeberland« in Tirana ein und versah meine Stellvertretung mit dem Geschick, der Erfahrung und der Nüchternheit des »gestandenen« österreichischen Berufsdiplomaten. (Wenn ich Grubmayr beobachtete, wie engagiert und professionell er sich in dem mehr als schwierigen Terrain Albaniens bewegte und bewährte, kam mir wieder einmal die lächerlich-dumme Pauschalverurteilung in Erinnerung, der zufolge alle österreichischen Beamten im gemächlichen k. u. k. Trott vor sich hin dümpeln.)

In den Monaten März und April und in den ersten Maitagen 1997 gelang es mir schrittweise, Gespräche der politischen Parteien untereinander zustande zu bringen. Zusätzlich warb ich bei jeder sich bietenden Gelegenheit in der albanischen Öffentlichkeit für die Wahl, als ein – wie ich immer wieder betonte – Grundelement der Demokratie. Ich hielt regelmäßige Pressekonferenzen ab und trat, so oft sich die Gelegenheit bot, im lokalen Fernsehen auf. Meine Hauptbotschaften bezogen sich auf die Abhaltung einer fairen und freien Wahl und die Bildung einer mit dem Wählerwillen korrespondierenden Regierung. Funktionierende staatliche Organe seien, so sagte ich, Voraussetzung für den Wohlstand in meinem Heimatland. Das albanische Volk verdiene den gleichen Lebensstandard wie andere Europäer. Außerdem schlug ich meinen Zuhörern vor, im Interesse der Sicherheit private Waffen an zentralen Stellen der Polizei oder der Verwaltung abzuliefern. Im Land, in dem ich lebe, gebe es gar keine Waffen in Privatbesitz, höchstens Sport- und Jagdwaffen. Ich mußte bei dieser Aussage zwar zwei Finger hinter meinem Rücken kreuzen, rechtfertigte dies aber mir gegenüber mit dem Zweck, der die Mittel heiligt.

Es galt, vor dem Wahltermin im Juni dreierlei unter Dach und Fach zu bringen: die militärische Präsenz der Helfer von außen, die innenpolitische Vorbereitung und die administrativen und organisatorischen Voraussetzungen für die Durchführung der Wahl. Die ausländischen Militärs, genannt MPF (Multinational Protection Force), kamen nicht aus einer internationalen Organisation wie etwa NATO oder WEU; ich verwendete für den »formlosen« Einsatz von ausländischen Sicherheitskräften in Albanien den Ausdruck »Koalition der Willigen« (die allerdings durch ein Mandat des UN-Sicherheitsrats legitimiert war). Ihr Mandat sah vor, ausländische Helfer und Hilfslieferungen zu schützen sowie ein sicheres Umfeld für die in Albanien operierenden internationalen Organisationen zu schaffen. So schwierig es anfangs auch aussah, die einzelnen Regierungen zur Entsendung von Sicherheitskräften zu bewegen, es gelang doch, in den Wochen vor der Juniwahl, rund siebentausend Soldaten und Exekutivbeamte nach Albanien zu bringen. Sie wurden von Offizieren koordiniert, an ihrer Spitze der italienische General Luciano Forlani, Kommandant der MPF. Forlani trat mir mit ausgesuchter Höflichkeit und dem Format des Spitzenoffiziers gegenüber, der die beste militärische Schulung durchlaufen hat. Das stand für ihn überhaupt nicht im Widerspruch zu seiner hegemonialen Grundeinstellung den aus anderen Staaten stammenden Militärangehörigen gegenüber. Sicherheitspolitisch empfand sich Italien in bezug auf Albanien eben als unumstrittene Nummer Eins. Mit der recht eindeutig demonstrierten Vorrangstellung der Italiener in der MPF kamen anfangs nur die Franzosen nicht ganz zurecht, alle anderen hatten damit keine Probleme. Ebensowenig wie ich Probleme hatte, mit dem österreichischen Verteidigungsminister Werner Fasslabend über die Entsendung eines österreichischen Kontingents handelseins zu werden. Überhaupt begleiteten die österreichischen Bundesdienststellen die Bemühungen ihres ehemaligen Bundeskanzlers in Albanien mit Interesse und Unterstützung. Bloß aus dem Kabinett Kanzler Klimas kamen bisweilen ängstliche Anfragen, ob den entsandten Österreichern »eh nichts passiert«. An dieser Stelle ist anzumerken, daß kein Angehöriger der MPF während des Albanien-Einsatzes 1997 zu Schaden kam.

Eine bemerkenswerte Erfahrung machte ich mit den Dossiers der verschiedenen Nachrichtendienste. In Ausführlichkeit und Treffsicherheit waren – wie nicht anders zu erwarten – die Angaben aus italienischer Quelle die zuverlässigsten, aber bereits an zweiter Stelle rangierten die von der österreichischen Dienststelle gelieferten Informationen. Das von deutscher Seite verfügbare Material fiel gegen die von Italien und Österreich gelieferten Daten deutlich ab, war aber immer noch besser als das amerikanische.

Kurz vor der Wahl umfaßte die MPF mit den rund siebentausend Mann aus Italien, Dänemark, Frankreich, Griechenland, Rumänien, der Türkei und Österreich ansprechende Stärke. Dennoch waren noch etliche Hürden zu überwinden, unter anderem weil das militärische Kommando es zunächst ablehnte, die Wahlen abzusichern, da man nicht wußte, ob dies durch das Mandat des UNO-Sicherheitsrats gedeckt war. Es bedurfte wieder langwieriger Gespräche, um sicherzustellen, daß die MPF-Angehörigen den Schutz der Technischen Unterstützungsgruppe für die Wahlen und der ausländischen Lang- und Kurzzeitbeobachter übernahmen. Dies war wieder die Voraussetzung dafür, daß Europarat und OSZE dieses Personal überhaupt rekrutierten. In anderen Worten: Ohne MPF hätten die Wahlen nicht stattgefunden.

Obwohl ein Beschluß der albanischen Zehnparteien-Koalitionsregierung vorlag, noch vor Ende Juni 1997 eine Parlamentswahl abzuhalten, gab es mehrere Anzeichen dafür, daß so manche Akteure der albanischen Politszene die Verwirklichung dieses Beschlusses nicht sonderlich ernst meinten, wenn nicht sogar hintertrieben. Nach neuerlich endlos scheinenden Verhandlungen gelang es mir am 9. Mai, die politischen Parteien zur Unterzeichnung eines »Politischen Kontrakts« zu bewegen.

Darin war die Grundlage für einen Konsens über den Wahl-
modus und die Anerkennung des Wahlergebnisses durch alle
an der Regierung beteiligten politischen Kräfte verankert. Allerdings bestand im Albanien des Jahres 1997 zwischen einem
Vertrag und den realen Gegebenheiten eine beträchtliche Kluft.
In den Auseinandersetzungen über ein neues Wahlgesetz sta-
chen immer wieder die von Präsident Berisha aufgerichteten
Hindernisse hervor. Ob die schlechten Meinungsumfragen für
seine Demokratische Partei Ursache waren, daß er sich mit niemandem einigen wollte, der nicht vollkommen seiner Auffassung war, bleibe dahingestellt.

Ich mobilisierte Regierungschefs und Außenminister von
OSZE-Staaten, im Rahmen ihrer Möglichkeiten auf die albanischen Parteien einzuwirken. Der deutsche Kanzler Kohl meinte:
»Einwirken auf Berisha kann ich schon, es wird nur nichts nüt-
zen.« Freilich war Berisha nicht der einzige, dem der Enthusias-
mus über die Wahlen nicht ins Gesicht geschrieben stand. Botschafter Grubmayr hielt in einem schriftlichen Bericht dazu fest:
»Bisweilen ergab sich der deutliche Eindruck, daß wir – die
Ausländer – eigentlich die einzigen waren, die die Wahl unbedingt abhalten wollten. Die Albaner – bis hinauf zur Regierungsspitze – fühlten sich ihrer Mentalität nach weitgehend als
Zuschauer in einem hektischen Treiben der Wahlvorbereitung,
als deren Protagonisten sie vor allem die beteiligten auslän-
disch-internationalen Kräfte betrachteten.«

Nur durch die Drohung, die MPF würde beim Scheitern des
Wahlvorhabens unverzüglich abziehen und internationale
Finanzinstitutionen würden kein Geld für den Aufbau Albaniens zur Verfügung stellen, konnte ich allmählich Kooperationsbereitschaft herstellen. »Ohne Wahl kein Geld« war mein Stan-
dardsatz in den Fernsehinterviews in Tirana.

Um Manipulationen oder gar Wahlbetrug vorzubeugen, hieß
ich einen Vorschlag meiner OSZE-Mitarbeiter gut, die Stimmzettel im Ausland drucken zu lassen. Die italienische Staats-
druckerei führte den Druck unentgeltlich durch und lieferte die

Stimmzettel nach Tirana, wo der OSZE-Stab die Verteilung in die verschiedenen Landesteile organisierte. Dieser Vorgang erscheint einfach und plausibel. Nicht so in Albanien. Wegen ständiger interner Zwistigkeiten war die zentrale Wahlkommission praktisch nie in der Lage, innerhalb der gesetzten Fristen die Namen der Kandidaten zu liefern, die nach Italien weiterzugeben und auf die Stimmzettel zu drucken waren. Alles geschah immer erst im letzten Moment. Immerhin, es geschah. Übermenschliche Anstrengungen der Mitarbeiter und meine ans Fatalistische grenzende Geduld gehörten dazu.

In den Wochen unmittelbar vor der Wahl hielten meine österreichischen und internationalen Mitarbeiter sich selber sowie mich unter Dauerspannung. Zu allem Überfluß wurde in einer Stadt im Süden während einer Wahlrede auf Berisha geschossen; er blieb unverletzt. Der Ärger vieler Bürger richtete sich gegen ihn, weil er als Staatspräsident aktiv am Wahlkampf teilnahm, was sowohl dem Parteienübereinkommen wie auch der politischen Redlichkeit widersprach. Unbekümmert um den politischen Verhaltenskodex, lieferte er, wie schon früher, auch bei anderen Gelegenheiten der Wahlauseinandersetzung etliche Ungehörigkeiten. Unbeschadet dessen konnte die Wahl abgehalten werden, und sie war, wie die internationalen Wahlbeobachter feststellten, »adequate and acceptable given the prevailing circumstances«. Das große Ziel war erreicht. Die albanischen Wähler, die im Gegensatz zu so manchen ihrer politischen Funktionäre zum Urnengang positiv eingestellt waren, gaben mit ihrer Wahlbeteiligung ein deutliches demokratiepolitisches Lebenszeichen von sich und bewahrten ihren Staat vor dem Kollaps, den zu verhindern zerstörerische innere Kräfte offenbar keinen Anlaß gesehen hatten. Diese Kräfte, in ihrem Clan- und Bandenwesen verankert, hätten auch nach einem allfälligen Zusammenbruch Albaniens so schlecht nicht gelebt. Lebensstandard, soziale und physische Sicherheit der breiten Bevölkerung kümmerten sie nicht.

Aus den Wahlen ging die Sozialistische Partei Fatos Nanos

mit 99 von 155 Mandaten als eindeutige Siegerin hervor. Die Demokratische Partei Berishas verlor empfindlich und erreichte nur 29 Parlamentssitze, die Sozialdemokraten erzielten acht Mandate, keine der anderen Parteien mehr als vier. Nano bildete die neue Regierung, Berisha trat am 23. Juli vom Amt des Staatspräsidenten zurück und kündigte an, sein Abgeordnetenmandat für die Demokratische Partei wahrnehmen zu wollen. Das Parlament wählte den Sozialdemokraten Skender Gjinushi zum neuen Parlamentsvorsitzenden und den hochangesehenen Sozialisten Rexhep Mejdani zum Staatspräsidenten. Mejdani, in Tirana und vor allem in Paris akademisch ausgebildeter Quantenphysiker, war in all den turbulenten Monaten der ersten Hälfte des Jahres 1997 ein ruhender Pol und mir ein wichtiger und wertvoller Gesprächspartner.

Nach der Wahl und bei anschließenden Aufenthalten in Tirana mußte ich Berisha immer wieder auffordern, sich an die Vereinbarung vom 9. Mai zu halten, das Wahlergebnis anzuerkennen und sich – wenn auch in Opposition – der parlamentarischen Arbeit zu stellen. Er brachte viele Ausflüchte und Anschuldigungen gegenüber politisch Andersdenkenden, allen voran Nano, vor und stellte dann doch Wohlverhalten in Aussicht. Er schaffte es nicht. Die außerparlamentarische Opposition schien sein Lebenselixier zu sein und so verhielt er sich etliche Zeit nach der Juniwahl 1997. Ohne sichtbaren politischen Erfolg.

Parallel zu meinen Aktivitäten im Land selber galt es, internationale Wirtschafts- und Finanzhilfe für Albanien aufzubauen. Die zu diesem Zweck errichtete Arbeitsgruppe tagte im Juli und Anfang Oktober in Wien und schuf die Grundlage für die großen Konferenzen der internationalen Finanzinstitutionen in Rom im Juli und Mitte Oktober. Das sehr positive Finale spielte sich dann in der großen Geberkonferenz in Brüssel im Herbst 1997 ab. Die Gemeinschaft der internationalen Finanzorganisationen und der EU schnürten ein Unterstützungspaket für Albanien im Ausmaß von insgesamt 1,7 Milliarden US-Dollar. Damit sollten Infrastrukturprojekte und Wirtschaftsförderung finanziert werden. Es ist bitter, daß die albanische Seite aufgrund mangelnder Organisation und Effizienz in den sechs Jahren nach 1997 diese internationale Hilfe nicht energisch nutzen konnte, weil sie mit der Entwicklung finanzierungsfähiger Projekte nicht zu Rande kam. Eine neuerliche Initiative der internationalen Gemeinschaft wäre angebracht, um Albanien aus seinem Erscheinungsbild des Unterprivilegierten herauszuheben und dem alteuropäischen Hochmut gegenüber den »Skipetaren« ein Ende zu setzen. Das Jahr 1997 war ein mutiger, ein riskanter, ein erfolgreicher Beginn. Leider haben »wir Internationalen« zu früh geglaubt, unsere Präsenz, unsere Arbeit und unseren Einsatz für das Gastland beenden zu können.

Es gilt das gesprochene Wort

E s gilt das gesprochene Wort.« Dieser Satz ziert meist
Manuskripte von Reden, die in der Öffentlichkeit tätige
Leute halten. Am häufigsten ist er auf Redeunterlagen von Politikern zu finden. So harmlos er auf den ersten Blick zu sein
scheint, er offenbart doch etliche Komplexitäten des Politikerlebens. Zum einen ist er auf ein stets knappes Zeitbudget
zurückzuführen. Die engsten Mitarbeiter, die die Redetexte vorbereiten, verfügen meist über nicht viel mehr Zeitreserven als
ihr Vorgesetzter. Die Hektik rund um den Spitzenpolitiker, sein
ewiger Kampf gegen die Terminknappheit, seine Anwesenheits-
pflicht bei diversen Anlässen wie Parlamentssitzungen, Verhandlungen mit Vertretern der Bundesländer, Sitzungen des Landes-
verteidigungsrats, Gehaltsverhandlungen mit der Gewerkschaft
Öffentlicher Dienst und vielem mehr nehmen die Mitarbeiter
außerordentlich in Anspruch. Das führte bei mir dazu, daß die
Redetexte meist erst am Tag vor meinem jeweiligen Auftritt fertig wurden, ich aber auch früher gar nicht die Zeit gefunden
hätte, sie durchzusehen. Dazu dienten Abend und Nacht vor
dem Vortragstag. Ich verwendete nie einen von Mitarbeitern
vorbereiteten Wortlaut, ohne ihn nicht vorher Zeile für Zeile
durchgearbeitet zu haben. Ich bediente mich nach Möglichkeit
auch keiner Formulierungen, die meiner Ausdrucksweise nicht
entsprachen. Meine Umgebung lieferte mir hervorragende Texte
und traf es im Lauf der Jahre immer besser so, wie ich es haben
wollte. Trotzdem: Saß ich eine halbe Nacht über einem Manu-
skript, konnte sich schon der eine oder andere Absatz unter meinem Korrekturstift sehr verändern oder überhaupt abhanden
kommen. War dann am nächsten Morgen nicht mehr genug

Zeit für eine neue Reinschrift – die Schreibgeräte waren auch nicht so potent wie heute –, dann mußte auf dem Deckblatt des Redemanuskripts eben stehen: »Es gilt das gesprochene Wort.« Damit ist aber die Geschichte noch nicht zu Ende. Enthielten etwa die Morgenzeitungen, die ich während der Autofahrt zum Vortragsort las, der ja überall in Österreich sein konnte, Einschlägiges zu meinem Referatsthema und wollte ich noch darauf eingehen, dann war der erwähnte Hinweis erst recht notwendig. Und noch mehr, wenn ich aus gegebenem Anlaß etwas in die Rede einflocht, das mit dem Vortragsthema gar nichts zu tun hatte, das ich aber unbedingt ansprechen wollte.

»Es gilt das gesprochene Wort« war nicht nur eine Konsequenz der Arbeitsüberlastung des Kanzlers und seines Kabinetts. Der Satz ist auch eine Schutzvorkehrung: Man will nur so zitiert werden, wie man es wirklich gesagt hat. In diesem Sinn wird er symbolhaft für das Spannungsverhältnis zwischen dem Politiker und der Berichterstattung. Ein allgegenwärtiger Zustand. Daraus entwickelt sich die Erkenntnis, daß man aufeinander angewiesen ist. Ich war kein »Journalistenkanzler« wie Kreisky, ich ließ aber nie den Kontakt zu den Medienleuten abreißen, auch wenn ich mich mit dem einen oder anderen stritt. Auch mein engster Mitarbeiter für Medienkontakte und Öffentlichkeitsarbeit, Karl Krammer, hatte für so manche Redakteure eher herben Charme parat, war aber nie »abgemeldet«. In den äußerst seltenen Fällen, in denen es mir gar nicht anders möglich war, stellte ich den Diskurs von meiner Seite ein. Das geschah in erster Linie mit dem Zeitungsinhaber Kurt Falk und den Redakteuren seiner Blätter *täglich alles* und *Die ganze Woche*. Dort schien man sich offenbar dazu entschlossen zu haben, einfach und kategorisch gegen mich zu sein. Das nahm zeitweise Formen an, daß die Gehässigkeit und die Absurdität der Anwürfe ins Lächerliche abglitten. Privat und politisch unangenehm waren sie trotzdem, weil in Österreich ja alles Gedruckte hohe Glaubwürdigkeit besitzt. Den zweiten Bruch vollzog ich nicht mit einer Zeitung, sondern mit einer

Einzelperson, nämlich dem Chefredakteur der mir ansonsten sehr sympathischen *Salzburger Nachrichten*, Ronald Barazon, der mich ohne jede plausible Beweisführung – sie wäre auch nicht gelungen – einen Wegbereiter des Faschismus nannte. Nun setze ich Barazon nicht mit Falk gleich, ich schließe aber in beiden Fällen ins Persönliche gehende Motive beziehungsweise Sympathien zu Dritten nicht aus.

Im Spannungsverhältnis zwischen Politik und Journalismus gibt es keine Einförmigkeit. Diese Anmerkung führt zum Einzelthema *Kronenzeitung*. Viele Journalisten beschäftigt nicht nur das Thema »Wie kommt der X oder Y mit uns aus und wir mit ihm?«, sondern auch »Wie kommt der X oder Y mit der *Kronenzeitung* aus und sie mit ihm?« Wie relevant diese Angelegenheit im konkreten sein kann, zeigte der Gram der *AZ*-Redakteure über Kreisky, der ihnen in seiner Zuwendung die *Kronenzeitung* vorzog.

Ich selber habe niemals goutiert, was Dichand und einige seiner Mannen an Verständnis für Rechtsaußen, für Ausländerfeindlichkeit und andere »Misfits« aufbrachten. Ihre Auflagenstärke versetzte die *Kronenzeitung* auch in die Lage, etliche Kampagnen durchzuführen. Nicht alle mit Erfolg. Ich habe mit Dichand viele lange Gespräche über die meiner Auffassung nach illiberalen Ergüsse seines Schreibers Richard Nimmerrichter alias »Staberl« geführt, über den – wie ich finde – unerträglichen Verseschmied Wolf Martin und last but not least über die etliche Jahre anhaltende Ausrichtung seiner Zeitung als Haider-Postille. Dichand hatte für die meisten meiner Vorbehalte Erklärungen parat. So erzählte er mir, »Staberls« Aversion gegenüber der SPÖ stamme aus dessen lang zurückliegender Zeit als Mitarbeiter bei der *Arbeiter-Zeitung*. Für Haider nehme ihn, Dichand – abgesehen von der dadurch erreichten Erhöhung der Auflagenzahl – ein, daß dieser einige Themen »richtig« anspreche und daß so viele politisch Andersdenkende ihn so deutlich ablehnten. Er nannte mich nicht ausdrücklich, schloß mich aber selbstverständlich in diese Gruppe ein. Dichand konnte übrigens nie verstehen (und akzeptieren), daß ich den Grundgedanken der Wehrmachtsausstellung für gut hielt.

Da es aus politischer Sicht für einen Parteivorsitzenden und Regierungschef äußerst unklug gewesen wäre, am Kommunikationspotential einer Tageszeitung wie der *Kronenzeitung* achtlos vorbeizugehen, entwickelte ich mit Dichand eine Ebene des pragmatischen Diskurses. Wie jeder Pragmatismus löste auch dieser keine erotischen Verzückungen aus, er bewährte sich aber in Form gegenseitigen persönlichen Respekts und im fairen Umgang miteinander. Ich entsinne mich keines einzigen Falls, in dem Journalisten der *Kronenzeitung* über ein mich oder mein Arbeitsgebiet betreffendes Thema berichtet hätten, ohne vorher den Kontakt mit mir zu suchen. In kontroversiellen Angelegenheiten waren sie – mit Ausnahme von »Staberl« und Wolf Martin – eben anderer Meinung als ich, aber nicht persönlich unfair. Es waren nicht allzuviele, immerhin aber einige Mitarbeiter in anderen Blättern, die kühne Behauptungen oder blanke Unwahrheiten von sich gaben, eine vorherige Rückfrage bei mir aber nicht in Betracht zogen. Der erwähnte pragmatische Umgang zwischen der *Kronenzeitung* und mir änderte selbstverständlich nichts an meiner politischen Position. Einige Aspekte seien herausgehoben: Die *Kronenzeitung* scheint bestimmte politische Einstellungen nur territorial begrenzt zu akzeptieren. War man also mit der österreichischen Bundesregierung nach dem Februar 2000 unzufrieden und sagte das auch, sollte man dies im Ausland gefälligst unterlassen, oder man riskierte, ein »Vernaderer« genannt zu werden. Gestand man die nicht geringe Anzahl von nationalsozialistisch orientierten Österreichern in den dreißiger und vierziger Jahren ein und wagte nicht zu schwören, daß es keine solchen mehr gebe, wurde man rasch zu denen gerechnet, die Österreich als Naziland einstuften und verteufelten. Ich habe die Zweite Republik immer als Antithese zum Nationalsozialismus bezeichnet und halte daran fest; zu dieser Auffassung konnte ich aber gerade deshalb gelangen, weil ich die historischen Fakten nicht leugnete.

Das Jahr 1987 sollte für die österreichische Medienlandschaft von erheblicher Bedeutung werden. Der Salzburger Fest-
spielsommer führte Anton Benya, Hans Dichand, den Generaldirektor der BAWAG, Walter Flöttl, und mich in einem Salzburger Hotel zusammen. Dichand eröffnete uns dort, es werde
demnächst zum Ausscheiden des Hälfteeigentümers Kurt Falk
aus der *Kronenzeitung* kommen. Der Vertrag zwischen Dichand
und Falk ermöglichte ein solches Vorgehen. Der Anteil Falks sei
zu haben, und er, Dichand, wäre an einem neuen österreichischen Partner interessiert. Die Nachricht war elektrisierend. Ich
ertappte mich dabei, von einer gründlich veränderten österreichischen Zeitungslandschaft zu träumen, und bestärkte Flöttl
in seiner grundsätzlichen Einstellung, sich der Sache engagiert
anzunehmen. Flöttl sagte das zu. Vorstandsvorsitzende auch
anderer Banken wurden mit der Angelegenheit befaßt. Doch
letztlich kam keine Finanzierung zustande. Es war zu hören,
Flöttl habe seinen Großeinlagekunden Falk nicht vergrämen
wollen. Das hauptsächliche Problem aber lag in der Dimension
des zu übernehmenden Finanzierungsengagements und -risikos,
vor dem die Geldinstitute zurückschreckten. Immerhin ging es
um mehr als zwei Milliarden Schilling. Außerdem wurde bekannt, daß die Konkurrenzklausel für Falk nur auf drei Jahre
befristet sei. Er konnte also danach mit einer eigenen (Boule-
vard-) Zeitung in den Markt stoßen. Diese Perspektive war ein
weiterer Grund für die Banken, nicht in das Geschäft einzu-
steigen. Falk gab später tatsächlich mit *täglich alles* eine neue
Tageszeitung heraus, die jedoch nicht erfolgreich war und als
Druckwerk nach einigen Jahren wieder verschwand. Das konnten die Vertreter der Geldinstitute in den Jahren 1987 und
1988, als sie die grundsätzliche Finanzierungsentscheidung zu
treffen hatten, nicht wissen. Die Chance war jedenfalls dahin,
Dichand schloß sich mit dem deutschen WAZ-Konzern (*Westdeutsche Allgemeine Zeitung*, Essen) zusammen. In der Folge kam
es zu einer weiteren Konzentration unter Einbeziehung des im
wesentlichen von Raiffeisen dominierten *Kurier*. Die solcherart

430

entstandene Konstruktion Mediaprint sicherte *Kurier* und *Kronenzeitung* eine gemeinsame Vertriebsorganisation. Über mehrere Schritte – teilweise schon nach meiner Amtszeit – kamen die Wochenmagazine *profil*, *Format* und *News* ebenfalls unter dieses gemeinsame Dach.

Die Vertreter der Konkurrenzblätter, etliche Schriftsteller und Intellektuelle zogen gegen diese Konzentrationsprozesse zu Feld, sahen die Vielfalt des Medien-, vor allem aber des Meinungsangebots gefährdet und meinten, die Auflagenstärke der und die Meinungsmonopolisierung durch die *Kronenzeitung* würden dadurch befördert. Sie verlangten immer wieder, diese Entwicklungen durch gesetzliche Bestimmungen rückgängig zu machen. Von der – wie sie es nannten – Zerschlagung der Mediaprint erhofften sie sich mehr Meinungsvielfalt im Zeitungsgeschehen. Ich halte Zerschlagungsgesetze in einem rechtsstaatlichen System für nicht angebracht, sofern es nicht um schweren materiellen Schaden oder um Gesundheitsgefährdung geht. Darüber hinaus ist anzumerken, daß der Marktanteil der *Kronenzeitung* bereits sehr bedeutend war, ehe die Mediaprint errichtet wurde, und daß – anders sind die enormen Verkaufszahlen nicht zu erklären – auch die österreichischen Eliten täglich zum Boulevardblatt *Kronenzeitung* greifen. In einem Kommentar im Wochenmagazin *profil* im März 2002 nahm der Journalist Peter Michael Lingens zum Fundamentalkritiker der *Kronenzeitung*, dem Herausgeber der Wiener Stadtzeitung *Falter*, Armin Thurnher, Stellung und brachte die Komplexität der Meinungsvielfalt zutreffend zum Ausdruck: »Wenn Armin Thurnher vom ›Falter‹ die Wirtschaftsübermacht der Mediaprint anprangert, so scheint mir das eine falsche Ableitung aus der Meinungsübermacht der ›Krone‹. Sie ist es, die tatsächlich das Land durch ihre Berichterstattung beherrscht und ihm, da bin ich mit Thurnher einig, durch ihre Geisteshaltung nachhaltigen Schaden zufügt. Aber das täte sie mit demselben Erfolg, wenn sie nicht mit dem ›Kurier‹ verschränkt wäre. Dagegen ist fraglich, ob der ›Kurier‹ der ›Krone‹ nach wie vor ein beträchtliches Maß vernünftiger Information entgegensetzen könnte, wenn er wirtschaftlich nicht mit ihr verschränkt wäre.« Man muß die Meinung Lingens', den *Kurier* betreffend, nicht teilen; ich teile sie nur partiell. Den Kern der Sache trifft er jedenfalls. Die *Kronenzeitung* wird von Hunderttausenden Österreichern gekauft und gelesen. In einem freien Marktsystem ist das gesetzlich nicht zu unterbinden. Andernfalls wäre es kein freies Marktsystem.

Ein jährlich wiederkehrendes Diskussions- und Streitritual zwischen den Zeitungen, konkret dem Verband österreichischer Zeitungsherausgeber (heute Verband Österreichischer Zeitungen), und mir war die Zuteilung der unter dem Titel »Presseförderung« zu vergebenden öffentlichen Geldmittel. Dichand lehnte staatliche Förderungen für Presseprodukte überhaupt ab. Erstens benötigte er keine, zweitens vertrat er die Meinung, jeder habe sich eben im Markt zu bewähren. Wenn er das nicht schaffe, sei das sein eigenes Problem. Im großen und ganzen eine isolierte Meinung. Der überwiegende Teil der anderen Printmedienvertreter hielt die Presseförderung – weil überlebensnotwendig – im Prinzip für richtig, ihre Aufteilung auf die einzelnen Titel hingegen für ungerecht. Auf die Feinheiten der allgemeinen und der besonderen Presseförderung will ich hier nicht eingehen. Was sich jährlich zutrug, war eine hitzige öffentlich geführte Debatte über Sinn und Unsinn der Presseförderung und ihrer Dotierung im einzelnen. Kein Wunder, daß sich auch Parlamentarier zu Wort meldeten, wollten sie doch den Zeitungsherausgebern ihrer Bundesländer Aufmerksamkeit und ein Bewußtsein für ihre Anliegen belegen.

Die Gegner der Presseförderung erinnerten mich von Zeit zu Zeit daran, daß vielen Ländern der Welt dieses Instrument unbekannt ist. Anläßlich eines offiziellen Besuchs in den USA erhielt ich hier Anschauungsunterricht. In der texanischen Stadt Houston lud man mich zum Besuch in der Hauptredaktion des *Houston Chronicle* ein. Der Chefredakteur und andere wichtige Journalisten waren zugegen, um mit dem »strange animal« aus Austr(al)ia ein Gespräch zu führen. Die Atmosphäre war ausgesucht höflich und gastfreundlich. Aus irgendeinem Grund kamen wir auf die österreichische Praxis der staatlichen Zeitungsförderung zu sprechen, die ich den staunenden Texanern zunächst elementarschulartig zu erklären hatte. Dann hellten sich ihre Gesichter auf. »Sehr gut«, sagte der Chefredakteur, »damit sichern Sie sich immer eine gute Presse.« Ich mußte verneinen. Rätselraten in der Runde über das Wozu. Einer der Unterschiede zwischen Texas und Österreich.

Dem politischen Reizthema *Kronenzeitung* stand in dieser Beziehung der ORF in nichts nach. Verständlicherweise, bedenkt man die politische Wirkung der allabendlich in die Wohnzimmer der Staatsbürger einfließenden Berieselung. Die Verbindung zwischen dem Bundeskanzler und dem ORF besitzt die Dimensionen eines antiken Dramas. Sie kann gut, sie kann weniger gut, sie kann ganz schlecht sein; in jedem Fall ist sie unauflöslich. Des Vorvorgängers Bruno Kreisky mit dem ORF-Macher Gerd Bacher ausgetragene Händel sind Mediengeschichte. Daraus resultierende Gesetzesbeschlüsse ebenfalls. Die Wahlvorgänge zur Ermittlung eines Generalintendanten spiegeln wider, welche Bedeutung die Themen Hörfunk und Fernsehen für die Parlamentsparteien besitzen. Allen gesetzgeberischen Aktivitäten steht der Grundsatz Pate, der staatliche Rundfunk müsse von der Politik und auch sonst unabhängig sein. Dieser hehren Zielsetzung steht ein Grundmißtrauen der Politik gegenüber, ob dieser Unabhängigkeit auch politische Objektivität entspricht. Das ist der Kern des innenpolitischen Themas ORF. Doch Objektivierung ist in der Politik nur begrenzt möglich. Wie sollte das auch anders sein, wenn von der Politik mit Recht Meinungen, Einschätzungen, Standpunkte gefordert werden?

Bacher war ein Mensch mit Standpunkten. Viele davon gefielen uns Sozialdemokraten nicht, und er wiederum machte kein Hehl daraus, daß ihn unsere Meinungen nicht besonders beeindruckten. Wir mußten jedenfalls zur Kenntnis nehmen, daß er gewählter Generalintendant war, und das nicht nur einmal (1967 bis 1974, 1978 bis 1986 und 1990 bis 1994). Seine Wiederwahl im Jahr 1990 war in Wirklichkeit eine Niederlage für die SPÖ, da sie diese im Vorfeld bekämpft hatte. Karl Blecha, von der Partei ausgesandt, um die »roten Dissidenten« festzustellen, erzählte mir Jahre später, Betriebsratsstimmen hätten den Ausschlag zugunsten Bachers gegeben. Ich persönlich kann behaupten, mit Bacher zu Rande gekommen zu sein. Das begann damit, daß ich ihm eine – wie von manchen Parteifreunden besorgt insinuiert – dämonisch-titanische Allmacht nicht abnahm. Er war wortgewaltig, der politischen Umwelt gegenüber wenig bekümmert, zur Beschimpfung seines Parteienumfelds allzeit bereit, aber letztlich nicht mehr und nicht weniger als der Leiter eines Unternehmens mit gesetzlichem Auftrag. Bacher war mir und meiner Regierung gegenüber kritisch, ich ihm gegenüber auch. Der oft beschworene oder erwartete Showdown fand daher nicht statt. Ich hatte eine Regierung zu führen und mit ihr ein Verhältnis zum staatlichen Hör- und Fernsehfunk. So war's.

Die zentrale politische Aufgabe des ORF sah und sehe ich in der Erfüllung seiner vom Gesetzgeber definierten Rolle als politisch objektiver Träger von Information und als Bildungs- und Kulturvermittler. Zu den Schwächen des Systems gehörten während meiner aktiven Zeit als Politiker unter anderem der Auswahlmechanismus und danach die konkrete Einsetzung des Führungspersonals in diesem bedeutenden österreichischen Unternehmen. Mindestens so bedeutend, wenn nicht mehr, wie so manche als Aushängeschild beklatschte Industrie- oder Handelsfirma. Die jeweilige Wahl des Generalintendanten besaß Charakteristika, die mit rationalen Maßstäben nicht ohne weiteres zu erfassen waren. Wer mit wem Allianzen schloß, unterlag ebenso der Mutmaßung wie die offenbar nur durch eine geheime interne Hackordnung erklärbaren Verhaltensweisen der stimmberechtigten Betriebsräte. Dabei sind Individualinteressen noch gar nicht berücksichtigt. Ich wollte diesem sinnlosen Treiben ein Ende setzen und besprach das nach dem Abgang des Generalintendanten Teddy Podgorski mit seinem Nachfolger Gerd Bacher und später mit dessen Nachfolger Gerhard Zeiler. Bacher und Zeiler gingen mit mir konform, daß der ORF in eine Kapitalgesellschaft – Ges. m. b. H. oder AG – umgewandelt werden solle. In der SPÖ regte sich Widerstand gegen das Modell einer Aktiengesellschaft. Ich hatte also die Partei für meine Linie zu gewinnen. Dies gelang mir, das Vorhaben allerdings nicht.

Was Bachers Managementkompetenzen betraf, hatte ich mit ihm einige Auffassungsunterschiede. Er ging von einer so umfassenden Vollmacht für sich selber aus, wie ich sie ihm nicht zu gewähren bereit war. Außerdem wollte er einen besonderen Schutz vor Abberufung. Diese Differenzen wären wahrscheinlich zu begradigen gewesen, die wahre Problematik entstand aber wieder einmal auf politischer Ebene. Die Volkspartei war zunächst komplett auf dem Kurs Kapitalgesellschaft; sie machte sich sogar gegen das Ges.m.b.H.- und für das AG-Modell stark. Ich willigte ein, entsprach das doch im Grundsatz meinen Intentionen. Ich wollte für den ORF einen Aufsichtsrat, der einen Vorstand bestellte und damit klare und überschaubare Führungsstrukturen schuf. Wer brachte das gemeinsam erarbeitete Projekt zu Fall? Der Koalitionspartner ÖVP. In der Person des Salzburger Landeshauptmanns Franz Schausberger erhob sie die Forderung, in einer Aktiengesellschaft müßten die Bundesländer die Hälfte des Aktienkapitals besitzen. Da die Verantwortung für den ORF beim Bund und nicht bei den Ländern lag, konnten wir diesen Weg nicht beschreiten. Eine fünfzigprozentige »Verländerung« des ORF stand niemals zur Debatte, hätte die Unternehmensführung nicht gestrafft, sondern die Entscheidungsabläufe verlangsamt und politische Einflußsphären geschaffen, an denen mir nicht gelegen sein konnte. Ich hatte die Konstruktion der Aktiengesellschaft mit Schüssel vereinbart. Ob Schausberger ihm gegen den Wagen fuhr oder ob

Schüssel, weil er in der Volkspartei mit der Lösung nicht durchkam, Schausberger vorschickte, weiß ich nicht. Das bedauernswerte Fazit: Die ÖVP verhinderte eine plausible Neuordnung, zu der sie vorher mit Nachdruck gestanden war. Daß sie nach dem Februar 2000, also dem Beginn der Kanzlerschaft Schüssels, ungeniert im ORF ihre Parteigänger in Position brachte, straft sie Lügen bezüglich ihrer vor Jahren gemachten Aussagen. Wer sie kennt, weiß allerdings, daß sie das nicht besonders erschüttert.

Gerhard Zeiler, Generalintendant von 1994 bis 1998, versuchte die Idee der Aktiengesellschaft immer wieder zu forcieren. Ich unterstützte die ihm vorschwebende Konstruktion der Volksaktie. Allein, die Volkspartei zeigte kein Interesse mehr an der einige Jahre zuvor von ihr selber vertretenen Variante, die damit eines langsamen Todes starb.

Nachdem Zeiler an die Spitze des ORF getreten war, berichtete er mir von Marktuntersuchungen, denen zufolge das Unternehmen einen großen Teil – die Rede war von fünfzig Prozent – seiner Seher und Hörer der jüngeren Generation verloren habe. Es gelte, dieses Publikum durch eine geeignete Programmgestaltung zurückzugewinnen, nicht zuletzt, um das stagnierende Werbegeschäft anzukurbeln. Sein Weg war die Hinwendung zur publikumsnahen, populären »leichteren Kost« im ersten Sendekanal des ORF. Die Einschaltungen nahmen zu, die finanzielle Situation verbesserte sich, doch machte man ihm nun wieder den Vorwurf, Quotenjagd auf Kosten der Sendequalität zu betreiben. Zeiler begegnete der Kritik mit der Betonung des bildungs- und kulturpolitischen Auftrags im zweiten Sendekanal. So kam das ORF-Geschehen auf die politische Bühne und damit zu mir zurück, weil im Rahmen der allgemeinen Debatte um die Einführung von Privatfernsehen in Österreich immer wieder die Forderung auftauchte, den zweiten ORF-Kanal an private Fernsehbetreiber zu veräußern. Der vom ORF an die Spitze von RTL aufgestiegene Helmut Thoma verfocht neben anderen diese Vorstellung und blieb damit nicht ungehört, da ihn sein beruflicher Werdegang als fachkundigen Medienmann auswies. Ich stellte mich dagegen, da die Substanzsicherung des Unternehmens ORF in der Dualität der beiden Programme besteht. Einen Teil herauszuziehen hätte bedeutet, die (Über-) Lebensfähigkeit des verbleibenden ernstlich zu gefährden.

In Medienfragen im allgemeinen und in der Angelegenheit des ORF im besonderen war mir Karl Krammer eine besonders wertvolle Stütze. In ihm vereinigten sich Intelligenz und Bildung, Interesse und Gespür für politisch Relevantes in besonderem Maß. Wenn manche Leute über die oft mit Unterton apostrophierten »Ministersekretäre« die Nase rümpfen, können sie mir in Erinnerung an meine Mitarbeiter, exemplifiziert an der Person Krammers, nur leid tun: An deren Professionalität und Einsatzbereitschaft reichen sie nicht heran. Krammer war ein unermüdlicher Kämpfer an der Medienfront. Und die ist breit. Sie reicht von der Zufriedenheit über eine gute Presse für den Betreuten bis zur Zähmung des sogenannten Investigationsjournalismus. Heute, aus der Distanz etlicher Jahre, kann ich oft ein Lächeln nicht unterdrücken, wenn ich mir Verschiedenes vergegenwärtige, das mich einst gar intensiv beschäftigte.

Nach meiner Übersiedlung von der Beletage der Länderbank in die Bundesregierung hatte ich sehr rasch mit zwei Spezialitäten des Politikerlebens zu Rande zu kommen. Erstens: Die Journalisten interessiert nicht notwendigerweise das Thema, das man selber für wichtig hält. Ist man eine Weile im politischen Geschäft, dann weiß man das und stellt sich darauf ein. Am häufigsten machte ich diese Erfahrung beim allwöchentlichen Pressefoyer nach der Sitzung des Ministerrats. Ich hatte diese Art der Begegnung mit Medienleuten von meinen Vorgängern Kreisky und Sinowatz übernommen und weitergeführt. Von wenigen Ausnahmen abgesehen, wußte ich genau, welche Fragen an mich gerichtet werden würden. Das war keine große Kunst, es ergab sich aus der jeweiligen Aktualität. Trotzdem unterließ ich es kein einziges Mal, das Gespräch und den Reigen der Fragen und Antworten mit einer mir wichtigen Angelegenheit zu beginnen. Die Schar der Medienleute, die mich in scheinbar lockerer Formation umschloß, kam dann schon mit den eigenen Themen. Ich nenne sie eine scheinbar lockere Formation, weil es in Wirklichkeit doch einige ungeschriebene Ordnungsprinzipien gab. So hatte die in der Austria Presse Agentur für Innenpolitik verantwortliche Redakteurin Brigitte Sauer, hatten die Hörfunk- und Fernsehjournalisten und hatten die Vertreter etlicher österreichischer Tageszeitungen fixe Plätze, die sich im Lauf der Jahre offenbar von selbst ergeben hatten. Jedes Pressefoyer am Dienstag endete mit einem »Danke schön« des Redakteurs der *Salzburger Nachrichten*, Gerhard Steininger, und einem »Ich wünsche einen angenehmen Nachmittag« von mir. Dann ging es weiter mit Themen, die Journalisten aus Gründen der Exklusivität unter vier Augen besprechen, oder mit Fragen ausländischer Medienleute, die das System des Foyers nicht kannten oder Sonderthemen ihrer Länder abhandeln wollten.

Zum festen Bestandteil im Umgang mit Medienvertretern gehört es, daß man zu einem bestimmten Zeitpunkt eine Frage nicht beantworten kann oder will. Diese Verweigerung kann mehrere und sehr verschiedene Ursachen haben. Ich berichtete zum Beispiel über eine Studie, die ich in Auftrag geben wollte. Die Frage, welches Ergebnis die Studie voraussichtlich erbringen werde, kam in derselben Minute. Das konnte ich beim besten Willen noch nicht sagen, sonst hätte ich mir die Studie erspart. Eine wichtige Position war überraschend vakant geworden. »Wer wird der Nachfolger sein?« Zwei Tage später: »Wieso wissen Sie nicht schon den Nachfolger?« Insbesondere in Angelegenheiten, die mit dem Koalitionspartner zu klären waren, gab ich mich zunächst zugeknöpft, um unnötige Verstimmungen zu vermeiden. Dies fiel dann unter die Kategorie »zögerlich«. Hätte ich bedenkenlos die Verstimmung in Kauf genommen, wäre wieder der Ruf erschallt, die Koalition streite. Keineswegs versteige ich mich zu der Behauptung, während meiner Amtszeit sei alles in Harmonie und in liturgischer Ordnung geschehen. Trotzdem überhöre ich nicht, wenn Leute unter dem Eindruck von Erlebnissen mit Nachfolgeregierungen sagen: »Beim Vranitzky hat's einen solchen Pallawatsch nicht gegeben.«

Die zweite Anmerkung zum spezifischen Thema »Politiker in der Öffentlichkeit« betrifft eines der Merkmale, mit denen er der Allgemeinheit gegenübertritt: die Sprache. Zuerst als Funktionär eines Kreditinstituts, dann als Finanzminister und schließlich als Parteivorsitzender und Bundeskanzler hatte ich mich im Umgang mit Journalisten auf drei verschiedene Vokabulare und auf drei verschiedene Personengruppen einzustellen. Zwischen Bankfunktionär und Finanzminister gab es sprachlich zwar gewisse Überschneidungen, aber eben nur gewisse, keine flächendeckenden. Die Wortwahl des Parteivorsitzenden und Regierungschefs hatte damit hingegen nur mehr peripher zu tun. Deckungsbeitrag, Renditensicherung, Cash-flow, Asset-backed-Finanzierung und Ähnliches mehr deponiert man als Parteivorsitzender am besten irgendwo in einem Gedankensafe, spricht man nicht mehr an oder aus. Ich werfe dem Adressatenkreis der innenpolitischen Journalisten nicht vor, sie hätten diese Begriffe nicht intus. Ich mußte mir nur ab Juni 1986 selber sagen, diese Ausdrücke seien nicht über Nacht falsch geworden; sie hätten eben nur keine politische Aussagekraft mehr. Sie konnten die vom Partei- und Regierungschef ausgesandte Botschaft nicht vermitteln, ihn nicht mit seinem via Journalismus angesprochenen Empfängerkreis, der Bevölkerung, verbinden. Sie hätten ihn von ihr isoliert. Mir kamen oft meine Parforceritte kreuz und quer durch Österreich in den Sinn, als ich Anfang der siebziger Jahre die Umstellung von der alten Umsatz- auf die Mehrwertsteuer zu erläutern hatte und der Lokalfunktionär etwa in Puch bei Hallein in einer nicht steuerrechtlichen Sprache in »unechte Befreiung« und »Vorsteuerabzug« einzuweihen war.

Wird man vom Generaldirektor zum Finanzminister und

dann zum Bundeskanzler, verändert sich jeweils von einem Tag auf den anderen die Journalistenschar, der man gegenübersteht, und damit der politische Wortschatz. Es verändert sich aber nicht nur die äußere Sprache, also die Wörter; das wirklich andere ist das inhaltliche Florett, mit dem gefochten wird. (Manchmal ist es auch der Säbel.) Ich hatte also vom betriebswirtschaftlich-unternehmerischen über das finanz- und wirtschaftspolitische zu meinem gesamtpolitischen Erscheinungs- und Auftrittsbild immer wieder Anpassungen vorzunehmen. Nicht nur im Vokabular; das war die leichtere Aufgabe. Die schwierigere Herausforderung bestand darin, in der stets knapp bemessenen Zeit – Interviews dauern ein bis höchstens zwei Minuten, für Wahlreden ist mehr Zeit, sie dürfen aber auch nicht »ewig« dauern – möglichst viel an Botschaft in die Wortmeldung hineinzuverpacken. Das lief so ab, daß der Reporter eine halbwegs komplexe Frage stellte und dann sagte: »Ich bitte um einen Satz.« Das wurde notgedrungen ein Schachtelsatz, weil ich darin alles unterbringen wollte, das mir wichtig erschien. Ein Fehler. Vranitzkys endlose Schachtelsätze sprachen sich herum. Ich brauchte etliche Zeit, um sie loszuwerden. Daß mich später Leute fragten, warum ich so kurz angebunden sei, schließt diesen Kreis.

Ein Kapitel für sich in der Sprache der Politik ist das Austarieren zwischen Hochsprache und Dialekt. Bei offiziellen Anlässen oder bei Reden und Stellungnahmen im Parlament gab es für mich nichts auszuwählen; die Hochsprache war dort selbstverständlich. Freilich weiß jeder, welch beachtliche Färbungsvarianten die österreichische Hochsprache parat hält. Die Unterschiede nähren sich aus der jeweiligen Zugehörigkeit zu einem Bundesland, aus schulischen Spezifika und nicht zuletzt aus der Herkunft aus einer bestimmten sozialen Schicht. Mein eigenes Hochdeutsch kann zweifellos, bei aller grammatikalischen Penibilität, das Wienerisch-Vorstädtische nicht verleugnen. Sollte ich es verleugnen? Ich habe in meinem Leben erfolgreiche und hochangesehene Österreicher getroffen, die mit großem Stolz ihre familiäre, soziale, politische, religiöse und lokale Herkunft hervorhoben und als einen wesentlichen Teil ihrer Identität betrachteten. Ihr Akzent, ihr Zungenschlag, die Mundartintarsien in ihrer Hochsprache, all das erhöhte ihre Sympathiewerte in der dafür empfänglichen Öffentlichkeit – es sei denn, der Dialekt war/ist Wienerisch. Ich meine nicht das karikaturhafte Komtesserl-Hin-und-Her, das bagschierliche »Was es nicht alles gibt«, sondern die tiefsitzende, ausdrucksstarke Wiener Alltagssprache. Im Konzert der Bundesländermundarten hat sie das niedrigste Sozialprestige. Wenig nachdenkliche Leute tun sie als Sprache der Gosse, eines bestimmten »Milieus«, als Gaunersprache ab. Damit ist sie abgestempelt, vorverurteilt, weil es viele wenig nachdenkliche Leute gibt und weil man zuwenig darauf eingeht, daß eben überall auf der Welt die Lebensformen und Lebenssprachen einer Großstadt von den kleinstädtischen und dörflichen abweichen. Ich habe nicht wenige Menschen in Österreich getroffen, die ungeschickt und wenig überzeugend hochdeutsch zu argumentieren versuchten, hingegen die Zuhörerschaft sofort auf ihre Seite brachten, wenn sie nur Dialekt sprachen. Wienerisch ist genausowenig eine Gaunersprache wie die Dialektformen in Rum bei Innsbruck oder in Bruck an der Mur. Wohl aber gibt es in Rum ebenso Gauner wie in Wien – wenn auch weniger –, um deren Sprache geht es aber hier nicht. Es geht um die von der Sprache abgeleitete Herablassung eines Bürgertums, das sich in erster Linie selber für ein solches hält. Recht anschaulich kommt das in den Unter- und Zwischentönen in Chorherrs »Rote Bürger« zum Ausdruck. Einerseits hätten sie – Kreisky, Vranitzky und andere – alle ein abgeschlossenes Doktoratsstudium hinter sich, eigneten sich daher nur bedingt als »Arbeiterführer« (welch ein Problem für Konservative!), andererseits aber könnten sie ihre Herkunft nicht verleugnen (was keiner von uns wollte). Die Wurzeln meines »L« legte Chorherr gar in den Bezirk Floridsdorf. Ich habe gegen diesen Bezirk nicht das Geringste einzuwenden, allerdings wurde ich dort weder geboren noch bin ich dort aufgewachsen. Es wäre also lohnend, sich mit den subtilen Varianten des Floridsdorfer, des Hernalser, des Meidlinger »L« auseinanderzusetzen, möchte man zu plausiblen Aussagen über die Wurzeln der akademisch ausgebildeten »Roten« kommen. Daß ich bei einem Betriebsbesuch, bei einer Bergtour, auf einem Sportplatz meine Sprache dem dortigen Publikum anpaßte, wird ja niemanden erstaunen. Es fiel mir nicht schwer, darauf zu achten, daß solche Anpassungen niemals ins Extreme abglitten. Denn zwischen »er ist einer von uns« und »als Bundeskanzler sollte er schöner mit uns sprechen« liegt ein schmaler Grat.

Nationalratspräsident Heinz Fischer ist über viele Jahre dafür gestanden, die Sprache der parlamentarischen Auseinandersetzung nicht ins Beleidigende, ins Verletzende, ins Rufschädigende abdriften zu lassen. SPÖ-Abgeordnete waren oft befremdet, ja entsetzt, wie rasch er ihnen bei härteren Formulierungen Ordnungsrufe erteilte, wogegen VP- und freiheitliche Nationalräte bei den Präsidenten aus ihrer Mitte, Khol und Prinzhorn, größeren Formulierungs- und Attackenspielraum genossen (die SP-Abgeordneten allerdings nicht). Das Wort »Lüge« als Vorwurf verbannte Fischer aus der Rednersprache. Trotz dieser Vorbehalte der eigenen Leute konnte ich seiner Einstellung etwas abgewinnen, insbesondere unter dem Eindruck dessen, was sich vor allem Freiheitliche politisch Andersdenkenden gegenüber an Verbalinjurien leisteten. Haider und Stadler führten sicherlich die Reihe der sprachlich vorsätzlich Unbeherrschten an – das Wort als Waffe, als Kampfhund –, aber andere, etwa die tragisch-lächerliche Figur Rosenstingl (ein freiheitlicher Abgeordneter, der später im Gefängnis landete) standen ihnen nur wenig nach. Denke ich überdies an so manche parlamentarische Intervention der Grün-Abgeordneten Peter Pilz oder Andreas Wabl (der gelegentlich im Plenarsaal ungeniert seine Moonboots gegen irgendwelche Filzpatschen austauschte), so wurde meine Ehrfurcht vor der oft beschworenen »Würde des Hohen Hauses« nicht gerade gefestigt.

Zwischen den oppositionellen Abgeordneten und mir kam

es im Parlament zu zahlreichen Rede- und Zwischenrufduellen. Dies nicht zuletzt deshalb, weil ich selbstverständlich – ich behaupte, mehr als so mancher andere – dem primären Austragungsort der repräsentativen Demokratie grundsätzlich großen Respekt entgegenbrachte, weniger jedoch einzelnen Repräsentanten dieses Systems. Das ergab Spannungsfelder. Im Nationalrat herrscht eine aus meiner Sicht durch nichts gerechtfertigte Maxime: »Keine Polemik von der Regierungsbank.« Angeblich hat Bruno Pittermann diesen Richtsatz vor Jahrzehnten spontan aus einer konkreten Sitzungssituation heraus erfunden. Das mag aber fama incerta sein. Ich verstehe, daß ein Minister oder der Bundeskanzler ihre parlamentarische Aufgabe nicht darin sehen sollen, von der Regierungsbank aus Polemiken zu starten. Die weitaus meisten Abgeordneten nehmen in ihren Wortmeldungen ja durchaus sachlich zu den jeweiligen Tagesordnungspunkten Stellung. Gerade unter diesem Gesichtspunkt dürfen Kanzler und Minister aber auch nicht vom ungezügelten Abgeordneten als Ziel unqualifizierter, unsachlicher und ins Persönliche gehender Angriffe betrachtet werden. Um diesen Eindruck von allem Anfang an gar nicht entstehen zu lassen, setzte ich mich von der Regierungsbank aus kräftig zur Wehr. Und das – wenn es sein mußte – offensiv. Das trug mir den Ruf ein, der Parlamentarismus sei mir fremd. Ich lebte gut damit, denn dieser Parlamentarismus war nur der einiger weniger.

Die Auseinandersetzung mit der Sprache in der Politik sei mit dem Hinweis auf eine seit wenigen Jahren grassierende Untugend abgerundet. Es handelt sich um eine Sonderart des Duzens, die in der deutschen Grammatik gar nicht vorgesehen ist. Ich meine die Verwendung der zweiten Person Einzahl anstelle der ersten Person oder anstelle des Wortes »man«. Vom Fußball-»Analysten« bis zum Bundeskanzler Schüssel hört sich das sinngemäß so an: »Wenn du in der Situation so und so bist, kannst du nicht anders, als dich so und so zu verhalten.« Wer ist dieser Du? Er ist zunächst der Redende selber. Korrekt hätte es zu heißen: »Da ich in dieser Situation war, hatte ich mich so und so zu verhalten.« Oder: »Wenn man in dieser Situation ist, hat man sich so und so zu verhalten.« Was hier eingerissen ist, ist eine Vergewaltigung der Grammatik.

Aber das Du-Wort hat noch eine andere Bedeutung. Unter den Funktionären der Sozialdemokratischen Partei ist das Duzen eine (fast) durchgehende Selbstverständlichkeit. Gegenüber politisch Andersdenkenden ist das Siezen die Ausgangssituation. Kommt man sich auf der Grundlage gemeinsamer politischer Interessen oder langjähriger Zusammenarbeit näher, entsteht es von selber. In Gewerkschaften ist es ebenfalls fraktionsübergreifend üblich. Doch über diese Kommunikationseckpunkte hinaus bin ich mit dem Angebot des Du-Worts immer sparsam umgegangen. Erstens war mir nicht besonders nach Fraternisierung zumute. Zweitens waren und sind Interessen- und Auffassungsunterschiede das Salz in der politischen Suppe. Zeigt man Mitarbeitern in Konfliktsituationen durch ein vorzeitiges und im Endeffekt auch überflüssiges »Heranduzen« an den politischen Kontrahenten eine nicht hundertprozentig gefestigte eigene Position an, läuft man Gefahr zu verlieren.

Im übrigen ist das Angebot des Du-Worts der Ausdruck von Wertschätzung und nicht von Gleichgültigkeit. Auf einem Tennisplatz erzählte mir einmal ein durchaus sympathischer junger Mann, vor kurzem sei Haider dagewesen, habe die Anwesenden auf einen Drink eingeladen, sei gleich mit allen per du gewesen und habe sich über die Regierung ausgelassen. Die Zuhörer seien aus dem Lachen nicht herausgekommen, weil er so locker war und sich »nichts gepfiffen« habe. »Erwarten Sie das auch von mir?« fragte ich. »Um Gottes willen, vom Bundeskanzler doch nicht. Das ist etwas ganz anderes.«

Eben.

Mit dem Zugehen auf die Menschen, mit dem Bad in der Menge habe ich niemals Probleme gehabt, es im Gegenteil sehr genossen. Ein würdeloses Anbiedern war meine Sache jedoch niemals. Das trug mir den Ruf ein, formal und steif zu sein. Bezeichnenderweise nie von Parteigängern und Sympathisanten, immer nur vom politischen Gegner und ihm zu Dienste stehenden Journalisten. Die Schlußfolgerung ist eindeutig: Mit meiner Distanz zur Du-Inflation als Symbol der Anwerferei bin ich wohl so schlecht nicht gefahren.

Der Weg in welche Zukunft

Nachdem die Regierungsverhandlungen zwischen SPÖ und ÖVP Ende 1999/Anfang 2000 gescheitert, nachdem Schwarz-Blau auf der Regierungsbank und die SPÖ in der Opposition gelandet waren, gab es einige sozialdemokratische Funktionäre in Bundesländerorganisationen, die der neuen Situation sogar etwas abgewinnen konnten. Nun mußten sie die notwendigen, ihnen aber wenig sympathischen Entscheidungen ihrer regierenden Bundespartei niemandem gegenüber mehr vertreten und verteidigen. Für den größeren Teil der Partei aber kam die schmerzliche Erkenntnis recht bald, vom bestimmenden Einfluß in der Politik ausgeschlossen zu sein. Obwohl mir die Beteiligung der Haider-FP an einer österreichischen Bundesregierung nicht gefallen konnte, riet ich meinen Leuten, nicht Wehleidigkeit walten zu lassen, sondern bei aller Mißlichkeit der Entwicklung das Wechselspiel der Mehrheiten in der Demokratie zu akzeptieren.

Eine bemerkenswerte Reaktion auf die neue Lage zeigte sich in den zwischenmenschlichen Beziehungen der Parlamentarier zueinander. Nicht die ausgebooteten und von Schüssels Parallelverhandlungen mit Haider überrumpelten Roten gaben sich entrüstet oder beleidigt; die VP-Leute, die jahrelang Seite an Seite mit ihnen Politik gemacht hatten, zeigten den ehemaligen Partnern die kalte Schulter, ergingen sich in Mißgunst und Gehässigkeit. Bezeichnend für die Zeit nach dem Februar 2000 war – und ist es bis heute –, wie die Führungsschicht der Volkspartei und der größte Teil ihrer Kader alle Hüllen fallenließ, auch wenn das Zusammengehen mit Haider und dessen für Ministerämter mehrheitlich inkompetenten Parteigängern nicht der Inbegriff einer lange Jahre ungestillten Sehnsucht der ÖVP-Leute sein mochte. Einige machten denn auch aus ihrem Herzen keine Mördergrube, so Bernhard Görg, Erwin Pröll, Josef Pühringer, Heinrich Neisser, Herwig van Staa. Schüssel war freilich der letzte, ihnen eine Chance zu lassen, bestand doch sein eigentliches Ziel darin, die Sozialdemokraten aus der Bundesregierung zu entfernen. Grundsätzlich ist ein solches Ziel im Kräftemessen in der Demokratie nicht illegitim. Schüssel allerdings erkaufte sich das Erreichen dieses Ziels mit zahlreichen politisch fragwürdigen »Zusatzprodukten«. Sie sind die eigentlichen Objekte der Auseinandersetzung, die die Sozialdemokratie mit der schwarz-blauen Konstellation führt und noch viel intensiver zu führen haben wird.

Exponenten der Volkspartei hielten es nach dem Februar 2000 für richtig, vom Ende der Konsensdemokratie in Österreich zu sprechen und einem auf Konflikt aufbauenden System das Wort zu reden. Für die Sozialdemokraten war daraus abzulesen, was Schüssels Ziel, sie aus Regierungsämtern zu verdrängen, in der politischen Praxis bedeutete. Es bedeutete zunächst im Parlament, der Arena des politischen Geschehens schlechthin, ein sichtbares Desinteresse der ÖVP, mit dem langjährigen Regierungspartner SPÖ für wichtige Gesetzesbeschlüsse auch nur annähernd Akkordierung zu versuchen. Die Regierungsparteien gingen noch einen Schritt weiter und setzten sich in nicht wenigen Fällen über verfassungsrechtliche Bedenken hinweg, die gegen ihre Gesetzesvorlagen erhoben wurden. Man beschloß die Vorlagen eben mit einfacher Mehrheit; wer beim Höchstgericht dagegen Klage einbringen wolle, sollte halt sein Glück versuchen. Daß vom Parlament verabschiedete Paragraphen vom Verfassungsgerichtshof beanstandet und aufgehoben wurden, ist auch in früheren Jahren vorgekommen, neu jedoch ist die Nonchalance Schüssels und seiner Regierung gegenüber diesen Themen. Das ist Ausdruck einer wilden Entschlossenheit, sich um jeden Preis als Macher zu bestätigen und dies auch öffentlich zu signalisieren.

Der ehemalige deutsche Innenminister Wolfgang Schäuble hat einmal erwähnt, die Konsensherstellung zwischen den divergierenden Kräften in der Politik stärke das Vertrauen der Bürger in seinen Staat und dessen Einrichtungen. Sein österreichischer Parteikollege legt darauf offensichtlich wenig Wert. Daran ändert auch nicht, daß er in Reden oft eine Art von abstrakter Gemeinsamkeit beschwört, die – würde sie konkret – in der Übernahme seiner Meinung durch alle anderen bestünde.

Es gibt keinen Zweifel daran, daß Politik sich immer erneuern, daß Strukturen regelmäßig verändert werden müssen, um dem politischen System die Fähigkeit zu bewahren, sich bis dahin unbekannten Herausforderungen erfolgreich zu stellen. Ich nehme für die von mir geführten Bundesregierungen in Anspruch, dieser Forderung mit nur wenigen wesentlichen Einschränkungen Genüge getan zu haben. Damit wende ich mich gegen die gängigen Klischees, die Sozialdemokraten notorisch als Strukturkonservierer abstempeln und Große Koalitionen notorisch mit »Lähmung« assoziieren.

Die Regierung Schüssel hat umfangreiche Reformprogramme auf große Papiere geschrieben. In vier Jahren Amtsführung ist von der Größe zunächst die der Papiere geblieben. Monatelang war von einer sozial gerechten und vor allem dauerhaften Pensionsreform die Rede, die man durchführen wolle. Die soziale Gerechtigkeit mag sich für manche als sehr subjektiv darstellen, die Dauerhaftigkeit jedenfalls war eine mehr als kühne Behauptung. Kein Fachmann, der sie bestätigen würde. Die Entlastung des Bundesbudgets wird viel geringer ausfallen als angekündigt, die Reform ist daher auch in dieser Hinsicht keine Großtat. Jedenfalls bleibt sie diesbezüglich hinter so mancher Neuordnung unter der Ägide von Dallinger und Hesoun beziehungsweise Lacina und Klima zurück. Im übrigen halte ich eine Reform der Altersvorsorge mit dauerhafter Wirkung für wenig erfolgversprechend. Die vor uns liegenden Entwicklungen der Medizin, der Arbeitsmärkte, der Wanderungsbewegungen, der technischen Neuerungen für Industrie, Dienstleistungen und

Kommunikation erscheinen mir so enorme Unwägbarkeiten in sich zu bergen, daß es in kurzen Zeitabständen immer wieder Anpassungen geben wird müssen. In der beabsichtigten Umstellung der derzeit existierenden Pensionssysteme auf ein einheitliches System für alle unselbständig Erwerbstätigen ist die Regierung jedenfalls bis Ende 2003 keinen Schritt weitergekommen.

In einigen bedeutenden Bereichen sagte die schwarz-blaue Regierung Reform und meinte die Ausbootung von ihr nicht genehmem Führungspersonal. Eklatant zu verfolgen war dies im Hauptverband der Sozialversicherungsträger und in der ÖIAG. Eine der bedenklichsten Spuren seiner Kanzlerschaft jedoch zog Schüssel mit der Berufung Karl Heinz Grassers zum Finanzminister. Dem früheren FPÖ-Mitglied und nun parteilosen Grasser gelang es mit Hilfe geschickter Selbstdarstellung in der Öffentlichkeit, den Eindruck einer Finanzpolitik zu erwecken, die er substantiell gar nicht betrieb. Zu Beginn seiner Amtszeit strapazierte er bis zum Überdruß den Begriff des Nulldefizits. Dazu wurden großartige Ausgabenkürzungsprogramme angekündigt, wurden der Wirtschaft eine spürbare Senkung der Lohnnebenkosten und steuerliche Entlastungen versprochen. Das Fazit nach vier Jahren Finanzminister Grasser: Österreich hat die höchste steuerliche Belastung und die höchste öffentliche Verschuldung. Dieser Amtsinhaber im Palais des Prinzen Eugen kann das Negativrenommee für sich in Anspruch nehmen, den so dringenden Investitionsschub in die österreichische und mitteleuropäische Verkehrsinfrastruktur verschlafen und die politische Verantwortung für die professionelle Durchführung wichtiger Restprivatisierungen von vor Jahren verstaatlichten Unternehmen nicht wahrgenommen zu haben. Dieser Finanzminister ist eine Miniausgabe der gesamten Regierung Schüssel, und da er von diesem in den Himmel gehoben wird, symbolisiert er den Regierungschef selber. Zunächst ein unendlicher Ankündigungsschwall, dann werden Bruchteile davon umgesetzt. Die vor uns liegenden Jahresergebnisse werden das rechnerisch belegen. Leider zum Schaden für Staat und Gesellschaft.

Meine kritische Einstellung zur Regierung Schüssel verschließt mir nicht die Augen vor den schwierigen und zu einem erheblichen Teil neuen und neuartigen Aufgaben der Politik. Sprachen nach dem November 1989, also nach dem Zusammenbruch der kommunistischen Systeme in Europa, alle von der »Wende«, von dem Ereignis, nach dem »alles anders« sei, so ist die Welt eineinhalb Jahrzehnte danach schon wieder mit Entwicklungen, Ereignissen und Einstellungen konfrontiert, die neues Denken und neues Handeln notwendig machen. Von den großen Ideengebäuden der Neuzeit steht auch die Sozialdemokratie einmal mehr auf dem Prüfstand. Da es in ihrem Wesen liegt, sich der Solidarität der einen mit den anderen im Gemeinwesen anzunehmen, ist sie immer wieder gefordert, gleich in welcher organisatorischen Ausprägung sich der Industriestaat, neuerdings zutreffender die Kommunikations- und Dienstleistungsgesellschaft, darstellen mag. Aus dieser Logik heraus ist es eine Unterstellung, wenn behauptet wird, die Sozialdemokratie sei den Herausforderungen der offenen Gesellschaft, der weltweit agierenden Marktteilnehmer, mit einem Wort der Globalisierung nicht gewachsen. Sie sei als Instrument im Nationalstaat mit der Überwindung dieses Nationalstaats überholt.

Ich habe in diesem Buch zu vielen Themen, die in den Stationen meines Lebens von Belang waren, meine Eindrücke, mein Urteil niedergeschrieben. Sehr subjektiv, geeignet, um da oder dort anzuecken. Immer bemüht, nichts vorzuspiegeln, wie es nicht war. Ich habe nicht vor, gute Ratschläge zu geben. Mit einigen Ideen für die Zukunft – der Leser mag sie als Wunschvorstellungen empfinden – beschließe ich meine Anmerkungen.

Es wird nicht verwundern, daß an dieser Stelle meine nachdenklichen, keineswegs aber pessimistischen Hinweise der Sozialdemokratie gelten. Sie ist die erfolgreichste politische Bewegung seit dem Ende des 19. Jahrhunderts. Die Erfolgsstory wird noch beeindruckender, wenn man in Betracht zieht, daß diese Zeitspanne an menschlichen und politischen Katastrophen wahrlich nicht arm war. Erfolgreich war die Sozialdemokratie nicht vordergründig deshalb, weil die Parteien, die sie vertraten, bei Wahlen die Mehrheit errangen, sondern weil sich durch ihr Wirken die Lebensumstände von Millionen Menschen, zumindest in Europa, verbesserten, die vorher in Armut und Unterprivilegierung ihr Leben gefristet hatten. Ich habe immer großen Wert auf die Tatsache gelegt, daß die Sozialdemokratie sich vom »realen Sozialismus«, wie osteuropäische Kommunisten ihre Parteiausrichtung nannten, klar abgrenzt. Obwohl dies für die österreichische Partei schon lange vor meiner Zeit selbstverständlich und in der Eisenstädter Erklärung aus dem Jahr 1969 auch zum Beschluß erhoben worden war, beliebten österreichische Konservative das für ihre propagandistischen Gehversuche nicht zur Kenntnis zu nehmen. Umgekehrt hielten uns so manche Vertreter des realen Sozialismus für Rechtsabweichler.

Der von Tony Blair und Gerhard Schröder vertretene »Dritte Weg« – Viktor Klima schloß sich ihnen zumindest auf einem Wahlplakat an – ist historisch-begrifflich nichts Neues. Beim Kongreß der Sozialistischen Internationale in Paris im Jahr 1999 rief der scheidende Präsident der Organisaton, Pierre Mauroy, Blair zu, man habe in der europäischen Linken immer schon die Positionierung zwischen Kapitalismus und Kommunismus als Dritten Weg bezeichnet und begangen. Wiewohl dieser Zuruf in seiner Allgemeinheit nicht falsch ist, muß im 21. Jahrhundert die Zukunft der sozialdemokratischen Kernbereiche – soziale Sicherheit und Verteilungsgerechtigkeit als Grundmuster des Lebens in der Demokratie – genauer erörtert werden. Meiner Auffassung nach kommen zwei Zielsetzungen (noch) zu kurz: Wirtschaftswachstum und europäisch konzipierte Makropolitik. Wirtschaftswachstum als politische Zielkategorie steht im Schatten der von den Maastricht-Kriterien diktierten restriktiven Politik der öffentlichen Haushalte. Das hat zur Folge, daß die öffentlichen Investitionen in die geistige – Forschung und Entwicklung – und materielle Infrastruktur als Wachstumsvoraussetzungen vernachlässigt werden. Wirtschaftsforscher haben längst nachgewiesen, daß zu geringes oder deutlich hinter dem langjährigen Durchschnitt zurückbleibendes Wachstum Arbeitslosigkeit und somit Verteilungsungerechtigkeit verschärft.

Um die offenkundige Enge der fast ausschließlich nationalstaatlich formulierten Politik zu überwinden, bedarf es der Besinnung auf gemeinsam konzipierte sozialdemokratische Vorgangsweisen auf Europaebene. Die Vorsitzenden der nationalen Parteien sollten Signale setzen, damit ein Problembewußtsein dafür geschaffen wird und koordinierte Initiativen zum Leben erweckt werden können. Durch eine wohlüberlegte Kombination aus Haushaltsgeldern der Mitgliedstaaten und zusätzliche Mittel etwa der Europäischen Investitionsbank (EIB) oder der Europäischen Bank für Wiederaufbau und Entwicklung (EBRD) sollte eine seriöse europäische Finanzpolitik möglich sein, die auf zumindest zwei weiteren Ebenen Überzeugungskraft und Unanfechtbarkeit schafft: Erstens stärkt sie den Glauben an und das Vertrauen in das europäische Integrationsmodell. Das ist in einer Zeit, in der die »Brüsseler Bürokratie« im Fadenkreuz der Angriffe steht, von enormer Bedeutung. Zweitens entzieht sie der ewigen Leier der Konservativen den Boden, Sozialdemokraten falle außer Deficit spending nichts ein. Die geschilderten grundlegenden Ansätze zielen auch darauf ab, die von den Konservativen, nicht zuletzt in Österreich, fast ausschließlich auf Restriktion und Schrumpfen angelegte Politik durch eine progressive, mit Aufbruchstimmung verbundene Politik zu ersetzen. Gelänge es, solcherart Wirtschaftswachstum und Wohlstandsmehrung zu erzielen, wäre es auch weniger schwierig, die prägende Eigenschaft der Sozialdemokratie, nämlich ihre soziale Kompetenz, sichtbar darzustellen und gleichzeitig gegenüber der Arbeitgeberseite Wirtschaftssachverstand zu belegen.

Wenn wir die großen gesellschaftspolitischen Zielsetzungen mit Augenmaß, viel Einfühlungsvermögen für den Bürger und nicht in plumper Technokratenmanier auf die europäische Ebene heben und es uns damit gelingt, eine wichtige Säule menschlichen Zusammenlebens, die Solidarität, plausibel zu demonstrieren, dann hätte der österreichische Wirtschaftsforscher Markus Marterbauer recht, uns eine gute Reise vom »Reich des Notwendigen« in das »Reich der Freiheit« zu wünschen. Außerdem wäre das ein erkennbarer »Dritter Weg«.

Selbstverständlich anerkenne ich das Subsidiaritätsprinzip, das bedeutet, daß Probleme im europäischen Aufbau auf der Stufe zu lösen sind, auf der sie am besten gelöst werden können. Dieses Bekenntnis stützt meine These, die großen Entwürfe seien auf europäischer Ebene zu zeichnen und dann dem Publikum anzubieten. Das entspricht der Vision der Gründerväter in den fünfziger Jahren. Es genügt nicht, sie regelmäßig zu zitieren und dann in der inneren Emigration der heimischen Stuben unterzutauchen. Das gilt im übrigen nicht nur für Marterbauers ökonomische und soziale Freiheit, sondern auch für die unentbehrliche Arbeit, stets an der Absicherung und Gesunderhaltung der Demokratie zu arbeiten. Politik, die den großen (europäischen) Wurf wagt, zu wagen hat, wird weniger anfällig für die Zeiterscheinung des Politainment sein. Der deutsche Bundestagspräsident Wolfgang Thierse spricht vom Diktat der Unterhaltung und benennt damit einen Teil der Medienlandschaft, der sich des Gegenstands der Politik bloß noch als Mittel bedient. Es ist eine Schwachstelle unserer Demokratie, wenn die Pressefreiheit beachtliche Teile des Publikums implizit dazu einlädt, sich für Politik nur dann zu interessieren, wenn sie unterhält. Dies ist zu einem nicht geringen Teil auch darauf zurückzuführen, daß der kommerzielle Wettbewerb die Einengung der inneren Pressefreiheit nach sich zieht. Die demokratischen Institutionen verlieren an Ansehen, die Abqualifizierung des Parlaments als »Quatschbude« ist das nächste Stadium.

Vom Wunsch und der Hoffnung, daß sich die Demokraten

gegen chronisch werdende Schwächeanfälle der Demokratie stemmen werden, gelange ich zu einer letzten Anmerkung über das von Friedrich Heer so betitelte »Europa unser«. Ein Europa, das sich nicht in Handel, Busineß und Transitverkehr bereits erschöpfend definiert wähnt. Uns Europäer verbindet ein Kulturverständnis, das von unterschiedlicher Herkunft ist, aber doch auf einer gemeinsamen Entwicklung beruht. Oft und lange Zeit wurde diese europäische Kultur anderen mit Gewalt aufgezwungen, Wirtschaftssystem und Religion blicken keineswegs auf nur friedfertige Siegeszüge zurück. Und doch glaube ich an einen europäischen Rohstoff namens Kultur, der persönliche Autonomie und Selbstverantwortung, der Zweifel und Wissenswagnis, aber auch Solidarität und Verantwortung für die Gemeinschaft in sich vereint. Daß daraus auch moralische und politische Fehlbildungen hervorgingen, die Grausamkeiten der unmenschlichsten Art einschlossen, scheint mir kein Gegenbeweis zu sein, sondern eher die Bestätigung der Erkenntnis, daß es für das Verhalten von Menschen keine Garantien gibt. Gerade hier aber soll die europäische Einigung als historisch notwendiger Prozeß hervorgehoben sein, der den Rückfall in die Barbarei verhindert. Dieser Prozeß wird ein mühsamer bleiben, vor Rückschlägen keineswegs gefeit, nicht immer für alle attraktiv. Daher müssen Kultur, Bildung, Ausbildung, Wissenschaft und Forschung noch stärker als bisher in den Vordergrund gerückt werden, um eine verbindende Wirkung zu entfalten, die die wirtschaftliche Integration allein nicht nachhaltig bewirken kann.

Wir müssen die Jugend dafür gewinnen, sich des Reichtums, der Vielfalt unseres Lebens in Europa zu bedienen. Wenn das gelingt, werden wir die Vision »Unity in Diversity« verwirklichen. Dann können wir auf das 20. Jahrhundert als eine Zeitspanne zurückblicken, in der die größten Katastrophen stattfanden, aus der wir aber auch Erkenntnis gezogen haben für eine Zukunft, in der uns solche Katastrophen nicht mehr heimsuchen können.

Personenregister

Albright, Madeleine 414
Alia, Ramiz 405
Allende, Salvador 62
Ambrozy, Peter 40
Andreatta, Beniamino 415
Androsch, Hannes 37 f., 40 ff.,
    48, 70, 72 ff., 90 f., 96, 152 f.,
    202, 244 f., 273, 306 ff.
Antall, József 122
Apfalter, Heribert 108 f., 312
Arafat, Yassir 191 f.
Aragona, Giancarlo 411 f.
Attems, Johannes 376 f.
Auracher, Michael 41 f.
Aznar, José Maria 402

Bacher, Gerd 433 ff.
Bachlmayer, Renate 14
Balladur, Édouard 317
Barazon, Ronald 428
Bartenstein, Martin 280
Bauer, Holger 104
Benn, Gottfried 176
Benya, Anton 54, 74, 108, 118,
    152 ff., 159 f., 226 ff., 244, 262,
    267, 269 f., 276, 306, 430
Berger, Maria 248
Berisha, Sali 405 ff., 412 f., 417,
    422 ff.
Berlusconi, Silvio 325, 340
Bernhard, Thomas 213
Blair, Tony 59, 340, 451
Blecha, Karl 53, 113, 115 f., 118,
    160, 434
Bock, Fritz 49
Boehm, Friedrich 282
Böhm, Johann 34
Bonkowsky, Elizabeth 411

Borodajkewycz, Taras 26 f., 153
Bösch, Herbert 248
Bouffier, Willy 33
Boutros Ghali, Boutros 192
Brabeck-Letmathé, Peter 282
Brandt, Willy 44 f., 252
Brezovsky, Ernest 112
Brittan, Leon 327
Broda, Christian 39, 239, 244,
    306 f.
Bronfman, Edgar 145
Brundtland, Gro Harlem 252
Brus, Günter 214
Büchlhofer, Robert 282
Burger, Rudolf 185
Busek, Erhard 199, 207 ff., 215 ff.,
    288, 332, 337, 343, 368 f., 371
Bush sen., George 59, 202

Caliche, Georg 324, 412
Cap, Josef 229, 240 ff.
Carlsson, Ingvar 252
Carter, Jimmy 192
Castellez, Paul 374
Chalupek, Günter 152
Chirac, Jacques 328, 402
Chorherr, Thomas 311, 441
Christiansen, Eric 346
Churchill, Winston 20, 365
Claes, Willy 192, 253 f.
Clinton, Bill 59, 202
Cordt, Herbert 83
Craxi, Bettino 135
Cresson, Edith 328
Czettel, Hans 244

Dahrendorf, Ralf 235
Dallinger, Alfred 139, 275 ff., 448

Dehaene, Jean-Luc 327
Delors, Jacques 253, 323, 326 f.,
    329
Dichand, Hans 246, 428 ff., 432
Dienstbier, Jiří 124
Dini, Lamberto 415
Ditz, Johannes 217, 303
Djuranović, Veselin 350, 352
Dohnal, Johanna 250 f.
Dollfuß, Engelbert 246
Dönhoff, Marion Gräfin 349
Drennig, Manfred 75
Drozda, Thomas 14

Ebeyan, Gisela 14
Ederer, Brigitte 14, 242, 317,
    319 ff., 380, 382
Edlinger, Rudolf 374, 380, 389, 398
Ehrlich, Robert 300
Eichmann, Adolf 186
Einem, Caspar 380
Elsner, Helmut 375
Erndl, Wolfgang 71 f., 75 f., 79
Ettl, Harald 248

Fabris, Hans Heinz 256
Fahrnleitner, Johann 67
Falk, Kurt 427 f., 430
Fasslabend, Werner 343, 420
Feichtlbauer, Hubert 181
Feisal, König von Saudi-Arabien
    202
Ferrari-Brunnenfeld, Mario 173
Ferrero-Waldner, Benita 339
Feyl, Wolfgang 53
Figl, Leopold 9, 25
Fino, Bashkim 408 f., 415, 417
Firnberg, Herta 39, 250
Fischer, Ernst 17
Fischer, Heinz 27, 159, 254, 260,
    390, 442
Fischler, Franz 199, 205, 317
Fleming, Melissa 411
Flöttl, Walter 430
Fojtl, Roman 49
Foregger, Egmont 206
Forlani, Luciano 420
Fremuth, Walter 119 f., 299 f.

Friedl, Hans-Hubert 282
Frisch, Gertraud 14
Frischenschlager, Friedhelm 95,
    135 ff., 156, 187
Fröhlich-Sandner, Gertrude 92
Frühbauer, Erwin 39, 159
Fuchs, Konrad 370
Fuhrmann, Ernst 281
Fuhrmann, Willi 260
Funder, Friedrich 71

Galbraith, John Kenneth 178
Gallob, Rudolf 159
Gehrer, Elisabeth 211
Genscher, Hans Dietrich 359
Geppert, Walter 278
Gerharter, Hermann 264 f., 269
Gjinushi, Skender 424
Globocnik, Odilo 186
Goethe, Johann Wolfgang 17
Gonzales, Felipe 252
Gorbatschow, Michail 235, 315 f.,
    324
Görg, Bernhard 447
Gorton, Wilhelm 139
Grabher-Meyer, Walter 86
Graf, Robert 121, 123, 199, 299,
    300
Graff, Michael 145
Grasser, Karl Heinz 273, 294, 302,
    399 f., 449
Gratz, Leopold 40, 92, 135, 137,
    149 f., 159 f., 244 f., 341
Grimm, Kurt 65
Grubmayr, Herbert 419, 422
Grünberg, Hubertus von 67
Grünner, Karl 40
Grünwald, Oskar 152
Grünzweig, Leopold 40
Gusenbauer, Alfred 262
Gut, Rainer 369
Guterres, Antonio 252

Hahn, Carl H. 282
Haiden, Günter 107, 151
Haider, Jörg 20, 88, 134, 136,
    139 f., 157 ff., 167, 172 ff.,
    183 f., 199, 205, 215, 221 f.,

249 f., 275, 288, 306, 331 f.,
339, 384, 392, 398 f., 401, 428,
442, 444, 446
Hammerer, Klaus 301
Haschek, Helmut 77, 102
Haslauer, Wilfried 139 f.
Haslinger, Kurt 14
Hatzl, Johann 183, 249
Häupl, Michael 184, 211, 230,
247 ff., 382, 395
Haupt, Herbert 280
Häuser, Rudolf 40, 276
Hawlicek, Hilde 151, 212, 373
Heer, Friedrich 454
Heffemeyer, Elisabeth 14
Heinzel, Alfred 294
Henisch, Oskar 54
Hesoun, Josef 112, 272, 278 ff.,
448
Hillinger, Franz 40
Hirczi, Gerhard 14, 285
Hitler, Adolf 9, 18 ff., 144, 174 f.,
186 f.
Hobl, Hans 269
Hochner, Robert 257
Hodscha, Enver 405 f.
Hoffmann, Ludwig 301
Hoffmann-Ostenhof, Georg 193
Höger, Ernst 67, 165
Holender, Ioan 213
Honecker, Erich 209
Horn, Gyula 338
Hostasch, Lore 218
Hoxter, Curtis 282
Hubinek, Marga 121
Humer, Franz B. 282
Hums, Franz 279 f., 380

Iacocca, Lee 284 ff.
Igler, Hans 43 f.
Inzko, Valentin 364

Jankowitsch, Peter 149, 151, 341
Jelzin, Boris 323 ff.
Jiang Ze Min 343
Jonas, Franz 142 f., 198, 201, 230,
245
Jungbluth, Robert 373

Kabas, Hilmar 250, 400
Kadits, Manfred 264, 268 f.
Kalina, Josef 387
Kaltenbrunner, Ernst 186
Kamitz, Reinhard 34
Karadžić, Radovan 349, 363, 365
Karimow, Islam 343
Karl, Elfriede 92
Kastner, Walther 72, 76
Kautsky, Benedikt 53
Keller, Heinrich 239 f.
Kelsen, Hans 26 f.
Kershaw, Ian 9
Kery, Theodor 241 f.
Keynes, John Maynard 236
Khol, Andreas 384, 388, 397, 442
Kienzl, Heinz 37
Kirchschläger, Rudolf 93, 141 ff.,
156, 230
Kirchweger, Richard 110
Klaus, Václav 337
Klaus, Josef 50, 100, 141, 169,
197 f.
Klestil, Thomas 210 ff., 216, 225,
227 ff., 322 ff., 379, 387, 393 ff.,
399 ff.
Klima, Viktor 222 f., 230, 249 f.,
302, 317 f., 371, 375, 379 f.,
382, 386 ff., 395 ff., 401 f., 420,
448, 451
Klimt, Gustav 211, 319
Knotzer, Fritz 67, 183
Kobilka, Josef 119
Kohl, Helmut 123, 208 f., 272,
326 ff., 356, 359, 387, 422
Koja, Friedrich 393
Kok, Wim 252, 409
Koliander, Josef 71
Kollek, Teddy 191
König, Franz 234
König, Fritz 121
Konrad, Helga 380 f.
Koplenig, Johann 17
Koppler, Erhard 302
Koren, Stephan 197, 202
Körner, Theodor 142, 230
Korp, Andreas 37 f., 264
Kos, Wolfgang 214

Kostelka, Peter 14, 260, 384, 388
Kothbauer, Max 14, 164
Krainer jun., Josef 286, 295
Krammer, Karl 14, 162, 427, 437
Kramreiter, Pedro 165
Kreisky, Bruno 9, 19 f., 37 f., 43 ff.,
    47, 51 ff., 63, 70, 72, 74, 85 ff.,
    89 f., 93, 96, 99 ff., 109, 117,
    132 f., 135, 141 ff., 152, 159 f.,
    162, 168 ff., 187, 195, 198 f.,
    206 f., 234, 238, 244 f., 250,
    258, 273, 277, 281, 289, 294,
    304 ff., 309, 341, 343, 350, 352,
    382, 394, 427 f., 433, 437, 441
Krenz, Egon 209
Kreuzer, Franz 74, 238
Krünes, Helmut 139, 156
Kutschera, Carl Ludwig 48

Lachs, Thomas 268
Lacina, Ferdinand 27, 92, 99,
    108 ff., 121, 133, 152 f., 155 f.,
    236, 247, 291, 297, 302, 308,
    311, 317, 368 f., 371, 373, 448
Lackner, Susanne 14, 253, 317
Lanc, Erwin 89, 92, 135, 277
Lausecker, Karl 92
Lehner, Hans 199
Lenin, Wladimir Iljitsch 352
Leopold, Rudolf 211
Lettner, Roland 108
Lewinsky, Herbert 110
Lichal, Robert 199
Lichtblau, John H. 282
Lingens, Peter Michael 431 f.
Li Peng 342
Lipponen, Paavo 252
Loidolt, Gerhard 41
London, Jack 15
Löschnak, Franz 183 f., 247, 354
Lubbers, Ruud 326 f., 330
Lueger, Karl 305

Maderthaner, Leopold 218 f., 221,
    369
Maier, Fritz 40
Mailath-Pokorny, Paul Andreas 14,
    373

Maizière, Lothar de 209
Major, John 327
Malthus, Robert 26
Malzacher, Hans Michael 61 ff.
Mandl, Alex J. 282
Marek, Bruno 245
Marizzi, Peter 14, 180, 240
Marjai, József 120 f.
Marković, Ante 352 ff.
Marsch, Fritz 74, 160
Marterbauer, Markus 453
Martin, Hans-Peter 390 f.
Martin, Wolf 428 f.
März, Eduard 57, 152
Matzner, Egon 53
Mauhart, Beppo 41 f.
Maurer, Andreas 121
Mauroy, Pierre 252, 451
Mauthe, Jörg 208
Maxonus, Stephan 14
Mayr, Hans 181, 245 ff., 258
Mazower, Mark 346 ff.
Mečiar, Vladimir 337 f.
Meißner, Ferdinand 36
Meissner-Blau, Freda 144
Mejdani, Rexhep 424
Michalek, Nikolaus 206
Mierlo, Hans van 415 f., 418
Miert, Karel van 253
Mikulić, Branko 351 f., 355
Milošević, Slobodan 349 f., 354 f.,
    360, 365, 411
Mitterer, Otto 273
Mitterrand, François 59, 134, 317 f.,
    327 f.
Mladić, Ratko 349, 363, 365
Mock, Alois 50, 78, 110, 135 f.,
    149, 151, 166 ff., 173, 200 ff.,
    207, 209 f., 217, 225, 242,
    293 f., 305, 310, 317, 319 ff.,
    336, 341, 354 ff., 362 f., 365,
    393
Modrow, Hans 208 f.
Moritz, Herbert 92, 151
Mortier, Gérard 213 f.
Moser, Josef 39
Muliar, Fritz 213
Mussil, Arthur 74

Nano, Fatos 407, 423
Nasarbajew, Nursultan 343
Neisser, Heinrich 199, 447
Netanyahu, Benjamin 191
Nijasow, Saparmurat 343 f.
Nilsson, Torsten 305
Nimmerrichter, Richard 190, 258, 428 f.
Nitsch, Hermann 211 f.
Nößlinger, Kurt 36
Nowotny, Eva 14, 165, 341
Nürnberger, Rudolf 283, 380, 398 f.

Oberhammer, Otto 206 f.
Ockermüller, Franz 47, 79
Ofner, Harald 114, 116
Olah, Franz 35, 196 f., 244, 305 f.
Ortner, Laurids 211
Ortner, Peter 211
Osond, Anton 78

Pangalos, Theodoros 324
Papandreou, Andreas 325 ff.
Pechter, Johannes 412
Pelinka, Peter 255, 257 f.
Peres, Carlos Andres 325
Peres, Shimon 191 f.
Persson, Göran 263
Peter, Friedrich 73, 86 f., 139 f., 156, 173, 199
Peterschelka, Hubert 256 f.
Petersen, Niels Helveg 404, 418
Petritsch, Wolfgang 365, 390 f.
Petrovic, Madeleine 384
Peymann, Claus 213
Pflaum, Hannes 258
Picula, Tonio 361
Piëch, Ferdinand 282, 364
Pilz, Peter 442
Pinochet, Augusto 62 f.
Piperger, Alois 73 f.
Pittermann, Bruno 153, 196, 198, 244, 382, 443
Pluhar, Erika 213
Podgorski, Thaddäus 435
Pospischil, Karl 262
Prammer, Barbara 380
Praschak, Gerhard 14, 285, 373 ff.

Prassé, Michael 165
Preschern, Gernot 108
Prets, Christa 248
Primakow, Jewgenij 417
Prinzhorn, Thomas 302, 400, 442
Probst, Otto 198, 306
Prodi, Romano 329, 415
Proksch, Udo 96
Pröll, Erwin 338, 447
Pühringer, Josef 447

Raab, Julius 9, 34, 394
Rabin, Lea 191
Rabin, Yitzhak 191 f.
Rabus, Karl 61
Radauer, Leopold 14, 341
Raidl, Claus 110
Randa, Gerhard 370 f.
Rathkolb, Oliver 14
Ratzenböck, Josef 101
Rauscher, Hans 193
Rauter, Anton 268
Reagan, Ronald 59, 202
Rechberger, Alois 179
Reder, Walter 95, 134 ff., 156, 187
Renner, Karl 142, 230
Rieger, Philipp 152
Riegler, Henriette 409
Riegler, Josef 199, 204 ff.
Riess-Passer, Susanne 303
Rogers, Jim 131
Rogner, Robert 412
Roll, Eric 282
Rösch, Otto 40
Rosenstingl, Peter 442
Rosenzweig, Wilhelm 27, 74 f.
Rudas, Andreas 230, 382, 387, 390 f.
Ruf, Kurt 41
Ruhaltinger, Franz 109
Rühe, Volker 410
Rumpold, Konrad 78, 81
Ruttenstorfer, Wolfgang 381
Ryschkow, Nikolai 312 ff.

Sagmeister, Otto 265
Salcher, Herbert 41, 75 f., 84, 89 ff., 94, 98, 101, 104, 141, 277, 308

Sallaberger, Günther 14, 40, 162,
    165, 168, 239 f.
Sallinger, Rudolf 153 f., 299
Santer, Jacques 328 ff.
Sauer, Brigitte 438
Saupe, Aurel 14, 341, 411, 416
Schachner-Blazizek, Peter 380
Schachter, Herbert 308
Schärf, Adolf 142, 201, 230, 244,
    382
Scharping, Rudolf 253
Schäuble, Wolfgang 448
Schaumayer, Maria 77, 369
Schausberger, Franz 435 f.
Scheele, Karin 248
Scheffenegger, Paul 305
Scheibner, Herbert 400
Scheich, Manfred 320
Schenker, Leo 282
Scheuch, Manfred 257
Schieder, Peter 239, 256
Schiele, Egon 211
Schily, Otto 180
Schimmelbusch, Heinz 282
Schlögl, Karl 162, 380
Schmid, Hans 81, 165, 257 f.
Schmidt, Erich 151 f.
Schmidt, Heide 88, 228 f., 384
Schmidt, Helmut 44 f.
Schmidt, Margit 304
Schmidt-Chiari, Guido 53, 59, 65,
    202, 370
Schmidtmeier, Herbert 74 f.
Schmitz, Wolfgang 37, 197
Schneider, Rudolf 53 f.
Scholten, Hans 123
Scholten, Rudolf 14, 101 f., 128,
    211 ff., 373, 375 ff., 381
Schramek, Karl 14, 341
Schröder, Gerhard 59, 329, 451
Schuschnigg, Kurt 247
Schüssel, Wolfgang 123, 170, 183,
    211, 217, 219 ff., 236, 242, 273,
    303, 317, 322, 336, 339 f., 365,
    371, 387 ff., 397 ff., 435 f., 443,
    446 ff.
Schwarzböck, Rudolf 199, 218
Scrinzi, Otto 144

Sebastian, Adalbert 40
Seidel, Hans 133
Seifried, Gerhard 159 f.
Seipel, Ignaz 16
Seitz, Karl 382
Sekanina, Karl 92
Sekyra, Hugo Michael 301
Sereinig, Hannes 14, 165
Sharon, Ariel 192 f.
Sihler, Helmut 282
Simitis, Kostas 415 f.
Singer, Hans 282
Singer, Israel 145
Sinowatz, Fred 40, 84 ff., 88 ff.,
    104 ff., 108, 112 ff., 125, 134,
    137 f., 143, 149 ff., 159, 167 ff.,
    231 ff., 238 f., 245, 258, 277,
    297, 341, 382, 437
Slavik, Felix 244 f.
Sohmen, Helmut 282
Spitals, Guy 253
Staa, Herwig van 447
Staber, Johann 99
Stacher, Ulrich 321
Stadler, Ewald 442
Stalin, Josef 19 f.
Staribacher, Andreas 217 f., 220,
    222, 371
Staribacher, Josef 40, 152, 223
Stasiuk, Andrzej 13
Stefan-Bastl, Jutta 411
Steger, Norbert 70, 85, 88, 103,
    140, 157 ff., 160, 173, 307
Steinberg, Elan 145
Steininger, Gerhard 438
Steinocher, Karl 40
Stenzel, Ursula 249
Steyrer, Kurt 141, 144 ff., 239, 247,
    291
Stingl, Alfred 286
Stix, Karl 40, 338
Stöger-Marenpach, Franz 34
Strahammer, Peter 296
Streicher, Rudolf 133, 156, 227 ff.,
    291, 300 ff., 318, 396
Strnad, Johann 71
Stronach, Frank 282 ff., 286
Strouhal, Ernst 212

Strutzl, Franz 296
Sulzbacher, Fritz 109
Swoboda, Hannes 248 f., 390
Szejci, Maria 152

Tarschys, Daniel 416
Taus, Josef 50, 82, 199, 207, 294
Tautner, Erwin 71
Tengg, Hans Jörg 266
Thatcher, Margaret 316, 325 f., 349
Thierse, Wolfgang 453
Thoma, Helmut 436
Thurnher, Armin 431
Tichy, Bruno 71, 79
Tito, Josip (Josip Broz) 349 f., 352, 354, 411
Toefferl, Heimo 159 f.
Traxler, Gabrielle 261
Treichl, Heinrich 48 f., 53 f., 56, 59, 62, 65, 70, 72
Tschernomyrdin, Viktor 351
Tudjman, Franjo 353 ff., 360 f., 365

Übleis, Heinrich 93
Uher, Julian 53 f.
Ulrich, Wolfgang 370

Verzetnitsch, Fritz 218, 220 f., 240, 270, 278, 379
Viehböck, Franz 343
Voggenhuber, Karl 71
Voisard, Otto 61
Vranitzky, Christine 25, 91, 150, 191, 202
Vranitzky (-Knehs), Claudia 38, 91, 150

Vranitzky, Franz sen. 15 ff.
Vranitzky (-Zeilinger), Inge 17, 23
Vranitzky, Robert 38, 91, 150
Vranitzky, Rosa 17 ff.

Wabl, Andreas 442
Waechter, Eberhard 213
Wagner, Gerhard 77, 83
Wagner, Leopold 159 f.
Wagner-Bacher, Liesl 285
Wala, Adolf 36
Waldbrunner, Karl 198, 232, 244, 306
Waldheim, Kurt 103, 141 ff., 149, 156, 167 ff., 172, 187, 201 f., 224, 341
Wallnöfer, Eduard 200
Wandl, Günter 242
Wehdorn, Manfred 211
Wehsely, Hans 77
Weikhart, Eduard 198
Weinheber, Josef 320
Weizman, Ezer 191
Wille, Sepp 104, 108, 113
Wirlandner, Stefan 34 ff., 305
Withalm, Hermann 197
Wittmann, Peter 381
Wolf, Siegfried 284
Wulf-Mathies, Monika 253

Zehentmeyer, Dieter 203
Zeiler, Gerhard 162, 435 f.
Zelman, Leon 190
Zilk, Helmut 92, 183, 229, 245 f., 395
Zöllner, Peter 14, 253